普通高等教育"十一五"国家级规划教材
21世纪新闻传播学系列教材·广播电视系列

广播电视概论

周小普　主编

中国人民大学出版社
·北京·

总序

PREFACE

中国人民大学出版社策划出版的"21世纪新闻传播学系列教材"，是一套在新闻传播学领域内，皋牢百代，卢牟六合，贯穴古今，笼罩中外，密切联系新闻传播工作的实际，广泛吸收新闻传播学的最新研究成果，高揭遐揽，取精用宏，供新世纪的高等院校新闻传播院系教学使用的系列教材。

20世纪初以来的100年，是世界新闻传播事业飞速发展的100年。这100年来，随着科学技术的不断发展，继报纸、期刊、通讯社之后，广播、电视、网络和多种新媒体相继问世，新闻传播的媒介日趋多元化，新闻传播的手段日趋现代化，"地球村"变得越来越小，新闻传播事业对世界政治、经济和文化的影响则变得越来越大。

这100年，也是中国新闻事业飞速发展的100年。其中最近的30年，即中国改革开放以来的30年，发展得尤为迅猛。

进入21世纪以后，中国新闻事业发展的势头更为迅猛。报纸、期刊、通讯社、广播电台、电视台的数量在宏观调控下，虽无大变化，但软硬件的实力都有了很大的提高。据2011年12月出版的《中国新闻年鉴》的最新统计数字，2010年全国共出版报纸1 939种，平均期印数2.14亿份。共出版期刊9 884种，平均期印数1.63亿份。全国共有广播电台227座，电视台247座，广播电视台2 130座，教育电视台44座。广播综合人口覆盖率为96.78%，电视综合人口覆盖率为97.62%。

另据2012年1月中国互联网络信息中心（CNNIC）发布的《第29次中国互联网络发展状况统计报告》显示，截至2011年12

月底，中国网民规模已达到5.13亿，互联网普及率达到38.3%。其中，手机网民数量为3.56亿，博客和个人空间用户数量为3.19亿，微博用户数量为2.5亿，社交网站用户数量为2.44亿，网络视频用户数量为3.25亿。中国居民中具备上网条件和技能的人已经基本转化为网民，大专及以上学历人群中互联网使用率已达96.1%。中国网站总数为230万个，网页数量为866亿个。

这样大的发展规模，这样快的发展速度，在世界和中国新闻事业史上都是空前的。回顾既往，盱衡未来，新闻传播事业在21世纪还将会保持旺盛的发展势头。新闻传播，作为上层建筑和意识形态的一个重要组成部分，在全面准确地宣传党的基本理论、基本路线和基本方针以及各项决策，反映人民群众的伟大业绩和精神风貌，以及推动改革开放和社会主义现代化建设等方面，必将继续发挥重要的作用。

与新闻传播事业的发展相配合，这100年来，为中国的新闻战线培养和输送人才的中国新闻教育，也有了相应的发展。中国的新闻教育起始于上个世纪初，迄今有近90年的历史。新中国成立前的30年，虽然先后在个别院校中设立了新闻系或新闻专科，但规模都不大，设备也不够完善，在校学生人数，最多的时候不超过400人，30年间累计培养出来的毕业生还不到3 000人。新中国成立后，为了给新中国的新闻事业培养人才，新闻教育有了新的发展，但到20世纪60年代中期为止，全国的新闻教育机构也还只有14家。当时全国只有343家报社、78座广播电台和13家电视台，革命老区来的新闻工作骨干正当盛年，足以支撑大局，新闻系和新闻专业的学生统招统分，基本上能够满足中央和省市以上新闻单位梯队建设方面的需要。“文化大革命”爆发后，新闻事业进入低谷，新闻人才的培养也被迫中辍。拨乱反正之后，新闻事业有了飞速的发展，但新闻工作的人才却出现了断层，明显供不应求，因而极大地推动了新闻教育的发展。中国的新闻教育得以重振旗鼓并得到空前迅猛的发展，主要是改革开放以来的这30多年的事情。30多年来，中国新闻教育和中国新闻事业同步发展。截至2011年，全国设有新闻传播学类院、系、专业的高校已由改革开放之初的两三所增加到800所以上，各种类型和层次的专业教学点已不下1 000个。新闻专业的教学已从单一的大学本科教育，发展到博士生、硕士生、本科生、大专生、成人教育、函授教育等多层次的格局，不少院系还设置了新闻传播学方向的博士后流动站。改革开放之初，全国在校新闻系科学生总共只有500来人，现在仅在校本科生就有16万人左右，硕士和博士研究生3万人左右，办学层次、办学规模、办学水平都有了很大的提高。进入新世纪以后，随着新闻传播事业的加速发展和新闻战线人才需求的不断增加，中国的新闻教育还将会有更大幅度的发展。

一般说来，新闻教育质量的高低，起决定作用的主要是两个因素：一个是师资，一个是教材。两者之间，教材的作用更大。这是因为，师资的多少和良窳，往往受办学主客观条件的限制，而教材一旦完成，就可以直接嘉惠于学子，风行四海，无远弗届。进一步说，一部好的教材，不仅可以满足教学的需要，培养出一大批人才，而且还可以同时拥有一定的学术含量，推动新闻传播学研究的发展。1919年出版的徐宝璜的《新闻学》，1927年出版的戈公振的《中国报学史》，就是这方面的很好的例子。这两本书都是作者在高等学校从事新闻学理论和新闻史教学时作为教材编写出来的，出版之后，立即引起世人的关注和推崇，一再重版，历久不衰，至今仍然是公认的新闻学理论和新闻史方面的传世之作和经典之作。正因为这样，新闻教育的前辈们，历来十分重视教材的建设。新中国成立初期的十来年，坊间出版的新闻学方面的书籍，绝大部分都是教材。改革开放以后，新闻传播学研究空前繁荣，新闻学方面的书籍大量问世，但教材仍然在其中占了很大的比重。这些教材，覆盖了新闻传播学的方方面面，经过出版家和众多作者们的长期努力，门类和品种基本配套齐全，曾经为同时期的新闻教学做出过重要的贡献。但是，随着时间的推移和新闻工作实际的飞速发展，这些教材的体例日显陈旧，观点和内容也亟待调整和更新。一些属于学科前沿和科技含量较高的新开课程的教材尚付阙如，使现有的教材出现了不少缺口。在新世纪已经到来之际，集聚力量，重新编写出一套体系完整，门类齐全，能够为新世纪的新闻教育和新闻人才培养服务的新闻传播学的系列教材，已经成为人们的共识和新闻业界与新闻教育界的迫切需求。

呈现在读者面前的，就是应这样的需求产生的一套系列教材，它将涵盖新闻学、传播学两个二级学科的方方面面内容，满足新闻、广播、电视、广告、媒体经济、新媒体等多个专业的教学需要。负责这些教材编写工作的，是中国人民大学、复旦大学、北京大学、清华大学、中国传媒大学、中国青年政治学院等多所著名院校长期从事新闻传播学方面教学与研究工作的专家学者，其中有相当大的一部分编写者都是相关学科的国家级的学术带头人，堪称一时之选。收入本系列的教材中，既有国家级重点教材，也有部级重点教材，其他的也都是经过严格筛选的精品，所以，本套系列教材的质量是有保证的，其权威性也将会得到社会的认同。

21 世纪是一个高度信息化的时代，是信息经济和知识经济占主导地位的时代。信息经济和知识经济有两大支柱，一是以高科技为代表的传播技术产业，二是从事新闻和信息产品生产的媒体产业。新闻传播学作为将这两大领域有机联结的桥梁，在今后的国家建设和社会发展中必将发挥越来越重要的作用。中国人民大学出版社经过精心策划，隆重推出这套系列教材，是具有高度的前瞻性和战略眼光的。在这里，我谨代表编委会和全体作者向中国人民大学出版社表示由衷的感谢。

这部系列教材开始策划于上个世纪的最后一年，本世纪初起陆续问世，迄今已编写出版了 50 余种。在体例和内容的创新和开拓等方面，远远超过同时期出版的同类教材。其中的有些教材，还根据整个新闻传播理论与实践的发展和新闻传播学教学与研究的发展，陆续作了必要的补充和修订，重新出版，实现了内容的与时俱进。

这批教材的问世，将会为新闻传播事业和新闻教育事业的发展和繁荣、为新世纪新闻传播人才的培养做出它应有的贡献。这是出版者和全体作者共同的一点希望。是为序。

方汉奇

2012 年 3 月 15 日

于中国人民大学宜园

目录

CONTENTS

第二编 走近广播电视媒体

第三编　操作广播电视媒介

第四编 理解广播电视媒介

绪论

PREFACE

【本章学习要点】

1. 厘清有关信息与传播的一系列基础概念。
2. 了解信息与人密不可分的关系。
3. 掌握广播的定义。

在了解广播电视媒体及其历史之前，先要厘清一些基本概念，其中最重要的是本书的基础概念：广播。同时，我们还要搞清楚人对信息的需求状况，以便从根本上了解媒介的供应对象。这些是我们学习和研究的出发点。

一、基础概念

下面这些概念既是单独成立的，又有着密切的逻辑关系。

1. 信息

信息论的奠基人申农（C. E. Shannon，1916—2001）从通信理论的角度把信息定义为“对不确定性的消除”。信息是消除内容的不确定性或两次不确定性之差。“控制论之父”维纳（N. Wiener，1894—1964）则从人、动物和机器的通信过程相统一的观点出发，把信息与系统的有序性联系起来，认为信息是系统的组织程度、有序程度的标志：“信息量实质上就是负熵。”我国学者居延安认为，信息是由发生源发出并用载体进行传递的，反映新内容、新知识，为接受体所理解的信号和消息。①

哲学家把信息同物质、能量一起列为事物构成的三大要素。信息所固有的质的规定性为：能被储存和传递，却无固定的形态；能对客观世界产生巨大影响，却无法独自改变任何物质；它是新知识，并有实际使用价值。

信息包括生物、机械、人类信息三大类。人类信息又分为直接信息、间接信息、语言信息、非语言信息等多种。

信息是由人类全部的精神财富构成的，主要通过人的大脑形成认识和运动。信息的交流和传递促进了人类行为的相互协调，知识的积累和传授促进了人类文明的不断发展。

最早的人类大约产生于600万（一说900万）年前。从原始部落到现代社会，一定量的信息是人类生存的前提，就像没有水、阳光、空气就不可能有生命一样，没有信息、没有信息的沟通就没有人类社会。

2. 符号

符号是信息的载体，信息是其内容。符号是传播活动的要素。符号可以通过视觉、听觉、触觉、嗅觉等人的感觉器官感觉到，它包括声音（语言——声义结合的符号系统）、文字（记录语言的符号系统）、图像、图画、手势、姿态、表情、颜色、气味等。

3. 传播

传播是两个相互独立的系统间利用一定的载体和途径所进行的有目的的信息的传递活动。传播现象的核心是“传”，它是指“观念、知识等的分享、传送或交换（借着语言、文字或形象）”。传播的五要素是：谁、说什么、怎样说、媒介、受者。

4. 传播媒介

《新华辞典》对“媒介”的解释是：使双方发生关系的人或物。

传播媒介是信息传递的载体、工具，是联系传者与受者的纽带。

传播媒介分为多种类别：

传播媒介：
- 人际：当面交流，信件沟通，
  电报、电话（手机）、网络等
- 大众：印刷媒体：报纸、刊物
  电子媒体：广播、电视、手机、网络等

从上述可见，有些媒体是单一层面的，有些是全层面的，如网络、手机既是人际交流媒介，同时也是大众传播媒介。

5. 大众传播媒介

此类媒介是完成大众传播活动的中介物，是联系传播者与社会大众的媒介。它包括为社会公众公开传播和提供大量信息的工具，如书籍、报纸、刊物、电影、广播、电视、网络、录音（像）带、光盘等。

大众传播具有三个特征：（1）拥有广大的受传者；（2）信源是机构或组织；（3）采用某种技术大量复制信息。

广播电视是大众传播媒介及其技术发展到较高水平的产物。

---

① 参见居延安：《公共关系学》，99页，上海，复旦大学出版社，2007。

6. 新闻媒介

新闻媒介指以传播新闻为主要职责的媒介，多为大众传播媒介，主要有：报纸、刊物、广播、电视、网络。

二、人是信息动物

人是能够思维的高级动物，具有很强的社会性。人只有在同外界进行连续信息交往的条件下，才能正常思考、生活。刺激思维的外界信息对人像食物和空气一样必需，同外界完全隔绝人会丧失理智。

科学家曾做过试验，让志愿参与者进入一间与外界绝对隔绝的暗室，无光、无声。在这种环境里停留不长的时间，试验者就开始做噩梦或是出现幻觉，若干小时后就会出现“真正的心理障碍”，有的人甚至会精神失常。由此可见，信息是人生存的基本需求。

科学家的实验证明，小白鼠在世代钻迷宫后其大脑皮质会产生变化。但这种进化的累积速度很慢。由于人有很好的记忆能力，而且能够相互交流，因此可以世世代代成规模地积累知识。相反，没有这样的生命长度、记忆能力和交流水平的动物，如朝生暮死的虫子就不能扩大、积累实践经验，从而进化速度很慢。

对于人类来说，他们知道得越多，就越希望了解似乎是平时实际必需范围以外的信息，像太空揭秘，对微观世界层子、粒子的探索等。这种努力被俄国生物学家巴甫洛夫称为“这是什么”的本能。这种求知欲是物竞天择、适者生存法则的体现。正因为人具有这种深远的求知欲望，所以能够不断进步、发展，很好地适应环境。因此科学家得出这样的结论：力求获得关于外界最多信息的生物，最能适应环境，生存下去的可能性最大。所以人力求获得信息并不是历史所决定的，而是取决于生存的本能，基于更深的生物学水平。

三、广播的定义

目前比较权威的关于“广播”的定义是《辞海》中的定义，它是这样表述的：“通过无线电波或通过导线向广大地区播送音响、图像的节目，统称广播。”很多辞书、专著、教材都使用这一定义，只是有的在文字上略有改动。

从这一定义的语法结构来看，这是一个判断句，主语是一个动宾词组：“播送……节目”，动词是“统称”；主语带有两个状语：“通过……”、“向……”。在普通逻辑学中，定义是对概念的研究，下定义是用一些概念去确定一个概念。下定义有多种形式，最常用的是内涵定义，其方法为属加种差，这种定义的核心是一个“主语＋是＋表语”的判断句。《辞海》中关于“广播”的定义就是一个内涵定义，但是它的定义语中缺乏广播的上位概念——属概念。

除了《辞海》以外，《古今汉语实用辞典》与《现代汉语词典》对“广播”的释义相同：“广播电台、电视台发射无线电波，播送节目。有线广播播送节目也叫广播。”“指广播电台或有线电播送的节目。”《新华词典》中对“广播”的解释是：“根据电能、声能互相转换的原理来传送节日信号的过程。”

这些解释虽然文字表达各有不同，但是都和《辞海》一样把“广播”作为动词、动名词。广播的发源地是美国，因而英语应是最早反映它的语种。《简明不列颠百科全书》（中文版）在汉字“广播”一词旁标明英文对应词为“broadcasting”。各种英语词典对 broadcast（broadcasting）的解释都大同小异，在这些解释中它大约等同于 send out、scatter、transmit 等动词。由此可见，“广播”的英语解释也是动词或动名词。

“广播”一词无论汉语还是英语，都属于动词性的结构，即“广”为副词性，“播”为动词性，中间可以用“地”来连接；它做名词时也是动名词。以此看来，把广播作为动词来解释是造成其没有属概念的根源，而这对于广播来说是不符合事实的。因为广播现在不仅是一个动作、一种行为、一种传播方式，而且是一类实体，一类具有特定功能的具体事物——一种传播媒介。因此应该使用名词属概念“大众传播媒介”来改变其概念的词性。

对于广播的定义，在“大众传播媒介”这一属概念下，与其他媒介之间的主要差异应该就是其种差。这是需要进一步确定的定义内容。在报刊与广播之间存在着很大的差异，这些差异存在于从传播方式、传播内容结构形式到接收方式、感知方式等各个环节；而所有这些不同都源于传播信道以及传播信号这两点，它们又都属于广播的自然属性、技术手段方面，是广播的基本特征。属于广播社会属性部分的传播的两端——信源信宿、传者受众，则与报刊也只有名称的不同而无实质的区别，它们便不必列入定义之中。至于声像节目的内容与报刊的内容一样，都是多种多样的，也不必要写入定义。

在前面提到的《辞海》的定义后面还有两句话：“按传输方式，可分为无线广播和有线广播两大类。只播送声音的，称为‘声音广播’，亦简称为‘广播’；播送图像和声音的，称为‘电视广播’，简称‘电视’。”这两句是把广播作为属概念，又做了进一步的划分，列举了广播的种概念，明确了它的外延。

确定了种差的项目，该如何表达呢？一些定义对《辞海》定义稍有改动，如：《广播电视简明辞典》、《中国广播电视学》、《宣传舆论学大辞典》等，给《辞海》的定义增加了一些定语，如“定时”、“公开”；有的则有所修改，把“向广大地区”改为“向特定范围”，把“通过无线电波和导线”改为“运用电子技术”。对此，笔者认为，既称广播为大众传播媒介，就不用再突出、特别强调作为大众传播媒介的某一特征。改“广大地区”为“特定范围”目的是要“既适用于无线的广播电视，又适用于有线的广播电视……”①，而实际上，其重心更多地落在了有线广播电视上。众所周知，无线广播的接收范围在不少频段，如中波、短波频段是很难“特定”的，其接收范围一天之内都有不同，所以不够准确。而“广大地区”是侧重无线，难以包括有线广播电视，所以把“特定范围”改成“一定范围”较为妥当、准确，这样既包括了无线、有线广播电视，又避免了主观、客观之间的差异，用词虽然模糊了，表达却更贴切了。同时，使用“电子技术”，也不如用“电波、导线”更具体明确。

综上所述，广播的定义应为：广播是通过无线电波或导线，向一定范围播送声音、图像节目的大众传播媒介。按传输方式，它可分为无线广播和有线广播。从传播信号看，只播送声音的，称为声音广播，简称广播；同时播送图像和声音的，称为电视广播，简称电视。现在还可加上新的传播技术：网络广播与数字广播。

---

① 阎玉主编：《中国广播电视学》，36 页，北京，中国广播电视出版社，1990。

这一定义告诉我们，广播是一种传播媒介，它的发信者为广播电视台，它的传播方式是用电信号传播声音、图像节目，而收信者必须具备接收工具。这些构成了广播传播系统的要素，广播要完成传播使命，各个要素缺一不可。同时，这些要素的特征也构成了广播特征的具体表现，特别是在传播方式方面更为突出。

【思考题】

1. 什么叫信息？
2. 什么是符号？
3. 传播、传播媒介、大众传播媒介、新闻媒介之间的关系是什么？
4. 信息与人是什么关系？
5. 广播的定义是什么？

第一编　认识广播电视媒介

我们打开广播电视马上会听到声音、看到图像。打开的动作非常简单，但背后实现的技术却是很复杂的，有一个很长的发展、完善历史。认识广播电视媒介要从这些技术的发展历史开始。

在这一编中，我们要通过了解广播电视技术发明的历史、相关基础的技术原理以及为媒体带来的影响，从最基本的层面认识广播电视媒介。

广播电视史前史

第一章

CHAPTER 1

【本章学习要点】

1. 人类早期沟通的媒介类别。
2. 历史上的图像传播形式及其发展。
3. 历史上的声音媒介及传播方式。
4. 电及电通信的发明过程。
5. 视觉信号传输设备的发明历程。
6. 听觉信号传输设备的发明历程。

在广播电视出现之前，人类经历了漫长的媒介发明历史，而且广播电视并非人类最早的音视频媒介。

第一节　人类早期媒介

纵览人类历史，人们为改善信息传播一直在进行着不懈的努力，他们不断地为提高信息沟通的速度、质量和扩大范围而创造着、努力奋斗着。这一斗争的成果构成了人类的传播史。人类对信息的需求和沟通与生俱来，其记载可以追溯到远古时期。

一、早期的重要媒介

（一）通过视听的人际沟通是人类最早的传播方式

在人类诞生后数百万年的漫长历史时期内，人类只能依靠一些原始而简单的方式来传递信息。最早的人类传播主要是人际沟通——人们靠观看对方的表情、动作和收听简单的声音，此外还有少量的图画，来了解各自提供的信息。

（二）语言的形成和使用是人类传播史上的第一次革命

最早的人造传播媒介是语言，它同时又是视听的内容。

远古人类用表情、动作、简单声音传递信息，其方式的简单限制了复杂内容的交流，也限制着信息传递的范围。出于共同生产劳动和生活中更有效沟通的需要，人类发明了使自己彻底完成“从猿到人”转变的传播工具——语言。

语言是从早期人类的体态语言——姿势、表情和简单的声音——发展而来的。在5万～10万年前，“正在形成中的人，已经到了彼此间有些什么非说不可的地步了。需要产生了自己的器官：猿类不发达的喉头，由于音调的抑扬顿挫的不断加多，缓慢地然而肯定地得到改造，而口部的器官也逐渐学会了发出一个个清晰的音节”①。

口头语言能系统、形象地建立声音和客观事物、人类行为之间的联系，使人类将声音同它们所指的对象分离开来，所以有助于人类更有效地利用信息、从事信息传播活动。有了语言以后，人类运用它进行口说耳听的口头传播，语言的共享区域就是信息传播的范围。

语言传播的优点是：口、眼、耳、身并用，传播的理解、接受率高，传递比较迅速、准确、丰富，且自由灵活，还有反馈及时。然而，在相应记录技术发明之前，口头语言转瞬即逝，其传递的信息无法离开人的记忆系统被单独保存下来；同时口头语言将传播距离局限在声音所及的范围之内，虽然可以通过“接力棒”式的方法延伸信息传播的距离，但是在这一过程中又会造成信息的“走样”。这一切使得口头传播的时空局限性很大，且内容的准确性、保留性差。

语言在历史上一直是有效的传播媒介。人们用口头语言来传播信息至今仍无处不在、沿用不衰，这已成为人类交流的最基本形式。由于已有数万年的使用经历，除了口、喉器官外，它还带来了人类脑部的进化，已成为人类正常生长过程中可以自然习得的技能，在人生的早期即可掌握。

（三）文字的发明和运用是人类传播史上的第二次革命

随着人类生产水平的提高，社会组合的规模扩大，人类接触的频率大大增加，进一步克服口头传播活动时空局限的要求日益紧迫。于是，使信息得以离开人脑的记忆系统储存下来、得以大规模有效积累成为人类发展的需要。文字作为抽象化、规范化的符号系统就此应运而生。

---

① 恩格斯：《劳动在从猿到人转变过程中的作用》，见《马克思恩格斯选集》，第3卷，510～511页，北京，人民出版社，1995。

据说文字发明的直接动因是实物标记。如我国《易经·系辞》中提到："上古结绳而治，后世圣人易之以书契。"北美印第安人曾用树皮、大麻、皮条等穿上大小不等、颜色各异的贝壳来记载历史、财产、契约等内容。"大概正是助记物的繁杂性激发了我们祖先寻求简便方法的热情。……改用象征性的方法"记事。因此文字的发明经历了漫长的历史年代，甚至有学者认为这一过程长达几万年，"始于人类学会使用可见符号传情达意的时期"①。

记事的记号往往刻画在树皮、骨头、兽皮、岩石上，它们比较简单，只指明事物的数量或是特征。"当某个图形或记号与一定语言成分联系起来的时候，它就成了文字。"② 文字创制经历了三个阶段：象形阶段、表意阶段和音标阶段。目前发现最早的文字系统是在前 3100 年出现，由生活在美索不达米亚南部的苏美尔人所发明的。关于汉字的起源，中国古代文献上普遍记载着黄帝史官仓颉造字的传说。

文字能把语言长久记录下来。过去保存在记忆中的知识、历史和优秀的文学作品以及传统法律、教义，都能以较大的保真性记载后长期保存，传向远方、传与后世。用文字传递的信息比用口头语言传递的更准确，传递范围也更广；同时也为文化的传承、发展和大规模的社会管理控制提供了可能。

文字传播是伟大的人类进步，它极大地克服了信息传播的时间、空间限制，使人类有了准确的历史记录方法。人们的经验因此能有效记录，大范围地传播、沿用，并使人类社会扩大、统一，发展、进步开始加速。文字至今仍为方便、有效的传播媒介。

虽然文字可以用来描写各类事物的形象，但由于是用一套约定俗成的人造符号来表达各类事物的，因而完全改变了原始信息的形态，使文字记录与原事物相差甚远，信息的模糊度大增。如公元前 4 世纪的《墨经》中著有中国最早的逻辑学内容，由于没有句读，不同的断句直接影响内容的解读，又涉及高深的哲学思辨，所以至今都无法准确解读。

文字在共时性分享信息上也有着与生俱来的短处，特别是手写传播的早期，书写、传递速度缓慢。加之不像语言已有数万年的世代相传，已演变成为人类自然习得的能力，文字则需长期学习才能掌握；因而至今世界各国无论多么发达，都仍有一定比例的文盲，就是证明。

（四）纸张和印刷术的发明

早期的文字载体是一些物品，有的比较易得，如木板、竹板、石板、陶器、兽骨、兽皮、龟甲、莎草纸等；有的非常贵重，如金属器皿、丝帛料等。

文字的初期复制主要靠人工抄写，因此速度很慢；作品储存、搬运困难，很难形成大规模的传播，甚至由此引发了文化的垄断。③

真正使文字插上翅膀，成为信息传播重要媒介的首先是轻薄、便宜、易携带的纸张。中国是造纸术的故乡。105 年（东汉和帝元兴元年），蔡伦把造成的纸献给和帝，受到称赞，并下令在全国推广。从此，纸的产量、质量大幅度提高，"自是莫不用焉，故天下咸称'蔡侯纸'"④。

中国也是印刷术的发明地。印刷术的源头可以追溯到在秦汉时期已经很成熟了的两种

---

① ［美］大卫·斯隆编：《美国传媒史》，7、6 页，上海，上海人民出版社，2010。

② 马学良：《语言学概论》，212 页，武汉，华中理工大学出版社，1985。

③ 参见［美］大卫·斯隆编：《美国传媒史》，10 页。

④ 田雨：《谈我国古代造纸术的发明》，载《史学月刊》，1984（5）。

更为古老的传统技术：石刻文字图画、刻或铸玺印。随后，拓印技术在南北朝时期也逐步成熟。它们都直接启发了印刷术的产生。

印刷术从技术操作上分为雕版和活字两种。雕版印刷术大致产生于唐朝初年。现存最早的是敦煌莫高窟藏经洞（第17号窟）所出868年（唐咸通九年）雕印的《金刚般若波罗蜜经》，这是一卷首尾完整的出版物。

宋朝是中国雕版印刷的黄金时期，也是活字印刷的创始时代。活字印刷术是在雕版印刷术成熟的基础上，对于印刷技术的一次质变性改革。据北宋沈括《梦溪笔谈》记载，在1041—1048年之间，一名“布衣”毕昇发明了经过煅烧的一字一块的泥活字及木头和铜活字。①

正是印刷术的运用，让书籍成为最早大批量生产的信息产品。印刷术一开始被用来印制宗教、历史经典。从此出现了大众传播媒体。

在此之前的两项发明都属于内容表达系统的创新，而从这项发明开始，人类走上了对传播形式的探索，且发明的步伐呈现越来越快的加速态势。

（五）新闻媒介诞生，发明印刷机

前59年在罗马由恺撒大帝创办了《每日纪事》作为官方公报，内容涉及政令、公告和元老院决议等。由于使用莎草纸作为载体，没有实物保留下来。据说这份报纸的前身有三个：参议员行述、记事板和新闻信札。

9世纪左右，我国宫廷通报——邸报——出现，是为报纸的萌芽。邸报现存最早的是887年（唐僖宗光启三年）的。1071年（北宋神宗熙宁四年），我国开始用雕版印邸报；1638年（明思宗崇祯十一年）出现活字版邸报。

1395年出生于德国美因茨一个贵族家庭的德国人谷登堡发明了使用金属浇铸的字模制成的活字盘，再借用类似葡萄压榨工艺的方法将文字印刷到纸张上的印刷技术。谷登堡使用这一技术在1455年出品了《谷登堡圣经》。印刷机的发明，使文字媒介得以大量印刷、复制，传播规模迅速扩大，传播范围更广。

印刷术发明后，在欧洲以往由游吟诗人用民谣形式传播的内容被单面印刷在大幅纸张上，四处流传。其中著名的是1493年宣告哥伦布发现新大陆消息的此类印刷品。随后在欧洲开始流行一事一报式的新闻信札（newsletter），用来报道、评述各类新闻。②

1609年在德国出版了《报道与新闻报》，这是最早的现代意义上的报纸。伴随资本主义商品经济出现的报纸是用文字传播信息的一次伟大飞跃，它标志着人类的新闻传播从局限于亲身传播、群体传播飞跃到大众传播即面向整个社会的高效传播。

二、历史上的图像传播

（一）原始的图画及光传播

原始人类最早将图画、画像、地图刻画在岩石上，以实现记录、传播的需要。

在我国，始于春秋战国时期，为了瞭望和报告来犯敌情，各国均在国境和城堡上广筑

① 参见白化文：《中国的印刷术》，载《神州学人》，1999（6）。
② 参见［美］大卫·斯隆编：《美国传媒史》，14、18、22页。

高台。台上有吊斗，斗里放置烧柴，一旦敌人来犯，把柴点燃，拉起吊斗报警。白天生烟叫“燧”，夜间举火谓“烽”，守军则见警而动，进入临战状态。这就是我国使用视觉信号报警的人工烽火台。①

古希腊人在前4世纪也使用火把为信号来传递军事信息。欧洲还广泛使用旗帜、烟火等途径传递战争信息。

（二）我国古时对光影的认识与应用

我国对光和影像的研究有着十分悠久的历史。大约生活于春秋末战国初期（前476—前390）的墨子，在其著作《墨经》一书里关于光学的部分相当系统地论述了物影的定义和成因。其中有光的直线传播原理、小孔成像原理、光的反射原理，以及球面镜和透镜的成像规律等光学基本问题。其“光至景（影）亡”的学说，是人类对光学理论最早的贡献。

汉初齐少翁用纸剪的人、物在白幕后表演，用光照射，将人、物影像映在白幕上，幕外的人可以看到影像的表演。这就是产生于汉代、唐宋以后广为流传的“灯影戏”。它是对“光学理论”初级、朴素的应用，后来传到西方，引起轰动。

宋代，沈括（1031—1095）在所著的《梦溪笔谈》一书中，详细叙述了“小孔成像匣”的原理。

（三）国外早期的图像研究应用

1038年，阿拉伯学者阿哈桑（Alhazen，生卒年不详）描述了一种后来被称为暗箱（camera obscura）的光学工作器材，使用了后来构成照相技术的基本原理。在文艺复兴时期，艺术巨匠达·芬奇（Leonardo da Vinci，1452—1519）于1490年写下了有关暗箱的文字记载。

16世纪，人们已经在暗箱的开孔处装上镜头，由此在暗箱内壁获得了非常鲜明的影像，从取像角度上体现了照相机的原理。1611年，德国人约翰尼斯·开普勒（Johannes Kepler，1571—1630）发明了照相机的原型——一顶可拆卸与运送的帐篷，人可以侧身其中把从外面投射进来的影像描摹在帐篷内壁上。1807年，英国人贺拉斯·沃泊尔（Horace Walpole，1717—1797）研制的明箱（camera lucida）在他死后问世，人们可以不进暗箱而在外面通过棱镜在图画纸上看见影像。②

1654年，德国犹太人基夏尔（Athanasius Kircher）首次记述了幻灯机的发明。最初的幻灯机是用铁皮制成的方匣子，顶部装有排气筒，正前方装有可滑动的凸透镜，形成简单的镜头，镜头和铁皮匣之间有可调节焦距的面板，匣内装有光源，最初是烛光。幻灯片由玻璃制成，靠人工绘画。使用时，把幻灯机置于黑房内，将幻灯片插入镜头后面的槽中，点燃蜡烛，光源通过透明画片和镜头，形成光柱映在墙幕上。幻灯机最早是传教士的传教工具。③

18世纪以前，英、法等国为了迅速传递信息，使用统一的旗语信号，传递比较复杂的信息。这是原始的较远距离视觉传播系统。这一系统在法国大革命时被进一步完善。

---

① 参见《从烽火台到民信局：古代通信的发展》，见旱岛环球网，2010-03-19。
② 参见顾铮：《世界摄影史》，杭州，浙江摄影出版社，2006。
③ 参见《幻灯机》，见中国儿童资源网，2008-04-21。

三、原始声音媒介

（一）器材发声

人类在古代就使用有较大音量的器材发声，在一定范围内传播信息，如手鼓、战鼓、钟声、锣声及其他打击乐器，还有号、管等吹奏乐器被广泛应用于日常生活及战争中。当时无论在中国还是外国都有战鼓、军号就是实例。

（二）语言传播

有了语言，就有了原始的“广播”。据说前500年左右，波斯帝国的大流士国王为了向各地发布命令，就派出很多声音洪亮的家臣分站在一个个山顶上，用高声呼喊的方法逐个向远方传递命令。这可以说是最早的“广播”。

古代在欧洲各地，每逢集市日都有传报员在街头宣讲公告；还有一种游吟乐师搜罗各类小道消息走街串巷吟唱表演。[①] 他们借口头语言、说唱传递消息，向民众传播各类信息。

在中国古代，很早就把人的喉舌看做舆论工具。古人提出“观政听谣”说，即把“谣”（歌谣、顺口溜）看做舆论动向的标志。

另外，世界上很多民族都有传说、史诗，这些口头传播保留了很多古老民族的远古历史。像古希腊的《荷马史诗》，华夏民族的神农、炎黄、尧舜、禹鲧传说，蒙古族的《江格尔》，藏族的《格萨尔王传》等。

第二节　近代相关科技发明

在广播电视发明之前，人类曾有一系列的科技发明，它们都是广播电视发明技术逻辑上的重要环节。没有这些发明就没有广播电视的出现。

一、电的发明

（一）发现静电

电和磁无论在西方还是在中国，都是2 000多年前就已被发现了的自然现象。

古代中国人最先发明了磁针。当指南针传到欧洲后，在15世纪地理大发现时被用于环球航行。

古代人们已经知道琥珀和皮毛、玻璃和丝绸摩擦后会吸起轻小物体，这就是静电引力。英国伊丽莎白女王的御医吉尔伯特（1540—1603）研究过物体之间的摩擦起电现象。

德国人盖里克（Otto von Guerioke，1602—1686）创造了用手与转动的硫磺球摩擦，使球体和人体都带电的静电起电机。他同时发现电可以通过金属传导给另一个物体，并发现了感应起电现象。

1746年，荷兰莱顿大学的穆欣布罗克（Musschenbrock，1692—1761）试验用起电机使瓶内的水带电，他的一个朋友的手接触到插在瓶中的铁丝后，被突然一击，由此他发现

---

① 参见［美］大卫·斯隆编：《美国传媒史》16页，上海，上海人民出版社，2010。

了所谓电震现象。后来，他根据这个实验，发明了能够存贮静电的设备——莱顿瓶。它的电荷很小，不能形成持续电流。法国物理学家诺莱特（Nollet，1700—1770）也做了同样的实验。他曾在路易十五面前用莱顿瓶放电传过 180 个修士，使他们同时惊跳起来，给人留下深刻印象。

1746 年，40 岁的本杰明·富兰克林（Benjamin Franklin，1706—1790）在波士顿看到了来自苏格兰的史宾斯博士的电学实验，此后他也开始了对电的研究。他最著名的是 1752 年所做的风筝实验，即用风筝把雷雨中的电引下来使莱顿瓶充电，并使人感到电震。他证明：天上的电和地上的电是一回事。根据这一实验，富兰克林发明了避雷针。

（二）发现电流

从静电到动电，是电学发展的里程碑。

意大利医生伽伐尼（L. Galvani，1737—1798）从 1780 年开始利用蛙腿做动物电的实验，他在解剖青蛙时偶然发现了“流电”（galvanism），即由两种金属表面不同的电子逸出功产生的接触电势差形成的电流，但他当时并没有认识到电流产生的真正机制。

他的文章引起了另一个意大利人伏特（A. Volta，1745—1827）的注意。伏特用各种金属做伽伐尼的同类实验，最后认识到：金属的接触是产生电流的真正原因。当两块相同的金属接触时，其温度不同便会产生电流，称为温差电效应；而当不同的金属接触时，在相同温度下也会产生电流，这是由接触电势差造成的。伏特依据这一发现于 1799 年制成了用锌板和铜板作为两极的伏特电堆，这是最早的能提供稳定直流电的电池。这一发明为 19 世纪电学的实验和发展提供了最重要的工具。由于这一发现和发明，伏特的名字成为电势（电压）的基本单位。

（三）电动力学诞生

1819 年的一天，丹麦哥本哈根大学的物理学家奥斯特（H. C. Oersted，1777—1851）教授在做电池试验时，不小心将连接电池的导线落到了磁盘上，磁盘上原来静静指向正南的指针忽然剧烈摆动起来。这一现象引起了他的注意。他反复试验多次，意外发现了电与磁的“缘分”。从这里出发，人们开始认识宇宙间的第二种相互作用——电磁作用。

（四）无线电的发明

英国科学家法拉第（Michael Faraday，1791—1867）于 1831 年经过实验发现了电磁感应现象——变化的磁场在闭合导体里产生感应电流，并确定了电磁感应定律。

1864 年，爱尔兰物理学家詹姆斯·克拉克·麦克斯韦（James Clerk Maxwell，1831—1879）预见到电磁波能够不用导线传播，后来用数学论证了电波向外传播的速度和光速一样，并得出了光的本质是电磁波的结论。1873 年他出版《论电和磁》一书，在理论上确立了电磁学，被称为“无线电之父”。

1887 年，德国物理学家海因里希·鲁道夫·赫兹（Heinrich Rudolf Hertz，1857—1894）根据麦克斯韦的理论进行试验，在实验室内产生了电波，并发现了发射、接收电波的方法，证实了麦克斯韦的理论。1965 年国际无线电协会通过以“赫兹”命名无线电波来纪念他。

无线电的发明和运用是人类信息传播史上的第三次革命。无线电在通信、传播方面的应用包括电报、电话、传真、广播、电视等。

二、电气通信

伏特发明电池后，很多人就将这种最初发明的弱电用于通信。1821 年，安培（Andre Marie Ampere，1775—1836）在发现导线的相互作用力之后，建议用电磁装置来传递信号。他建议用 26 条导线连接 26 个字母，用以发送信号。

最早的通信机是法国人克拉德·查佩兄弟在 1794 年发明的，它曾在卢森堡和巴黎使用。德国解剖学家佐迈林于 1809 年也利用伏特电池原理制成了通信机，但没有能够达到实用水平。

（一）发明有线电报

在法拉第发表他的电磁感应定律的 1833 年，德国人高斯（J. C. F. Gauss，1777—1855）和韦伯（W. Weber，1804—1891）研制成功电磁式电报机。他们在天文台和物理馆之间 9 000 英尺（1 英尺约合 0.305 米）的距离内架设了电报线，但它仅能在实验室里进行表演。

此后不久，一个年轻的英国人库克（William Fothergill Cooke，1806—1879）和伦敦高等学院的教授惠斯通（Charle Wheatstone，1802—1875）发明了新型电报机，并取得第一个专利。

1832 年，美国穷肖像画家莫尔斯（S. F. B. Morse，1791—1872）在乘船从欧洲回美国途中，偶然听到一次电学讲座，并遇到一位电气工程师。之后他放弃了绘画而醉心于实现电报通信的梦想。他上岸后立即拜师学徒，在物理学家亨利（J. Henry，1797—1878）的帮助下，于 1835 年发明了莫尔斯电讯机（电磁式电报机），经改进后，被各国普遍采用。1837 年他编制了莫尔斯电码，以点和画的组合代表各个字母、数字和标点符号，用手操作电键开闭电路来发送电报信号。

莫尔斯电码通报速率受到报务员发报速度的限制，每分钟 20～25 字。1858 年惠斯通成功研制了莫尔斯电码高速自动电报机，其收发速率可达每分钟 70～300 字，这种电报机一直沿用到 20 世纪 70 年代。

1844 年，莫尔斯在美国政府资助下建成了巴尔的摩至华盛顿的世界上第一条电报线路，全长 60 公里。它的第一句电文是从美国最高法院大法庭上发出、由莫尔斯拟就的："上帝创造奇迹!" 1851 年，他的电报系统应用于美国铁路。几年之内，这种电线就把美国所有大城市连接起来。电报由此开始成为商业、军事、新闻领域的通信媒介。

（二）铺设海底电缆

1851 年 11 月 13 日，英国在英吉利海峡的多佛尔到加来（法国）之间铺设了世界上第一条海底电缆。在这之前英国曾铺过一次海缆，因为没有铠装保护第二天就坏了。1852 年，伦敦与巴黎之间有了有线电报联络。

1854—1856 年，在克里米亚战争中地中海海底电缆铺设完成。1858 年，大西洋海底电缆架设成功，英美两国开始用电缆通信。美国总统发出了"上帝保佑，愿电报成为不同民族之间和平与友谊的纽带"的电文。但这条电缆很快就中止使用了。直到 1866 年，美国实业家赛勒斯·菲尔德（Cyrus Field，1819—1892）和英国物理学家威廉·汤姆逊

(William Thomson，1824—1907) 几经挫折，才最终架成新的可供稳定通信的大西洋海底电缆，从而把欧美连接起来。由于早期海缆只有一根导线，用马来胶做绝缘体，经海水构成回路，所以只能传送低速电报。

1869 年，从英国伦敦出发，经过欧洲大陆直到印度卡利卡特城的电缆建成。19 世纪末，从印度到澳大利亚的海底电缆建成。1902 年，电缆又将澳大利亚和加拿大联系起来。从此，全球各个大陆都可以用电报联系了。

电报发明后，信息传播的速度大大提高，也极大地缩小了各大陆、各国之间的距离感。但是，有线电报要靠导线传输信号，这有很大的局限性。譬如，高山、大河、海洋给线路架设和维护带来困难，而急需通信联络的海上船舶，因其移动交通的特性，无法使用有线联络的方式。

(三) 发明无线电通信

1894 年，20 岁的意大利人马可尼 (Guglielmo Marchese Marconi，1874—1937) 在阿尔普斯过暑假时从赫兹的讣告中了解到他的工作，受到启发，着手试验。1895 年春季，他分别实现了无线电的发送和接收。1896 年，马可尼赴英国，成功实现了 4.8 公里无线通信并申请了专利。1898 年，马可尼使用功率强大的发送器，使电波跨越了英吉利海峡。1899 年，他在海军演习时进行的 120 公里无线电通信又获成功。

1901 年 12 月 12 日，马可尼率一个小组在加拿大纽芬兰的圣约翰斯进行越洋通信试验。他们把挂有接收天线的风筝放到 400 米的高空，当天中午便接收到从相距 3 000 公里外的英国发出的字母“S”信号，在英国、美国之间实现了跨大西洋无线电通信。当时马可尼推测空中有能够反射电磁波的电离层，后来为科学所证实。这之后无线电报很快取代了有线电报，世界迎来了电信时代。这一年马可尼 27 岁，他因此一举成名。随后英国、美国、比利时、法国、意大利、加拿大等国相继建立了马可尼无线电报公司。

与马可尼同时，1895 年俄国的水雷学校教员波波夫 (A. Popov，1859—1906) 得到本国海军的支持，也发明了无线电发报机，并于 1896 年 3 月 24 日成功进行了 250 米的无线电报试验。

无线电通信技术的发明是一次伟大的飞跃，是人类科技发展史上的一个重要里程碑。

三、视觉设备发明

(一) 照相机

照相技术是暗箱技术的延伸，其最初的发明只是要解决图像的记录、保留问题，也就是将暗箱影像使用化学方法保存下来。

1823 年，法国人约瑟夫・涅普斯 (Joseph Nicephore Niepce，1765—1833) 拍摄的第一张照片“餐桌”，需要曝光 14 个小时。

1839 年 8 月 19 日法国画家达盖尔 (Daguerre，1787—1851) 公布了他发明的“银版摄影术”。由于此时曝光时间仍需 30 分钟以上，所以只能拍摄静物和风景。

1840 年以后，曝光时间减少到 20 分钟，并且第一次把化妆模特儿的姿态拍摄下来。很快，曝光时间只要一两分钟就够了。

（二）传真机

传真机的英文名是“telefacsimile”，意为“远程复印机”。它发明于1843年。

苏格兰钟表修理工亚历山大·贝恩（Alexander Bain）设计了一套类似把两支钢笔连接到两个钟摆上的装置，给这一装置依次连接上电线，就能够在另一端重现电传导的平面信息。一部机器读来自纸张上的信息，然后转化为信号通过电话线发送到另一端，后一机器接收并将信号转为图像复印出来。这一个装置被应用于第一份横跨美国的电报信息传输中。

1848年，贝克韦尔（Frederick Bakewell）发展了贝恩的技术，发明了滚筒扫描技术；1862年，意大利物理学者乔瓦尼·凯斯利（Giovanni Caselli）制造出早期的传真电报机；1902年，医生亚瑟·科尔（Arthur Korn）在德国发明了图片传真术；1925年，美国电报电话公司（AT&T）的贝尔实验室采用真空管技术和光电管技术研制出了实用型的传真机。

（三）电影

1888年，法国人埃米尔·雷诺（Emile Reynaud，1844—1918）发明了“光学影戏机”，可以在幕布上放映几分钟的活动影戏，如《可怜的比埃洛》、《更衣室旁》等。图像是由雷诺亲手一张张绘制的，那只是最初的动画放映。

1894年，爱迪生（Thomas Alva Edison，1847—1931）实验室的“电影视镜”看片机问世，它是一种长方形立柜式箱子，里面有可以连续放映的50英尺的胶片，外面有个2.5毫米的透镜，只能供一个人观赏。爱迪生认为，只有每个好奇的顾客单独看电影才可能挣到更多的钱。因此，他拒绝使用投影方式放映电影。

1895年12月28日，卢米埃尔兄弟（Auguste Marie Louis Nicholas，1862—1954；Louis Jean，1864—1948）在巴黎卡布辛大街14号大咖啡馆中用他的“活动电影机”首次售票公映。这一天标志着电影的真正诞生。卢米埃尔兄弟发明的是一架既可以拍摄又可以放映赛璐珞软胶片的机器，其成本和重量都远远低于爱迪生和其他发明家的设备，它在速度上，是1/16秒的画格，更为接近于1/24秒画格的正常速度，而爱迪生的“电影视镜”是1/48秒的画格。

最初的电影是无声的黑白电影，有少量字幕。后来配上了录放音系统。1927年发明了有声电影，1930年有声电影开始逐渐代替无声电影，现代电影胶片上则有声道，靠光电效应来还原声音。

1934年，第一批彩色电影问世。目前最新的是数字电影技术。

电影技术的出现将静态的摄影技术升格为动态的图像和声音实录技术，第一次使人们有可能保留下历史活动的真实影像，而且也为人类提供了一种崭新的、形象生动的艺术活动手段。

四、听觉设备发明

（一）电话

人们并不满足于电报的发明，他们希望能直接通话而不需要翻译电码。发明家亚历山大·格雷厄姆·贝尔（A. G. Bell，1847—1922）出生在英国的一个声学世家，任过聋哑学校教师，后移居美国。在任波士顿大学生理学教授期间他开始了利用电流传送声音的试验。1873年他辞职专心研究，于1876年发明了电话，最初是3.2公里的传话试验成功。这是比电报更方便、直接的信息传递技术。同年，他向美国政府申请了专利。

1877年，由于爱迪生和英国人休斯发明了新的话筒，以及交换机和自动拨号机，电话得到了改进。1878年，贝尔在相距200英里（1英里约合1.61公里）的波士顿和纽约之间第一次通了电话。1880年美国成立了贝尔电话公司，并在三年内安装了5万多部电话机，使美国相距几十公里的城市之间有了长途电话。当时的有线通信都是用电池作为能源的。

据记载，19世纪80年代始，美国和欧洲很多地方都出现了利用电话的有线广播形式。但是电话没有向广播方向发展。据当时的《电力工程》杂志分析，这是因为美国电话电报公司发现：仅用电话的个人通信功能就足以使公司获利，所以没有在新的方向上开发。

（二）留声机

1857年，法国发明家斯科特（Scott，1817—1879）发明了声波振记器，这是留声机的鼻祖。

1877年，爱迪生发明了一种录音装置，用在锡箔或锡管上刻声迹（沟纹）的方法来保存和重现声音。这个装置录下了爱迪生朗读的《玛丽有只小羊》的歌词："玛丽抱着羊羔，羊羔的毛像雪一样白。"这8秒钟的声音成为世界录音史上的第一声。

从此，录下的声音可以长期保存并进行复制，一个全新的行业发展起来。这一发明首先把音乐带进了家庭。

唱机的英语名词"phonograph"来自希腊语，是"声音"与"写"的意思组合。1887年，美国人伯里纳（Ernile Berliner）成功进行了两项重要的发明——唱盘和横行唱针，这完成了唱机的发明。

【本章小结】

从口头报告到用电子媒介传播信息，标志着传播技术的飞跃，也给人类历史带来了全新的面貌。信息利用的效率对历史发展带来极大的影响。在无线电发明至今100多年的历史中，人类生产、生活都发生了巨大的变化，传播手段的进步功不可没。

人类在广播电视发明之前，已经在声音、图像传播的路上有了无数的尝试、探索，才最终走上广播电视的发明之路。

【思考题】

1. 人类早期通过哪些媒介进行沟通？
2. 古时候曾有哪些图像传播形式和认识？
3. 古代曾有哪些声音媒介，其传播作用如何？
4. 电及电通信的发明过程及原理是什么？
5. 电通信发明的顺序与规律是什么？
6. 视觉信号记录与传输设备的发明历程是怎样的？
7. 听觉信号传输设备的发明历程有什么特点？

第二章 广播电视的产生与技术发展

CHAPTER 2

【本章学习要点】

1. 广播的发明。
2. 最初广播电台的创办过程。
3. 广播在历史上的主要技术发展。
4. 电视的发明。
5. 电视台的创办。
6. 电视在历史上的主要技术发展。

广播电视是历史、科技发展的结果，它反过来给历史以巨大的影响。广播电视的出现曾经历了漫长的摸索与研究。

第一节　广播的诞生与发展

有线电话发明之后，很多人开始致力于无线电话的发明，希望摆脱线路的牵制，创造更大的使用自由。但事不遂人愿，刚刚起步的电话技术难以承担这一功能，而在这个目的追求下发明出来的无线传输声音的技术逐渐被认识并用于广播。

一、广播诞生

广播的发明始自有线电声技术。其技术源于 1876 年诞生的有线电话。1880 年，俄国人奥霍罗维奇（Okhorovich）研制成功用导线把剧院里的音乐节目传输出去的播音设备。1890 年夏天，在美国萨拉托加的大联盟旅馆，有人通过电话欣赏了在麦迪逊广场花园举行的音乐会，还有其他地方传送的舞曲和朗诵等。1893 年，匈牙利人西奥多·普斯卡（Thedore Puskás，1844—1893）把布达佩斯市 700 多条电话线连接起来，定时报告新闻，被称为“电话报纸”。这是有线广播的雏形。

无线电报问世以后，科学家们立即着手研究直接用无线电波传递声音。美国匹兹堡大学物理学教授、出生于加拿大的费森登（Reginald A. Fessenden，1866—1932）早年曾被聘为爱迪生实验室的技术员，后来到西屋电气公司任工程师。1900 年，他开始为美国气象局工作，尝试将无线电技术用于天气预报。他一直有将人的声音用无线电传输出去的想法。1902 年，他在两位金融家资助下，于马萨诸塞州的布兰特·罗克城建立了实验室，开始研制。他把按声波频率振动的电波叠加到高频率无线电波上形成调制电波波幅（调幅），用这一方法发明了一种用于无线通话的很灵敏的电解检波器，研制成功一套调幅波语音传递设备。

1906 年 12 月 24 日平安夜，费森登播出了他朗诵的《圣经·路加福音》中的圣诞故事片段、自己用小提琴演奏的平安夜歌曲、用留声机播放的乔治·亨德尔（Handel，1685—1759）的慢板音乐以及最后致圣诞问候的声音。当时在附近新英格兰海岸边几条船上的无线电报务员在他们的耳机中听到了这次广播，成为最早的听众。

真正使无线电通信成为重要实用工具的是二极管、三极管。1904 年英国发明家弗来明（John Ambrose Fleming，1849—1945）经多年实验发明了二极管；1906 年，美国发明家李·德福雷斯特（Lee De Forest，1873—1961）又为其加进一个极，即栅极，发明了三极管，使电波接收更容易且信号放大功能更强，为收音机等众多电气设备的发明创造了条件。早期的三极管真空度不高，收音质量不好，到 1914 年高真空管问世，无线电广播才快速发展起来。

经过几年的努力，1910 年费森登在两位金融资本家的支持和帮助下，完成了一套无线电台装置。但他的无线电广播并没有受到重视，客观上是由于第一次世界大战使研究工作陷于停顿，所有无线电器材仅限军用，只用来传播一些紧急消息。另外，技术设备不过关，特别是接收工具简陋、笨重，无法更广泛地付诸实用。而且，在主观上人们是要发明无线电话，对广播及其作用缺乏认识，只有少数无线电爱好者把它当做娱乐的玩意儿。

1916 年，美国的无线电报务员，后来的美国无线电公司（RCA）总经理、全国广播公司董事长大卫·萨尔诺夫（David Sarnoff，1891—1971）提出了制作“无线电音乐盒”的设想，但计划未被采纳。早期的广播接收装置是电报耳机、矿石收音机和公共场所的扬声器（大喇叭）等。

广播的发明成功开创了人类传播史的新纪元，它标志着电子媒介的诞生。这对传播方式来说是一场革命，它给人类的第一套信号交流系统——语言——这种比文字更原始的传播媒介赋予了新的生命，把它从狭窄的时间、空间中解放出来，给人装上了顺风耳，大大延伸了人的感知能力。

声音与无线电的结合创造了一种崭新的、以前的个人小范围经历不能企及的新境界。新的信息传输方式开辟了新的信息源，新的信息组合形式与表达方法丰富了人类的生活、感受，提高了所接收信息的质量，同时为无线电在人类信息传播中发挥更大作用、为其他电子传播媒介的诞生做了先导。

二、创办电台

（一）第一家广播电台

在美国，语言广播发明之后，没有人立刻意识到这是一种新的大众传播媒介，加之一些技术问题还没有很好解决，虽然出现了少数试验播出的电台，但是随后爆发第一次世界大战，致使一切无线电设施都被置于政府的管控之下，试验全都用于军事目的，民用发展受到了限制。

直到战后，私营广播才又恢复。这期间在美国和其他国家曾先后出现过多家试验电台。世界上公认的第一家广播电台是 1920 年 11 月 2 日开始播音的美国匹兹堡西屋电气公司的商业广播 KDKA 电台。根据美国商务部记载，这是第一家向政府领取正式营业执照的电台。

这个台的创立是由一则广告引起的。当年 9 月 29 日，匹兹堡的约瑟夫·霍尼百货公司在《太阳报》上刊登了一则广告，预告一场“用无线电话在空中演播的维克托音乐会”，目的是推销该公司经营的 10 美元一台的无线电收音机。该广告被当时美国三大电气公司之一西屋公司的副总经理戴维斯（Harry P. Davis）看到了。他受到触动：如果能不断提供定期节目，那么收音机岂不是可以源源销出？于是西屋公司决定制造一台新的无线电发射机。他请本公司匹兹堡工厂的技师、无线电爱好者康拉德（Frank Conrad）博士造了一台发射功率很强的发射机，并按照美国联邦政府 1912 年法令的要求，向商业部申请了电台执照。1920 年 10 月 27 日商务部分配给它一个商业海岸电台呼号——KDKA 及分配频率。

电台准备工作完成之时正好赶上美国大选，于是从 11 月 2 日总统选举揭晓之日开始播音。当天它随时播放由匹兹堡《邮报》提供的选票统计数字，这立刻引起了公众的关注。当时的收听人数达到了 500～1 000 人，他们主要是通过公共扩音器收听。选举结果是，共和党候选人、来自俄亥俄州的参议员沃伦·G·哈定（Warren G. Harding，1865—1923）击败了民主党的考克斯，成为美国历史上第 29 位总统。从此以后，家用收音机销路大畅。KDKA 电台的开播标志着广播事业的正式诞生，广播揭开了自己的历史，并同时掀开了世界新闻事业史新的一页。

（二）各国创办广播

1920 年前后，广播在很多国家陆续出现，各国开办广播的时间为：1919 年，英国、加拿大；1921 年，新西兰、澳大利亚、丹麦；1922 年，法国、苏联；1923 年，德国、中国；1924 年，意大利；1925 年，日本；1927 年，印度。

1908 年，李·德福来斯特（Lee de Forest）在巴黎埃菲尔铁塔（约高 324 米）设立了无线电实验台。1921 年，法国邮电部建立了法国第一座广播电台。1922 年法国建立了国家电台。

1922 年，英国广播公司（British Broadcasting Company）开播。

俄国十月革命后，1918 年在下新城设立了无线电实验室，年底制成独具风格的无线电发射机。1920 年 1 月，无线电实验所用无线电话传送了语言节目。2 月 5 日，列宁写信向领导实验所的科学家表示谢意并指出，广播是“不要纸张、没有距离的报纸”。同年秋，在莫斯科的霍德无线电中心开始播音，一天播送两次、每次一小时，播送新闻、报刊文章。1922 年夏，苏联建成当时世界上功率最强、功率为 12 瓩的莫斯科电台，并于 11 月 7 日开始播音，时称“共产国际广播电台”。

到 1922 年，美国的广播电台已发展到近 500 家。1926 年，美国成立了全国广播公司（NBC），有 25 家加盟电台；同年哥伦比亚广播公司（CBS）诞生，拥有 16 家电台网络。

短短几年，世界上主要国家都建立了广播电台，到 1930 年无线广播几乎遍及世界。初期的广播电台规模小、设备简陋、发射功率低、广播时间短，主要是对国内广播。

三、广播的发展

（一）对外广播

20 世纪 20 年代末，资本主义世界爆发了历史上最严重的经济危机，并导致了政治危机。各国内部及国家之间的矛盾空前尖锐。为了争夺殖民地和势力范围、加强对殖民地和半殖民地的掠夺控制，各国一面组织经济集团扼制竞争对手，一面发展对国外广播，从精神上强化对殖民地和半殖民地的统治。

荷兰率先于 1927 年开办对其殖民地爪哇（印度尼西亚）的荷语广播，随后是美国（1929）、法国（1931）、英国（1932）、德国（1933）、日本（1935）。早期的对外广播多是使用本国语言对广播对象国的本国侨民播出，所以还不是完全意义上的对外广播。

苏联于 1929 年开办对外广播，为宣传自己、摆脱孤立，配合其政治外交斗争，打破资本主义国家的封锁，先用德语后用法语对外广播。它于 1940 年开始对华广播。

德国于 1933 年开办了对北美的英语广播；1935 年意大利开办了阿拉伯语广播。直到 1938 年，英国 BBC 才开办了阿拉伯语广播，对德、意的广播战进行反击。

而美国则是于 1941 年 12 月 7 日“珍珠港事件”后，在两个多月后的 1942 年 2 月 24 日开办了“美国之音”对外广播，先用德语，后用法语、意大利语播出。美国于开播次日（2 月 25 日）对日宣战。

据资料统计，第二次世界大战爆发前后，世界上共有广播电台 1 200 多座，收音机 4 000多万台；有 25 个国家开办了对外广播。

第二次世界大战中广播在对内对外宣传中发挥了重要作用。苏、美、英等国同德、意、日法西斯国家展开了激烈的“电波战”（广播战）。如德国的对外电台有三种，分别为白色、灰色和黑色。它们的分工是：白色是公开台，公然宣扬法西斯主义；黑色是秘密电台，伪装成对象国的地下电台，用散布假情报来挑拨对象国关系，破坏其士气和团结；灰色电台则时而做白色台，时而做黑色台。可以说法西斯不仅在战场上，而且在广播战中都是无所不用其极。

各国电台及时报道战争消息，有的还派出记者到前线采访，做出许多真实生动的报道。参战国家的战时领导（丘吉尔、戴高乐、斯大林、希特勒、墨索里尼等）还多次到电台发表广播演讲，动员国民。广播同时也成为这些交战国首脑及国民的主要信息来源，如

BBC 的消息就同时被双方领导人密切关注。

(二)调频广播

广播电台的发展和收音机的普及促进了广播技术的提高。1923 年，美国科学家 E. H. 阿姆斯特朗（Edwin Howard Armstrong，1890—1954）在美国无线电公司总裁萨尔诺夫的指示和资助下开始研究“不受天电干扰”的调频广播。1933 年在技术上取得进展，达到实际应用地步，并于 1935 年 11 月 6 日进行了第一次调频无线电传输表演。

美国于 20 世纪 40 年代初创办了一批调频电台。但第二次世界大战爆发后，美国政府便暂停了执照发放。到 40 年代后期和 50 年代前期，在广播电台众多、频率特别拥挤的欧洲和美国，调频广播开始了大发展。1955 年，欧洲有 10 多个国家开办了调频广播，60 年代进一步发展为立体声广播；此后，亚洲、非洲、拉丁美洲各国也陆续开办。

调频广播具有调幅广播没有的优点：

（1）电波传输稳定。调频广播工作于超短波频段，这一频段的电波可以穿透电离层，所以听众接收到的都是电台发射的直接波，电波传播稳定，没有衰落现象，真正“不受天电影响”，抗干扰能力强，可 24 小时稳定收听。对于电台来说，在自己使用的频段范围内不易受邻近电台干扰，播出质量高。

（2）音质好。人耳听觉范围是 16～20 000 赫兹，100 000 赫兹的频带宽度为中波广播的 10 倍多，可将听觉声音频段全部传送出去，保真度高。

（3）频带宽，容纳的电台数量多。

（4）发射距离与地理条件相关，易于控制、调节，既保证了覆盖又不会“外溢”，解决了中波“听不到、听不好”的问题。

（5）建设维护费用低，不需要大功率发射机，如我国的一般县级台使用 30～100 瓦的功率就够用了。

(三)发明录音机

在广播诞生的早期，早已发展成熟的唱片成为大量丰富的节目来源，填充了很多播出时间。

与唱机和唱盘比较，电磁录音更加简便。1893 年，丹麦科学家波尔森（Valdermar Poulsen，1869—1942）试验改变金属电磁体的方式来记录声音，获得成功。20 世纪 20 年代，钢丝录音机首先在欧洲得到采用。1929 年年底，英国广播公司（BBC）开始将此类录音机用于广播。第二次世界大战后，钢丝录音机被用于长时间的记录广播。但由于钢丝具有很强的延展性，常被拉长，从而导致音调失真，影响到录音的保真性，所以不适于音乐——这一广播主要内容——的录音；同时钢丝又难以整理和剪辑，使用并不方便。

此后，更持久、更可靠的声音记录手段被发明出来，那便是磁带式录音机。1937 年，它由德国发明成功并开始使用。40 年代后期，美国当红流行歌手宾·克罗斯比（Bing Crosby，1903—1977）常到广播电台演出新曲。由于他常常要为身处不同时区的美国听众一个晚上做两次实况演播，所以想要改变这种操作方式。他战时到欧洲做劳军演出时曾见过刚刚发明的磁带录音机，于是他建立了一个基金会，专门搜集磁带录音专利，并委托安培公司（Ampex Corporation）投入研制。1948 年，安培公司推出了磁带录音技术，后来发展成世界首家“卷到卷录音带”（Reel-to-reel audio tape recorder）公司。不久，塑基而非纸基的八声道磁式录音带也问世了。

到 20 世纪 50 年代初期，磁带录音机已为大多数广播电台所用，不同时区的广播只需在播音间重放磁带即可实现共享。1958 年，立体声录音方式发明，从此记录声音的技术大大改善，录下来的声音更加优美动听。

第二节　电视的诞生与技术发展

电视的发明技术更为复杂、艰难，比起广播又有更多的技术探索，凝聚了更多发明家的劳动和心血。

一、电视的前发展期

（一）解决光电转换

1817 年，瑞典科学家贝采里乌斯（Jöns Jakob Berzelius，1779—1848）首先发现了化学元素硒。

1839 年，法国物理学家埃德蒙・柏克勒尔（Alexandre Edmond Becquerel，1820—1891）发现了电化学效应，使光现象与电现象联系在了一起。

1865 年，英国铺设海底电缆。工程师约瑟夫・梅（Joseph May）在测定电缆性能时，发现测量的结果经常发生变化，经过大量的分析和探索，终于发现是其中的硒元素在“作怪”：当光线照射到含有硒的物体上时能产生电子放射现象，这说明硒有光电效应。硒是一种非金属元素，符号为 Se，导电能力随光照强度的增减而改变。光电效应是指在光的照射下，物体的电特性发生变化，变化的程度与光的强度成正比。1873 年，约瑟夫・梅正式发表了硒元素光电效应的学术报告，指出把光变成电信号传送出去是可能的，从理论上证明了用电信号传播图像的可能性。

（二）发现电视原理

与电影相比，电视技术更为复杂。

1884 年，德国 23 岁的工程师保罗・尼普科（Paul Nipkow，1860—1940）根据视觉暂留原理，利用硒光电池发明了机械扫描盘，开创了电视扫描技术的先河。机械扫描盘是一个绕轴旋转的圆盘，盘上有 24 个呈螺线形排列的小孔；当圆盘在景物和硒光电池之间旋转时，小孔相继扫过画面，图像被分解成与小孔数量相同的像素行，逐一将光亮通过小孔投给硒光电池形成电流，这样，画面便被分割并顺序传送出去。在接收端也有一个同样的圆盘，两个盘同步旋转，硒光电池与电源连接，同时与电磁线圈、透镜等组成一套精巧的光学系统，最后在目镜上得到一个完整的图像。这就是“扫描”和“同步再现”。

由于采用机械旋转方式解像，这种电视存在着无法克服的弊端。遗憾的是由于没有放大器等器件，尼普科并没有将这一发明最终完成。但由于他提出了用电传送图像的基本思路，并对未来电视可用器件也提出了设想，因此被后人誉为“电视鼻祖”。

二、电视诞生

(一) 发明电视

1924 年，英国科学家约翰·贝尔德（John Logie Baird，1888—1946）用尼普科的原理制造了机械扫描电视机。1925 年，他在伦敦的一家百货商店里进行了公开展示，第一次在电视上清晰地显现了一个人的脸。1926 年 1 月 26 日，他在英国皇家学会演示了用电视播送运动的人体图像，引起轰动。应运而生的“贝尔德电视公司”持续推进电视研究。

1927 年，贝尔德利用电话线，成功地进行了伦敦至格拉斯哥的电视图像传送，两地距离 640 多公里。1928 年，他利用无线电波把图像从伦敦传到纽约。这些成功的传送试验证明电视画面可以通过无线电波作长途传递。

(三) 实验性电视广播

1929 年秋，英国开始实验性电视广播，第一次公开播出的电视节目是著名工程师弗来明的电视讲话。1930 年，英国广播公司与贝尔德合作，试验成功了有声音的电视图像广播。

美国贝尔实验室的伊夫斯（Herbert E. Ives，1882—1953）和德国人克拉温克尔（Gunter Krawinkel）也先后于 1927—1929 年间完成了电视系统的实验研究。1927 年 4 月，伊夫斯展出了 50 行、每秒 18 帧的电视机。德国在 1929 年制订了 30 行、帧频 12.5 的电视标准。

1935 年，美国纽约建立了电视台，向 70 公里的范围播放电视节目。同年，希特勒掌权的德国柏林也播出了电视节目。

(三) 创办电视台

1936 年，英国广播公司（BBC）在伦敦亚历山大宫建立了全世界第一个电视发射台，并于 11 月 2 日开始了黑白电视节目的定期播出。除周日外，每天下午、晚上各播出一小时电视节目，包括新闻、歌曲、戏剧、杂技等。尽管当时电视的扫描行数为 240 线，全伦敦只有 200 多台电视接收机，但这标志了世界电视事业的发端。

因技术问题，BBC 的电视节目在播出 4 个月后停播。1937 年，贝尔德的机械电视系统被马可尼公司推出的电子电视系统取代，电视又继续播出。1939 年 9 月 1 日因第二次世界大战爆发，英国广播公司停播了电视节目，战后才恢复。

1937—1938 年，法国、苏联等也建成电视台并播出了节目。

第二次世界大战中，电视发展受到影响。除德国外，欧洲各国都停止了播出，美国也只有六家商业电视台继续播出节目。

战后，苏联最早于 1945 年即恢复播出电视节目，英国于 1946 年恢复播出。20 世纪 50 年代，其他各主要国家也都相继恢复或创建了电视台。

三、电视的发展

20 世纪 50 年代是世界电视事业开始大发展的时期。1949 年全世界还只有美国、英国、法国、苏联、荷兰、意大利 6 个国家办有电视台，到 1958 年年底已经有 67 个国家开办了电视台。

以下是具有重大意义的电视发展技术。

(一) 电子电视

1907 年俄国圣彼得堡大学教授罗津格(Boris Rosing,1869—1933)得到了设计电子显像电视机的专利。1911 年,他研制成功了电子电视模型。

美国科学家菲洛·法恩斯沃斯(Philo T. Fransworth,1906—1971)还在中学读书时,就有发明电子电视的想法。他向自己的化学老师解释了这个设想,并画了一张原理图。老师把这张草图保存下来,若干年后帮助他获得了相关专利。法恩斯沃斯因家境困难未能上大学,参军服役后回到家乡。几经周折,他找到几位银行家来投资他的电视发明。他用了 13 年时间,花掉了 100 万美元完成了发明。1929 年 9 月,法恩斯沃斯成功地传送了静止图像——一幅黑色三角形的图案,12 月传送了一张一美元钞票的图像。同年,他在原来实验室的基础上,组建了法恩斯沃斯电视股份有限公司。之后,不断推出新的发明。

与此同时,1919 年移居美国任职美国西屋电气公司的俄裔美国物理学家兹沃里金(V. K. Zworykin,1889—1982)在 1928 年也提出了电子扫描、无线传输的电视方案,并发明了电子显像管和寻像器。他在 1929 年被聘为美国无线电公司电子研究所主任。

法恩斯沃斯与他同时发明了电子电视,两人分享了发明专利,即前者得到电子扫描传送电视图像的发明权,而显像管的专利权则给了兹沃里金。

1946 年,美国播出了全电子扫描电视。从此,电视由机械扫描时代进入电子扫描时代。

(二) 彩色电视

早在 1902 年,奥地利物理学家冯·伯兰克(O. Von Bromk)就提出了彩色图像传送原理。1928 年,贝尔德在用尼普科扫描盘做试验时,也试验了彩色电视。1929 年,美国电话电报公司工程师艾维斯运用电子技术实现了彩色电视画面的再现。

1930 年,贝尔德提出了"彩色电视系统"构想,他为此百折不挠,坚持研制。1941 年 12 月,发明测试成功。然而在第二天,纳粹德国开始轰炸伦敦,将他的实验室炸毁,前功尽弃。但是他仍然在战乱条件下,抱病重起研究。1946 年 6 月 8 日,贝尔德公开演示了他发明的彩色电视机,在英国电视广播公司(BBC)播出了《第二次世界大战胜利大游行》彩色电视节目。这时,贝尔德已经重病在身,六天后便与世长辞,时年 56 岁。他为电视研发贡献了一生。

从 30 年代到 50 年代,美国无线电公司、哥伦比亚广播公司和彩色电视有限公司(CTI)都投资数百万美元研究彩色电视,互相之间展开了激烈竞争。美国无线电公司在戴维·萨尔诺夫的领导下,1940 年率先试制出彩色电视;战后经过改进,于 1946 年宣布发明"点描法彩色电视技术标准"。这一方法的最大的优点是可以和已有的黑白电视兼容,彩色信号可以在黑白电视机上显像,只不过画面依然为黑白两色。哥伦比亚广播公司在第二次世界大战期间研制出的彩色电视系统称为"场描法彩色电视技术标准"。这种方法最大的优点是在色彩的传真上比点描法更为逼真,缺点是在一般的黑白电视机上无法显像。因此,美国联邦通信委员会于 1953 年 11 月 17 日批准"点描法"为美国彩色电视的制式标准，通称为 NTSC 制。

1954 年，全国广播公司（NBC）正式采用 NTSC 制播送彩色电视节目，美国成为第一个播出彩色电视节目的国家。但是，由于彩电接收机早期的制作成本比较高，国民收入没有达到相应水平，所以彩电直到 20 世纪 60 年代才在美国畅销，普及到家庭。

法国现代电子公司总经理亨利·戴弗朗斯在美国“点描法”的基础上做了技术改进，于 1956 年发明了“塞康”（SECAM）制彩色电视，于 1967 年完成实用化。

1963 年，联邦德国汉诺威工科大学教授、德律风根公司研究部主任瓦尔特·布鲁赫吸收美国制式和法国制式的优点研制成功“帕尔”（PAL）制彩色电视。

除了以上三种外，其他一些国家也进行过彩色电视的研究试验，曾先后提出过 20 多种制式。1966 年 7 月，国际无线电咨询委员会在奥斯陆会议上投票，赞成法国制式的 37 票，赞成联邦德国制式的 16 票，赞成美国制式的 8 票。根据该委员会的建议，三种制式均可采用。随后，各国皆选用其中一种发展本国的彩色电视。

彩色电视信号调制与解调方式不同以及采用与黑白电视不同的兼容方法形成了不同的制式，它是根据发收端对红绿蓝三基色的编码、解码方式，以及扫描、信道等的不同构成的彩色电视系统。

NTSC 制简称 N 制，是美国国家电视制式委员会（National Television Systems Committee）的英文缩写，亦称半行频偏置的正交平衡调幅制。它主要用于北美、日本、中国台湾等国家和地区。

SECAM 是顺序传送彩色和存储（Sequence de Couleurs avec Memoire）的法文缩写，亦称逐行轮换调频制。它主要用于法国、俄罗斯、东欧和沙特阿拉伯等国家和地区。

PAL 制是相位逐行交变（Phase Alternative Line）的英文缩写，亦称四分之一行频偏置的逐行倒相正交平衡调幅制。它主要用于英国、德国、澳大利亚、中国、非洲和中东部国家及地区。

这三种彩电制式都可与黑白电视兼容。由于牵涉到巨大的政治和经济利益，三种制式之间互不相让，在全球范围内形成了三足鼎立的局面。

(三) 发明录像机

电视问世早期，一直使用电影胶片记录声像内容。胶片的洗印和剪辑编制过程使电视新闻的采制复杂，大大影响了报道的时效。胶片不能重复使用的特点也使电视生产成本居高不下。

20 世纪 50 年代，美国研制的电视用磁带达到播出质量水平。在 1951 至 1952 年间，录像磁带系统得以公开展示。1953 年，在美国联邦通信委员会批准彩色电视技术标准后不久，美国无线电公司展示了适用于彩色电视和黑白电视的图像磁带录制系统（Video Tape Recording，VTR）。

1956 年，哥伦比亚广播公司首先将这种录制系统投入使用。第一个录像节目是在好莱坞电视城录制的《爱德华兹新闻评论》，于 1956 年 11 月播出。到 20 世纪 60 年代初，美国各大电视网均已正式使用磁带录像机，胶片和摄影机不再使用。

与电影胶片相比，磁带录制系统不用洗印的优点大大简化了电视制作过程，提高了制作效率。在这一系统上，特技操作更简便易行，声像采录质量提高，节目内容修改方便。

总之，磁带录制系统为电视制作者们提供了更大的灵活性。

20 世纪 60 年代后期，电子新闻采录系统（Electronic News Gathering，ENG）在美国投入使用。ENG 系统摄录一体的优势使现场即时声像记录与现场直播成为可能，从而改写了电视新闻的时效观。因此，ENG 系统迅速在各国推广，并被广泛应用于新闻及其他节目的摄录制作。

（四）有线电视

有线电视（CATV）是通过电缆组成的传输分配线路，将电视节目直接传送给用户接收机的区域性电视广播方式。因缆线形成闭路传输系统，它又被称为闭路电视。由于初期的传输线路都采用电缆，所以也称为电缆电视。20 世纪 70 年代问世的光缆以其优良的性能逐渐取代了电缆。

有线电视的最初形式是共用天线系统，起源于 20 世纪 40 年代末 50 年代初的美国。当时在电视覆盖区的边缘地带，在高山、高层建筑等障碍物阻碍电波的阴影区，电波经过多次反射造成重影和接收干扰，甚至无法接收。在这些地区选择有利地形和干扰小的场所，架设性能优良的接收天线，把收到的电视信号经过放大及处理后，用电缆分配给多个用户，就形成了共用一套天线的接收形式。虽然共用天线的用户需支付一定费用，但有线电视受空中电波干扰小，图像清晰度高，很受人们欢迎。

有线电视真正进入大发展是在 20 世纪 60 年代后期卫星电视技术出现后。1975 年 12 月，美国无线电公司发射了同步的“通信卫星 1 号”，标志着现代有线电视业的开始。“无线上星，有线入户”，将卫星电视广播和地面有线网结合，使有线电视迅猛发展，成为今天电视传播的主要途径。

现代有线电视的特点是：（1）节目容量大。最初的有线系统能传送十几套节目，后发展到几十套，数字压缩技术可使有线频道达到数百套节目的规模。有线电视的多频道为频道内容的专门化提供了现实可能。（2）不易受干扰、信号稳定、质量高。（3）有线加密可实现付费收视。（4）可进行双向传输。（5）可与计算机网络相连接，提供多功能服务。

有线电视始于偏远地区，却在中心城市赢得了最大的市场，已经成为电视的主要播出、接收方式，而无线电视的重要性却大大下降。

（五）卫星电视

1. 发明卫星

第二次世界大战期间，一批德国科学家用一架大功率天线对着月球发射无线电脉冲，几秒钟后，从无线接收机中传来了月球表面反射回来的脉冲回音。这是人类第一次利用地球以外物体作反射面进行的通信试验。1960 年，美国海军司令部与夏威夷基地利用月球建立了图片传真和电传打字的通信联系。

1957 年 10 月 4 日，苏联成功发射了世界上第一颗人造地球卫星“斯帕特尼克 1 号”（Sputnik I）。这是人类征服太空的创举。这颗卫星材料为铝合金，呈球形，直径 58 厘米，重 83.6 公斤；卫星表面经过打磨抛光，以反射太阳射线，避免过热。卫星带有两个雷达发射器和 4 根天线，内部装有两台无线电发射机，每隔 0.3 秒发出相同时长的“嘟嘟——嘟嘟”的电报信号。它还安装有磁强计、辐射计数器及化学电池等设备。该卫星发射时，

“P－7”火箭在点火离地19秒钟后，燃料供应系统突然出现故障，很快耗尽燃料而无法到达预定高度，把所携带的卫星丢在了近地点90公里、远地点900公里的轨道上。这虽然比预计轨道要低很多，但还能支撑卫星的在轨飞行。卫星绕地球一周需1小时35分，运行轨道和赤道成65°角，每日两次通过莫斯科上空。卫星在空中发射了3个星期的信号，在轨运行92天，于1958年2月4日脱轨坠毁。

1957年12月6日，美国第一颗实验人造卫星因运载火箭离地即爆炸烧毁导致失败。1958年1月31日，美国成功发射了其第一颗人造卫星“探险者1号”（Explorer I）。这是一颗微卫星，长约203厘米，半径15.9厘米，整个重量只有8.2公斤，它携带了如微流星撞击计数器、测温感应元件、宇宙射线探测装置等多种仪器。卫星运行近地点为354公里，远地点2 515公里，倾角33.34度，绕地球一圈114.8分钟，每天能绕地球12.5次。它的最大功劳是首次发现了地球辐射带，后称为范·艾伦辐射带；这个辐射带内的高能带电粒子对载人空间飞行和卫星材料、仪器都有一定的危害。这颗卫星工作到1958年5月23日，工作了近4个月时间。

1960年8月，美国发射了“回声1号”卫星，它是周身被包上了一层铝壳的大气球，可以将声音和信号反射到另一个地区。“回声1号”是被动式无源人造通信卫星的始祖，它一直服役长达8年。1964年1月，美国又发射了一颗硕大的“回声2号”通信卫星。

1960年10月4日，美国成功发射了通信卫星“信使1B”。这颗实验性卫星能够接收和播发无线电信号，是第一颗主动式有源卫星，实现了广播电视节目的远程即时传播。

1962年6月19日，美国宇航局（NASA）和美国电话电报公司（AT&T）合作发射了“电星1号”，这颗卫星为低轨有源星，它成功地转播了电视信号。7月10日，反映美国、加拿大、墨西哥等国12城市居民生活动态的电视节目被传送到巴黎和伦敦，再经电视网传送到欧洲各国。估计约有1亿人观看了这个22分钟的越洋转播节目。此后，巴黎和伦敦向美国回传了节目。但由于这颗卫星与地球运行并不同步，致使美洲和欧洲每天最多只能通信102分钟。

1962年12月13日，美国发射了“转播1号”卫星，原计划转播肯尼迪总统向日本人民的圣诞节祝福，但他于1963年11月22日被刺身亡，结果卫星对全世界报道了肯尼迪国葬的实况。

2. 同步卫星

1963年7月26日升空的美国“同步2号”卫星，因当年2月14日发射的“同步1号”卫星失败，而成为世界上第一颗同步卫星。这是第一颗有源高轨卫星，它稳定地停留在大西洋上空的同步轨道上。

1964年8月美国发射的“同步3号”卫星是第一个圆满进入轨道的同步卫星。由于它位于太平洋国际日期变更线和赤道的上空，与地球同一角度运行，地理位置特别优越，因而成为第一颗固定的、可以从事洲际电视转播的通信卫星。1964年10月，在东京举行的奥林匹克运动会，便是经“同步3号”卫星将实况信号转播至美洲和欧洲各地的。

3. 国际通信卫星

1964年8月20日，国际通信卫星组织正式成立。1965年4月6日，该组织的第一颗国际商用同步卫星升空，6月正式启用，名为“国际电信卫星1号”，又称“晨鸟”卫星。

这标志着世界进入国际卫星传播新时代。过去，国际性新闻影片必须利用飞机传送，时效性差、应用不便。有了“晨鸟”之后，重大新闻报道面貌一新。1964年，“晨鸟”卫星便直播了72小时，其中最引人注目的有英国伦敦经济学院学生史密逊与美国副总统汉弗莱关于越南战争的越洋电视辩论、在苏联基辅举办的世界田径锦标赛、美国的重量级拳王卫冕战等。第二年，电视转播增加到186小时。

当时使用“晨鸟”卫星的国家只有5个，每个国家也只有一座地面站。1967年7月25日，欧、美、亚、澳等洲的14个国家利用卫星做了一次全球性电视转播，节目名称是《我们的世界》，时长两小时，观众达3.5亿。此后，系列配套的“国际电信卫星”陆续问世，通信能力大大增强，转播价格大幅下降，全球电视转播使世界人民大饱眼福。

4. 直播卫星

直播卫星是专门或主要转播电视的卫星。它与一般通信卫星的区别是其节目可以不必经过卫星地面站直接到达用户家中。

日本广播公司（NHK）自20世纪60年代便开始发展卫星直播系统。1984年4月，日本发射成功世界上第一颗应用直播卫星“百合2a（BS-2a）”。此后，NHK开始用该卫星向国内一些很难接收常规电视台节目的边远地区传送节目，进行试验性电视广播。1986年日本又将“百合2b（BS-2b）”送入轨道，NHK用它播出第二个频道的电视节目。

通信卫星的最大功用在于改变了广播电视节目必须先录制成磁带，然后运送到目的地为听众和观众“重播”的历史，使跨洋直播成为现实，同时加快了“地球村”形成的步伐。

通信卫星最初是用于国际传播的。但是，随着卫星传播的技术不断改进、效益日益提高、价格日益低廉，在一些地域广阔、地形复杂、人口分布不均、语言差异大的国家和地区，国内卫星也逐步得到采用，成为一种普遍的电视覆盖方式。

【本章小结】

电视传播方式更加符合人类接收信息的日常状态，受到社会的广泛欢迎。由于其技术的复杂性，其发明、完善过程更加曲折；它发明后在多个层面预留了继续完善的可能，如图像质量、传送速率等。其过程中凝聚的技术和劳作更加丰富、多样和艰苦。

从口头报告新闻到使用电子媒介传播信息，这标志着人类传播史上的飞跃。信息利用的效率深深影响着历史发展的速度。从无线电发明到现在的100多年历史中，人类生产、生活发生的巨大变化就是明证。

麦克卢汉认为，传播史即人类发展史，媒介决定人类发展。这种媒介决定论虽然遭到质疑，但是从一次次的传媒革命可以看到一个共同的规律：新发明为人类传播提供了更高效的手段，同时也提供了人类进步新的催化剂。

这一历史也同时证明，人类每次的媒介发明都有自己的特殊地位，无可替代；但也都不是全盘更新的替代产品，只是对以前媒介的补充、扩展、完善，即新提供的功能并不能取代老媒介。这是对报纸→广播→电视媒介发展的解释，也是对新媒体的解释。

从媒介发展史来看，这种发明是一个否定之否定的过程，人类传播的声画——文字——广电（声画）过程是更高层次上的回复，这也是历史的、辩证的逻辑。发展无止境，人类还要向新的目标、新的追求前进。媒介促进历史发展，信息共享、流通的高效率给社会发展提供了巨大的动力。

【思考题】

1. 广播是什么时候、在哪里诞生的？
2. 世界上第一座广播电台是什么时候、在哪国被创办起来的？使用的是什么技术？
3. 广播在历史上有哪些主要技术发展？
4. 电视是什么时候、在哪里被发明的？
5. 世界上第一座电视台是在哪国创办的？使用的是什么技术？
6. 电视在历史上有哪些主要技术发展？
7. 有线电视是如何诞生的？其特长是什么？
8. 卫星是什么时间、在哪国发明的？用于广播电视的卫星有哪些种类？

广播电视新媒体

第三章

CHAPTER 3

【本章学习要点】

1. 广播电视新媒体的概念。
2. 新媒体的特征。
3. 新媒体所依托的技术类别。
4. 广播新媒体的形态、类别。
5. 电视新媒体的形态、类别。

广播电视新媒体是在一系列的数字技术的发明与发展基础上出现的，是数字媒体多形态、多信息类型化的结果。

第一节　新媒体的界定及特征

新媒体是与传统媒体相对而言的概念，它有着传统媒体所没有的众多优势，为人类传播带来了革命性的变革。

一、新媒体的概念界定

“新媒体”这一概念最早可以追溯到40年前。1967年，美国哥伦比亚广播公司（CBS）的技术研究所所长、美国电视NTSC制式的发明者P. 戈尔德马克（P. Goldmark）发表了一份关于开发电子录像（EVR）商品的计划书。他在其中将“电子录像”称为New Media（新媒体），这一概念由此诞生。随后，美国传播政策总统特别委员会主席 E. 罗斯托（E. Rostow）在向当时的美国总统尼克松提交的报告书中也多次提到“New Media”这一概念。该词随后在美国流行，并扩散到全世界。[①]

近年来，新媒体概念引来了传媒业界、学术界、信息技术和广电部门等多行业和领域从业者和研究者们的关注，众说纷纭。他们的定义角度各不相同，还没有形成统一的认识。

有学者认为，新媒体是“多对多的传播”、是“所有人对所有人的传播”，也有人指出新媒体的特点是非线性播出或“数字化”和“互动性”。这些观点都或多或少点明了新媒体区别于传统媒体的一部分定义和特征，而实际上，新媒体同时拥有上述所有特性。[②]

有人认为，严格来说，新媒体并不算是一个科学的概念。“新媒体是个相对概念；‘新’相对于‘旧’而言，相对于报纸、期刊是新媒体；相对于广播、电视是新媒体……”[③]因此它是一个时间概念，随着时间的流逝，“新”和“旧”的界限会逐渐模糊，直至消失。

上述观点各有千秋，对新媒体的传播本质、传播方式、传播内容等都给予了比较恰当的表述，但讨论还在进行中，新媒体的定义本身就是一个复杂的工程。新媒体的发展变化太快，web2.0 时代的定义还没有定论，已经有人说 web3.0 快要来了。尽管如此，但各界给出的答案已经比较全面地概括出新媒体所必须具备的特征。

二、新媒体的特征

（一）基于数字基础

所谓数字技术是伴随着计算机发明而开发的一种全新的信息编码方式，它将数字“1”或“0”作为信息的最小单位——比特（bit）；任何信息都表达为一系列“0”和“1”的排列组合，并在数字编码的基础上实现信息的处理、传播和存储。简言之，数字技术就是将信息数字化。

数字技术是信息社会的基础，也是新媒体的核心技术，因此也有人称新媒体为数字媒体。所以，新媒体是一个技术概念，本质上是计算机技术发展的产物。

数字化是互联网之所以能深刻影响人类的根本。由于信息以比特的形式存在，从而降低了信息传递和获取的成本。“人类创造的一切文明都可以数字化”[④]，这是美国学者尼葛洛庞帝（Negroponte）在其《数字化生存》一书里宣布的数字时代的特征。

数字技术以惊人的速度打破媒介壁垒，使多媒体融合成为可能。统一的数字编码技术使数据、文字、图像、音视频等任何形式的信息都可以通过数字 0 和 1 来表达，各种媒介得以融合为一体，通过数字设备加工和传播。现在的媒介，主要有报纸、杂志、广播、电视、互联网、手机等，而数字化将使得它们在未来变得难以区别和充满想象。

（二）交流互动

交互性是新媒体区别于传统媒体最突出的特点。像报纸、广播、电视这样的传统大众

---

① 参见宫承波：《新媒体概论》，2 页，北京，中国广播电视出版社，2009。
② 参见熊澄宇、廖毅文：《新媒体——伊拉克战争中的达摩克利斯之剑》，载《中国记者》，2003（5）。
③ 熊澄宇：《新媒体与文化产业》，http：//media. people. com. cn/GB/22100/33937/33939/4321780. html。
④ 转引自杨继红：《谁是新媒体》，25 页，北京，清华大学出版社，2008。

媒介，都是单向传播信息，读者、听（观）众也都被动地接收，反馈极不方便，交互性很差。数字新媒体则打破了这样的传受状态。

电脑网络可以将大众传播与人际传播结合起来。用户既可以接进公共信息渠道，对其选择接收、复制，甚至增加、改变其信息，发表评论、即时反馈交流；同时，又可以随时进行信件、语音、视频的人际沟通。网络集电脑、报纸、广播、电视、电话、信件功能于一体，一台联网电脑可以同时具备诸如电视机、录像机、收音机、电唱机、收录机、电话机、传真机、计算机、游戏机等多机功能。

数字技术使得信息采集和制作变得易于掌握，互联网和移动通信网络的普及又为人们提供了廉价便捷的传播渠道。这就使得拥有互联网信息终端的任何个人都既可以是信息的接收者又可以是发送者，信息的双向交流由此实现。这就是说，一方面，信息发送者和接收者可以双向互动；另一方面，参与交流的每个个体都拥有媒介使用的全面自主权。

（三）非线性传播

线性传播是由传到受的单向传播关系。广播电视传播的无间断性和方向确定性构成了这种传播关系。在播出系统中，所有的传统电台和电视台实施的都是线性播出，每一个节目都是按照预定的播出表面世，并且往往成为“一次性”产品——只有少量优秀节目会被刻制成光盘或磁带在市场上流通。

对于音视频内容来说，非线性传播的实现使得“双向互动”变得规模化。“非线性”带来的颠覆性变革是巨大的。相对于传统的“线性”传播，它对于“线”的两端——广播电视媒体和听（观）众，都是一场革命，并且迅速深入人心。

非线性传播是新媒体的重要特征。非编系统的普及使得音视频编辑和操作变得简单易行，信息传播也得益于网络技术和检索技术的进步，由定向传播转变为实时和准实时内容的交互服务。视频点播技术（VOD）就是典型的非线性传播方式，它使传播内容形成资源池，用户由此获得了选择信息的充分自主权，并且获得了极佳的双向互动效果。

三、新媒体的技术依托

每一种新型媒介的诞生，都离不开相应传播技术的推动。正如报纸的兴起离不开古登堡印刷术的发明，广播的风靡得益于无线电的诞生……技术进步是媒体形态革新的必要条件，以网络媒体和手机媒体为代表的新媒体更是如此。

（一）数字化多媒体技术

数字技术给媒体带来的变化是巨大的，它改变了整个传媒行业的工作方式。一方面，它极大地简化了新闻采编的每一个操作环节：数字录音设备，数字摄影、摄像器材可以直接采集数字格式的信息并用网络即时上传；非线性编辑取代了传统繁杂的编写、制作方式，信息的加工变得便捷；多种传播渠道使得信息的到达率前所未有。另一方面，它打破了传统媒体只能传递单一类型信息的限制，实现了多媒体内容的融合传播，尤其是流媒体技术的诞生与成熟带来了革命性的变化，网络音视频的随时体验因此成为可能。

(二) 计算机网络技术

数字技术为多媒体信息的传播提供了统一的格式，而计算机网络技术则提供了相互连接的信息传播通道。计算机网络通过电缆、电话线或无线通信将多台计算机连接起来，随后，与数字技术相融合，使得网络中的计算机实现了信息的数字化交互传播。

1. 从 Web 1.0 到 Web 3.0

当前，新媒体信息服务所依靠的计算机网络是互联网，而使互联网应用取得爆炸性突破的则是万维网（World Wide Web，简称 WWW 或 Web）。从技术角度看，万维网可以说就是多媒体的集合，通过它可以浏览世界各地的超媒体文件，内容包含多种信息形态。通过万维网，互联网上的资源可以在一个网页里比较直观地呈现出来，而且资源之间在网页上可以来回链接。这种利用互联网络实现海量资源共享的技术就是 Web 1.0。[①]

Web 2.0 的出现打破了 Web 1.0 时代单一的信息接收方式。它更注重开发用户的主动性，使用户掌握了信息主动权，极大地满足了个性化和互动性的要求。Web 2.0 时代产生的更多媒体形态，使得用户不仅可能以更丰富的方式浏览互联网，还可以创造内容。博客（Blog）、简易聚合（RSS）、社交网络（SNS）、维客（Wiki）等的产生和迅速发展完全颠覆了 Web 1.0 时代的网络传播方式。

Web 2.0 给予用户最简便的方式发布内容，但同时也带来了诸多问题：大量无效、垃圾信息充斥，网络环境变得芜杂。与此同时，海量信息的膨胀使得搜索引擎的压力无限增大，现有技术越来越难以应对。Web 3.0 的概念由此产生。

Web 3.0 是未来互联网应用的新趋势，作为 Web 2.0 的更新版，它仍然建立在其基础之上，并且实现了更加智能化、个性化的人机、线上线下的人际交流。目前最常见的关于 Web 3.0 的描述是："网站内的信息可以直接和其他网站相关信息进行交互，能通过第三方信息平台同时对多家网站的信息进行整合使用；用户在互联网上拥有自己的数据，并能在不同的网站上使用。"毫无疑问，Web 3.0 的出现和运行将会进一步推进"人与互联网的和谐"这一最终目标的实现。

2. 从 IPv4 到 IPv6

互联网在过去取得的巨大成功在很大程度上归功于其核心通信协议 IPv4 的高度可伸缩性。IPv4 的设计思想成功地造就了今天的国际互联网，并容纳了过去几十年中网络规模的几何级增长。然而，在高速发展的背后，面临的是容量、带宽、安全性等多方面的不足。以互联网的容量为例，IPv4 的 32 位地址长度决定了可以容纳 2 的 32 次方，也即约 42 亿台终端的互联[②]，这一地址空间显然已经难以满足全球的互联网需求，IP 资源因此趋于枯竭。而 IP 地址的匮乏导致人们被迫使用大量转换地址，给互联网的安全性造成了严重的影响。另外，在带宽方面，多媒体和流媒体已经成为消耗带宽的主要应用，特别是 P2P 技术改变了互联网一直以来的主机/客户服务器体系。[③] 这是当初提出 TCP/IP 协议时所始料未及的。以上问题都成为互联网发展中的瓶颈。

---

① 参见刘畅：《网人合一·类像世界·体验经济——从 Web 1.0 到 Web 3.0 的启示》，载《云南社会科学》，2008 (2)。

② 参见洪杰文：《网络传播技术基础》，153 页，福州，福建人民出版社，2004。

③ 参见邬贺铨：《网络体系：下一代互联网和下一代网》，载《学习》，2007-01-29。

为了解决上述问题，下一代互联网（NGI）成为业界研究的热点，引起了世人的关注。下一代互联网（NGI）将实现 100M 字节/秒以上的高性能通信，将逐渐放弃 IPv4，采用 IPv6 地址协议。IPv6 地址协议扩展到 128 位的地址长度可以解决 IPv4 目前的地址短缺难题，同时下一代互联网（NGI）中的每台终端都拥有唯一的 IP 地址，这将极大地提高互联网的稳定性和安全性。

此外，IPv6 的地址空间、移动性的支持、服务质量保证机制、安全性和灵活性都能很好地满足第三代移动通信技术（3G）网络的要求，解决了 IPv4 在这方面的限制。

（三）移动通信技术

移动通信是指通信中传受双方至少有一方处于运动中的通信。移动通信技术使数字信息的传播摆脱了电线、光缆等实体网络的限制，通过无线网络实现了随时、随地的传播。

1. 从 1G 到 3G

第一代移动通信技术（IG），是最早在世界上使用的以美国 AMPS、英国的 TACS 和北欧的 NMT450/900 为代表的模拟制式的移动通信网。1987 年我国引进了第一套模拟移动通信设备。但当时移动电话的传播缺点明显，除了话机体积大之外，频率利用率低、支持的用户数量有限，通话质量、保密性和业务功能都很不理想。而且当时的三种制式相互之间不能兼容，漫游通话非常不便。

20 世纪 90 年代初期，移动通信终端的数字化程度提高。这时的移动通信不仅可以提供语音服务，还可以提供数据业务，包括收发短消息和电子邮件、浏览网页等。这就是第二代移动通信技术 2G。2G 采用数字时分多址（TDMA）和码分多址（CDMA）技术，以 GSM、PDC、CDMA、D-AMPS 等系统为代表，以数字语音传输技术为核心。与第一代移动通信系统相比，第二代移动通信系统采用了数字化制式，具有保密性强、业务丰富、标准化程度高等特点，使得移动通信得到了空前发展。同时，大规模的生产降低了手机成本。目前，主流移动通信使用的都是 2G 技术，提供的服务主要有语音、短消息、彩信、上网、移动商务等。

由于第二代移动通信技术只能提供窄带业务，无法满足人们的宽带多媒体信息需求，因此出现了介于 2G 和 3G 之间的 2.5G 通信技术。GPRS 是 2.5G 技术的代表。2.5G 技术的出现使得手机逐渐从语音平台演进为多功能媒体平台，手机报纸、手机广播、手机电视等媒体应用被开发出来。可以说，2.5G 技术催生了手机由通信工具向大众媒体的功能演化。随着 3G 时代的到来，手机的媒体地位越来越明晰。

第三代移动通信技术即 3G，是指将无线通信与国际互联网等多媒体通信相结合的新一代移动通信系统。其最大的特点是超越了手机所依赖的无线通信技术，把无线技术与网络信息技术相结合，从而实现了传统手机与电脑的融合，能够处理包括图像、音乐、视频流等多媒体形式，更好地实现了移动上网的需求。目前，全球主流 3G 技术标准包括欧洲的 WCDMA、美国的 CDMA2000、中国自主研发的 TD-SCDMA。2009 年，我国工业和信息化部为中国移动、中国电信和中国联通发放了 3G 牌照。其中，中国移动获得了 TD-SCDMA 技术制式的牌照，中国电信增加了基于 CDMA2000 技术制式的牌照，中国联通获得基于 WCDMA 制式的牌照。自此，我国正式进入 3G 时代。

2. 移动通信技术的发展趋势

尽管3G的出现极大地推动了移动通信技术的进步，但3G系统存在的不足也早被认识，比如缺乏全球统一标准、数据传输速度只接近于电话拨号接入的水平等。因此，在3G尚未完全普及的时候，不少国家已经开始研究第四代移动通信技术（4G）了。4G在技术和应用上相对于3G又有了质的飞跃：数据传输速度将从2Mbps提高到100Mbps，支持双向下载传递高分辨率的视频内容。此外，4G还有望集成不同模式的无线通信，在不同的通信标准间自由转换，届时，4G手机将真正成为一台小型移动电脑。

需要注意的是，数字多媒体技术、计算机网络技术和移动通信技术三者是相互支撑而非相互独立的，信息的数字化使其可以在多种媒体之间任意转换和传播，网络技术和移动通信技术使得信息终端得以成为一个互联的有线或无线网络。这三大技术系统融合在一起，才构成新媒体的技术平台，更是新媒体兼容各种信息形态的技术基础。

第二节　广播电视新媒体的形态及发展

以载体为分类依据，新媒体现有的存在形式分为三大族群，即互联网、手机和电视。广播电视新媒体在各族群中分别对应的常见形态有：网络视频、网络广播、手机电视/广播、数字广播、数字电视、IPTV。

一、网络视频

网络视频服务是近年来互联网行业发展最快的领域之一。根据2010年的数据，网络视频已经成为互联网用户的第四大应用，仅次于综合门户、电子邮件和搜索引擎；同时用户在网络视频上消费的时间已经超过了电视。当前网上传播的视频采用的内容格式以wmv、rm、rmvb、flv和mov等类型为主，用户可以通过在线播放观看内容。

目前，我国的视频产业主要分为四大类。

一是视频点播类，这类视频网站的视频内容由网站提供，用户可根据网站提供的视频列表点播自己想看的内容。

二是P2P流媒体类，这类视频网站充分利用用户的上行带宽，在下行占用的同时也占用上行带宽，为其他用户提供资源，实现网络的加速和扩展。

三是视频搜索类，如百度视频搜索，将发布的视频内容制作成遵循此开放协议的XML格式的网页（独立于原有的视频发布形式）供搜索引擎索引，将网站发布的视频主动、及时地告知搜索引擎，就相当于网站的视频被搜索引擎订阅，通过视频搜索引擎平台，网民有可能在更大范围内更高频率地访问某个网站。

四是视频分享类，这类网站以YouTube、优酷、土豆网为代表，视频资源通过用户自主上传。2006年10月9日，谷歌公司以16.5亿美元收购了YouTube，这样的强强联合和视频网站创纪录的交易额，对中国的视频分享网站形成了巨大的刺激。

在艾瑞咨询集团发布的《2008—2009年中国网络视频行业发展报告》中，将网络视频运营商做了更加细致的区分（见表3—1）。

表 3—1　　中国网络运营商的分类

分类		典型代表
垂直类平台运营商	视频分享	优酷、土豆、酷 6、新浪播客、QQ 播客
	P2P 流媒体	PPLive、悠视网
	视频搜索	单纯的视频搜索已不多见，如百度视频
	视频点播	激动网、第一视频、OpenV
传统门户类平台运营商		腾讯视频、新浪视频、搜狐视频
电视媒体类平台运营商		央视网、凤凰网
电信类平台运营商		互联星空

资料来源：艾瑞咨询：《2008—2009 年中国网络视频行业发展报告》，http：//www.gznf.net/thread-86561-1-1.html。

二、网络音频（网络广播）

网络音频即网上广播（internet broadcasting），是数字化音频信息通过国际互联网传播的形态。它是网络传播多媒体形态的重要体现之一，亦是广播网上发展的重要体现。它将自身拥有的音频资源优势与网络传播优势结合，以新技术、新手段丰富表现手法，扩大传播领域和范围。

网络音频随着技术的发展而日趋成熟，在世界范围内的稳定用户群已经形成。目前，世界上主要的国际广播电台，如英国的 BBC、美国的美国之音（VOA）、法国国际广播电台（RFI）都将注意力放到了廉价的网上空间。BBC 已建立了在线新闻网站；美国之音用 23 种语言在网络上广播；法国国际广播电台用 5 种语言在网上广播新闻。在国内，中国国际广播电台（China Radio International，CRI）作为唯一向世界各国广播的国家电台，成功地实现了网上广播。另外像 QQ 广播、百度音乐等非传统广播电台也同样拥有大量忠实听众。受众群体以年轻人居多，他们是传统广播的忠实听众，同时又有对网络技术的追求，是网络音频节目发展的客观推动者。①

目前，网络广播主要存在以下五类。

一是传统类网络广播，由传统电台开设。这些网络广播目前主要是将电台广播的节目上网，提供点播和直播服务。我国的中央人民广播电台、中国国际广播电台和省级电台多数已开通网络广播。

二是校园类网络广播，由在校学生创办。这类网络广播目前主要集中在高校和高等职业学校。

三是公共类网络广播，多由政府和公共机构开办。2005 年，在有关中国领导人做出关注网络广播的批示后，一些政府部门如国务院新闻办和社会机构如共青团，自建或共建了一批网络广播，如青少年广播网、青檬网等。

四是商业类网络广播，由网站或服务商开设。这类广播主要根据开办者自身网络覆盖和技术人才优势，在网站的基础上创办。比如：21CN 网络电台、QQ 网络电台、猫扑电台、新浪电台等。

① 参见范树平：《分析传统广播与网络音频的发展趋势》，载《华章》，2010（17）。

五是个人类网络广播，这是最早出现的一类，一般是依托个人网站或大的网络广播社区开设。①

三、手机电视/广播

所谓手机电视/广播，就是利用手机作为终端设备，接收音视频信号，实现电视节目、广播节目的实时或延时收看、收听。它是一种兼具电视媒体的直观性、报纸媒体的滞留性和网络媒体的交互性的便携媒体，实现了传统的电视、广播业务与手机的结合。用户可以通过随身携带的手机，在第一时间全方位获取信息，体验一种随时随地延伸的视听享受。

近年来，手机电视业务发展迅猛，前景广阔。2008 年北京奥运会，手机第一次作为独立转播机构，参与了奥运盛事的转播。手机电视以其直观、互动、便携的独特魅力，在奥运报道中大放异彩。随着 2009 年手机"3G 元年"的到来，手机电视/广播的发展更受到了各方的广泛关注。

（一）手机电视

手机电视节目内容的传输主要包括两个过程，一个是节目内容的下行传输，即节目内容通过下行传输网络到达手机，用户通过手机内的播放软件实现节目的收看；二是用户信息的回传，即当用户点播节目时，信号要通过上行网络回传。

目前，全球存在着手机电视的不同实现方式与技术标准，大多数国家与地区都不采用单一制的技术标准。其中，实现方式分别为移动蜂窝网络、地面数字广播和卫星广播三种。

（1）基于传统移动蜂窝网络方式，实际上是采用流媒体技术，把手机电视作为一种数据业务，将电视信号压缩为视频流，利用移动网络传输到手机终端，经解压缩之后观看。它需要用户安装相应的操作系统和播放器。目前，中国移动、中国联通和美国 Sprint 公司推出的手机电视业务就是采用的这一方式。

这一方式的优点是可以实现用户与运营商之间的信息交互，便于用户进行节目的定制与互动操作，也便于运营商的用户服务计费管理。这种业务形式主要是点播视频业务、短新闻报道、电视短剧等。由于点对点的流媒体传输会大量占用带宽资源，所以节目的传输速度和画面质量都不是很稳定。

（2）基于地面数字广播网络方式的手机电视，需要在手机终端上集成安装移动数字电视接收模块组成双模手机，不通过移动通信网络，经地面数字广播的无线基站将数字电视信号发送到用户手机上。目前支持这一实现方式的主要技术标准有日本的 ISDB-T、欧洲的 DVB-H、韩国的 T-DMB。

这一方式的优点是信号的传输不受网络带宽的限制，成本低，业务质量好，加上频谱效率高，可以更低的价格推广。因此，此类业务有更好的市场前景，目前最被看好。

（3）卫星广播实现方式是通过卫星提供传输网络，需要在手机终端安装卫星信号接收模块，以直接获取信号。其优点是信号覆盖面积大、节目传输质量高；但卫星信号容易受

---

① 参见吴元兵：《我国网络广播的发展及其对青少年的影响》，见李文革等主编：《中国未成年人互联网运用报告（2009—2010）》，292～293 页，北京，社会科学文献出版社，2010。

到城市建筑物等的影响而形成信号阴影区，也因为缺少回传网络而无法实现手机电视用户与运营商之间的互动。

目前，只有韩国在积极推动这一方式。韩国电信公司（SKT）和日本移动广播公司（MBC）于2004年联合发射了全球第一颗移动电话电视广播通信卫星，这颗卫星一共有39个频道。目前整个系统运转正常。与使用移动网络传输节目相比，通过卫星传送的电视图像非常清晰。

（二）手机广播

所谓手机广播，是指把手机作为终端，实现广播节目的实时、延时或者点播收听，同时用户可以通过手机的通信功能参与节目。手机广播在拓展手机的功用之余，也大大提高了广播节目的互动性，拓展了其发展空间。

手机广播的实现方式有两种，一是通过移动通信网络实现，二是通过广播网实现广播节目的下传，通过通信网实现用户信息回传。

四、数字广播

数字广播是一项有别于传统的AM、FM广播的技术。它是指将数字化了的音频信号、视频信号，以及各种数据信号，在数字状态下进行各种编码、调制、传递等处理后，通过地面发射站传输资讯的方式。它除了传统意义上传输的音频信号外，还可以传送包括音频、视频、数据、文字、图形等在内的多媒体信号。

（一）发明历史

数字化使用在广播领域最早出现在节目录制方面。20世纪80年代，出现了激光唱盘（CD）。从理论上说，激光唱盘是永不磨损的，它可以反复地用于音乐广播。现在，广播电台、电视台均使用数字式高保真度录音设备录制节目。

数字音频广播起源于德国。1981年，德国广播技术研究所（IRT）便开始了数字音频广播（DAB）相关编码技术的研究工作，1987年成为欧洲高科技重点开发项目之一的尤里卡147（Eureka-147）项目。1994年，该项目被国际电信联盟（ITU）确认为国际标准。

（二）类别与优势

数字广播主要有DAB、DMB和数据广播三大应用方式。其中应用最广的是DAB技术，它是Digital Audio Broadcasting的缩写。它通过数字技术来处理广播中的音频信号，使数字音频信号在传输过程中能够原音重现，而不会像过去传统模拟信号那样容易被传输过程的各种干扰影响而导致失真。

数字广播具有模拟广播所没有或无法比拟的优势。

一是音质纯净。相对于模拟信号，数字音频信号具有在传输过程中记录和复制都不会造成信噪比下降等优势，对收到的信号能够忠实播放，达到激光唱盘水准，可以让听众享受到临场原音重现的效果。

二是抗干扰能力强。不受电波传输衰落影响，几乎为零失真；甚至在使用便携式收音机和汽车收音机时，也没有杂音或干扰。

三是频率的利用率高。采用这一技术，传送相同数量的节目，所需的频谱宽度仅为传统 FM 广播的三分之一；将一个频道压缩成六套 CD 音质的立体声节目，使每个广播电台所使用的频带收窄，大幅增加广播节目的播出频率，提高了可利用的资源数量。

四是快速移动时接收不受影响，可以做到“单频成网”。即用 DAB 播同一节目的不同发射台可使用同一频率段播出，单频网同步运行而不会相互干扰。这尤其对开车族更为方便，不必更换频率就可收听本区域的同一节目。在移动接收条件下仍然可以得到高质量的节目信号，解决了城市多径传播和快速移动时产生的频率选择性衰落和时间选择性衰落的问题。

五是能够同时传送多套声音节目和提供多媒体数字业务。数字广播具备储存资料的能力，可以同时提供数字信息服务，如听众可以通过收音机显示屏读取播放内容的相关文字及其出处，以及交通指南、财经资讯、新闻动态、交通和实用消费信息等，这大大扩展了其使用功能。

六是技术通用，覆盖面大。地面广播和卫星广播均能采用同一 DAB 技术，可以通过全球波束的同步通信卫星，向世界直接播放数字音频节目，达到广泛覆盖的目的。

七是低碳环保。数字广播的发射功率低、效率高、覆盖面积大，有利于节约能源和降低电磁污染、改善环境。

DAB 正以很快的速度向多媒体广播（DMB）发展，将成为未来特别是移动接收多媒体系统的重要组成部分。DMB 和数据广播的出现，让数字广播有了挑战地面数字电视和电信业务的实力。

数字广播的优势显而易见，但它也有自身的缺点，如存储容量需求及传输时信道容量的需求不断增加。因此，为了有效利用有限的资源，在数字音频、视频领域内，压缩技术一直受到广泛的重视，新的技术不断涌现。

五、数字电视

数字电视（Digital Television，DTV）是继黑白电视和彩色电视之后的第三代电视，它是指从节目摄制、编辑、存储、发射、传输到信号的接收、处理、显示等的全过程完全数字化的电视系统。

与模拟电视相比，数字电视最大的区别在于采用了不同的信息编码解码方式：模拟电视的信号是随时间连续变化的电压或电流，而数字电视传输的图像和伴音是经过数字压缩和调制后形成的数字信号，图像的明暗和声音的强弱都以 0、1 的排列组合来表达，信号在传输过程中不会产生噪波，因此数字电视的信号更加稳定。同时，数字编码使得在同等带宽的条件下，节目从几十套增加到 500 套，因而为丰富内容提供了保证。

另外，数字电视改变了模拟信号单向传播的局限，它的传输便于用户自主控制节目播放和存储，它特有的双向传输网络能为用户提供更加个性化的服务和交互性体验。

（一）分类

数字电视种类很多，同时还存在不同的分类方法。

按照信号传输方式，可分为地面无线传输、卫星传输和有线传输三类。这三种传输手段有各自的特长和针对性，在数字电视较为成熟和发达的国家往往呈现并行发展、互补又竞争的态势（见表 3—2）。

表 3—2　　数字电视不同传输方式的特点及适用地域

	传输方式	传输特点	较为适用的区域
地面数字电视	无线电波（主要利用甚高频 VHF 和超高频 UHF 频段）	双向化 可实现移动接收，信号会受到影响	城乡结合部、平原地区、交通干线区域
卫星数字电视	地球同步卫星	覆盖广，传接均简单高效 易受到建筑物、地形及天气限制，单向传输	农村、边远地区
有线数字电视	有线电视光纤和同轴光缆	双向化 接收质量高，铺网费用高	城市

按照图像清晰度分类，数字电视可以区分为标准清晰度数字电视（SDTV）和高清晰度电视（HDTV）。标准清晰度数字电视的图像水平清晰度大于 500 线，重放效果相当于 DVD 激光视盘机的质量水平，图像画幅比为 4∶3；高清晰度电视的图像水平清晰度大于 800 线，重放效果相当于 16 毫米电影胶片的图像质量水平，图像画幅比为 16∶9。

（二）技术标准

目前，全球主要有四种数字电视标准，分别是美国的 ATSC 标准、欧洲的 DVB 标准、日本的 ISDB 标准和中国的 DTMB 标准。我国在没有确定本国标准之前一直使用欧洲标准。2007 年 8 月，DTMB 标准在中国内地和香港正式实施，形成了世界第四个数字地面电视标准。

除了技术标准之外，数字电视机的研发也在不断进步，新一代的数字电视机主要向数字电视一体机、大屏幕数字电视、高清化、互联网数字电视等方向发展。

六、IPTV

IPTV 作为一种典型的互动性电视新媒体，融合了 IP（互联网协议）与 TV（传统电视）的优势特征，既使传统的电视媒体具备了网络媒体的互动性与点对点信息传输所带来的个性化、分众化特点，又使网络媒体能够充分利用传统电视长期积累起来的公信力和良好的受众基础，实现了新旧媒体的强强联合。

IPTV（internet protocol television）即交互式网络电视，它利用互联网技术、电子计算机技术、数字技术、多媒体技术以及移动通信技术等多种新技术，依靠宽带互联网和有线电视网，以电视机、计算机或手机为接收终端，向用户提供包括数字电视、视频、文本、图形和数据在内的多种交互式服务。

IPTV 具有以下特征。

第一，高度互动性。IPTV 赋予用户极大的自主权和选择权，用户不仅可以自由选择节目内容、类型和观看时间，实现用户与内容之间的互动，还可以通过将电视服务与互联网接入、电子邮件收发以及多种在线功能结合，实现用户之间的互动。

第二，极强的个性化和分众化。高度的互动性往往伴随着高度的个性化，IPTV 采用 IP 技术，能够实现音视频等数据的点对点传播，在很大程度上赋予用户自主权，内容提供商可以而且必须按照不同用户的需求特点进行分众化内容制作、传播。

第三，IPTV 具有多样化的接收终端。传统电视机安装 IPTV 机顶盒之后就可以成为 IPTV 接收终端，联网的计算机和 3G 手机同样可以。3G 时代到来，使得手机这一终端的前景日益看好，手机的便携性、可移动性是其得天独厚的优势。

第四，IPTV 提供的是多媒体服务。它不仅能提供广播电视业务，还可以借助 IP 技术传输数据，从而具备包括电子邮件、在线娱乐、电子商务等在内的新媒体功能。

IPTV 不论在国内还是世界范围内都是一个年轻的新兴媒体，它自兴起至今不过短短十几年的历程，但无疑已经是当下最被看好的新媒体类型之一。

七、电视的新兴应用

虽然新媒体是一个技术性概念，但并不意味着只要拥有新型技术成分，就可以称做“新媒体”。尤其是传输终端和传输渠道的改进，使得相关媒体容易被划分到新媒体群中，楼宇电视和车载电视就是最常见的代表。

（一）楼宇电视

楼宇电视的创始者是一家加拿大公司，1995 年首次出现在北美，于 2002 年年末传入中国，很快将播放网络从高档写字楼的电梯间扩展到各种公共场所。2005 年，分众传媒在纳斯达克上市；一年之间，国内楼宇电视就造就了 10 亿元的新兴广告市场。

楼宇电视利用人们步行移动过程的注意闲置阶段，设置在其必经之处，可以到达传统电视所不能及的传播场合，取得一些传播效果。但是，楼宇电视并不符合新媒体要素特征。

首先，楼宇电视只是一个液晶显示器终端设备，其播放内容是预先录制好的视频，并没有新传输技术的运用；其次，楼宇电视没有任何交互功能，它的受众只能被动接收，其内容都是预先准备好的，不断自行滚动播出，受众不能主动选择，这与传统电视相比没有任何进步。

因此，楼宇电视只是播放终端普及的“新载体”，是将一些一直存在但未被发现的传播渠道加以开发利用。它的产生是商品营销方式的新探索和视频泛商业化应用的结果。它实际上属于传统电视媒体的外延，从它所在场所具有的公共特点来看，除了具有商业价值外，它还应该照顾到公共利益。如果完全没有公共性，它的传播势必遭到背弃和冷遇。

（二）车载移动电视

车载移动电视是在公交车、地铁、出租车、渡船、火车等公共交通工具内设置视频终端，供乘客在移动中收看节目的技术或应用。在时速 120 公里之内的交通工具内，移动电视可以稳定、清晰地接收节目。

2002 年，中国最早的车载移动电视出现在上海公交车上；不到两年时间，安装在轮渡码头、渡轮船上、地铁车站、出租车中的移动电视终端总数就达到 7 000 个。同年，移动电视在北京公交车亮相。2010 年，我国车载移动电视终端的销量突破 150 万台。

由于公交移动电视是基于数字电视传输技术的媒介，所以很容易被认为是新媒体。但是，比照新媒体的基本特征，我们会发现：车载移动电视仍然是单向线性传播模式，不具备交互功能，不能产生互动，信息的接受者无法即时反馈和参与，不能选择接收。因此，它也仅仅是基于数字电视传输技术的电视传播渠道，和楼宇电视一样，不是真正意义上的新媒体。

八、接收终端的多样化

由于数字技术及无线电技术的发展，终端的概念得到了扩展。一般而言，实现了信息汇集和呈现的设备都可称之为终端，如互联网计算机终端、移动终端等。

（一）互联网计算机终端

作为一种媒介终端，计算机是和网络的发展紧密相连的，处于网络之外的计算机只是一个简单的计算和储存设备。计算机网络的发展经历了四个阶段：第一是计算机网络与远程终端联机阶段；第二是计算机与计算机网络连接阶段；第三是计算机网络之间互联阶段；第四是计算机网络与国际信息高速公路连接阶段，只有在这个阶段，计算机终端才是互联网终端，并成为真正意义上的媒介。

计算机和互联网的出现，使电视机和收音机作为广播电视的接收终端逐渐变成历史。互联网计算机作为一种新型的广播电视节目或音视频内容接收终端，具备了互联网和广播电视的双重优势。首先，计算机延续了广播电视的视听优势，集声画、音视频于一身，提高了内容的娱乐性和丰富性；其次，计算机接收弥补了广播电视线性播出导致的节目无法再现的收听收视困难，其特有的便捷性满足了人们随时收听收看的愿望，摆脱了播出时间的束缚；最后，网络计算机具有互动性的优势，这克服了受众被动接收广播电视节目、收听观看后无法反馈的缺陷。联网计算机可以满足受众与节目的互动需求，对节目改善和相关机构的发展大有裨益。

（二）移动终端

移动终端是指能够执行与无线接口上的传输有关的所有功能的终端装置。业界一般将边界日益模糊的移动终端分为三类。

（1）通信设备，比如手机终端，每个终端都拥有一个移动网络号码。

随着移动通信技术和电子产品更新换代速度的加快，移动终端不断受到人们的青睐。尤其是作为通信设备的手机，其移动性和便捷性已经成为当今人们接触信息的首选。

随着手机用户的迅猛增长和手机功能的进一步完善，各国广电和通信机构都开始重视手机作为移动终端的重要性，不断挖掘其功能。广电行业将手机纳入未来终端发展的平台，积极开拓手机市场。

手机电视是近年来发展的一个范例。手机电视是指以手机为终端设备，传输电视内容的技术或应用。手机电视业务的实现方式主要有三种：第一是利用移动蜂窝网络实现，利用移动通信技术、通过无线通信网（如 3G、GPRS、CDMA1X 等）向手机点对点提供多媒体服务，如美国的 Sprint。中国移动和中国联通公司都利用这种方式推出了手机电视业务。第二是利用卫星广播、移动多媒体广播、数字广播电视技术，通过地面或卫星广播电视网（如地面的 T-DMB、DVB-H、Media Flo，卫星的 S-DMB 等）向手机、PDA、MP3、MP4、数码相机、笔记本电脑以及在车船上的小型接收终端点对面提供广播电视节目。韩国的运营商计划采用这种方式，中国的中广卫星移动广播有限公司已经采用这种方式。第三种是在手机中安装数字电视接收模块，直接接收数字电视信号。[①]

（2）超移动PC设备，属于PC的范畴，有计算和处理功能，具备移动上网特性，如MID（Mobile Internet Device）和UMPC（Ultra-mobile Personal Computer）设备。

MID，意为“移动互联网设备”，其概念由英特尔公司在2008年4月推出，其定义是介于智能手机和上网本之间，便于携带的移动PC产品。其体积小于笔记本电脑，但大于手机。其设计思路是将移动多媒体与互联网无缝联结，通过MID，用户可进入互联网，随时享受娱乐，进行信息查询、邮件收发等操作。MID与UMPC的区别是MID没有完整的PC功能，在尺寸上也较小。

UMPC是“Ultra-Mobile PC”的缩写，意思是“超便携个人电脑”。根据英特尔公司的标准：MID针对的是大众市场，UMPC则是针对商务市场；MID使用定制的轻量级操作系统，而UMPC使用桌面级操作系统（Windows XP或Vista）；MID的功能是多媒体播放和上网，UMPC重点优化的功能是Office。因此，MID和UMPC是针对不同市场、不同需求的设备。

（3）便携式娱乐终端，这类设备可以播放多媒体内容，种类众多，包括MP3、MP4播放器，CMMB、专用终端阅读器等。

【本章小结】

1999年，比尔·盖茨基于互联网的发展态势发表预言：“10年内纸介质形式的东西必将被淘汰殆尽”；2007年1月，他又在达沃斯年会上放出豪言：“互联网将在五年内颠覆电视的地位。”显然，互联网的速度、海量和无界传播一再令盖茨刮目相看。作为IT产业的领军人物，他有足够的自信对传统媒体判处“死缓”。今天，虽然微软大佬的预判被事实证伪，但这种论调从来没有平静下来。

web 2.0时代的互联网以其强大的交互能力、点对点的传播模式使得传媒业产生了翻天覆地的变化，赋予媒体全新的内涵。也正是在互联网出现的这20多年中，“新媒体”这一概念风靡世界。新媒体在不断蚕食着广播、电视的生存空间。而广电媒体自身，在这股不可逆的浪潮中，也在经历着自然选择的淘汰与融合。广电新媒体应数字技术之势而生，正以它不断衍生出的多种样态在媒介融合的道路上迅速发展。

【思考题】

1. 什么是广播电视新媒体？它有哪些特征？
2. 新媒体是由哪些技术支持而形成的？
3. 广播新媒体有哪些形态、类别？
4. 电视新媒体有哪些形态、类别？
5. 广播电视新媒体的发展前景如何？

---

① 参见百度百科：《手机电视》，http://baike.baidu.com/view/65029.htm。

广播电视的传播特性

第四章

CHAPTER 4

【本章学习要点】

1. 声音的特性。
2. 广播电视节目中声音的类别。
3. 图像的构成及特性。
4. 文字在电视中使用的类别及主要作用。
5. 广播电视媒介符号的各自特点。
6. 广播电视信号的传送方式。
7. 广播电视信号的主要覆盖方式。
8. 广播电视的接收特性。

性质是一事物区别于他事物的根本属性，一个事物其根本属性往往不止一个，广播电视的属性也是如此，可以把它分为自然属性和社会属性两个方面。自然属性是广播电视客观存在、不以人的因素为转移的内在性状。

《现代汉语词典》中，“特点”一词词义为：人或事物所具有的独特的地方。没有比较就没有鉴别，我们认识事物就要把它放进更大的系统、坐标之中，在与其他事物的比较中，明确此事物的独特之处。对于广播电视这一传统电子媒体来说，这个参照系就是传统平面媒体：报刊。

图 4—1 这个传播模式是在申农（C. E. Shannon，1916—2001）模式的基础上加工而成的。我们可以看到，无论什么媒体，其信源

与信宿都是人，没有太多的区别；而在其他环节上，即编码、译码、信道、信号，包括噪声，报刊与广播电视都有不同，因而它们是各具特征的传播系统。

消息　　信号　　信号＋噪声　　消息

信源——编码——信道————译码——信宿

噪声

图 4—1　传播模式

传播媒介各自的特点，是由其自身的信道、信号、制作传播及接收方式的不同而形成的。它们决定了媒介的传播方式，并影响着媒介的传播效果，为媒介传播内容提供了条件。它们的作用只有在人的操作下才能发挥出来。人的操作部分有技术应用，而主要是控制、管理，这就是媒介的社会属性了。深入认识媒介的特点——自然属性，有利于更自觉地应用媒介技术，发挥媒介特长。特别需要申明的是，“特点”一词本为中性，在人的使用中它既可以表现为利，也可以表现为弊，而且一般来说有一利必有一弊，利弊共生。

在这一章中，着重讨论广播电视的传播符号及其传输、接收方式的特性，在后面的章节中再专门讨论其制作加工方法。

第一节　广播电视传播符号及其特性

在人类传播所使用的基本符号中，广播电视使用得较多的包括声音、图像、文字。广播只能使用声音传播；而电视在声音之外还能使用图像、文字构成内容的表达。这三类符号的特性、功能如下。

一、声音

（一）声音的特性

1. *声音的物理性*

声音的存在形式是波状的。波是传递能量的一种运动形式。声音是由物体振动产生的机械波经人耳接收后产生的感觉。人耳能感受到的声波的频率在 16～20 000 赫兹之间。声波传播的空间称为声场。

我们经常把声波和水波相比，但声波和水波不同，水波是二维的，而声波在时间上有三个维度，即波长、频率、速度，根据能量的大小，还有振幅。

（1）声音的产生。

声音由物体振动产生。声波是由发声物体在振动时压缩空气，使空气密度形成疏密相间的状态，由振动源向四面八方传播所形成的。

我们将产生声波振动的物体称做声源，而空气是传播声波的媒质。声波不仅能在气体中传播，也能在固体和液体中传播，但它不能在真空中传播。

由于空气质点的振动方向与声波的传播方向在同一直线上，所以声波是纵波。

（2）声波的波长和频率。

声波的波长为声波振动一周所传播的距离，频率是表示每秒重复波形的数量。

频率与波长成反比例关系：声波的频率越高其波长就越短，如 20 000 赫兹的声波，其波长仅为 0.17 米；反之频率越低其波长就越长，20 赫兹的声波波长为 170 米。从 0.17 米到 170 米声波是人类听觉能够感知的波长范围。

声波的频率还表示音调的特性。

（3）声速。

声波传播的速度决定于媒质的特性，即其密度、弹性等。如空气温度 0℃时为 332 米/秒，15℃时是 340 米/秒，呈现热快冷慢的特点。声波在液体中的传播速度比在空气中要快，如在水中大约为 1 500 米/秒；在固体中的传播速度则随材质不同而呈现较大差异，如在钢铁中为 5 100 米/秒，在软橡皮中为 50 米/秒。

当空中与地面温度不同时，空气密度会不同，声速也随之变化。例如，日间地面温度随海拔高度上升而逐渐降低，声波要向上折射，使得其沿水平方向传播的距离缩短；反之，在夜间，地面温度由于散热而迅速变冷，而空中温度则随高度增加而逐渐变高，声波就要向下折射，使声音传播距离增加，离声源较远的点也能听到声音，但在距声源稍远到较远的点之间会形成一个听不到声音的静音区。顺风、逆风对声音的传递也都会有影响。

（4）声音的方向性。

当声波波长比声源尺寸大时，声波比较均匀地向各个方向传播；当声波波长小于声源尺寸时，声波集中向声源正前方一个尖锐的圆锥体形状范围传播。所以声音高频部分的方向性更强，衰减也更快。

（5）声波的反射、折射。

声波在空气中传播遇到障碍时，会视障碍的材质而产生不同的效果。如果障碍是坚硬的平面如墙壁，则会产生反射；反射声音的角度与入射角度相等。声波除了被障碍物反射之外，还有一部分进入障碍物，进入多少与障碍物自身特性有关。这种进入到第二种媒质继续传播的波叫折射波。

（6）声波的衍射和绕射。

声波在传播途中遇到小于波长的障碍物时，会绕过障碍继续前进。这种现象被称为声波的绕射或衍射。由于人们能听到的声波波长在 0.17 米到 170 米范围内，所以很多声音都能绕过障碍物，使我们听到远处的声音，正所谓“空山不见人，但闻人语响”。同时，对于同一障碍物，频率较低的声波较易发生衍射，而频率较高的声波则会被阻断。

（7）声波的可叠加性。

由几个声源产生的声波，同时在同一媒质中传播时，每个声波都各自独立地保持自己原有的特性（如频率、波长、振动方向等），就像在各自的路程上，没有遇到其他声波一样。所以几个乐器同时演奏、几个人同时说话，我们能分辨出各种乐器和人的声音。这就是声波的可叠加性。

2. 声音的生理性

声音的生理性是指能够发出声音的人或动物发音部分的生理特点。人的声带不完全相同，有长短、松紧、薄厚的区别。声带长、松、厚的人声音就低，声带短、紧、薄的声音就高。

人耳能感受到的声波频率在 20～20 000 赫兹之间，低于 20 赫兹的是次声，超过 20 000赫兹的是超声，都非人耳所能接收。人的耳朵对于声音的感觉通常有声强（响度）、音调（音高）和音色（音品）三种。

（1）声强。

声强即音重、响度，声场中任一点上的声强是每秒钟通过单位面积的声能，它表示声音的强弱，指声音的力度，即声波振动的幅度。声强也称音量。用来测量声音强度的单位是分贝。

（2）音调。

音调或称音高，指声音的高低，是由物体振动的频率决定的。音调的高低与振动频率成正比，比如，物体振动快，声调就高；振动慢，音调就低。对于人声来说，决定其音调高低的因素是振动频率的基频（基波）。如人说话声音在 85～1 100 赫兹频率范围内，一般男性讲话的基频平均为 130 赫兹，女人平均为 260 赫兹，所以女人声调比较高。

（3）音色。

音色是声音的特色，即使两个声音具有同一音高和同一声音强度，也能根据音色区分出不同乐器或人声。

音色的产生原理是：当物体振动产生声音时，其整体振动发出基音，其频率最低；同时其各部分的复合振动产生的声音组合成许多不同频率的泛音；所有不同的泛音都比基音的频率高，但强度都比基音弱；泛音的多寡及泛音之间的相对强度决定了特定的音色。这些特点是人感受客观音响的主要依据，也是音响的主要标志。

具体来说，音色是由发音体的发音、共鸣方式共同决定的声音的独特形象。不同的发声体由于材料、结构不同，共鸣的位置、方式不同，发出声音的音色也就不同。不同的人、物体（乐器）所发的声音，都具有不同的音色。以人声为例，由于每个人的发声条件不同，如声带有长短、松紧、厚薄的区别，同时，人们的共鸣器官，如胸腔、口腔等也存在差异，加上每人的气息条件、发音方法也不同，就造成了人们声音音色很大的差别。这是能够发出声音的人或动物发音的生理特性。

音色在音乐中是指乐器或嗓音的音质。音色是音乐中极为吸引人、能直接触动感官的重要表现手段。一般来说，人们区分音色的能力是天生的。音色分为人声音色和器乐音色。人声音色有高音、中音、低音，并有男女之分；器乐音色中主要分弦乐器、管乐器、打击乐器。

（4）声音的方向感。

对于人来说，声音具有方位感与运动感。这是由人的双耳定位形成的感受。

当声波被我们的两只耳朵接收到时，它们所接收的声波的相位不同，到达两耳的时间便不同，因此我们可以准确判断声源的位置、方向，这叫双耳效应。声音的运动感则是不断变化的方位感所造成的。

3. 声音的表情性

声音的响度、音调、音色、节奏都具有表情作用。不同的内容需要相应的感情表达方式，需要传播者以不同的语音、语调、语速、停连、音量等去处理和把握。所以同样一句话，可以说出多种味道。不同的声音表情可以表达不同的意思，透过声音，可以传送喜怒哀乐，有时亦可得知对方目前的姿势或正在进行的动作。心情愉悦的时候，声音必然是欢快的；心情沮丧的时候，声音必定是低沉的。如一句“下雨了”，用较高的音高、较快的语速及上扬结束的语调说出来，能表达一种快乐、欣喜的情绪；用较低的音高、较慢的语速及下降的语调说出来，表达的就是一种沮丧、失望的情绪。

据说在一次电影奖项的颁奖会上，一位意大利女演员顺手拿起身边饭桌上的菜单，即兴朗诵，她声音非常动情、抑扬顿挫，惹得不懂意语的众人激动得流下眼泪。可见，声音的响度、音调、音色的不同组合，会使声音产生丰富的内涵而作用于人的心理。

声音的表情，对于说话者最熟悉的亲人，以及对所谈内容关注程度很高的人会最准确地把握。不管说者如何费力地掩饰，也很难逃脱关系高度密切者的感觉，这是用心才能看到的表情。

4. 声音的心理性

声音要凭借人的主观感受才能被感知。不同的声音具有丰富的表情达意功能。同样的声音作用于不同的人，也会产生不同的感受。这是由于声音能引起人们的种种联想、思维或条件反射。不同时代、不同文化背景和不同的社会群体，因为其心理的差异，表现在对声音接受的喜爱和评价标准上，带有较强的主观个体差异。

（1）对声音的选择。

对于很多日常存在的声音，人们具有比较一致的喜好与厌恶反应，如都喜爱乐音讨厌噪音，喜爱自然、悦耳的声音，不喜欢吵闹、刺耳的声音。还有如喜欢那些自己喜爱的人或事物的声音，而对不喜欢或讨厌的人、事，即使他（它）们能够发出悦耳的声音也不会喜欢。这就是对声音选择的心理性。

（2）耳朵的掩蔽效应。

我们的听觉系统中有一个类似于“相位滤波器”的部位，它使我们能凭借相位差来把听觉注意力集中在某一特定声源上。因此，我们能在众多声音中分辨出感觉兴趣的声音。例如，在人声鼎沸的地方，有人叫你的名字，你会立即有所反应，虽然它的音量并没有大到足够压过其他声音。这也可以说是我们耳朵收听的一种“掩蔽效应”——掩蔽了我们不爱听的内容，听到了虽不那么响亮但却为我们感兴趣的内容。

（二）广播电视声音类别

声音在其组合编码方式上又分为语言、音乐、音响三种。这种类别主要是从录音角度划分的。

1. 语言，内容的主要载体

这个“语言”的意义是狭义的，是指广播电视中的口头表达语言。在广播电视节目中，语言是最基本、最直接、最主要的表现手段。无论是纪实性的新闻报道还是虚构的电视戏剧，无论是严肃的专题、谈话还是轻松的娱乐、游戏，其主要表达手段都是语言。它的表现形式有解说，也有音响和同期。

语言的主要功能就在于它能够将一个个具体的事物，用与之相对应的语言符号表现出来，从而在符号的排列中体现出不同的语义、语气特色。马克思曾经说过：“语言是思、想的直接现实。”[①] 语言能够准确地表达思想，在语言符号的有序排列中，形成推理的脉络，使人们的思想得以完整表述。较之其他符号，语言的最大特征是以时间顺序为线索，一个字一个字地累积，一句一句地形成，构成一种语义的“陈述”。它是明晰的，常常又是抽象的。明晰代表着现实生活的图像，抽象意味着现象背后的实质。

广播电视中的有声语言，是广播电视节目中人物在表达思想感情、叙述事实经过时所发出的有声话语。它和人们平日使用的口头语言一样，除了传递各种现实和意见信息功能之外，还会因其音调、音色、力度、节奏等因素的不同，而具有情绪、感情、性格、评价等形象、意见方面的丰富表现力。充满感情的人的话语具有无与伦比的力量，它比书写出来的文字语言具有更大的魅力，更能触动人的心灵。恰当运用口头语言的强大表现力，能向受众施加超过报纸等平面媒体的影响。

2. 音乐，写意用

物体规则震动发出的声音称为音乐，音乐是“用有组织的乐音来表达人们思想感情、反映现实生活的一种艺术。它最基本的要素是节奏和旋律”[②]。音乐分为声乐和器乐两大部分。比较而言，在所有的艺术类型中，音乐是最抽象的艺术。它与组织声音（主要是语词）表达思想的语言，构成了现代人类声音表达的主要形式。

音乐是人类最古老、最具普遍性和感染力的艺术形式之一，是人类通过特定的音响结构实现思想和感情表现与交流必不可少的形式，是人类精神生活的有机组成部分；作为人类文化的一种重要形态和载体，蕴涵着丰富的文化和历史内涵，以其独特的艺术魅力伴随人类历史的发展，满足人们的精神文化需求。对音乐的感悟、表现和创造，是人类基本素质和能力的一种反映。

音乐作为一种情感艺术，是广播电视声音的三要素之一，不仅在文艺节目中担任着不可或缺的重要角色，在其他节目中也发挥着重要的作用。

3. 音响，写实用

实况音响，又称音响，在电视中又称同期声。实况音响是一个特定的称谓，它是经过记者的选择、采录，并运用到广播、电视节目，特别是新闻报道中，直接或间接表现主题、内容的那些声音。

实况音响不是随便的声音，它是新闻事物或（和）新闻人物自身发出的有意义的声音。它必须确实是现实事物、人物所发出的真实的声音，但也不是事件、人物所发出声音的全部，只是与节目表达内容有关的那部分声音，或者说是经选择最能反映事实面貌、特点，反映事物声音形象的声音。它一般还要与解说来共同构成一则报道或节目，成为其中的一个成分。它运用在节目、报道中必须要能表现主题、有助于表现事物的声音形象、或是传达现场气氛。

如果不是真实客体在真实活动的真实现场中发出的真实声音的记录，就不能被称为是实况音响。事实上存在着很多的虚假音响，如电影中由人工制造的模拟现场声音，被称为“效果”。也有一些媒体人习惯上称没有语言的现场环境音响为“现场效果”。

---

① 《马克思恩格斯全集》，第3卷，525页，北京，人民出版社，1960。

② 《现代汉语词典》，1624页，北京，商务印书馆，2009。

二、图像

“图像”一词的英文为 picture 和 image，指各种图形和影像的总称，其中既指自然存在的景物，也包括各种绘制、摄制或印制的形象。

图像是电视传播的主要符号之一。在显示屏幕上准确还原视频信号所形成的光的组合，都可称为图像，它包括一切诉诸视知觉的影像。

（一）构成

图像按照其形态主要可以分为两大类，一类是活动影像，一类是静止图像。

所谓活动影像是指图像内容活动、连续变化，如我们平日的视觉观察所见景物状态的实景记录，是电影、电视中多数画面的表现状态。此外，连续画面还包括动画、特技图像等人类创造的视觉对象。

所谓静止图像是指图像内容凝固不变，仅有一个固定状态的情况，包括照片、图画、图表和示意图等视觉形式。

（二）荧屏显示

电视图像是投影在荧屏上供观看的光学图像。它合成自电子视频信号。彩色电视是亮度“Y”信号和色彩“C”信号的组合，电视设备将两种信号合成为单一信号传送并录制。

色度（C）信道，包含所有色调属性，由能产生各种强度的红、绿、蓝光束的三台“幻灯放映机”——在电视摄像机中是能够产生电子信号的 CCD——构成。这些电子信号的强度依三原色的变化而变化。彩色电视机就是利用红、绿、蓝三种基色以适当的比例混合产生各种不同颜色的。由于系统的不同，色彩信号可以用一条、两条或三条线路来传输。

亮度（Y）信道，负责彩色画面的亮度信息。它要完成两个基本功能：将场景中的色彩亮度变化转变成黑白电视机能够接收的黑白信号；为彩色图像提供必要的清晰度和鲜明的轮廓，如同四色印刷中的黑点。Y 信号对画面的清晰度有着重大的影响。

彩色电视机是以光的加色法工作的。加色法是指各分色的光谱成分相加，所得的光的亮度等于三种基色亮度之和，其原理见图 4—2。在电视机显像管颈部也有三支电子枪，它们将众多由红、绿、蓝色的细小圆点或矩形电子簇形成的光束投射到电视机屏幕的内壁。电子枪发出点的力度越大，点就越亮。通过调节三支电子枪的强度，就可以在屏幕上显现出不同的色彩。电视不怕旁边外来光源干扰也缘于此。与电视不同，彩色电影利用的是光的减色法，是利用彩色胶片的吸色性来实现的。减色法是一种运用青、品红、黄三种补色重叠起来合成色彩的方法。由于每一种颜色都是从白光中减去与它互成补色的颜色，因此电影只能在黑暗的环境里观看。

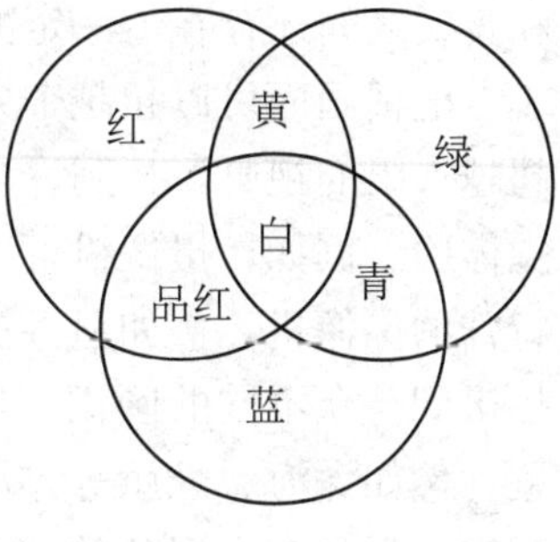

图 4—2 加色法原理示意图

（三）电视屏幕

电视画面是通过电视屏幕呈现给观众的，根据人眼的视觉特性，视觉最清楚的范围是在垂直视角约15°，水平视角约20°的矩形面积之内。因此电视屏幕一般都设计成矩形。

现在电影拍摄、放映经常使用的35毫米胶片是爱迪生创造的。他使用的第一卷胶片的尺寸是1英寸宽、0.75英寸高，为避免出现小数，就用了大家最熟悉的4∶3比例。而这就作为电影制作的标准画面格式延续了下来。后来发明的电视机也沿用了这种格式。

传统的电视荧屏、电影屏幕，长宽比都是4∶3。也就是说，无论是以英寸还是以英尺为单位，其边框都是由4个单位的长和3个单位的宽构成。这种长宽比还可以表示为1.33∶1。这种传统长宽比屏幕的优点是，屏幕长宽之间的差异不会使它们当中的任何一方过于突出，特写和横向延伸的画面比较适合这种屏幕。

20世纪90年代，美国电影电视工程师协会制定了高清数字电视的格式标准，最高等级的显示分辨率标准是1920×1080，也就是16∶9的比例。生物学家认为，当两只眼睛直视最前方时，眼球位于眼睛正中间，瞳孔方向垂直面部平面。如果人的眼睛转动，人的视觉范围会发生变化，但是只要两只眼睛运动方向一致，那么这个视野范围始终接近16∶9比例。而数学家也认为，对电影各种标准的最佳折中是1.78∶1，就是16∶9。这个比例也接近现在电影宽银幕1.85∶1的比例，电视机播放这类电影片不需要做任何处理。这就是目前数字电视的屏幕长宽比，这个长宽比更加符合人眼的观看习惯，能够更好地模拟肉眼，带来更加真实的视觉体验。

（四）电视画面的特性

虽然电视画面是对现实世界的记录和反映，但是并不完全等同于人的视觉。与人的视觉相比，电视画面除有其优点、超越之处，也有不及视觉能力的地方。画面是构成影视的基本单位，电视画面的基本特性主要有以下几点。

1. 仿真性

画面是对现实世界的记录和反映，通过影像可以把客观发生的事情记录下来，这样画面就能够再现当时的情景。对象具体可感性的再现是电视媒介特性的本质。也就是说，影像本身作为媒介可以起到可视性信息源搬运的作用，虽然是在感觉—知觉层面上给人的假象。我们也应该注意到，画面的仿真并不能代替真正的现实，由于各种主客观因素，画面和真实之间还存在着一定的距离。

电视画面可以超越个人的视觉能力。它可以运用多个机位、特殊的拍摄手段、设备，超越人眼的视野，拍到许多人眼看不到的画面，从而提高了人的视觉能力，丰富了人的视觉体验。例如，摄像机可以拍到远景、全景、中景、近景、特写等多种景别的画面。一些特殊的摄像机，例如显微摄像机、高速摄像机和“飞猫”摄像机可以超越人的视觉能力，拍摄到与众不同的画面，给人以特殊的视觉体验。此外，摄像机还可以放置在特殊的位置，例如深海、悬崖等，从而拍到人眼看不到的画面。多个机位的拍摄，让人可以在同一时间内看到多个视角的画面。

2. 连续性

电视影像的画面内部、画面之间的内容都处在不断运动变化中。正是这一“活动”的特点，使得画面具有发展性、连续性。与照片的画面静止不同，电视画面的主体、景别、角度、光线、色彩等都在不断变化，这些活动的画面表现出明显的承前启后的关系，每一个画面都是在补充、丰富上一个画面，又都依赖下一个画面来进一步说明表达内容。这使得当下的画面具有后续与发展的意义，从而具有长时间的吸引力。

3. 选择性

电视的屏幕是有限的，其屏幕大小多在14～50英寸之间，以4∶3或16∶9比例的矩形平面呈现。人的视觉范围远远超出了这个区域。虽然人的视野也达不到180°，但电视画面比人眼视野的限制更大，不能收入的现场场景更多。在一个现场要表现什么、不表现什么，用哪种方式来表现，都是由画面的摄录者根据事先的安排或自己的理解、需要和客观条件可能进行的选择。画面中往往只包含了被拍摄事物的主要部分，而更多视觉信息却因为画幅的限制而无法全部摄入。其间就会掺杂进摄录者的主观选择意愿，也就不能完全客观地反映事物面貌。

电视屏幕的有限性决定了一个电视画面所表现的内容是有限的，这就需要在拍摄的时候进行一定的取舍，并利用摄像机的运动来丰富画面的内容。

4. 多义性

画面的多义性是指画面虽然记录了某些现实情境，但它们往往只是一些形象的记录，不能准确、充分地表达其内在的规定性和深刻含义。一些基本信息很难由画面来提供，如时间、地点、人物自身状态等，需要通过其他手段，如解说、字幕等提供。对于一些包含了隐喻和象征意义的画面，不同的人由于自身文化背景的不同，也会产生不同的解读。

影像可以作为一种符号系统传达信息。但与语言符号系统不同，影像本身更多具备的是再现性、展示性，而很少具备阐释性，它善于摆事实而不善于讲道理，即不具备语言明确表达观念信息特别是抽象概念的逻辑能力。信息传播者固然可以通过对象及角度的选择与调度、镜头组合乃至电子特技处理等诸多手段对影像施以主观影响，但其意义的昭示则有赖于接受者主体对镜头组合的知觉统合与思维水平。

5. 时限性

由于电视的播出方式是线性的，其画面都会稍纵即逝。此外，每个电视画面都有一定的时间长度限制，不可能像画展、影展那样让观众长时间观赏一幅作品。画面的这种时限性要求对画面的造型要简单、精练、清晰，一目了然，才能收到更好的传播效果。

6. 低清晰度

尽管高清数字电视的普及大幅提升了影像的清晰程度，但与人眼的观察能力相比，荧屏还是稍逊一筹。

电视画面的清晰度单位是“电视行”（TV line），也称“线”，是指从水平方向上看，其形成画面的点数。清晰度以水平清晰度为单位，通俗地说，就是将电视画面从水平方向统计出扫描线，作为该荧屏的清晰度指标，数量越大，画面就越清晰。如模拟电视一般有625行（PAL制）和525行（N制）的区别。电视荧屏的总扫描点数可以根据荧屏的现有宽高比计算出来。

中国使用的PAL/D制式的模拟电视画面大多采用的是576i显示模式，具有625条垂直扫描线（4∶3）或576条垂直扫描线（16∶9）。美国发明的NTSC制式彩色模拟电视采用的是480i显示模式，拥有525条垂直扫描线（4∶3）或483条可见垂直扫描线（16∶9）。在数字电视时代，清晰度标准达到D3（1080i）以上才属于高清晰电视（HDTV），其中D5（1080p）为目前的顶级显示格式。这种电视在逐行扫描下能够达到1920×1080线的分辨率。而如此“超高清”的画面对于人眼来说，并没有太多特殊的观感，因为它依然达不到眼睛对事物的观察能力。

低清晰导致我们在电视上难以看清很多明显的区别，如一件脏衣服上面眼睛能很容易看清楚的污迹，洗发前后头发状态的变化，一个人脸上若隐若现的雀斑、黄褐斑等。所以在画面表现上，电视更多时候是“粗线条”的。

7. 二维画面

电视画面是一种平面的构成，不同于人眼视觉的三维空间。

电视画面表现的形象空间只有长宽两个方向的延伸，而现实空间则是一个长、宽、深三个方向延伸的立体空间。这就决定了电视画面的造型形式属于平面造型，其特点是在二维空间的平面上再现或表现三维空间的现实场景。电视画面的一切表现都要受到这个因素的影响和制约。因此，在具体操作的时候，就需要利用人的视觉经验、画面中物体的运动和摄像机本身的运动制造一种动感，尽可能地弥补画面的平面造型，给观众呈现一种多平面、多层次、富有纵深感的立体空间。

三、文字

（一）文字类别

文字也是电视重要的传播符号之一。目前的数字广播接收机上也有文字接收功能，但一般屏幕较小，内容形式都比较简单。电视的文字语言是指屏幕上出现的各类文字，这些文字包括两种类型，一种是指画面内原有的文字，又称为画面文字；另一种是指根据表意需要在后期制作时叠加到屏幕上的文字，又称为屏幕文字。

1. 屏幕文字

屏幕文字又分为标题和字幕。标题一般是指节目名称，常与其他画面内容同时出现，共同构成节目的开头。

字幕是根据节目信息传达的需要，在后期制作、播出时加在影像、屏幕上的文字。字幕起源于无声电影及幻灯。在默片时代，字幕曾经是电影剧作的构成元素之一，在叙述故事、交代背景、刻画人物、表达思想诸方面都发挥了重要的作用。

目前字幕有整屏字幕、边行字幕等类别，在边行字幕中还有说明性字幕和固定字幕、滚动字幕之分，它们一般多呈现在屏幕的两侧或是底边上。

2. 画面文字

画面文字是指摄录的影像中存在的文字（如匾额、会标、标语等）。画面文字使用得当，可以自然、准确地传达明确的信息，因而可以说是电视传播信息的一个捷径。但是，镜头运动、物体遮挡、电视画框等，有时会造成文字内容的不完整，产生“断章取义”的现象，在摄像和编辑时要特别加以注意。

（二）图像中文字的主要作用

1. “视、听、读”三位一体，加强信息记忆

文字在传达信息时具有抽象概括的能力，具有简洁、明确、灵活的优势，因而在电视传播中常用于辅助图像和声音传达准确的限定性信息，弥补影像多义性和声音易产生歧义

等局限，发挥出补充、说明、介绍、引导、强调、扩大信息量等作用。

电视具有声画结合、视听兼备的双通道传播能力，与只靠阅读接触的报纸和只靠声音收听的广播相比，具有明显的优势。再加上文字的感知通道，有助于克服声音和画面稍纵即逝的弱点，为观众提示节目的主要内容，加强观众对节目的记忆。

另外，采用“声画合一”的手法，有声语言和文字同步播出，既利于受众接收，也利于加深记忆。加之与有声语言相比，文字具有不易产生同音歧义的优点，因而对于重要会议公报、政令、名单等密集抽象性信息内容的传播，具有较好的传播效果，同时可以方便有收听障碍人士的内容接收。

2. 丰富节目内容，保证新闻时效

电视中的文字还可以作为独立的传播要素与其他要素分立，发挥配合、对比、烘托、抒情、揭示、评论等作用，共同完成传播的任务，例如在不中断节目播出的情况下以字幕的形式插播最新消息和节目预告等。

电视新闻中的屏幕文字向观众提示和交代了画面中无法表达的要素内容，如时间、地点、人物身份、姓名等。在节目中通过荧屏边行字幕形式，能够充分利用节目时间，增加节目的信息含量，还有助于观众的记忆。

新闻随时可能发生，重大新闻也会有新的发展，经常要在节目播出过程中及时通报最新动态。如果为了插播新闻而使节目经常中断，既不现实也会对观众的正常收看带来影响。插入滚动文字新闻的做法可以很好地解决这一问题，既能保证在播节目的完整，又保证了新闻的时效，大大提高了传播的价值和效率。

此外，文字不会对声音产生干扰。在不宜出现解说语言的特定条件下，通过文字传达必要信息，是一个非常便捷的方式。

3. 美化荧屏

虽然文字本身并不是画面，但它在电视画面中却无疑有着构图的作用——特别是汉字。所以文字作为一种视觉要素，能够增加节目的美感。在使用文字时要特别注意文字画面的视觉感觉，并与画面其他因素配合，保证画面的美感。

四、广播电视信号的特性

（一）广播信号的特性

广播的传播信号是声音，声音是广播唯一的传输对象，无论是哪类信息都要首先转化成声音，才能借助广播播出。声音具有较强的写实性与表现力。现代广播技术已能够将声音的各种要素据实播出。

人除听觉外，还有着视觉、触觉、嗅觉、运动觉等多种感觉。而广播传播的信号则只诉诸人的听觉，这对于人来说是一种单信道的接收。单信道接收没有多信道接收中的信道兼备，比较单一，但也没有多信道间可能产生的相互干扰；其所传信息像沿着一条笔直、宽阔的大道，直达接收者的大脑，使接收者感受专一，能很好地理解所传内容，因而它具有接收通道单一、集中的优点。

声音虽然只是诉诸听觉，但在对内容的表达上并没有任何限制，运用各种表现手段，声音可以构成多种多样的结构、样式，表达丰富多彩的人类思想与生活。单通道接收虽然更为专一，而缺少视觉信息，对于人的信息接收习惯来说确实是一个不小的缺憾。而正是这一缺憾，给听者提供了广阔的驰骋想象的自由空间以补充视觉感受的不足，人们可以在听的过程中对各种人物形象和事件场景加以想象补充，从而形成一种再创造，或是形成“通感”——这是一种对所听内容的积极的心理参与。这种创造、参与，使听者对所听内容的感觉更为真切、丰满，从而具有独特的感受、审美功能和独特的欣赏、接收效果。当然这一点对于广播节目制作来说，已有一整套专业的处理、应对方法。

由于广播播出信号单一、技术较为成熟，节目播出也较易于操作，一些专业台甚至只有少数几人即可承担全部播出任务。另外，广播节目的播出费用较低，所以广播电台播出时间一般持续较长，有不少 24 小时昼夜播出的电台。

（二）电视信号的特性

由于电视传播的信号既有声音也有图像、文字，因而电视信号具有很强的写实性与表现力。现代技术已经使得画面越来越清晰，声音的保真性也越来越好。

（1）电视信号具有立体多通道的特点，它较好地还原了人们对事物感觉以视觉为主、听觉和其他感觉为辅的多元方式。这样多通道传播形成了信号的多样性和丰富性，信号间的互相印证也使信息更为确切。人是视听动物，非常容易迷恋视觉、听觉信号，因此电视对人具有很强的吸引力，常常会让人欲罢不能、留连不舍。

（2）电视丰富的信号系统在内容的表达上有着突出的优势。运用不同信号间多种组合表现方式，电视信号可以构成多样的结构、样式，使传达人类精神和生活的手段丰富多彩。

（3）但是多元信号带来的形象高度确定，却没给想象留下多少空间，从而让人很难再对形象展开再创造和对内容结构有更积极的心理参与。加上活动画面的魔力，常常会把看电视的人变成目瞪口呆的“沙发土豆”，使得接收者在电视前虚度时间，减少了运动和思考。

（4）与广播感受专一比较起来，信号丰富也有其不好的一面，即如果处理不好，各类信号间会互相干扰，反而会对接收带来负面影响。这需要电视信号这种人为系统更多地向人们日常生活中的多通道感觉方式学习，使各类信号很好地配合，达到有效传播的目的。

第二节　广播电视信号的传输与接收

信道是信息传递的通道，是传输信息的媒质，是构成信息流通系统的重要组成部分。广播电视传播信息的通道是无线电波和导线，而目前国内外的广播均主要使用电波传输，电视则两者皆有。

广播电视技术系统总体上分为相对独立的两个部分，一个是承担信息播放功能的“传播”部分，一个是承担信息接收功能的“接收”部分。其中传播部分是广播电视技术系统和事业的主体，其发展规模和技术水平通常是广播电视事业发展状况的标志；接收环节虽然也涉及一定的技术，但其重要性明显要差一些。

一、广播电视信号的传送技术

无线电广播传送的是音频信号，电视广播传送的是视频信号，而声波、可见光都是低频波，其传递距离非常有限，需要一种媒介——高频载波——把它们携带出去。高频载波并不含有任何信息，只起到“运载工具”的作用，因此，又称为载频。平常所说的某电台频率为 738 千赫，指的就是载波的频率。所谓调制，是指使射频正弦载波的某一特性（如振幅）按所传送信号的特性发生变化的过程。在无线电广播中，有调幅制和调频制两种。在电视广播中，图像部分用调幅制，伴音部分用调频制。为了理解调幅和调频的过程，需要首先了解几个概念。

（一）广电传输技术概念

1. 调制信号

调制信号是指用来改变包含着需要传递的信息的载波的振幅或频率的信号，所传信息包括音频信号、视频信号等。

调制信号所传信息的频率比较低，如音频信号的频率范围是 20 赫兹～20 000 赫兹，视频信号的频率范围约为 100 赫兹～6 兆赫。由于它们的频率较低，传送不远，故不能直接发送。

2. 载波

载波是一个频率、振幅和相位都不变的正弦波，它的频率比较高，适于做无线电波发射。载波作为正弦波具有三个基本参数，即振幅、频率和初相位。

3. 已调制波

设法将低频信号与高频载波叠加起来，就能达到传远的目的。这种叠加，用低频信号控制高频振荡的过程称为调制。

调制过程就是调制信号对载波进行加工的过程，如果让载波的某一参数按调制信号的规律发生变化，就形成了已调制波。

按照调制对象的不同，可以有调幅、调频和调相（对载波的相位进行调制）三种方式，其中后两种方式通常合称为调频。

（二）调幅与调频

1. 调幅

调幅（amplitude modulation，AM）就是用调制信号对载波的振幅进行调制。这样得到的已调波的振幅不再是恒定的，而是按照调制信号的规律变化，变化的振幅中包含了要传递的信息。

我国中波调幅广播依国际电信联盟（ITU）的规定，频率范围为 535～1 605 千赫，频道间隔为 9 千赫。因此音频信号中的高频率被限制在 4.5 千赫以下，在收听中波广播时，会感到其高音成分欠缺，尤其在播送音乐时更加明显，这是调幅广播的一大弱点。其另一不足是抗干扰能力差，各种工业干扰、天线干扰都会以调幅形式叠加在载波上，成为干扰和杂音，影响收听效果。另外，现代建筑中过多的钢筋也会对波长较长的中波广播形成屏蔽，影响到接收。

2. 调频

调频（frequency modulation，FM）的特点是载波的幅度始终不变，而频率随着音频信号的高低而变化。当音频信号增强时，频率变高、波形变密；当音频信号减弱时，频率低、波形变疏。这种波形疏密的变化即频率的宽度变化，人们把这种变化又称为频率偏移，简称频偏。调频广播就是通过频偏来传送信息的。

调频电台所占频带宽度为200千赫，是调幅广播的20倍还多，因而它可将音频信号的高音频率扩大至15千赫，所以其听起来比调幅广播高音丰富、清晰、逼真，特别是立体声高保真音乐节目，是调幅广播无法比拟的。

调频广播的另一个特点是抗干扰能力强。因为干扰主要影响载波的幅度，对频率几乎没有影响，在接收机中用限幅器很容易将干扰消除掉。

我国使用的调频广播频率范围为88～108兆赫，处于超短波频段内。超短波遇电离层只穿过不反射，只能在地面直接传播，所以调频广播不能用做远距离广播，可以通过天线高度和地貌确定发射台的覆盖范围。调频收音机要比调幅收音机复杂，成本要高一些。

图4—3是单音信号的调幅、调频波形示意图。调幅的载波变化的形状与音频信号的形态一致，其频率却是固定不变的。调频则是载波的幅度始终不变，频率随着音频信号的高低做疏密变化。

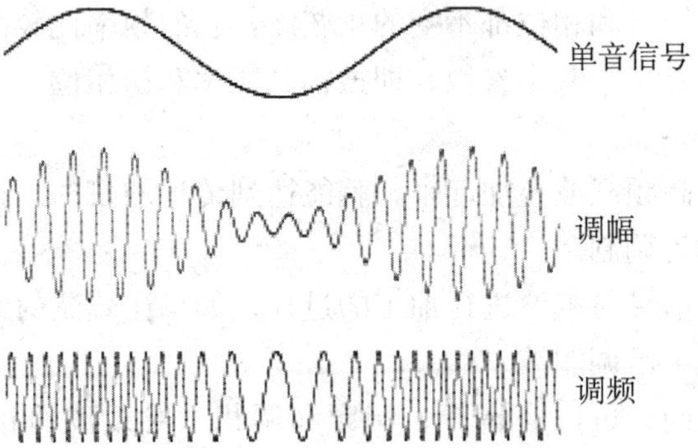

图4—3 单音信号与调幅、调频波形示意

调幅与调频广播各有优缺点，谁也不能替代谁。调幅中、短波和调频超短波广播“和平共处”长期同存。调幅与调频“合作”最好的例子是电视机，因其图像信号采用调幅方式，伴音信号采用调频方式传递。[①]

二、广播电视的传播信道

人们把声波、可见光调制到高频载波——无线电波——上，无线电波成为携带传播的媒质。

(一) 无线电波

无线电波是在空间传播的、频率范围约在3赫兹～3 000千兆赫的电磁波。电磁波可以按照频率分类，从低频率到高频率有长波电振荡、无线电波、微波、红外线、可见光、紫外光、X射线和γ（伽马）射线等。人眼可接收到的电磁波称为可见光（visible light），

① 参见黄宝全：《浅谈调幅广播与调频广播》，载《才智》，2010（1）。

波长大约在 380～780 纳米之间。电磁波不需要依靠介质传播，各种电磁波在真空中速率固定，速度约为每秒钟 30 万公里，相当于绕地球赤道七圈半。图 4—4 为电磁波谱图。

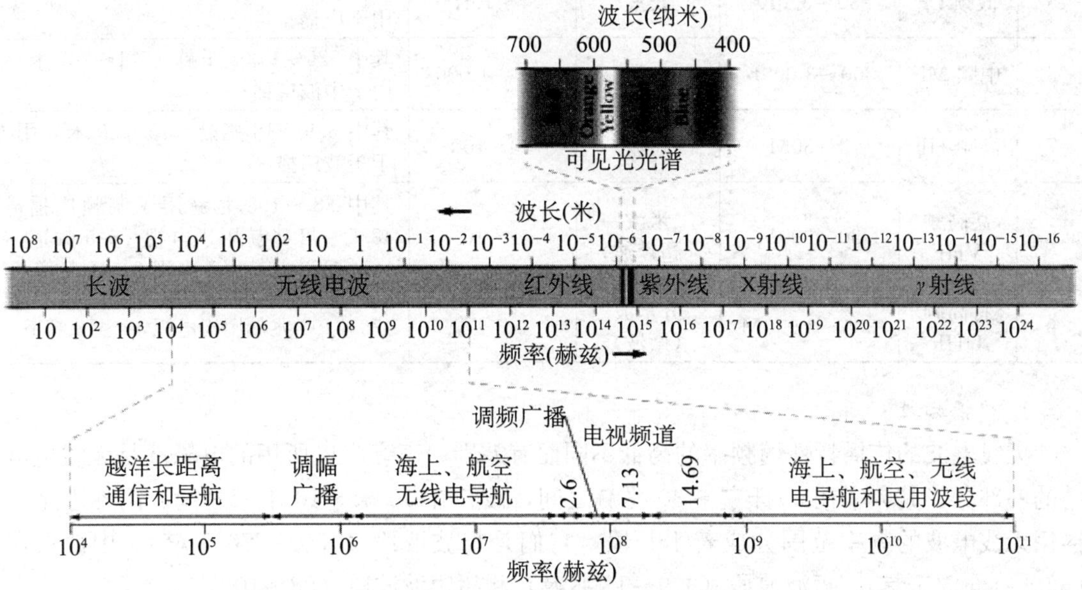

图 4—4　电磁波谱图

电磁波是在空间传播的交变电磁场，是物质存在的一种形式，具有它的质量、动量和能量。但是除去可见光外，其他频段都在人的感觉之外，因此电波在空间传播是人看不见摸不着的；人们只能感受到它运动的时间性，这种时间性是一维、全天候、有方向的。

无线电波按照其波长和频率分成不同频段，广播电视只使用其中一些频段（见表 4—1、表 4—2、表 4—3）。

表 4—1　　**无线电频段（波段）表**

段号	频段名称	频率范围（赫兹）	波段名称	波长范围（米）
1	极低频	3～30	极长波	10～100M
2	超低频	30～300	超长波	1～10M
3	特低频	300～3 000	特长波	100～1 000K
4	甚低频	3～30K	甚长波	10～100K
5	低频	30～300K	长波	1～10K
6	中频	300～3 000K	中波	100～1 000
7	高频	3～30M	短波	10～100
8	甚高频	30～300M	米波	1～10
9	特高频	300～3 000M	分米波	0.1～1
10	超高频	3～30KM	厘米波	0.01～0.1
11	极高频	30～300KM	毫米波	0.001～0.01
12	至高频	300～3 000KM	厘米波	0.000 1～0.001

注：单位 M 为兆，K 为千，下同。

表 4—2 广播电视专用无线电频段表

段号	频段名称	频率范围（赫兹）	波段名称	波长范围（米）	用途
5	低频 LF	30～300K	长波	1～10K	用于无线电测向、导航，有些国家用于广播
6	中频 MF	300～3 000K	中波	100～1 000	其中 525～1 605 千赫（571～187 米）用于中波广播
7	高频 HF	3～30M	短波	10～100	其中 3.9～18 兆赫（75～20 米）用于短波广播
8	甚高频 VHF	30～300M	米波（超短波）	1～10	其中 88～108 兆赫用于调频广播，48.5～92 兆赫用于电视 1～5 频道，167～223 兆赫用于电视 6～12 频道
9	特高频 UHF	300～3 000M	分米波（微波）	0.1～1	470～796 兆赫用于电视 13～48 频道

1. 广播频段

无线电波的传播特性随频率的高低不同而有差别。声音广播所用的电磁波是无线电波中的一部分，其频率在 30 千赫～30 兆赫之间，波长在 10 米～10 千米之间。国际上把广播用无线电波的频率范围分成若干频段，它们是长波波段（150～270 千赫）、中波波段（525～1 605 千赫）、短波波段（3.9～18 兆赫）和超短波波段（88～108 兆赫）。

为避免频率互相干扰造成无法接收，各国政府都通过立法在中近距离广播频段内划分出不同的播出使用区段（频道）。我国规定，在中波频段每一播出频道占用区间为 9 千赫，共能容纳 120 个频道；在调频频段一频道占用区间为 100 千赫，能容纳 200 多个频道。

2. 电视频段

电视的发射频率在 48.5～958 兆赫之间。世界无线电行政会议（WARC）规定，这段用于电视和调频广播的无线电频率共分为六个波段。

中国电视是 PAL D/K 制式，模拟播出时，图像信号带宽 7.25 兆赫，伴音载频比图像载频高 6.5 兆赫，带宽±0.25 兆赫，所以每个频道带宽为 8 兆赫。

标准电视频道是分配给电视专用的频道，由开路电视和有线电视使用。我国在频道编号前冠以汉语拼音字母“DS”（Dianshi 电视）字样，计有 DS-1 至 DS-68 频道，划分为Ⅰ、Ⅲ、Ⅳ和Ⅴ几个波段。①

原本分配给通信、导航等其他用途的无线电频段，在有线电视中由于用电缆传输，不会干扰空中信号，便也设置了电视频道，这就是“有线电视增补频道”。在该类频道号前冠以汉语拼音字母“Z”（Zengbu，增补）字样。“增补频道”单独编排顺序号，从 Z-1 至 Z-42。因此有线电视频道不同于地面电视频道。

电视机选台时屏幕上会显示出“V”波段和“U”波段，这是前述可用于电视和调频广播的无线电频率。其中米波电视也叫甚高频（VHF），频率范围在 48.5～223 兆赫间，包括三个波段；分米波电视也叫特高频（UHF），频率范围在 470～958 兆赫，同样包括三个波段。

① 波段名Ⅰ、Ⅲ、Ⅳ和Ⅴ分别是罗马数字 1、3、4 和 5。

甚高频（VHF，very-high-frequency）中又分为两部分："VL"段（L为low的首字母），通常包括Ⅰ和A-1波段；"VH"段（H为High的首字母），通常包括Ⅲ和A-2、B-1波段。特高频（UHF，ultra-high-frequency）通常包括Ⅳ和Ⅴ波段（见表4—3）。

由于电波的特性是波长越短穿透性越强，所以VHF频段和高频（HF，短波）频段不同，通常不会被电离层反射，而是可以穿透电离层。因此无线接收到的甚高频以上频段的电波都是由发射台发出的直接波，这样的信号一般较频率低的频段要好。这种特性也造成电视信号常常会受到环境因素的影响，如大山背后、高楼阴影区等地面阻隔会影响信号的接收，由此才出现了有线电缆入户的补救措施。

表4—3　有线电视波段划分表

波段	性质和说明	频率范围（兆赫）	业务内容
R		5.0～30.0	电视及非广播业务
Ⅰ	标准电视，甚高频，V波段	48.5～92.0	电视
FM	调频广播	87.0～108.0	广播
A1	增补频道A1	111.0～167.0	电视
Ⅲ	标准电视，甚高频，V波段	167.0～223.0	电视
A2	增补频道A2	223.0～295.0	电视
B1	增补频道B1	295.0～447.0	电视
Ⅳ	标准电视，特高频，U波段	447.0～566.0	电视
B2	增补频道B2	566.0～606.0	电视
Ⅴ	标准电视，特高频，U波段	606.0～958.0	电视

由上述可见，借助无线电波，广播成为人类历史上第一种真正能跨越国界广泛传播的媒介，电视借助卫星技术也实现了全球化传播。广播电视的覆盖面大，又能由人掌握、控制，因而是理想的传播信道。在对声音、图像信号的传送上，目前也可以做到基本上如实、全面反映信源原貌。

（二）广播电视现实覆盖方法

无线电波虽然传播上无远弗届，但不同的频率有不同的特性，经常还需要借助不同的方法传送（见图4—5）。所以广播电视实现远程传播，需要多种现实途径。

长波、中波广播主要依靠地面波传递，由于大地吸收部分能量而使电波的强度随距离加大而逐渐衰减，传播距离不远，半径大约可达100～300公里，多用于中近距离广播。但地波较短波较少受四季、气候影响，传播比较可靠。

短波能被高空中的电离层折射、反射而传至很远距离，因而短波广播多用于远距离的国内广播及国际广播。但短波容易受到气候、季节变化的影响。

调频和电视广播使用的是超短波（米波）以下波段传送，这种波不像中波能沿地表传输，也不像短波能由电离层反射至远，因为它会被地面很快吸收，或是穿过电离层逸入太空。由于地球表面是一个曲面，超短波只能在一定范围内做直线传输，如果不是特别建的高塔，覆盖半径往往也就百十公里。因此调频广播适用于近距离传播，而无线电视信号要扩大传送距离就需要采用"接力"方式。

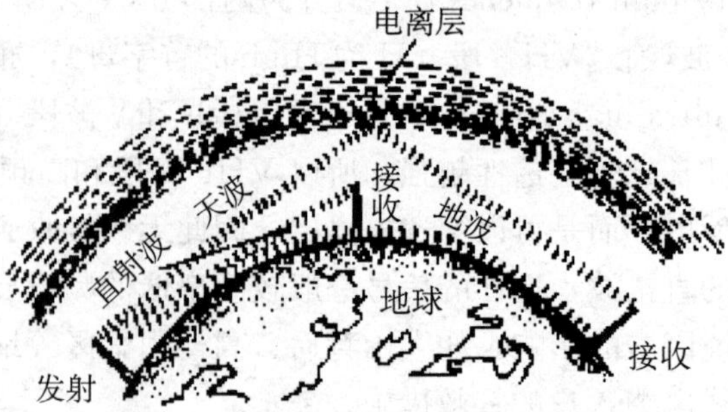

图 4—5 不同频率无线电波传播方式

注：图中所标“直射波”为超短波，“天波”为短波，“地波”为中波。

基于目前技术水平所使用的广播电视覆盖方法主要有四种。

1. 发射台

广播电台、电视台利用无线电波作为传输介质，使用高频载波在空中搭建传输链路来传输视频、声音、数据等信号的系统为发射台。广播电视台一般建有专门的发射台、塔，这些台、塔的覆盖半径取决于其所处位置、高度与发射功率。一般来说，功率大、位置居中、有相当高度的传送距离就远，覆盖范围就大。

一家台发射的信号被远处发射台收到后，可以将信号增益之后继续传送，多次接力传递可以将信号传至远方。这就是最早的覆盖方式。

2. 微波线路

微波是指频率超过 1 吉赫（GHz）的电磁波，波长范围在毫米～厘米数量级。微波波长比电视使用的载波还要短，两者的传播特性基本相同，即囿于地球曲面地表，只能在一定范围内作直线传输。这决定了广播电视微波站之间的传输距离不能太远，一般在 50 公里左右。微波线路就是由多个微波站接力传输形成的，它就像是一串路灯，将广播电视节目接力传送至发射台覆盖范围以外的地方，连接起一个个城市，形成全国网络。

我国在电视建台早期，微波只用于从台外向台内传送直播节目；在 20 世纪 80 年代，普及了城际节目双向传送，在那时是国内电视节目的主要传送手段。微波线路是闭路系统，能够更好地保证使用的安全与保密。

3. 卫星传送

从广义上说，卫星广播和卫星电视是指利用同步卫星上所设的空间无线电台发送广播电视信号或其他信息供地面接收的广播电视传播方式。这种传播方式大体分为两种：一种是卫星传送，即将卫星作为远距离中继传送的手段，将其收到的来自地面的节目信号转发回地面转播台，再由地面台播出；另一种是卫星直播电视，即利用地球同步卫星转发电视信号，供公众个体通过特定天线直接接收。通常所说的卫星电视指的是后一种。

目前经世界无线电行政大会制订的国际《无线电规则》将卫星广播下行信号使用频段划分为：620～790 兆赫（厘米波）和 C 频段 2.5～2.69 吉赫（毫米波）用于卫星传送；Ku 频段 11.7～12.7 吉赫用于电视卫星直播。22.5～23 吉赫、40.5～42.5 吉赫、84～86 吉赫 3 个频段也可以用于卫星广播。

（1）卫星分类的相关知识。

1）高轨卫星与低轨卫星。卫星分为高轨卫星、低轨卫星。低轨卫星的运行轨道呈椭圆形，距地球表面几百到几千公里。它们围绕地球运行的速度与地球自转速度不同，因而地球某一点上的接收不能持续。而高轨卫星距地球赤道上空接近 3.6 万公里，在这样的高度，卫星刚好能与地球自转同步，与地球位置相对静止，地面可以定点稳定收发信息、持续使用。

高轨卫星又称地球同步轨道卫星。一颗这样的卫星，其发出的信号可以覆盖地球表面积的三分之一多，在赤道上空均匀摆放三颗这样的卫星，即可实现全球通信。

2）无源卫星与有源卫星。除了轨道高低以外，卫星还分为有源与无源卫星。无源卫星在离地球较近的轨道上运行，利用金属薄膜反射面反射电波来通信，星上没有传播设备和电源。这种卫星对地面发送和接收设备的技术要求较高，需要大功率的发射机、大尺寸的接收天线和高灵敏的放大接收设备，装备费用昂贵。无源卫星出现于卫星历史的早期。有源卫星则是在卫星上装备了电源和接收、放大、发送设备，使地面接收设备简化。

3）通信卫星与广播卫星。通信卫星（communications satellite）是用做无线电通信中继站的人造地球卫星中的一种。通信卫星使其覆盖区内的任何地面、海上、空中的通信站都能同时相互通信，是世界上应用最早、使用最广的卫星之一。

通信卫星按轨道的不同分为地球静止轨道卫星、低轨道卫星等；按服务区域不同分为国际、区域和国内通信卫星；按用途不同分为军用、民用和商业通信卫星；按业务种类不同分为固定、移动、海事通信卫星，跟踪和数据中继卫星；按用途多少分为专用通信卫星和多用途通信卫星等。

通信卫星主要用于电话、电报、电传和广播、电视传输等业务。连接具有收发功能的卫星地球站，实现点对点的双向通信。一般通信卫星的发射功率有限，多在 100 瓦左右，但它的通信转发器数目较多；将总功率分配给众多电话线路与多个电视转发器，信号强度自然不高。其通信转发器的输出功率一般为 5～10 瓦，发射到地面的电波较微弱，须用直径较大的高增益天线、复杂昂贵的低噪声接收设备和跟踪系统来接收。

通信卫星虽然也能转播电视节目，但要经过卫星通信地球站接收，然后再传送到地面电视台转发给公众。一些通信卫星也可以使用社区共用天线或有线电视系统作为中介，到达用户家中。

广播卫星由通信卫星发展而来。它不需要任何中转就可向地面转播或发射电视广播节目，供公众集体或个体直接接收，实现点对面的广播。为了让地面用户使用直径 0.6～3 米天线的简易设备直接接收卫星广播电视节目，广播卫星转发器比通信卫星转发器的输出功率要大得多，一般均采用数十至数百瓦的大功率行波管放大器。早期的直播卫星采用的策略是减少转发器的数目，以提高其单个转发器的功率。

同时，广播卫星的微波天线经过特殊设计，采用高增益的窄波束或成形波束，能对准一个特定的区域发射，将电波能量集中到一国或一地覆盖圈内。这种强力电波比一般通信卫星功率高 20～40 倍，所需接收设备便可以小巧得多。用做集体接收型广播卫星的等效全向辐射功率为 50 瓦左右，而个体接收型的则达到 60 瓦以上。

现在直播卫星大多采用了数字压缩技术，使一个转发器可以播发多套节目，使传播效益大大提高。

(2) 卫星系统的相关知识。

1) 星体，为卫星广播电视系统的核心，拥有接收、发送信号和电力维持、姿态调整等功能。

2) 地面站，在其中有天线、无线电发射机和接收机，用以向卫星发射和接收无线电波。这样卫星和地面站就组成了卫星通信系统。天线呈抛物面形，能把无线电波集中成窄窄的一束，有很强的方向性，减小了无线电波在空间传播时的损失，保证信号的转发与接收正常。凭借地面站中的自动跟踪设备，天线始终瞄准天空中的卫星。

负责向卫星发射节目的发射站除了固定主站外，还可以是移动小型站。

3) 测控站，对卫星的各种设备进行遥测，对卫星的位置跟踪测定，将测得的数据记录、显示，并经计算机处理，再向卫星发出指令，以校正位置和实施其他操作。

4) 接收端，分个体接收与集体接收。集体接收一般要用 2～3 米或更大的天线接收、转换；个体接收就是卫星直播，一般天线较小。这部分在整个系统中占投资比例最大。

(3) 卫星的优越性。

1) 覆盖面大。一颗全球波束的通信卫星可以覆盖地球三分之一表面积（约 18 000 平方公里)。在这个区域内，任意两点之间都可以通过卫星通信。

2) 播出质量好。因卫星的地空传递环节少，不受地理、气候影响，上下传送无折射、反射（重影)，在各类地形中接收质量都很好。

3) 通信路线多、容量大。它最多能转发几百路电视、数万路电话，有效性利用率高。

4) 运用灵活。卫星的适用性强，不仅可陆地上通信，且可陆—海、陆—空、海—海、空—空传送，在全世界构成立体通信网络。

5) 整系统投资少。据计算，广播卫星系统的投资仅为地面等效系统的三分之一至二分之一。特别是那些边远地区，卫星的效益更加突出。

卫星技术成熟以后，使用卫星解决像我国这样幅员辽阔的国土面积上的广播电视覆盖，比使用前两者有更多的优越性。

4. 有线传输

广播电视都可以通过线缆传输。有线广播曾经是中国、俄罗斯等大国广播的重要传送手段，但近年逐渐衰落了。目前有线传输的主要是电视节目。有线电视包括电缆电视和光缆电视。

电缆电视起源于 20 世纪 40 年代末的美国宾夕法尼亚州等山区，主要用于电视覆盖的边缘区或受障碍物阻碍接收的阴影区。最初的有线电视是共用天线系统。它是通过高频电缆连接众多电视接收机组成信号传输分配系统，用天线将电视节目接收下来后直接传送给用户的区域性电视广播。70 年代电缆电视进入成熟期，利用同轴电缆将电视节目传给用户，以提高传送质量和可靠性。

光缆电视是 20 世纪 70 年代中后期在激光通信技术发展的基础上产生的电视节目传输技术。光缆电视系统与电缆电视系统最大的不同是连接网路的缆线内不是普通的导电金属，而是光导玻璃纤维；光缆内传输的也不是普通的电磁波，而是可载送电视信号的激光。光缆传输具有频带宽、节目容量大，以及损耗低、没有普通电磁波干扰等特点，能满足高质量图像和多节目双向传输的要求。它使传送的节目套路从同轴电缆的 24 路猛增到成百上千路。

目前我国有接近一半的家庭使用有线电视系统接收电视节目。

在这几种现实方式的共同作用下，加上专门针对老少边穷地区的“村村通”工程建设，我国广播电视信号的覆盖率几十年来持续提高，截至 2010 年年底，电视人口综合覆盖率达到 97.62%这一高水平。

三、广播电视的接收特性

要把广播电台、电视台向空中播出的多路电波、信号转换成供收听收视的声音、图像节目，需要受众实施接收的初级行为——购买、拥有接收设备：收音机和电视机。只要处于覆盖范围内、拥有相应的接收设备，人们就可以接收广播电视节目，无需像报纸那样靠由“人链”组成的线性投递获得。

（一）方便易得

收音机在各类媒介的购买费用中最便宜；电视机的购置费用也一直持续下降，加之它又是大家最喜欢接触的媒介，所以一般来说，收音机和电视机是人群保有率最高的大众媒介。购买即获得了接收节目的权力，可长期、连续接收。目前网络收音机已经能够接收世界各国万余家电台播出的节目，使广播接收范围大大扩大；而网络机顶盒也使电视机的适应面大大提高，节目来源丰富，数量成倍增长。

受众直接的接收行为就是开机。只要节目适当，受众开机的可能性便会很高。广播电视是最早实现多路信号集成接收的媒体，这与传统平面媒体相比是一个革命性的进步。受众凭借一部接收终端，即可选择接收多路、多套节目。这些节目可以内容不同、风格不同、形式不同，但接收设备却都是一个，这使得媒介的适应面极大扩张、魅力大增。比较而言，电脑拥有更大的内容容量，是更多元信号的集成接收媒体，在这个方面它超过了“前辈”广播电视。

（二）受众面广

对于接收者来说，广播电视节目接收对受众没有文化水平及其他自身素质如种族、国别、年龄、性别、职业的限制，它不像阅读报刊那样需要相当的文化水平。广播只要求听力健全，电视只要求视力健全。因而，人人都可以成为广播电视节目的接收者。

广播电视接收机的装设地点主要在人们日常生活的空间，如家中、私家车内，它们登堂入室，使得人们接收节目非常便利。电视在当代家庭生活中扮演着重要角色，这可以从它在家中所处的位置——客厅中心——看出来：说明它是人们家中休闲娱乐的主要工具。

相对于电视在中国人家庭生活中的核心地位而言，广播的听众数量却一直在低位徘徊。近年随着轿车的普及，其接收数量有一定回升。广播的接收优势较多，如声音信号在接收中只占用人的听觉，占用感觉比例小，人还可以同时从事其他活动，如体力劳动、家务、开车、走路等，只要不需注意力高度集中，便都可以广播为伴。当然，电视也可以这样使用。这种“兼听”方式提高了媒介时间的利用率，也给简单枯燥的劳动增添了乐趣。这样，广播便可以轻易地渗入人们生活的各个时段。广播的这种接收特性是视觉媒体所不能企及的，因为如果接收以视觉为主，人便很难分配出对其他事物的注意力，不可能再同时从事其他活动。

除此之外，收音机还被设计成不同尺寸、档次，以适应不同的需要。高档、大型的机器给人提供高质量的听觉享受，袖珍机则可以随身携带；将广播芯片植入手机、MP3、MP4 等新的声音媒体，再加上车载接收，其使用更加便利。这种方便携带的特性，帮助广播更容易渗透到人们生活的不同空间，如家中、工作场所、旅行途中、交通工具上。除少数特殊场合外，人们可以在几乎所有空间接收广播节目，以此随时获得最新信息和娱乐，保持对社会动态的及时了解。

虽然语言不同成为不同种族、国别听众接收广播的障碍，但是在接收技术上，广播没有国界的障碍。这一方面是指广播是唯一不附加其他条件就可以实现超远距离接收的媒介，特别是短波频段；另一方面是指全世界的接收机的接收方式都使用同一技术，一个机器到哪儿都可以收听。而电视则一般不具备便携性，加之图像成像技术的各类差异，如彩色还原技术、数字图像格式等的不同，也使不同地区的接收有不同的标准。

（三）选择与保留

收听收看实时播出的广播电视节目，要受到电台、电视台播出时间的限制。在接收时间、内容选择和节目的保留上，传统的广播电视一直存在极大的限制和不便，受众要靠了解节目预告、知晓栏目安排、连续追踪接收等来提高对特定喜爱节目的选择，否则就只能“赶上什么看什么”。

随着对广播电视传播特点认识的深入和技术的进步，通过对节目、频道的合理设计、布局，以及周到、恰当的节目预告，实时选择性差的缺憾可以在一定程度上得到弥补；这一缺憾还可以通过电台、电视台节目内容专门化从另一角度予以解决，例如，受众想要了解新闻动态，就可以直接选择新闻频道。

随着技术进步，以往广播电视节目保留、重看的困难得到了较好的缓解。过去，作者精心制作的节目除实时播出外，受众很难保留和重复接收，错过时间往往就要留下遗憾。而现在受众可以通过播出机构的网站或是使用数字机顶盒的保留、回看功能收听收看自己想要重复接收或是错过播出时间的节目，这在一定程度上解决了节目保留问题。

【本章小结】

广播电视媒体的特点是由它们的信号、信道、接收方式共同构成的。

广播电视信号多元，具有生动传真、信息质量高的突出优点。因为它们中的音响、画面大都是事实本身原始信息的真实再现，符合人类视听传播的习惯，让受众通过节目接收扩大了视听经验。但同时过多的形象信号容易让人沉溺其中，放弃思考与想象。

广播电视的传输信道——无线电波——具有高速、快捷的优点，它的运行速度相对于人的动作速度而言，所耗时间可以忽略不计。利用它可以实现全球共时传播。由于这些条件，电台、电视台成为传播新闻最理想的速报媒介。遇有突发新闻，只要记者将线路接到台里，就可以打断正常播出、插入报道，使新闻报道获得最高的时效。在重大突发事件和巨大灾难突然出现的时候，广播电视都能够一马当先，迅速报道。其中由于广播声音节目制作简便、播出快捷、能长时间持续播出这些自身条件，使其成为各类媒介中反应最快的一种。电视在搭建起直播线路之后，也可以很快切入直播报道。

无线电波的扩散式传播方式提供了大范围网状覆盖。加上不同的覆盖方法，广播电视是迄今为止受众群体最广泛、普遍的媒体，它们面向不同年龄、不同性别、不同职业、不同文化水平，甚至不同种族、不同国别的广大人群播出。

广播电视的播出通道很多。广播可以同时容纳几百个频率，形成近、中、长距离电波的立体覆盖；而不同的频段又有不同的控制、使用特性，可用做不同的目的。电视在模拟技术时代可资利用的频道只有几十个，在数字化时代也达到了数百个。频道资源随着技术的发展，极大地丰富起来。

另外，无线电波还可提供一天24小时全时段的播出，它所提供的资源是非常可观的。时间一分一秒地均匀流逝，广播电视节目内容的播出速度也是均匀的。以字符计算，每分钟大约能播出200～300个汉字（音节），一天24小时不停播出语言节目，一个频道约可播出28万字的内容。这种播出的均匀性与大容量，也是广播电视媒体的特性。

广播电视接收方便、成本低廉，有较强的伴随性，是受众喜爱的媒体。只要有恰当的节目，受众选择接收的几率很高。

【思考题】

1. 广播电视有哪些传播符号？
2. 声音的特性是什么？
3. 广播电视节目中的声音有哪些类别？
4. 图像的类别和特性是什么？
5. 文字在电视中的类别及主要作用是什么？
6. 广播电视媒介符号各自具有哪些特性？
7. 广播电视信号有哪些传送方式？
8. 广播电视信号主要覆盖方式有哪些？
9. 广播电视的接收特性是什么？

第二编　走近广播电视媒体

广播电视技术发明成功之后，为了维持持续的播出，很快出现了由专业人士组成的加工制作节目的机构。至今广电节目大多还是由相应组织来加工制作、播出的，这就是广播电台、电视台。在广电机构出现至今的近百年历史中，不仅其规模迅速壮大，而且随着技术的突飞猛进已经有了多种类型。在这一编，本书介绍广播电视媒体的发展历史，以便让大家了解广播电视事业发展的历程，走近广播电视媒体。

外国广播电视事业

第五章

CHAPTER 5

【本章学习要点】

1. 世界第一家广播电台的创办。
2. 美国广播电视事业的发展特点。
3. 美国的三大广播公司。
4. 英国独特的广播电视制度。
5. BBC 的发展历史。
6. 法国的广播电视历史。
7. 俄罗斯的广播电视历史。
8. 日本的广播电视历史。

20 世纪 20 年代广播和电视相继登上传媒舞台，这极大地促进了传媒产业的发展和繁荣，同时也奠定了当今传媒业的格局。广播电视出现到现在已有一个多世纪，世界各国都在这期间充分利用科技发明发展本国的广播电视业，使广播电视在新的技术背景下焕发出新的生命力，创造了多项人类传播史上的奇迹。近 20 年，互联网迅速发展，数字技术和新媒体相继出现，这对于广播电视来说是机会更是挑战。

本章主要介绍世界上几个主要国家广播电视事业的发展历史。

第一节 美国广播电视事业

美国在世界上一直引领着广播电视的发展潮流，众多重要的关键技术发明于此，广电事业也一直繁荣昌盛，对其他国家带来了深刻的影响。

一、第一家广播电台

美国西屋公司创办的 KDKA 电台被公认为世界上第一座无线广播电台。它于 1920 年 10 月率先获得了美国政府颁发的商业执照。

该台 1920 年 11 月 2 日晚在宾夕法尼亚州匹兹堡市开始其第一次广播。当晚它以播送沃伦·哈定和詹姆斯·考克斯的总统竞选报道开始播音。播音员哈罗得·阿林在唱片音乐和实况音乐的间隙中，随时将最新结果公布给听众，直到播出哈定击败考克斯当选总统为止。宾夕法尼亚州、俄亥俄州和西弗吉尼亚州的 2 000 多人收听到了这一广播。

从此，KDKA 台每晚约 8：00 开始播音，每次播出几小时，星期天晚间停播。它播出的节目类型有：音乐节目（音乐会现场转播、歌唱家演唱、留声机唱片播放）、舞台戏剧演出实况、新闻报道、政治演说、教堂仪式、公共服务信息、无线电技术讲座、体育节目以及为孩子们朗读故事和由听众提供的娱乐节目等。其中，音乐节目占了大部分播出时间。当时，KDKA 台的众多娱乐、体育、教堂仪式转播都是使用电话线路将信号传送到播音室实现的。

二、广播事业的发展

继 KDKA 台之后，美国的许多电气公司也建立广播电台以促进收音机销售，如通用电气公司、克罗斯利公司和菲利科公司等。另外，许多报纸、教育机构、教堂和百货公司也纷纷建台。在两年时间里，美国共创办了 500 多家电台，每个大城市都有了自己的电台。收音机数量也同时增加到 150 多万台，听众人数迅速增多。

1. 广播广告

第一个美国广播广告是昆士鲍罗公司为推销纽约长岛的房地产于 1922 年 8 月 28 日在 WEAF 台上做的 10 分钟讲话，付费 50 美元。当时，电台要求广告主以“低调”讲话，因为广播是“听众请到家里的客人”。这一观念对美国广播发展有着深远影响。

广播广告在出现之后的几年中迅速攀升。当时在美国广告总支出中，1929 年报纸广告收入占全国市场的 54%，到 1939 年下降到 38%；广播广告则从 1929 年的 4%上升到 1939 年的 27%。在经济大萧条时期，广播电台为了得到赞助而放松了对广告的限制，赞助商常常可以自制节目播出。

2. 报纸对电台的反应

广播创办初期，一半以上的电台同报纸建立了联系。电台利用大众对新闻的兴趣来吸引听众。一些台聘请报纸新闻编辑负责其新闻广播，形成了电台与报纸的新闻竞争。20 世纪 30 年代初，报纸和通讯社开始对电台一致封锁新闻，1933 年，美国三大通讯社即美联社、合众社和国际新闻社停止了向电台出售新闻。

在这种情况下，一些电台开始自己采写新闻，这使广播新闻开始走出自己的道路。随后一些报纸又联合成立了专门为电台提供新闻的电台新闻社。通讯社看到后，便不再遵守同报纸达成的协议，也开始向电台出售新闻，这一抵制联盟也随之瓦解了。报纸向电台的挑战激励了电台的发展。

3. 大型广播网出现

在20世纪20年代早期，美国开始出现了一些暂时性、实验性的广播网。其首次联播是WGY电台与WJZ电台实现的，1924年EAT等六个电台也进行了联播。联播奠定了广播网成立的基础。

1926年，美国商业部依照反垄断法，要求美国电报电话公司退出经营，该公司只好将WEAF台出售，由美国无线电公司、通用电气公司和西屋电气公司组建新广播公司——全国广播公司（National Broadcasting Company，NBC）。

全国广播公司于1926年11月15日开始播出，有19个网台。它拥有两个系统：以WEAF台为首的“红色网”，以WJZ台为首的“蓝色网”，成为第一个覆盖美全国的广播网。

广播网的出现使电台经营形成一种规模效应，无论是从制作成本还是广播时段营销角度来看都更为经济。“所有电台共同分担一个节目的费用，且同一个节目在所有电台播放，这要便宜得多。而且，由电台联结起来的广播网为广告客户提供了在更广阔的地理区域接触更多听众的能力。”[①] 广播网的经营模式对广播实力、规模的壮大助力匪浅。

不久后，音乐家阿瑟·贾德森和几个合伙人联合十几家电台成立了联合独立广播公司。由于经营状况不佳，贾德森请哥伦比亚唱片公司参股，将公司改名为“哥伦比亚唱片广播公司”，于1927年9月18日开始播音，拥有12家附属台。翌年，这个公司被费城的威廉·佩利（William S. Paley）以40万美元购买；他还购买了纽约的WABC台，将之作为旗舰台，并将公司的名称改为哥伦比亚广播公司（Columbia Broadcasting System，CBS）。

三、广播节目发展

1. 广播剧

20世纪二三十年代，由于严重经济危机带来美国演艺界的高失业率，广播网成为演员发展的新兴场所。1922年8月3日，纽约州的XGY电台播放了第一部广播剧——尤金·沃尔特（Eugene Walter）创作的《狼》，由此XGY剧团也成为世界上最早的广播剧团，每周五晚上定期播送戏剧节目。广播剧很快成为当时数以百万美国家庭每晚收听的节目。

广播剧题材相当广泛，大多反映社会正义、爱国主义和历史事件，多由戏剧或小说改编而成。1938年10月31日晚间，CBS播出了根据英国著名小说家赫伯特·乔治·威尔斯（Herbert George Welles，1866—1946）的《星球大战》改编的科幻广播剧，该剧以新闻播报的形式演绎内容，导致听众信以为真并盲目出逃，成为广播史上的重大事件。

2. 广播新闻

在20世纪30年代，由于资本主义世界政治经济大动荡，广播新闻成为重要的信息来源。在这一时期，广播中开始出现能发挥自身特长的新闻节目形式。

---

① ［美］约瑟夫·R·多米尼克：《大众传播动力学——数字时代的媒介》，第7版，213页，北京，中国人民大学出版社，2009。

首先，电台完善了新闻播报。在1937年的俄亥俄与密西西比洪水灾害中，当地电台停止了正常播音，成为灾情信息中心，及时向灾区播放警告，对救灾发挥了重要作用，广播在此显示出对突发事件快速反应和现场报道的优势。到30年代末，广播新闻已经成为独立的力量，能够迅速播报新闻。

其次，电台还加强了新闻评论节目，对重要的事件展开评述。1939年《幸福》月刊调查表明，70%的美国人把广播作为获得新闻的主要途径。

3. 二战时期广播节目及事业状况

第二次世界大战使广播成为重要的新闻媒介，同时也造就了一代名记者和新闻节目主持人，如CBS的冯·卡尔登邦和爱德华·默罗（Edward R. Murrow，1908—1965）等。

1938年3月12日，默罗在维也纳向美国广播了他的第一篇战事新闻，从此开始了他著名的第二次世界大战现场报道。1938年9月12日至29日，由默罗领导的CBS报道小组对历时18天的慕尼黑危机进行了多次实况广播与现场报道，冯·卡尔登邦（Hans von Kaltenborn，1878—1965）作为节目主持人对英、法在慕尼黑会议上对德、意法西斯妥协的行为播出了大量快讯与精彩评论。

1939年3月德国人侵捷克，发动了第二次世界大战，接着它又侵入法国等其他欧洲国家。由于美国远离欧洲，很多人并不太清楚那里发生的事情。对此，爱德华·默罗从1940年8月18日开始了著名的《这里是伦敦》现场报道。他每天或在德军轰炸的主要目标之一的英国广播公司的楼顶上或是在其他地方播报，把圣保罗大教堂、西敏寺大教堂等伦敦城内不同地点的劫后实情报道出来。默罗用平静又富于感染力的声音描述炸弹横飞、烈火燃烧的伦敦城。他的报道使美国人民如临其境，促使当时仍然保持中立的美国政府和人民领悟到这场战争的性质，开创了广播新闻的新天地。

战争期间，由CBS前负责人埃尔默·戴维斯任局长的战时情报局对一些已有广播节目做出调整。如因不能对被采访者逐一进行事先调查，以保证不播出有利于敌人的信息，从而取消了《街头采访》直播节目。在沿海城市还停止了气象消息播放，以防被日本潜水艇所利用。同时，广播电台主动接受政府提出的对节目的“自我审查”，使节目保证完成其战时的第一功能：动员大众支持战争。所以节目多围绕战争主题，信息与娱乐节目退居次位。因此，避免了一战中被政府关闭的命运。

第二次世界大战期间，因战争的需要，广播被充分运用，美国的广播事业也得到了很大发展。战后，广播成为人们的“伴侣媒介”，并且向地方、小城镇发展，形成了地方电台的繁荣。1952年，调频台的数量增加到2 400座。广播节目以制作费用低廉的“猜谜”节目和“恐怖戏剧”为主。其间出现的录音技术使录制节目逐渐取代了实况节目。1976年美国国内通信卫星发射成功，国内卫星广播网建成。80年代，美国又开发了卫星直播业务。1983年美国已有12个大型广播网在特定时间或一天24小时通过卫星广播。据1985年的调查，收听早新闻的人达46 %，看电视新闻的占38 %，看报纸新闻的占16%。

四、电视事业的创办及发展

1. 创办电视事业

在美国，第一次正式播出电视节目是在1928年。美国通用电气公司设在纽约谢奈克塔德（Schenectady，New York）的 WGY 电视台播出了第一部电视剧——《女王的信使》。此后，设在纽约波士顿、芝加哥等地的早期电视台纷纷效仿，且开始较为固定地播出节目。当时全国广播公司经营的试验电视台是 W2XBS（后来成为纽约的 WNBC）；哥伦比亚广播公司的试验电视台是 W2XAB（后来成为 WCBS）。但当时的电视台多处于“试验”阶段，播出时间短、节目少，没有相应的管理。

一年后，联邦无线电委员会（Federal Radio Commission）发给 18 家试验电视台执照，批准其营业。当时这类台被称为视觉广播台（visual broadcast stations）。早期实验电视节目的观众多半是电气工程师或一些好奇的人，大多数普通百姓还不愿意花太多钱买台又大又笨、图像信号不稳定、伴有噪音的“电视机”。随着 1929 年经济大萧条时期的到来，继续投资于电视试验和研究上的资金难以维持，机械扫描时期的电视实验陷入停顿。

1930 年，一套较完善的全电子扫描电视系统在美国无线电公司实验室诞生，电视因而由机械时代进入电子时代。当时电视专用的录像设备还没有发明，因此，除了少数节目用电影胶片来记录播出外，大多数电视节目都是直接播出。耐人寻味的是，就在如此简陋的条件下，电视新闻的萌芽开始产生了。

1939 年 4 月 30 日，命名为“明日世界”的纽约世界博览会开幕。美国无线电公司在会上正式展出了其最新电视产品。作为其子公司的全国广播公司在距离主席台大约 50 英尺远的平台上，架起一台最原始的电视摄像机。美国总统富兰克林·罗斯福（Franklin D. Roosevelt）在开幕式上做了讲话，成为第一个出现在电视屏幕上的美国总统。美国无线电公司的老板戴维·萨尔诺夫作为早期电视研究的支持者和胜利者，称电视这项发明是“一门新的艺术，它的意义非同凡响，必将影响整个社会”。当时，纽约城区只有 200 台电视接收机，多为 NBC 的领导和少数好奇的富人所拥有。所有看过当天电视实况转播的人都被电视清晰的画面所吸引。

但当时电视接收机的销售量并不乐观。即使各家公司做了大幅度的削价，到 1939 年年底，在纽约市也只卖出了 1 000 台。第二次世界大战期间，由于全力投入战争，美全国电视台仅留了 6 家，电视接收机不到 1 万台。除纽约的电视台在战时播放了一些戏剧实况节目外，其余台都只是象征性地播出。

2. 早期的电视节目

第二次世界大战结束后，电视开始朝着大范围的覆盖发展，全国性的商业公司开始更多地在电视上做广告。

从 1953 年起，电视成为主要的娱乐、家庭媒介。电视节目以连续剧和游戏节目为主，包括有西部片、侦探片、喜剧、戏剧和音乐剧。当时新的节目形式是在黄金时间播出的、提供大额奖金的《猜谜》节目。

3. 电视新闻节目的发展

1945 年战争结束后，NBC 就开始雇用赫斯特报系的新闻摄影老手保罗·艾利拍摄图像新闻。CBS 则请来新闻电影纪录片的摄影师指导拍摄电视新闻。1948 年 8 月 15 日，CBS 开办了第一个晚间新闻节目。1949 年，NBC 也开办了晚间栏目《骆驼新闻大篷车》。当时的电视新闻主要为口播，且报道量少，时效也差，影响很小。

1951 年，CBS 著名记者默罗和弗兰德利创办了《现在请看》（*See It Now*）时事新闻节目。

到 1954 年，各电视台网播出的新闻都只有 15 分钟。

1956 年，第一次投入使用的磁带录像机记录了艾森豪威尔总统的就职典礼。1959 年，美国三大电视网实况转播了尼克松访苏，同时对美国外交政策进行解释性报道。

从 1963 年开始，除了美国广播公司外，所有的电视新闻都扩展到了 30 分钟。CBS 由沃尔特·克朗凯特（Walter Cronkite）主持的新闻报道成为电视新闻的楷模。全国广播公司早时开办了《亨特利和布林克利报道》，受到广大观众的喜爱。

1963 年 11 月 22 日起各电视台对肯尼迪暗杀事件持续三天半的报道创造了连续报道的纪录。

1968 年 9 月 24 日，CBS 开办了由记者展开深度报道的《60 分钟》节目。这个节目后为各国新闻节目所效仿。

"阿波罗" 11 号飞船于 1969 年 7 月 20 日首次登上月球，通信卫星的发展使登月报道成为里程碑式的新闻报道。据估计，当天电视观众达到约 6 亿，占当时地球总人口的 20%。

各个广播网开始播出常规的晚间电视新闻，最著名的深夜新闻是全国广播公司的《今夜》；著名的早间新闻有全国广播公司的《今日》和美国广播公司的《你好，美国》等。新闻节目的发展使收视率得到了明显的提高。

4. 公共电视系统

1967 年，美国公共电视系统建立，这是美国广播史上的一件大事。它的建立改善了电视节目的供求体制，使教育、儿童和特别类节目的观众得到了满足。公共电视制作的儿童节目《芝麻街》和《电子公司》等对世界儿童电视节目的发展产生了深刻的影响。

5. 有线电视

有线电视在 70 年代初期加入了竞争。专业有线电视台、付费电视台、录像机的普及和卫星直播电视的出现导致了大众传播媒介的分化。电视台数量猛增，专业台如 HBO 开始出现。

五、三大电视网"三足鼎立"

1. 哥伦比亚广播公司

1951 年，哥伦比亚广播公司（CBS）成功地把自己电台播出的广播肥皂剧移植到电视上，开始扭转长期被动的局面。随后它又开发出了科幻电视节目，并播出了科幻电视剧《弱光层》。该台在 1953 年推出的情景喜剧《我爱露西》（*I Love Lucy*）最终播出长达 140 集，一度成为最热门的收视节目。

CBS 在美国观众中最引以为傲的传统是在报道公共事务中推出了现场直播新闻节目、专栏节目和著名主持人。该台的爱德华·默罗是开创现场直播新闻报道的鼻祖。在第二次世界大战中，他主持了《这里是伦敦》节目，从欧洲向美国听众直播了战争现场的报道。战后，他又在《现在请看》节目中揭露了参议员约瑟夫·麦卡锡制造红色恐怖的卑劣伎俩。该台著名的晚间新闻节目和《60 分钟》（*60 Minutes*）新闻杂志及其主持人沃尔特·克朗凯特、丹·拉瑟（Dan Rather）、迈克·华莱士（Mike Wallace）等，在美国报道公共事务方面都极具影响力。

在激烈的媒体竞争中，哥伦比亚广播公司的所有权几经转手。1999 年，传媒巨头维亚康姆以 360 亿美元的巨额资金将该公司收归麾下。

2. 全国广播公司

该公司自从 1941 年由广播网发展成为首批商业电视网后，开创了许多“第一”。

在 1982 年到 1985 年的三年时间，三大电视网纷纷易主，从职业的广播业务主管手中转移到地道的商人手中。这标志着三大广播网的黄金时代已经过去。1986 年，通用电气并购了美国无线电公司，因而成为全国广播公司（NBC）的全资拥有者和运营者。

NBC 已经发展成为一个国际性多种经营传媒公司。它在全球有雇员 6 000 多人，每周制作电视节目数百小时，观众遍及六大洲的 100 多个国家和地区。该公司除拥有电视网下属的 230 家电视台和自有并运营的 29 家电视台外，还与道・琼斯公司合办了有线全国广播公司，向全球近两亿家庭主要播出工商新闻节目；与微软公司合办了有线新闻频道和互联网新闻网站——微软全广（MSNBC）。

NBC 的国际控股包括欧洲全广有线台（CNBC Europe）、亚洲全广有线台（CNBC Asia），并拥有国家地理国际频道（National Geographic Channels International）的普通股权。

3. 美国广播公司

1943 年，美国最高法院依据反垄断法判决全国广播公司（NBC）出售其 WJ2 蓝色广播网。NBC 于 1945 年将这个广播网卖给了糖果商爱德华・诺贝尔（Edward Nobel），该网被改名为美国广播公司（American Broadcasting Company，ABC）。当时这家公司有 168 家电台，从而形成了美国广播业三网鼎立的局面。

1953 年，ABC 与联合派拉蒙制片公司合并。新公司避开早期电视网时髦的直播节目，专门针对当时热衷于好莱坞电影的广大观众制作节目。当时，该网 90%的节目都是经过精心编排的电影。到 1964 年秋，该公司正式进入美国电视网三足鼎立的竞争格局。

美国广播公司之所以能后来居上、成为三雄之一，主要得力于两个因素：一是 50 年代中期播出的热门迪士尼节目，如 1954 年的《迪士尼王国》（*Disneyland*）和 1955 年的《米老鼠俱乐部》（*The Mickey Mouse Club*）。二是定位于体育、娱乐节目，一般不进行其他电视网常见的全国性政治集会的全程直播。ABC 在 60 年代先后开创了《体育大世界》（*Wide World of Sports*）、《周一晚橄榄球大赛》（*Monday Night Football*）等深受体育爱好者欢迎的节目。

现在该电视网有下属电视台 225 家，自有电视台 10 家和 70 家广播电台，还在一些有线电视频道中拥有股份。2003 年该公司年收入 109.41 亿美元，比上一年增长了 12.4%。现任董事局主席和总裁是安妮・斯威尼（Anne M. Sweeney），公司总部设在纽约。

近年来，三大电视网虽然遇到了激烈竞争，但是其相对收视率仍然是最高的。据美国电视广告局 2004 年统计的数据，三大电视网的每周累积收视率都超过了 80%，是所有电视网（包括有线电视网和卫星电视网）中最高的三家。其中，NBC 为 79.5%，位居第一；CBS 为 78.8%，名列第二；ABC 为 78.2%，屈居第三。

4. 福克斯挤进“四强”

传媒大亨鲁伯特・默多克（Rupert Murdoch）打破了在美国不可能有第四个电视网的

预言。他在20世纪80年代初陆续购买了一些大城市的独立电视台和20世纪福克斯电影制片厂。以后，又延聘了在美国广播公司工作的电视节目“奇才”巴里·迪勒（Barry Diller)，为他未来的电视网领衔。这就为他形成从电视节目制作到播出的电视网完整生产链做好了准备。1985年，福克斯广播公司（FOX Broadcasting Company）正式启动，当时默多克仅有六家电视台。

经过20多年的努力，福克斯电视网成为三大电视网强有力的竞争对手。现在，该网已有大约200家下属电视台，其中37家为该公司所有。2003年该电视网年收入22.44亿美元，比上一年增长6.9%。默多克亲自担任该电视网首席执行官，总部设在洛杉矶。

5. 美国有线电视新闻网（CNN)：开创全球24小时新闻频道

1980年6月1日，美国有线电视新闻网（Cable News Network，CNN）开播。这是全世界第一个24小时全新闻频道。

CNN的成功首先是因为其创始人特德·特纳有着敏锐的市场洞察力。他为这个新频道确定了正确的发展方向。特纳曾经对其助手说：“电视只做四件事。电视播放电影，这已经被HBO做过了；电视报道体育运动，这又被ESPN做过了；电视关注日常事务，这也已经是三大电视网的专利；剩下的就是新闻了。”特纳选择了新闻，并以完全不同于传统新闻模式的方式报道新闻。

1986年，CNN是唯一一家现场直播“挑战者”号爆炸场面的电视机构（其他电视机构转播完发射实况后停止了直播)。1991年，当多国部队的第一颗炸弹落在伊拉克境内时，CNN已将战争爆发的消息传遍了世界各地。记者靠着手提式卫星信号发射器，将正在发生的一幕幕直接送上卫星。CNN又靠着可覆盖200多个国家的直播卫星将这一幕幕传到千家万户。海湾战争爆发当晚，CNN的收视率比平常提高了20倍。海湾战争报道让更多电视观众认识了CNN，同时使CNN的现场直播（live）深入人心。CNN提供的是即时、现场、连续的新闻服务。

24小时全天候播出新闻改变了观众长期在固定时间收看固定长度新闻节目的习惯，培养了观众随时打开电视看新闻的新习惯。CNN对现场的强调、对直播的强调，将电视新闻定义改写为“对正在发生的事实的报道”，对全球的新闻时效观带来了极大的冲击。

继CNN之后，创办24小时新闻频道成为一种带有世界性的发展趋势。美国国内与CNN并称为三大有线新闻频道的微软全国广播公司（MSNBC）频道和福克斯新闻频道（FOX News）以及数十个地方性新闻频道，如纽约一台和位于华盛顿特区的新闻第八频道首先崛起了。在欧洲，英国广播公司于1997年11月创建了对国内的24小时新闻频道，瑞典电视台也于1999年开播了一个24小时新闻频道。意大利、法国等国也都随后积极创办。

CNN开创了电视新闻的新时代，被称为“世界新闻领袖”。

第二节 英国广播电视事业

英国人创办了世界上最成功的公共广播机构——英国广播公司（British Broadcasting Company，BBC)，其广播电视事业走出一条独特的成功道路。

一、英国广播公司的创立

在 BBC 建立之前，已经有很多公司尝试在英国开办广播。根据 1904 年的无线电法案，英国邮政局负责颁发电台牌照。1919 年，由于收到军队关于广播干扰军事通信的很多投诉，邮政局停止了牌照发放。20 年代初，电台数量骤减，人们要求成立一个国家电台。一个由无线电收音机制造商组成的委员会经过几个月的讨论，最终提出建立 BBC 的方案。

英国广播公司成立于 1922 年，由几个大财团包括马可尼公司（Marconi）、英国通用电气公司（GEC）等共同出资。公司草创时最初的目的是建立一个覆盖全国的广播传输网络，为全国广播提供便利。1922 年 11 月 14 日，BBC 的第一个电台 2LO 用中波从伦敦牛津街的塞尔福里奇百货公司（Selfridges Department Store）屋顶开始广播。次日，5IT 从伯明翰、2ZY 从曼彻斯特也开始了广播。

BBC 刚开始每天从下午到午夜之前播出几个小时，节目有古典音乐和舞曲、广播剧（第一个改编自莎士比亚的《朱利叶斯·恺撒》）、音乐剧（1923 年在考文垂花园首次成功转播了《魔笛》）、广播谈话（话题包括电影、戏剧和演讲）、体育节目、新闻与时事、教育节目等。

1925 年 BBC 实现了全英国播音。1927 年 BBC 获得皇家特许状（Royal Charter of Incorporation），由理事会负责公司运作，并改名为 British Broadcasting Corporation（BBC）。

二、BBC 制度的建立

BBC 的第一任总经理约翰·瑞斯（John Reith）刚任职时是一名 33 岁的苏格兰工程师，他对早期 BBC 影响最大。经过实地考察后，他希望建立一个既不像苏联那样具有明显的政府控制色彩，也不像美国那样有着过浓商业气息的广播体系。他理想中的广播要以信息传播、教育和娱乐为宗旨。1927 年，凭着对英国广播事业的卓越贡献，约翰·瑞斯被授予爵士爵位。

同年 BBC 推出了自己的宪章（至 2003 年该宪章已有了七个修正案），并以此为基础确立了 BBC 新的管理模式。其主管由首相提名，由女王在议院宣布任命；一个独立于政府的 12 人监管委员会负责 BBC 的管理，并通过皇家宪章保障其独立性。监管委员以公众利益信托人身份管理 BBC——他们都是社会上的名人，包括苏格兰、威尔士、北爱尔兰和英格兰的首长，由英国首相提名、女王委任。监管委员会下辖执行委员会，由 16 个不同部门主管组成，负责 BBC 的日常营运；委员会主席为行政总裁，并兼任总编辑。与此同时，还确立了广播许可制度，定期由政府机构根据宪章来考察 BBC 运营并颁发经营许可证。

在 BBC 建立后，用户的接收费成为其主要经费来源。英国的每个家庭和企业都必须每年购买广播电视执照（1971 年，家庭广播接收执照被取消），以确保 BBC 拥有足够的资金以“教育、通告和娱乐”大众。费用数额由政府决定。BBC 最开始向听众收取广播执照费时，英国邮政部门规定的价格是每年10先令，其中一半付给BBC，以保证其财政独立。1926年BBC共发放了225万个许可证，1938年则增加到850万，当时98%的英国人收听BBC广播。

由于这种特殊的经费来源，BBC不播出任何商业广告。理论上讲，节目制作人没有任何商业利益驱使，但事实上还是需要面对各种压力。如在政治上，政府可以通过改变接收执照费来施压；同时他们还必须面对来自商业电视台的竞争。BBC还得到来自英国政府的特别拨款：如其全球服务的部分经费就来自英国外交部。近年来，BBC也通过商业活动赚钱，如出售曾经播出过的节目等。

三、BBC节目类型

1. 早期节目

开始政府怕广播对报纸的竞争压力太大，制定了“7点限制”，规定广播新闻和时事节目必须要在晚7点之后播出，同时不能私自和通讯社联系。邮政部门还禁止播出一些存在争议的政治演讲。1926年英国爆发总罢工，BBC对罢工的报道谨小慎微并且很不全面。

在30年代，BBC的广播节目以音乐类为主，另有很多杰出人物的声音出现在谈话、体育和儿童等节目中。同时还推出了针对学校、公众的教育和体育广播节目。一批喜剧明星得到听众的拥戴。BBC针对娱乐节目制定了一些原则，如要有品位，节目要庄重、大气等。

第二次世界大战期间，新闻时事和政治性节目迅猛发展，很多人因此开始听广播。BBC的9点新闻收听率达到了英国当时总人口的43%～50%。对于欧洲广大德占区的听众来说，BBC是和外界联系的生命线，通过它能了解战争发展的真实情况。当时交战双方各国元首都收听该台。BBC成为抵抗纳粹统治的宣传工具和精神寄托，这为它赢得了“正直”、“准确”的声誉，并树立了其刚正不阿的形象。

2. 开办对外广播

1932年，BBC搬进了位于波特兰的新居——世界上第一个专为广播设计的大楼。同年，BBC帝国服务（BBC Empire Service）开播，这是BBC第一个对外广播节目。1938年，BBC阿拉伯语台开播，这是BBC的第一个外语频道。到第二次世界大战结束时，BBC已经用英、阿拉伯、法、德、意、葡和西班牙七种语言向世界广播。

四、BBC开办电视

1. 创办电视

发明家、苏格兰工程师约翰·罗吉·贝尔德从1932年开始和BBC合作，试验电视播出。1936年11月2日，BBC在北伦敦地区的亚历山大宫开始了它的电视广播，这是世界上最早的电视正式播出。当时的传播半径只有35英里，仅覆盖了大约两万个家庭。

1937年5月12日，英国广播公司用同轴电缆把亚历山大宫和海德公园连接起来，利用其第一辆电视转播车播送了英国国王乔治六世加冕典礼实况。这是英国第一次户外电视实况转播。

2. 战争对电视的影响

第二次世界大战中，电视播出曾一度中断。1939 年 9 月 1 日，第二次世界大战爆发的前两天，BBC 电视台被迫终止了正在播出的动画片《米老鼠与唐老鸭》。据说是害怕电视传输会给敌机指引信号。

第二次世界大战结束后，1946 年 6 月 7 日 BBC 恢复了电视广播。当天的节目依然从动画片《米老鼠与唐老鸭》开始重新播出。第二天，英国观众通过电视收看了庆祝战争胜利的阅兵式直播。

3. 战后电视转变时期

1953 年 6 月 2 日，BBC 现场直播了伊丽莎白二世在西敏寺教堂的登基大典，估计全英国约有 2 000 万人收看了这一节目。这个事件使 BBC 的电视观众人数首度超过了广播听众。

1955 年圣诞，女王伊丽莎白二世第一次通过电视向广大臣民给予节日祝福。这一年，英国的电视时代来到了。

4. 电视新闻节目

新闻节目在 BBC 一直占据统领地位。由于战前与 BBC 有着提供新闻电影胶片协议的穆维通和高蒙特电影公司此时都倒闭了，BBC 只好自己摄制电视新闻，并于 1948 年正式播出新闻节目。

1952 年，每周新闻节目播出增加到 5 次，还开辟了一个周末版新闻节目。1955 年新闻播音员出现在屏幕上，念出和广播一样的新闻稿件。1956 年，开始播报新闻主播的姓名。

五、竞争时代

1. 独立电视台开播

1955 年，英国独立电视台（Independent Television，ITV）开播。ITV 不同风格的节目打开了 BBC 一直独占的电视市场。ITV 由独立电视委员会（Independent Television Commission，ITC）管理，后者是英国负责批准和管理商业电视台服务的机构。

50 年代中后期，ITV 与 BBC 新闻节目的主要区别在于：第一，ITV 的报道内容覆盖面广，在硬新闻外还涉及体育、商业、时尚、人物、犯罪及趣闻报道；第二，ITV 报道更灵活、生动，新闻栏目形式吸收美国电视新闻节目的特点，并引进“新闻主播”概念。

在轻松娱乐节目的创作上，ITV 也略胜一筹，它使用现金奖励方式开发了智力测验等节目。

2. BBC 的改革

由于独占地位受到挑战，又感到来自市场和观众的压力，BBC 开始了全面的改革。改革主要集中在“硬件”和“软件”两个方面：从硬件方面来说，BBC 电视中心在 1960 年搬到了伦敦西郊。1964 年，BBC 的第二套电视节目开始播出。60 年代中，BBC 完成了由黑白向彩色电视的转变。BBC 电视台第四频道于 1982 年上星。1988 年，BBC 在调频波段开通了数字广播系统，并且使车载自动调节装置寻找交通信息的广播服务成为可能。

软件改革主要体现在以下三个方面：首先，成功改版了时事政治节目；其次，戏剧、喜剧、轻松娱乐、流行音乐、体育节目都在竞争中全速发展；最后，大量制播了古典戏剧、名著改编的电视剧以及现代单本剧等。

在这期间一些创新节目崭露头角。60年代中期，摇滚乐以其叛逆性受到世界范围的喜爱；BBC开办了一个类似“音乐比赛”的节目，让名人们来判断谁将会成为流行音乐的王者。还有如大卫·安藤伯格的自然系列节目《动物园里的测验》（1954年），专门采访名人的《面对面》节目等。纪录片在六七十年代空前繁荣，无论从深度、广度还是多样性上都达到了前所未有的程度。跟随时代的发展，节目形式更加多样和多元。

教育节目方面，50年代晚期开始，BBC连续推出了一系列广受儿童欢迎的节目，如《蓝色彼得》、《狮子王兰尼》等。1969年，BBC-1制播了《和妈妈一起看》，BBC-2制播了《学与玩》（*Playschool*）。1963年，首相哈罗德·威尔森提出了“空中大学”（open university）的口号，BBC开始制作大学基础教育课程节目。1971年，BBC制作了约300期大学四门基础课节目，这为BBC赢得了声誉。

在新闻节目方面，20世纪六七十年代，世界充满了动荡。中东、越南、两伊、阿富汗战争频仍，还有水门事件、政治绑架等。社会剧变使新闻和时事政治节目受到广泛关注。技术进步使媒体能够及时准确地将突发新闻报道出来。80—90年代，BBC驻外记者在第一时间实地报道了“北爱和平危机”、“苏联解体”和“东欧剧变”以及英国内的“矿工罢工”、“查尔斯婚礼”等重大事件。米歇尔·伯克向全世界发出了埃塞俄比亚饥荒的警告，直播捐赠节目，直接推动了1985年的大型慈善音乐会，筹集到超过6 000万英镑的善款。

由于受到地下电台的挑战，1967年9月30日BBC开始了BBC Radio 1电台服务，以播送流行音乐为主。1983年，BBC又率先开播了早餐时间广播服务《BBC早餐时间》，抢在了竞争对手的前头。

3. 80年代后节目的变化

1987年，BBC和ITV同意了英国政府的配额计划：在电视台播出的节目中要有25%的节目来自独立制作公司。这个政策主要是为了保证电视节目在形态、内容、观点等方面的多样性。

英国上议院和下议院在20世纪80年代开始允许摄像机进入。这一松动为BBC国会频道的开播奠定了基础，同时也让普通电视观众了解到国家政治决策的制定过程，政府的行为更加公开透明了。

英国天空广播公司（British Sky Broadcasting Group，BSKYB）于1990年成立，通过阿斯特拉卫星传送信号，是英国第一家真正意义上的商业电视台。

1991年BBC正式开播全球新闻服务电视频道，并在1995年1月更名为BBC World。与BBC全球电台服务不同，这是一家商业电视台，要通过广告营利。所以该频道不能在英国本土播出。1998年8月，BBC的国内频道也开始采用卫星传送。这之后，欧洲观众只要使用英国制造的卫星解码器，就可以收看到BBC 1和BBC 2的节目。

第三节　法国广播电视事业

法国在世界上是广播电视技术开发试验较早的国家，其事业发展走过了一条制度循环变迁的独特路径。

一、法国广播电视体制

1. 公私并营时期（1922—1945）

自法国广播电台正式开播到第二次世界大战结束，是该国广播体制的公私并营时期。1922年2月，法国国家广播电台——巴黎广播电台成立，它标志着法国广播事业的开始。同年，第一座私营商业广播电台也开始广播。1923年，法国通过立法，规定广播事业由国家垄断，但有条件地准许私营广播电台经营。此后，国营（公营）电台和私营电台各自独立，并行不悖。公营广播事业由政府领导，不播送广告，其运营靠征收收听费来维持，其目的在于保证广播节目的优良水准和促进公共利益的实现。私营电台则遵循企业的经济规律，追求利润，其运营花费及利润来源主要为商业广告收入。1935年，电视在法国问世，1938年，法国有了经常性的电视节目播出。到第二次世界大战爆发前，法国的电视台在巴黎地区每周播出15小时节目，在当时世界范围内处于领先地位。1940年法国贝当政府向纳粹德国投降后，法国人被禁止在其领土范围内办广播电视。

2. 国家垄断时期（1945—1974）

第二次世界大战后，戴高乐政府接管了国内所有的广播设施，并于1945年颁布法令，不再允许私人经营广播，确立了国家对广播电视的垄断地位。随后成立了直属政府新闻部的国营广播电视机构——法国广播电视公司（RIF，La Radiodiffusion-télévision Française，1949—1964），管理该国境内所有电台和电视台，以确保国家对广播电视业的控制。这体现了法国政府对广播电视作用的重视。戴高乐执政期间，每当法国出现政治危机，他就及时发表广播和电视讲话，直接与民众沟通，阐述他的政治观点，使法国人民接受他的政策，同时也压制反对派意见。这一时期法国广播电视的显著特点是政府对新闻信息的严格管制。

法国政府对广播电视事业的垄断，引起各党派和社会各界的不满。1964年6月27日，经议会辩论通过了新的广播法。该法将法国广播电视公司改组为法国广播电视局（l'Office de Radiodiffusion Télévision Française，ORTF），只接受一个管理委员会的领导。但是，政府仍通过任命该委员会负责人及其大多数委员来制定广播电视政策。因此，国家对广播电视的垄断并没有什么改变。法国广播电视局成立之后，电视报道较以前略有开放，至少反对党候选人能够在电视上露面了。但是节目质量依然较差、内容单调，观众纷纷被周边国家的电视节目所吸引。

1968年春，为了抗议政府对新闻报道的干涉和控制，法国广播电视局的记者和员工经常举行罢工，要求建立一个更民主的法国广播电视管理机构，给予广播电视界一定的独立性。

3. 分散经营时期（1974—1982）

在国家垄断体制下，法国广播电视管理机构缺乏活力、经济窘迫，员工对此极为不满，受众也纷纷转向境外电视和境内非法广播。社会舆论要求打破国家垄断并实行广播电视体制改革的呼声越来越高。1974 年 5 月出任法国总统的德斯坦承诺，要对广播电视机构进行重大改组。

1975 年 8 月，德斯坦政府通过法令解散了法国广播电视局，将它统一行使的职权分散移交给了七个新成立的各自独立的国营公司。它们是：法国广播发射公司（TDF），负责广播电视节目的播放，发射设备的利用、维修以及频道的监督管理；法国制片公司（SEP），负责为电台和电视台提供技术、服装、后勤服务；全国视听研究所（INA），负责保管录音、录像资料档案、从事科研及人才培养。另外四家为法国电视一台（TFI）、电视二台（A2）、电视三台（FR3）、法国电台（Radio France），这四家公司负责广播和电视节目的采编、制作。这种分散经营制旨在提高机构的效率，在国营的广播电视公司中引入有限度的竞争，减少政府对于广播电视的影响。它虽然改变了政府施行具体管理的方式，但没有改变国家对广播电视业的垄断地位。因为在新成立的七个机构之上，国家还保留了一个由政府总理主持的咨询机构——高级视听委员会。而且，七家公司的领导机构成员均须由内阁任命或认可。

4. 私有化阶段（1982 年以后）

80 年代是法国广播电视发生翻天覆地变革的年代。在法国，历届总统都将广播电视视作维持政权的重要手段。因此，任何政党一旦执政，便实施诸如修改广播法等的制度改革，以便掌握媒体，树立形象。

1982 年 7 月 29 日生效的新广播法——《视听传播法》，将法国的广播电视机构改组为 9 个。在这些机构之上，设立最高视听机构。这个机构有权任命电台和电视台的负责人，有权监督执行承包协议，有权给私营电台和电视台发放许可证。

1986 年 9 月 30 日通过的《传播自由法》（亦称《1986 年广播法》），决定建立全国传播电视委员会，这个委员会是“私营和国营广播电视电信部门的调节决策机构”，对政府和司法有更大的独立性，被认为是“政府视听政策的关键”。它取代了最高视听机构，拥有更广泛的权限，不仅有权任命国家视听通信部门的领导人，还管理从通信卫星到广播电台、电视台等视听部门和全国的通信部门。

1989 年 1 月 17 日通过的《1989 年广播法》，产生了真正独立、有权威的第三代广播电视行政管理机构——视听最高委员会。委员会成员由总统和众参两院议长各提名三人组成，委员会主任由总统提名担任。该委员会的权限包括：对私营电台和电视台的批准权，对公共广播机构最高负责人的任命权，以及对节目编播制作的规则和条件的制定权。《1989 年广播法》所面对的是欧洲和法国广播电视业的“国际电脑网络、多套节目和卫星时代”。一向以广播电视作为“总统之神权领域”的时代趋于终结。

当年，密特朗以“新闻媒介的解放者”身份出现，使法国广播电视发生了质的变化。为此，法国《世界报》曾称“密特朗是伟大的电波解放者”，是“电波解放的原动力”。

在法国，要求将广播电视业向私营企业和个人开放的呼声始于 1947 年，但大规模地要求建立私营电台、电视台的呼声出现于 1967 年，70 年代呼声更高。以密特朗为首的社会党执政后，首先于1982年同意1 000多家私营电台与国家广播电台并存。又于1984—1986年同意开办了三家私营电视台：新频道电视台（Canal＋）、电视五台（TV5）、法国音乐六台（M6）。同时同意开办了40多家地方性的私营独立电视台。关于广播电视向私人资本开放的重要决定产生于1986年，即将原来法国最主要的电视台法国电视一台转让给私人资本经营，这也是目前世界上唯一一家被私有化的公共电视台。

90年代，法国广播电视的中心议题已不再是政府对广播电视的干预，而是私有化的发展、分散经营及权力下放。1994年，法国又出台了一个新的电视法。虽然该法没有对原广播法作大幅度修改，但对有关私人建立电视台的规定放宽了限制：将私人拥有广播公司的股份限制从25%放宽到49%，同时还延长了私人经营广播公司的期限，以鼓励私人长期投资，使其发展成强大的广播电视集团。1995年5月以后，法国政府撤销了传播部，广播电视事业改由文化部主理。

二、法国卫星电视

法国使用卫星电视之初主要基于两方面的考虑：首先是为了提高节目覆盖率。当时法国三大电视网的覆盖率都不是很高，其中，第一频道彩电覆盖率只有15%，黑白为99%，要实现覆盖100%的目标，卫星传播是最佳选择。其次是因为使用卫星之后可以提供两个频道来作为第四电视网或用于提供其他新式的电子传播。

正是基于技术改善和提高节目覆盖率的考虑，法国于1979年提出了自己的卫星计划——法国电信传播系列卫星Telecom1计划，也即TDF（Telediffusion de France）计划。该计划的卫星除覆盖法国外，还涵盖比利时、卢森堡、瑞士等法语国家，对吸引电视观众、吸引广告商及扩大电视机制造业和接收天线生产市场均有裨益。该计划的直播卫星所传送的节目可以由有线电视台、进而经光导纤维传至法国全境。

1988年10月27日，TDF1号卫星经阿里亚纳太空公司（Ariane Space）发射系统发射升空。TDF与德国的TV-SAT项目有合作计划，交换使用各自的频道。

到1993年年末，法国已有460万个家庭收看一套或多套有线电视和卫星电视节目，占到法国家庭总数的22%。法国的有线电视和卫星电视节目市场占有率已达到3%以上。在以上的460万个家庭中，有60万户收看的是卫星电视节目。

法国的对外卫星电视台为法国国际电视台（Canal France International，CFI），由国家控制的法国广播金融公司（SOFIRAD）于1989年创办。1989年5月起，CFI通过卫星向非洲的法语地区每天传送4个小时的新闻、科技、娱乐、休育节目。1992年6月开始，它又通过阿拉伯通信卫星（Arabsat）覆盖了波斯湾地区所有国家；1993年4月起，又通过印度尼西亚的帕拉帕B2p卫星（Palapa B2p）加强了对东南亚各国的影响。

法国卫星电视台中著名的有新频道电视台（Canal＋），它成立于1984年12月。1994年在波兰开办了第一个新频道电视台，通过有线和卫星可达到200万户，还与德国基希集团的贝特斯曼国际电信公司开办了付费电视德国首映台（Premier）。Canal＋还与土耳其的一家出版社、一家制造公司和美国HBO合办了付费电视，由土耳其卫星（Turksat）传送。1994年，Canal＋与欧洲卫星公司（SES）签订了长期合同，租用阿斯特拉卫星Astra IE上的四个频道和Astra IF上的两个频道传送节目。1995年，Canal＋成为第一个开办直接入户（DTH）业务的欧洲广播机构。1996 年，Canal＋又在欧洲率先开创了数字卫星电视节目。

开播于 1994 年 12 月 13 日的法国电视五台（TV5）于 1995 年起通过“亚洲 1 号”卫星（Asiasat-1）向亚太地区播出，主要是向新加坡的有线电视网提供节目。

法国最大的地面商业电视一台（TF1）在 1995 年 10 月宣布租用欧洲卫星组织的 Eutelsat 卫星上的五个转发器推行数字收费电视计划。其数字节目的组合体叫“HCI-Hyper chaine”。法国一台计划通过数字卫星电视将其频道最终扩至 40 个。

三、法国数字电视

法国电视公司（France Television）已同法国电视一台（TF1）、二台（France2）、三台（F3）、欧洲文化电视台（Arte）、法国电视五台（TV5）、欧洲新闻电视台（EURO News）以及瑞士的 SSR 公司签订了合作协议。根据此协议，从 1996 年 3 月 15 日起利用欧洲通信卫星开始数字节目的试验广播。这一举措与同年 4 月开始的利用阿斯特拉卫星进行同类型服务的新频道电视台（Canal＋）形成对抗之势。

1997 年，法国电视发展到一个重要阶段。这一年，拥有数字解码器（即机顶盒）的法国家庭已经超过拥有个人电脑的家庭。人们可以收看特色频道、计次付费频道，并获得各种交互服务。

数字服务的发展为有线电视及其后的数字化地面节目增加了动力，使得投资交互领域成为可能。早期的法国有两家数字卫星电视台，一家叫卫星频道（Canal Satellite），另一家叫卫星电视（Television Par Satellite，简称 TPS）。在法国市场，早期有三家提供数字式订阅服务的机构：除了卫星频道和 TPS，还有一家小型的数字台“AB 卫星台”（AB-Sat）。前两家公司分别承租热鸟卫星（HotBird 13°E）和阿斯特拉卫星（Astra 19.2°E）建立卫星直播电视平台，为用户传输节目。

根据 GFK 研究所 2006 年初的市场调查，至 2006 年 1 月，在法国 2 490 万户电视家庭中，670 万户家庭通过直接入户（DTH）卫星设备（或卫星共用天线电视）以及有线电视系统接收 Eutelsat 公司热鸟卫星直播平台传输的 850 个频道广播电视节目（其中 350 个频道是免费频道）。而在这 670 万户电视家庭中，卫星电视用户 280 万户（其中 130 万户是卫星电视 TPS 公司订户，150 万用户接收 350 个免费频道），有线电视用户 390 万户。这说明当时接收热鸟卫星传输的电视节目的用户已超过法国电视家庭的四分之一。

四、法国广播电视现状

在法国，国营和民营电视台之间的竞争异常激烈。目前电视台有一台、二台、三台、五台、都市六台、新频道电视台以及多家有线台。其中，二台、三台和五台为公共台，另外三家是商业台。法国六家电视台之间的竞争始终很激烈，而法国电视一台则长期居于领先地位。

电视二台是全国性国有综合无线（地面）电视频道。电视三台虽然也是综合台，但它主要是为地方台转播服务，是拥有地方附属台的电视网，并负责发展和管理地方台。第五台是“知识、培训和就业”电视台，节目大多是教育性的，与对外的文化台 arte 共用频道。电视五台安排播出的绝大部分节目是纪录片和杂志节目（占节目总量的 80%），其中相当部分是委托制作的。

法国的无线广播也较为发达，现有面向全国的国营广播网一个，播送 6 套节目；商业广播网 10 多个，联网电台 700 家；另有独立的商业台 450 家，非营利性电台 380 家。商业广播电视的经费主要来自广告。广播广告营业额占全国广告总投入的 7%。

第四节 俄罗斯广播电视事业

俄罗斯的广播电视事业分为苏联和俄罗斯两个历史时期。两个时期的体制与发展方式截然不同，形成世界上独一无二的典型图景。

一、苏联的电台电视台

苏联为多民族国家，其对内广播用 71 种语言、电视用 45 种语言播出。电视于第二次世界大战中停播，后于 1945 年率先恢复播出。1957 年 10 月，苏联发射了“斯普特尼克 1 号”卫星，这是人类征服太空的首次尝试。1967 年播出彩色电视节目，苏联、东欧国家都采用 SECAM 制式。

苏联负责管理广播电视的机构为国家电视与广播委员会，它下属的台有：

（1）全苏广播电台，创建于 1922 年，为国内广播，有八套节目，其中五套为基本节目，另外三套为第一套节目对不同时区的重播，五套基本节目中包括综合台、灯塔台（每半小时播 5 分钟新闻，立体声）和对境外苏联人播出的节目。

（2）苏联中央电视台，建于 1939 年，共播出 12 套彩色电视节目，其著名节目有《时代》、《问题探索》、《第九播映间》等。

（3）莫斯科广播电台，1929 年开播，是国际广播电台，用 83 种语言每周播出 2 022 小时。另一家为“和平进步广播电台”，名义上由苏联新闻、文化机构经营，1964 年开播，实际两个台共用频率。

二、俄罗斯的广播

随着苏联的解体，原国营电台一统天下的局面被打破。到 20 世纪 90 年代末，俄罗斯形成了不同体制电台同时并存的局面：从所有制上分为国有电台、商业电台或私有电台以及混合所有制电台；从地域上有全国性电台和地区性电台之分；从节目类型上，分为综合性电台、新闻台、音乐台。在全国电台中，国有电台依然占据着主导地位。俄罗斯地区性电台基本是通过股份制形式运营的混合所有制电台，可以划分为两大类，即地区性商业调频网和地方调频台。前者主要是转播莫斯科电台的节目，而后者主要集中在大城市，一般每座城市拥有 4～6 个调频台。

1. 俄罗斯初期的国有广播电台

俄全国性广播公司奥斯坦基诺电视广播公司，旗下拥有广播一台、灯塔电台、青年电台和奥尔菲电台。1995 年，该广播公司被取消，其所属的电台均获得了全俄国家电台的地位。但由于经费紧张，几家电台并没有得到预期的发展。1997 年 8 月，时任总统叶利钦发布了关于完善俄罗斯联邦广播体制的总统令，将广播一台股份化，并更名为文化一台；同时，灯塔电台和青年电台合并。

1998 年起，国家加强了对传媒的调控力度。同年 5 月 8 日颁布了关于建立全国统一的国有电子传媒生产技术综合体的总统令，决定在全俄国家电视广播公司的基础上成立全国统一的国有音频和视频传媒公司。旗下除全俄国家电视广播公司（俄电视广播公司、文化频道、俄罗斯电台）外，还有灯塔和青年联合电台、奥尔菲电台和俄国家广播公司（即俄罗斯之声电台）、技术服务部门、全俄国家电视广播公司的 99 个地方子公司。1998—1999 年金融危机影响了这一规划的实施，财政拨款一度大幅减少。

在全国性国有电台中，俄罗斯电台是其主力。该台播出综合性节目，以中波、长波和调频三种波段昼夜连续播出，为全俄第一大电台。该台同俄罗斯电视台共同组成了全俄国家电视广播公司。

2. 商业广播电台的发展

这一时期，商业和私营电台获得了迅猛的发展。非国有电台发展主要依靠对调频广播的开发。在 80 年代末和 90 年代初，俄罗斯的音频播出主要靠的是俄特有的甚高频（超短波）频段。后来，由于引进了日本和西欧的技术，发展起调频广播。当时办得最成功的电台有俄罗斯电台、新欧洲电台、马克希姆电台、汽车电台和莫斯科回声电台等。

此时，西方资本对俄罗斯广播的参与已经开始，主要有法国和美国的企业。其中俄法合资电台有三家：新欧洲电台、M 电台和诺斯塔里日电台；俄美合资电台有：马克希姆电台、第七广播电台。此外，外资参与建立的还有一些地方电台，如摩登电台（圣彼得堡）、新波罗的海电台（加里宁格勒）。

据统计，在俄当前总计的 1 419 个广播机构中，共有 1 103 座商业电台，是数量最大的一类电台。其创办者主要是私营公司或个人。2005 年，莫斯科非国有电台共有 30 多座，其中 23 座是调频台；在圣彼得堡有 20 座商业电台，其他的大中型城市中，比如下诺夫格罗德、撒马尔汗、叶卡捷林堡、顿河罗斯托夫市有大约 4～10 个商业广播。

3. 广播电台现状

俄罗斯的广播事业在电视、电脑等多种因素的影响下日渐萎缩。目前最大的电台是俄罗斯广播电台（Радио России）、广播-1 台（Радио-1）和灯塔电台（Маяк）。前者是国家电台，后两者在 1995 年 11 月被部分私有化了，51%的股份属于国家。另有俄罗斯之声（Голос России）国家广播电台，主要负责向国外播音。

私人电台在莫斯科和俄各地层出不穷。目前俄罗斯最大的广播网就是由私人广播公司欧洲＋（Европа Плюс）建立的，俄语广播电台（Русское Радио）紧随其后。这两家电台从建立初期就开始与各地区电台密切合作，通过限制转播、提供设备等手段迅速控制各城市的播音空间。今天在全国范围内还没有其他的商业广播公司可与其竞争。

俄广播市场的另一个特点就是出现了越来越多的专业电台，如音乐台、商业台、交通信息台、商品广告台及其他服务台等。这些台较之综合台越来越受到人们的欢迎。立体声节目内容丰富，收听率高。

广播仍然是俄罗斯人最常接触的媒体。据2006年的调查统计，80%的俄罗斯人仍经常收听广播；其中77%的人对广播节目表示满意。每人每天平均收听时间为2小时42分，周末为2小时36分。收听地点主要在家中、车内和别墅中。收听调频台的人约占33.7%，主要集中在大中城市；收听中波台的人约占25.3%。俄广播受众的变化突出表现在从有线广播向无线广播的过渡。据俄国家电视广播公司受众研究部门估算，1993—2001年，有线广播的潜在听众人数减少了近50%，而调频广播的听众却大幅增加。其原因是20世纪90年代以来，俄罗斯的轿车数量急剧增加，移动收听人群猛增。俄罗斯商业电台听众占俄总人口的45%，可见广播的影响力。

根据俄罗斯权威部门2002年统计，俄罗斯共有1 419个广播机构，其中有292座为国家所有，1 103座商业电台；此外，还有300多个属于市政所有的广播机构，其性质接近国有，但在财政支持上所得极少，这导致此类电台设备老旧、节目老套、播出时间有限，逐渐被其他所有制电台所取代。

三、俄罗斯的电视

1. 电视台转制

俄广播电视媒体，按其所有制划分，可以分为国有、私有和混合所有三大类。国家占据着全国性电视广播的主导地位，拥有50%以上的观众群和70%的广告市场，近三分之二的受众对电视感觉满意。俄罗斯现有电视广播媒体还可以按如下标准划分：（1）按组织结构划分，可分为单个电视台和电视网两种；（2）按播向地区划分，可分为面向全国、面向部分地区和只面向本地三种；（3）按经营目的划分，可分为商业目的为主（把观众视为潜在消费者）和以影响观众为目的（把观众看做可争取的选民）两种。

1991年苏联解体后，一些国有电视台实施了私有化或部分私有化改造，随之出现了非国有媒体。到1997年年底，经注册，非国有电视台达500多家，每座城市至少有一座，其中六座的节目能够覆盖全俄。这六家台拥有自己的电视网络，并通过通信卫星传送电视节目。非国有电视台的发展不平衡，主要取决于当地经济的发展情况和每个电视台本身的潜力。它们大多只是制作当地新闻，其他节目以播放西方电影和电视片为主。非国有电视台拥有全国30%的观众群，1995年的电视广告收入已达4～10亿美元，1996年又增长了50%。国有电视台也越来越依靠商业广告的收入维持日常运营开销。

俄电视新闻的编排有一定的自主性，但仍然受到国家和大财团利益的左右。相当数量的媒体掌握在少数私人或私营大公司手中。这种私营寡头的影响力在一段时期内不断攀升。普京就任总统后，采取了一系列措施，通过法律和经济手段，在一定程度上遏制了寡头对传媒操控的势头。

据俄国家统计局的统计，到2000年1月1日，俄人口总数为1.456亿。其中，电视人口约1.4亿。电视是俄罗斯人的主要信息来源，也是娱乐的主要形式。全国98%以上人口可以接收到至少一个频道的电视节目，平均每人每天看电视的时间约为四个半小时。97%的俄家庭拥有电视机，约43%的家庭拥有两台以上电视机。在俄的欧洲地区，拥有电视机的居民占当地人口总数的93%。

2. 俄罗斯主要电视播出机构

（1）俄罗斯公共电视台（ORT）。

ORT 是俄首家公共电视机构，总部设在莫斯科。1991 年“8·19”事件后，苏联中央电视一台被改组为奥斯坦基诺电视公司，仍为国有；直至 1995 年年初被取消，并在此基础上成立了股份制的俄公共电视台。目前国家占有这家台 51%的股份，其余为私人所有。该台 80%的节目依靠外制，自制的主要是新闻报道，每天播出 20 小时。

（2）俄罗斯广电公司（RTR）。

俄罗斯广电公司电视台开播于 1991 年 5 月，是俄两个全国性国有电视台之一，据统计，RTR 的潜在观众约为 1.4 亿，占俄总人口的 98.7%，此外，还有 5 000 多万来自其他独联体国家以及波罗的海国家的观众。虽然 RTR 依然是国有电视台，但其经费来源并非全部来自国家。仅在 1996 年 RTR 就获得了 30%的国家拨款，其余收入主要依靠广告等商业活动获得。

（3）独立电视台（NTV）。

独立电视台的前身是 TV4 教育频道。1993 年 10 月以后，独立电视台获准每天播出 6 小时节目。1996 年 9 月，根据总统令，该频道完全转归独立电视台。1997 年秋季，教育节目被完全取消，该台成为名副其实的独立电视台。2001 年 4 月，俄天然气股份公司对其控股 66%。目前，独立电视台是俄唯一一家全国性的股份制私营电视台，在国内的节目覆盖约占俄总人口的 77%。其节目日均播出量约 20 小时，并多次荣获俄国家级电视专业奖。

（4）TVC 电视公司。

TVC 是开放式股份制电视台，开播于 1997 年 6 月 9 日。其观众覆盖俄 77 个行政区及其他独联体和波罗的海国家，全天累计播出时间达 18 小时。该台注重节目的教育、人道和崇高的道德品位，注重节目的社会效益。其工作人员中一半是编播人员，35%是工程技术人员；近三分之二的人有 10 年以上的电视工作经验。

（5）圣彼得堡频道 TV5。

1991 年“8·19”事件后，TV5 从苏联广电委员会脱离，成为俄第三个全国性国营频道，覆盖俄罗斯的欧洲地区和乌拉尔地区，潜在观众 9 000 万。1997 年以后，该频道划归俄广电公司所属，更名为 RTR 二台。

（6）和平跨国广电公司。

独联体成员国范围内的跨国广电公司，1992 年 10 月组建。1993 年 1 月 22 日公司章程被参加国批准。成员国有亚美尼亚、白俄罗斯、吉尔吉斯斯坦、摩尔多瓦、俄罗斯、塔吉克斯坦、乌兹别克斯坦和格鲁吉亚。公司总部设在莫斯科，设主席 1 人，副主席 4 人，分管财务、组织和干部、卫星系统发展。1993 年 8 月，和平跨国广电公司所属电台正式开播；同年 9 月，电视正式开播。和平跨国广电公司同联合国教科文组织有密切的工作关系。

第五节 日本广播电视事业

日本的广播电视事业以第二次世界大战为界，分为前后两期。第二次世界大战后进入了大发展时代，并很快步入先进国家行列。

一、广播开播

1925年3月23日，社团法人日本东京放送局（JOAK）开始在东京播出广播节目。1926年，东京放送局、大阪放送局（JOBK）和名古屋放送局（JOCK）三家广播电台合并成立了新的社团法人——日本广播协会（NHK）。它以社团法人形式出现，从一开始就带有公共性、公营性和公益性特点。日本广播协会作为日本当时国内的独有广播媒介，一直在政府的监督下运营。

二、战后变革

二战后，1950年5月，在美式民主的催化下，政府强调可以使民众听到不同声音和有机会发表不同看法，推出了对日本国内广播和通信事业进行规范管理的电波三法，并于当年6月1日正式实施。这三部法律分别是：电波法、广播法和电波监理委员会设置法。这三部法律的出台为日本广播电视事业奠定了法律基础。

1. 新的特殊法人

1950年，原日本广播协会解散，成立了新的特殊法人：日本广播协会（NHK）。所谓特殊法人，就是既不隶属政府、做政府的传声筒，也不是只为赚钱的商业性机构，同时也不像欧美一些公营性媒介，带有部分商业色彩或是完全的慈善性质。它的运做完全依靠用户的收听收视费支持，具有日本特色。它提出了民主、自由、为人民幸福而广播的理念。

NHK还担负着国际广播任务。NHK从1935年开始便利用短波向海外广播。重组后，于1952年开始重新播出。它主要使用日语和英语，对在海外的日裔人士以及欧美听众广播，内容以新闻和音乐节目为主。后来共约使用22种语言，通过短波向全世界广播。

2. 民间办台

1950年12月，电波监理委员会通过并公布了《放送局（广播台）开设基本标准》，各地民营广播申请者闻风而动。1951年4月，日本全国14个地区共有16家民间广播电台被批准播出节目。

1951年7月21日，日本民间放送联盟（简称“民放连”）成立，最初是由经营中波广播（AM）的16家电台联合组建，属于社团法人性质。同年9月1日，中部日本广播电台（JOAR）开始播出。从此，民放连与NHK并存并立的时代开始了。

三、步入电视时代

1. 电视开播

1953年2月1日，NHK的东京电视台（JOAK-TV）正式开始播放电视节目。最初的电视机摆在街头店铺里，吸引了大量人群围观。

当时电视机对普通百姓来说价格昂贵，可望而不可即。NHK电视台在开始播出时，仅有866台电视机与其签订接收协议。早期的电视播放仅限于大都市圈，播出时间有限，且节目单调，主要播出的是口播新闻和棒球比赛。

2. 商业电视台播出

1953年8月，日本电视台正式开播。在开播的当日，精工表电视广告“正午报时”出现在日本电视台的屏幕上，其形象是一个公鸡和一个精工牌座钟，时长为三秒钟。这一广告的出现不仅标志着日本电视广告的开端，还意味着一个与NHK完全不同的电视体制的形成，即依靠广告作为电视媒介运营的经济支撑。

3. 组建商业电视台网

1958年6月，东京广播电台、中部日本广播、大阪电视台、北海道放送、RKB每日放送五家广播媒体签订协议，形成合作关系，共同报道“皇太子大婚典礼”；并于1959年8月组成日本第一个电视联播网——JNN（Japan News Network）。1960年11月29日，公司名称变更为株式会社东京放送（Tokyo Broadcasting System，Inc.，简称TBS）。

在TBS电视联播网（JNN）组建之后，1966年，日本电视联播网（NNN）和富士电视联播网（FNS）组建完成；1970年，朝日电视联播网（ANN）、东京电视联播网（TXN）建成。至此，日本民间放送联盟的各电视网已经进入成熟阶段。此时电视节目开始完成制播分离。

4. 电视快速普及

1959年4月10日，日本皇太子明仁的结婚典礼刺激了电视业的发展。在婚礼之前，兼营广播和电视以及单营电视的媒体已达31家，NHK的接收用户突破了200万。到1959年年底，NHK的用户超过了340万户；到1962年3月，用户数量突破了1 000万，普及率达到48.5%。从此，电视确立了媒体老大的地位。1967年，NHK的电视用户数达到了2 000万；到1969年年末超过了2 188万。此时，电视机在日本家庭的普及率达到90%。

四、电视的发展

1. 彩色电视开播

1957年，NHK和日本电视台开始了彩色电视播放实验，正式播出时间是1960年。这一年9月，NHK和日本电视台、朝日电视台、东京放送以及读卖电视台这四家民营电视机构共同开播了彩色电视节目。刚刚进入彩色电视时代，日本的彩电价格大约是黑白电视机的三至四倍，随着其国产化进程的加速，价格逐渐回落。在彩色电视节目播放时期，日本的广播卫星电视信号中继转播实验也获得了成功。

2. 有线电视和卫星电视

1983年，由日本邮政省主持的“都市大规模有线电视设备开发调研会议”举行，讨论了大规模发展有线电视的可能性等一系列问题。同年，邮政省批准了东京都町田市的第一号都市型有线电视（CATV）申请；随后各地有线电视开台的申请也陆续被批准。到1987年，各地方有线电视台相继正式播出。

1984年年初，日本广播卫星百合2A（BS-2A）升空。同年5月，NHK广播实验卫星升空。日本开始了运用广播卫星播放电视节目的时代。卫星传输与有线电视相结合，进入家庭。1988年10月，有线电视接收家庭超过了100万户。从50年代开始的单一地面无线电波传送电视节目的时代过去了，开始进入了地面与卫星、有线电视并行播出的时期。

3. 数字电视的发展

(1) 率先发展的卫星数字电视。

1996年10月，Perfect TV利用卫星（CS）正式启动数字服务，代表日本正式进入了数字电视时代。2000年12月1日，NHK和五大商业电视网推出数字广播卫星（BS）电视服务。通信卫星全部采用数字信号，有104个电视台提供服务，另外有18个电视台提供基于与直播卫星电视同属东经110°的通信卫星的电视服务。此外2004年10月开始启动了在2.6吉赫（GHz）频率上提供的包括数字广播、数字卫星电视和数据广播服务的多频道数字卫星广播服务。

日本是数字电视研究与开发起步最早的国家，主要由NHK在承担。它最先关注和开发的是卫星数字电视。因此，日本的卫星数字电视发展很快。卫星数字电视分为CS和BS两大类，前者利用通信卫星，更注重多频道的开发；后者利用广播卫星，更注重高画质。

1992年，利用通信卫星CS的直播卫星在日本诞生。1994年，美国首次推出多频道数字直播卫星，并在开播四个月内奇迹般地获得了300万以上用户，这让日本感受到数字电视不可阻挡的趋势。

1996年6月，日本数字卫星放送服务株式会社牵头，集合本国数十家卫星放送委托业公司提供的专门频道——日本第一个数字多频道直播卫星SkyPerfecTv开始试播；同年10月1日，这个拥有约70个专门频道、100多个数字音乐频道的卫星广播正式播出，并从12月1日起开始收费。在开播后的8个月内就获得了30多万用户。到2000年秋，其用户已超过230万。

(2) 有线数字电视的发展。

日本有线电视始于1998年7月，政府于1999年6月开放有线电视行业，使外国投资能够进入日本有线电视。到2001年3月有线电视已拥有1 048万用户。70%的CS卫星用户通过有线收看卫星电视。

东京、大阪、名古屋三大都市圈从2003年2月开始推行数字化改造①，其他区域也从2004年4月动手。日本有线数字电视首先于2003年12月1日在东京、大阪、名古屋三市正式开播。时任首相小泉纯一郎称这一天为日本“电视事业取得重大进步、具有历史性意义的一天”。2004年，电视数字转化进入第二阶段；到2005年年底，NHK已在全日本24个都、府、县向约2 840万用户开通了有线数字电视。日本计划到2006年年底让全国都、道、府、县②的行政中心所在地都开播有线数字电视，并在此基础上向县内其他区域拓展。

2006年计划到2011年时在全国范围实现数字电视的完全转化，预计收视用户达到4 800万户；并在当年7月24日全面终止模拟电视的播出。如果能按照预定时间结束长达58年的模拟信号电视播出，日本将成为亚洲第一个完成数字信号转换的国家。但由于当年3月发生了严重的地震和海啸，使位于震中的宫城县、岩手县、福岛县三个重灾区的电

① 由于日本模拟电视所使用的电磁波已达到饱和，不可能增加新的频道，因此，有线数字电视就被列为优先发展的对象。而高质量、多频道的有线数字电视的推广又必须要求对现有的频道或相关设备进行改造，以避免模拟电视信号与数字电视信号的交错混乱，确保数字电视转化后的顺利播放。

② 日本的“县”在行政级别上相当于中国的“省”。

视数字信号转换推迟到了2012年3月底。

五、现状

日本的广播电视仍然延续着20世纪50年代初形成的两种体制并行的格局。一种是公营广播电视机构（Public media）NHK，另一种是以营利为目的的商业广播电视机构——日本民间放送联盟（NAB）的多个广播电视台（局）。

今天日本的广播电台和电视台为了在激烈的市场竞争中占据有利地位，相互结成联盟，形成了广播电视网络。其中最主要的有五个广播电视网，它们是日本电视网（NNN），TBS电视网（JNN），富士电视网（FNS），朝日电视网（ANN），东京电视网（TXN）。随着日本社会的发展和科技的进步，后来又出现了"独立U局"（全称为"独立UHF放送局"），它是由未加入任何联播网的电视台共同组成的机构，由崎玉电视台担任理事台；其成员皆使用UHF频道播出；至2009年3月，该机构共有13个成员。各有线电视台以及卫星电视的BS和CS电视台也是日本电视传播的不同力量。但由于日本广播协会和民间放送联盟各台的超群实力，它们仍然是日本电视媒体的主流。

【本章小结】

从世界广播电视事业的发展来看，美国、英国、法国、俄罗斯等都曾有过领先的表现。美、英、日等国目前仍然是世界广播电视媒体的大国，其节目常有不凡的收视表现，获得国际市场的青睐。其广播电视媒体的发展经验为世人带来了启示。

【思考题】

1. 有哪些节目是由世界第一家广播电台创造的？
2. 美国广播电视事业有哪些发展特点？
3. 美国的三大广播公司是指哪三家？
4. 英国的广播电视制度有什么特殊性？
5. BBC有什么独到之处？
6. 简述法国广播电视历史概况。
7. 俄罗斯的广播电视历史有什么独特性？
8. 日本的广播电视是如何发展的？

中国广播电视发展史

第六章 CHAPTER 6

【本章学习要点】

1. 中国电信的早期发展。
2. 创办各类电台（境内第一台、自办、国有、民营）。
3. 国民党统治时期的广播事业。
4. 中国共产党领导的人民广播事业早期发展。
5. 我国广播电视事业在新中国成立后到“文化大革命”中的发展。
6. 改革开放后我国广播电视事业的迅猛发展。

中国广播电视技术都来自海外，分别在第一次和第二次世界大战后建立了自己的广播电台、电视台。

第一节　中国广播的产生与前期发展（1922—1949）

与我国近代报纸始于外国人在华办报相同，我国广播的起步也是缘于外国人的引进。

一、早期电报电话的创办

（一）有线电报

19 世纪，电报作为一种先进的通信工具出现在世人面前。它的出现改变了新闻传播的方式，大大提高了时效。但是作为西方工业革命的产物，电报在中国的发展并非一帆风顺。

1851年11月13日，英国在英吉利海峡从英国到法国铺设了世界上第一条海底电报电缆，获得成功。1871年，丹麦大北电报公司从海参崴经日本长崎到我国的上海铺设了一条电报海底电缆。

鉴于列强对电报权的觊觎以及中国国内发展的需要，在一些开明官员、知识分子的倡导下，清政府开始自主创办电报。1880年，清政府沿大运河架设电线。

> 我国之有电报，发端于上海，仿行于福州。光绪五年（1880），始由政府沿运河设立电线。当时上谕，由北京送至天津拍发，期货遇由报界与官界分任之，时光绪七年（1882）十一月也。光绪二十年（1895），各省电线告成，消息敏捷。报纸常用以拍发乡试榜名，争一二日之先后。……①

> 电报总局准许各报馆发递新闻电报，并减半收费，以后还同意报馆寄发密语新闻电，这都促进了新闻事业的发展。②

（二）无线电报

光绪三十年（1905），北洋大臣袁世凯在天津开办了无线电训练班，聘请意大利海军军官葛拉斯任教，培养无线电报务人员；同时购置无线电收发报机，分别安装在北京、天津、保定和北洋海军的舰艇上，用于沟通军事情报。

1908年，上海与崇明岛之间的海底电缆损毁，江苏省用公款购买无线电收发报机代替之。这是我国民用无线电报的开始。同时，外国使馆、商人竞相在我国境内私自安装无线电收发报机，清政府邮传部虽多方交涉拟予取缔，但收效不大。

（三）电话

电话在我国的出现也跟这些在华的外国人有关。英国商人1881年在上海建立了第一家电话局，1904年清政府在北京开办了电话局，电话装在军营、颐和园和清皇宫宫殿内。早期电报电话在中国大地上的出现，无疑给我国广播事业的创办奠定了基础。

二、北洋政府时期的广播事业

北洋政府时期是中国广播事业开始出现的时期。

1911年10月10日，武昌起义爆发。1912年1月1日孙中山在南京成立临时政府，并任临时大总统。民国成立以后，政府设立了交通部，内置电政司掌管包括有线电报在内的电政事宜。1915年1月，吴淞、广州两处开始有了我国最初的无线电报台收发电报。

1915年4月，北洋政府公布了《电信条例》，这是中国历史上第一个涉及无线电的法令。当时规定，无线电器材系军事用品，不经陆军部特别许可不得自由输入我国。同时，未经中国政府有关当局批准，也不准许外国人在中国境内私自设立无线电台、私自收发无

---

① 戈公振：《中国报学史》，326页，上海，上海商务印书馆，1927。

② 顾永杰：《晚清有线电报事业发展初探》，载《内蒙古师范大学学报》，2009（4）。

线电报。这代表了清政府对待无线电事业的一贯政策。

（一）第一座电台

1922年12月，美国商人奥斯邦（E. G. Osborn）与一位旅日华侨曾某（出资）合作，把一套无线电广播发送设备由美国运到上海，创办了中国无线电公司，并与以孙中山为代表的资产阶级革命派在上海办的英文《大陆报》合作，租用外滩广东路三号大来洋行的屋顶，开办了"大陆报——中国无线电公司广播电台"，呼号是XRO，功率50瓦，于1923年1月23日晚首次播音。电台每晚播出一小时，内容有《大陆报》提供的国内外及上海新闻，还有大量娱乐节目。1月26日，该台播出了孙中山当日在上海发表的《和平统一宣言》，对此，孙中山特向《大陆报》发表谈话表示称赞。

奥斯邦开办电台后，在上海租界中引起一阵"无线电热"。电台得到了上海业余无线电研究团体和无线电器材商店的支持。但是由于私设电台触犯了北洋政府的法律，交通部严令取缔。几经交涉，大约在四月间，电台停止了播音，只办了三个月。它停播的原因还有经营不善、生意不景气以及电台器材简陋、发音不清、效果不佳等。这是我国境内出现的第一座广播电台。

当时北洋政府有关当局把广播电台与用于通信联络的无线电台等同看待，不准私自设立；同时又分不清收音机与无线电收发报机的区别，因而都不准坊间出售。

（二）自办电台

1. 法律解禁

1924年8月北洋政府交通部公布了《装用广播无线电接收机暂行规则》，这是中国历史上有关无线电广播的第一个法令。它是依照《电信条例》制定的，共有23条。该条例对安装手续、费用、注意事项及处罚做了初步规定：装用接收机者，须先呈请交通部核准；接收机只限装设在通都大邑及繁盛市镇；中国人装机，要有官、商家为之担保；装机后每年要缴纳执照费4～6元，违背规则者要处以5～200元之间的罚金或没收接收机。

规定虽然烦琐、苛刻，但北洋政府的无线电法令已经改弦易辙，由无条件取缔改变为有条件开放，建电台和售装收音机再也不是违法之事了。

2. 自办电台

我国最早自己试办无线电广播的是哈尔滨人刘瀚。他在1923年就开始用野战电话机改装无线电台，并进行不定时广播。在此基础上，1926年10月1日，刘瀚在张作霖为首的奉系军阀当局的支持下，在哈尔滨办起了哈尔滨无线电台，呼号XOH，功率为100瓦。其广播内容有新闻、音乐、演讲、物价报告等，每天播出两小时，刘瀚任台长。这是中国人自办的第一座广播电台。

（三）政府办台

1920年7月，直皖战争中奉系军阀联直倒皖，段祺瑞被迫通电辞职，直奉两军入主北京，共同把持了北洋军阀政府。1924年9月第二次直奉战争爆发。冯玉祥于1924年10月23日发动北京政变，直系军阀被赶出北京；不久奉系入关，执掌了大权。

1925年2月，交通部派人在北京、天津筹建广播电台。1926年年底，在华盛顿召开了国际无线电信会议，北京政府派代表团出席了会议。会后，代表们又去英、美、法、德、苏、日等13国考察电政事业，看到了广播的巨大作用。他们回国后，建议筹建电台。

我国第一座政府办电台是1927年5月1日开播的交通部天津广播无线电台。它的呼号为COTN，功率为500瓦，每天下午3—10点播出7个小时，主要播出娱乐节目，其周围有收音机3 000余台。

1927年9月1日，北京广播无线电台由东北无线电长途电话监督处出资约1.2万元创办，呼号COPK，功率20瓦（第二年增至100瓦），每天下午2：30—7：30播出5小时。其中有20分钟新闻，其余有中西音乐（唱片）、戏曲（京剧唱片为主）。电台还在开明、新明等三大戏园和北京饭店开设专线，转播京剧、评戏。当时奉系军阀占据北京，广播中充斥了对其他派系军阀的咒骂。北京电台接受电话局的领导，设在电话局内。其附近有收音机1 000余台。

（四）民间办台

1927年春，上海新新公司为推销自造矿石收音机，开办了一座设备相当简陋的电台，发射功率仅为50瓦，为我国第一家民办私营广播电台。

1927年年底，北京也出现了一座民办的燕声广播电台。

北洋军阀统治时期的中国广播事业只是初具雏形。当时总共约有电台10来座，发射功率一般较弱，收听范围限于电台所在地周围。没有全国性电台。据有关材料估计，这个时期有收音机约一万台。

三、国民党统治时期的广播事业

（一）国民党中央广播电台

1927年4月12日，蒋介石发动了“四一二”政变。1928年国民革命军打垮了奉系军阀，统一了全国。为了在全国“统一政令、统一舆论”，国民党当局创办了其主要新闻媒介。1927年6月创办了中央社，1928年2月创刊了《中央日报》，随后创办了广播电台。电台全称为“中国国民党中央执行委员会广播无线电台”，简称“中央广播电台”，呼号XKM（全国统一后改为XGZ），发射功率500瓦。

1928年8月1日，国民党二届五中全会开幕之日，电台开始播音。当天，蒋介石、陈果夫、戴季陶等前往致词。最初每天播音两小时，上午一小时为演讲节目，下午一小时为新闻节目，所有新闻稿都由中央社提供。以蒋介石为首的国民党军政大员频繁到电台发表演说，宣传该党主张。一些当时的社会知名人士如蔡元培、马寅初、叶圣陶、竺可桢、苏步青、赵元任等也曾应邀在电台做过讲演，宣传进步思想，传播科学文化知识。

1932年5月位于南京江东门外的新广播大楼落成，新添了一部75千瓦的德国造发射机，成为当时亚洲地区发射功率最大的电台，其呼号改为XGOA，于11月12日正式播出。

1936年2月23日，国民党办的南京短波广播电台开播，呼号是XGOX，发射电力为500瓦。它除了转播中央台节目外，还办有针对国外华侨的广东话、厦门话、马来语的广播节目。这是当时国内唯一的短波电台，也是我国第一家对外广播电台。

（二）地方电台

在创办中央广播电台的同时，国民党还在各大城市（北平、广州、武汉等 20 多个城市）建立了电台。较早的浙江台建于 1928 年 10 月。之后还有一些地方台是针对共产党的根据地而创办的，如江西台和西安台。

1928 年 10 月，国民政府交通部接管了北洋政府的北京广播无线电台，经改组更名为北平广播无线电台。此类电台皆被纳入国民党广播系统。

（三）民办电台

国民政府于 1928 年 12 月颁布了《中华民国广播无线电台条例》，1929 年 8 月颁布了允许民间经营广播事业的《电信条例》，国内出现了一批民办私营电台。

1. 商业广播电台

此时的商业台共有 40 多座，半数以上在上海；其他分布于工商业发达的城市，如无锡、苏州、杭州、芜湖、宁波、绍兴、嘉兴、北平等地。它们大多发射功率小，播出内容偏重于戏曲、音乐、曲艺等娱乐节目。为了迎合市民需要，格调较为低级庸俗。靠广告收入维持经营。

2. 宗教电台

宗教电台具有代表性的是上海的佛音、福音两台。佛音广播电台于 1934 年 4 月成立，功率为 500 瓦，节目全部为宣扬佛教教义。福音电台 1934 年 12 月开播，为基督教会所属，由“福音广播社”主办，得到外国教团的支持，用国语、粤语、英语播音，每天 8 小时；其功率为 150 瓦，1936 年年初变为 1 000 瓦，是民营电台中功率最大的。

3. 教育电台

教育电台由一些地方的民众教育馆和大中学校创办。播音内容大都限于文化教育方面，功率不大，收听范围也仅限于当地。这类电台分布于一些中小城市，如无锡、徐州、南昌、厦门、青岛等地。无锡有江苏教育学院广播电台，北平有育英中学的育英广播电台等。

据抗战爆发前的 1937 年 6 月统计，国民党统治区已有广播电台 78 座，其中官办 23 座，民营 55 座；总发射功率达 123 千瓦，民营电台发射总功率仅占 5.4%。从地区看，江苏省（上海、南京）有电台 43 座，占 68.5%；浙江省 8 座，河北省（北平、天津）7 座，山东省 3 座。当时全国有收音机 20 万台左右。

四、抗日战争、解放战争时期的广播事业

（一）国民党中央台转往重庆

1937 年“七七事变”，全面抗日战争开始。当年 11 月初，日军进逼南京。1937 年 11 月 20 日国民政府宣布迁都重庆。当月 23 日，中央电台停止在南京的播音，将部分广播设备拆卸运往重庆。1938 年 3 月 10 日在重庆恢复播音。1939 年 2 月 6 日，国民党在重庆建立了“中央短波广播电台”，发射功率为 35 千瓦，每天播音 10 多个小时，分别用英、德、法、俄、日等外语对国外播音。它向北美各国广播的呼号为 XGOX，向欧亚各国的为 XGOY。

（二）大批电台落入敌伪之手

抗战期间，中国大批广播电台先后落入敌伪之手。自有电台数量只剩下六七座。为了适应宣传需要，国民政府在西南、西北地区筹建广播电台。其中较大的设在昆明、贵阳、兰州、西昌等地，另外还有一些战地流动电台。

据1944年统计，国民政府所办电台有23座。抗战中，民营电台一律被禁止开设。另外，太平洋战争以前，在被日军占领的上海，除早已自行关闭不再播出者外，还有31座民营电台在租界播出，"珍珠港事件"后悉数被封。

同时，日伪主办的电台在东北达到25座，华北8座，在华东、华南、台湾等地还有五六十座。

（三）国民政府接收日伪电台

抗战胜利后，从1945年8月下旬开始，国民政府接收日伪电台，接管了北平、上海、南京、天津等地电台20多座。各大城市又恢复、重建了一批民营台。据1947年9月统计，国统区电台发展到101座，其中由国民党中央广播事业管理处管辖的有41座，其余为各省市公营、私营及美军广播电台，计有60座。据估计当时全国有收音机100万台左右，是旧中国广播事业的最高数字。

五、中国共产党领导下的人民广播事业

（一）创建人民广播事业

我国的人民广播事业创建于抗战期间。初期因国民党严密封锁，电台运不进来。1940年3月，周恩来从苏联治病回国，带回一部共产国际援助的苏制广播发射机。这一年春，中央成立了以周恩来为主任的广播委员会，并责成军委三局（通信局）九分队具体担负建台任务。周恩来去重庆工作以后，由朱德同志主持电台筹建。

1940年12月30日，延安新华广播电台（简称延安台）开始播音，呼号为XNCR，发射功率为300瓦；组织上隶属于新华社，是其编辑部里的广播组。

建台初期，延安台每天广播一次，每次两小时，广播针对的对象是分散各地的敌后根据地军民，广播的内容主要是中共中央和陕甘宁边区政府的重要文件、公告，《解放日报》、《新中华报》、《解放》周刊的重要社论文章，新华社消息，名人讲演，科学常识，革命故事及少量文艺节目。

该台于1941年12月3日开始播出日语节目，现这一天成为中国国际广播开播纪念日。

由于发射电力太小，电压不稳，延安台的播音有时清晰，有时模糊。到1943年春，由于发射机上一大型电子管损坏没有配件更换，播音被迫停止。停播以后，九分队的同志努力改进和增添了设备。

（二）恢复播音

1945年8月6日和9日，美军对日本广岛和长崎投掷了原子弹。8月8日，苏联对日本宣战，出兵我国东北。10日，日本表示接受波茨坦公告，无条件投降。10日、11日，朱德总司令发布了第一到第七道作战命令，要求我军投入强迫敌伪投降的行动。

停播一年多后，经无线电技术人员昼夜奋战，成功安装了一台广播发射机，延安开始试验播出，1945 年 9 月 5 日正式恢复播出。发射机房和播音室设在延安西北的盐店子村寨子峁山上，播音室及宿舍建在山腰。新华社编辑科组建了口头广播组，负责编写广播稿件。

甫一恢复，电台连续、反复播出了朱德总司令的紧急命令、朱德总司令给冈村宁次的命令及我军不断收复失地的消息。当时播音每天午晚各一次，每次一个半小时，中午为重播。由于编辑部和播音室相距很远，每天由通讯员送来稿件，条件极其艰苦。在这之后一段时间，传达政令依然是电台的主要任务，但其节目内容形式都开始丰富起来，收听对象也多起来。延安台的声音在国民党统治区拥有了越来越多的听众。与此同时，各地解放区也先后创办了多家电台。

到 1946 年 5 月，语言广播组扩大为语言广播部，由温济泽任主编、部主任。6 月，温济泽主持制定了《语言广播部暂行工作细则》，这是我党广播史上的第一份工作规章。它总结了工作经验，要求研究国内外电台节目，提出编辑部要对播音加强指导；它对报道内容与写作方法做出了相应规定，并制定了编辑部责任制。

（三）转战时期

1946 年内战全面爆发。国民党对我各解放区发动了“全面进攻”，占领了解放区 105 座城市。1947 年 3 月，国民党军队开始对陕北和山东解放区实施“重点进攻”。

1947 年 3 月 13 日国民党军队进犯延安，对延安狂轰滥炸。18 日晚解放军撤出延安。从此时到 1948 年 5 月的一年多时间里，延安新华广播电台曾做过三次大的战略转移，其间改名为陕北新华广播电台（陕北台），一直没有中断播出。

1949 年 1 月 31 日，北平和平解放；第二天早八点，军管小组进驻西长安街三号的北平电台；2 月 2 日，北平新华广播电台开始播音。1949 年 3 月 25 日，陕北台同党中央一起到达北平，北平新华广播电台改名为“北平人民广播电台”，成为后来的市台；陕北台更名为北平新华广播电台，当晚对全国播音，具有中央台的性质。新政协会议之后，9 月 27 日，北平新华广播电台又改名为北京新华广播电台。

1949 年 1 月 15 日，天津新华广播电台开始播音，该台也是接收国民党电台建立的。1949 年 4 月 24 日，南京广播电台开始转播北平新华台的节目。1949 年 5 月 27 日，上海人民广播电台开始广播。到新中国成立前夕，全国已有人民广播电台近 40 座。

1946 年 9 月 25 日，延吉新华广播电台（简称延吉台）与吉林军区文工团共同组织 200 人演出《黄河大合唱》，电台对此进行了实况转播。当年 11 月，延吉台又对该市的万人群众公审大会进行了实况转播。这在人民广播历史上是全新的形式。1949 年 3 月，中共中央副主席刘少奇在天津耀华中学讲话，天津新华广播电台转播了实况，这是人民电台第一次转播中央领导同志的长篇讲话。

（四）定型期

1949 年 6 月 5 日，党中央发出通知：新华总社语言广播部扩充为中央广播事业管理处，管理、领导全国广播电台；与新华社平行，受中宣部领导；廖承志任处长，李强任副处长。1949 年 10 月 1 日，中央广播事业管理处又改组为中央广播事业管理局，由中央人民政府政务院文化教育委员会新闻总署领导。

1949年10月1日，北京新华广播电台在天安门城楼上对中华人民共和国开国大典的盛况进行了实况转播，全国各地方台同时联播，并同时用钢丝录音机进行了录音。这是人民广播历史上第一次全国范围的实况广播，从此以后的20多年间，每逢国庆、“五一”及其他庆典活动，中央人民广播电台都进行实况转播（1949年12月5日，北京新华广播电台改名为中央人民广播电台，成为国家电台）。

这时，全国（不含香港、澳门和台湾地区）共有电台49座，其中48座地方台。抗战胜利后到新中国成立之前，各地人民广播的发展为共和国广播事业奠定了基础。

第二节 新中国成立后的广播电视事业

从新中国成立到“文化大革命”中，我国广播电视事业与国家命运相同，经历了大起大落。中国广播电视人在国家经济并不宽裕的条件下，艰苦奋斗、自力更生创办了各地的广播电视台，使广播电视事业得到初步普及发展；在“文化大革命”中却又遭遇浩劫，致使发展停滞。

一、“文化大革命”前的中国广播电视事业（1949—1966）

1949年新中国成立以后，我国广播电视事业得到了一次发展机遇，获得了快速发展。

（一）人民广播事业的发展

1. 无线广播

到1952年12月，全国地方电台增加到70座。除西藏外，各大行政区、省、自治区和直辖市都有了广播电台。一个无线广播网在全国初步建立起来。到1960年年底，全国各级地方电台发展到135座。50年代末的国民经济“困难时期”，一批地方电台在调整中下马。1964年后，又逐步恢复发展。到1965年年底，全国共有地方电台84座。这个规模稳定了相当长一段时间。

新中国成立初期，全国广播电台按行政级别分为四级：中央台、大行政区台、省（自治区、直辖市）台和省辖市台。1954年，大行政区撤销，该级电台陆续停办。从1956年起，大多数省（自治区、直辖市）相继建立了本省（自治区、直辖市）的广播事业管理机构。在相当长的时间里，中央广播事业局和中央人民广播电台一直实行局台合一体制；各省（区、市）广播事业管理部门和当地的广播电台也多采取合一的体制。从中央到地方的各级广播部门直接接受同级党委宣传部门领导。

2. 有线广播

在无线广播发展的同时，有线广播网也在广大农村创建起来。东北解放区在新中国成立之前就已经有了有线广播。

1950年4月，新闻总署做出了《关于建立广播收音网的决定》，要求全国各县市人民政府、解放军的各级政治机关，以及其他机关、团体、工厂、学校设置专职或兼职收音员，收听或记录中央和地方人民广播电台广播的新闻、政令或其他节目。到1952年年底，全国已建立起收音站两万多个，配有四万多名收音员。

3. 对外广播

新中国成立以后，党中央和政府的重视使我国对国外广播得到很大发展。1950 年 4 月 10 日，中央人民广播电台成立了国际广播编辑部。从这一天起，对外外语广播开始使用“北京广播电台（Radio Pekin）”的呼号，播出时间和频率也与对国内广播分开了。到当年 7 月，该台共使用 11 种语言播出，每天播音 11 小时。

从 1956 年到 1965 年，我国对外广播每年都新开办 1～3 种外语节目。到 1965 年年底，对国外广播用语达到 27 种，每天累计播音 70 小时 30 分；节目覆盖了世界五大洲的大部分地区。此时，在广播的规模、语种和播音时数等方面中国成为仅次于苏联和美国的对外广播大国。

从听众来信数字看，我国对外广播的影响越来越大。1951 年共收到 18 个国家和地区的听众来信 1 000 封，1956 年增加到 62 个国家和地区的 1.5 万多封，1965 年更增加到 135 个国家和地区的 28.6 万多封，创造了“文化大革命”前的最高纪录。

至此，中国已初步建成无线与有线相互补充、对内与对外相结合的广播网。

（二）电视的开办与电视新闻的起步

20 世纪 50 年代是世界电视事业大发展时期。1949 年，全世界还只有美国、英国、法国、苏联、荷兰、意大利六个国家办有电视；到 1958 年年底，已有 67 个国家开办了电视。

1. 中国电视的初创

（1）中国电视的诞生。

1954 年，在国务院文教办公室的一次会议上，时任副主任钱俊瑞传达了毛泽东主席关于中国要办电视的指示。

1956 年 10 月，广播事业局买下在北京举行的日本商品展览会上展出的 50 瓦电视发射机、摄像机作为样机。我国的试制人员于 1957 年 8 月设计、研制出我国最早的电视发射试验机。1958 年 3 月，北京广播器材厂试制出了第一批全套黑白电视播控设备。

同时，也积极进行了人才方面的准备。1953 年，中央广播事业局派出第一批技术人员赴捷克斯洛伐克民主共和国留学，1956 年 5 月学成回国。1957 年，广播局党组决定成立北京电视实验台筹备处，任命罗东为北京电视实验台筹备处主任，孟启予、胡旭为副主任。1957 年 12 月派出以罗东、孟启予等人组成的电视工作者代表团前往苏联和民主德国学习考察。

1958 年 1 月，国营天津无线电厂装配厂仿照苏联“旗帜”牌电视机试制成功了“北京”牌黑白电视机。同年 3 月，广播大厦竣工，筹建人员将大厦西南侧四楼拐角处部分办公室改建成电视中心机房和演播室。北京电视台于 1958 年 3 月开始试运行，对电视发射、播出设备进行运转实验；5 月 1 日试验播出。中国电视宣告诞生。

（2）创办初期即办有谈话及评论节目。

1958 年 5 月 1 日，北京电视台从 19 点开始，试验播出了黑白电视节目。第一次节目包括“庆祝‘五一’座谈会”、新闻纪录影片、诗朗诵、歌舞等。

初创时期的新闻节目主要有四类，包括自制新闻片、现场转播、新闻简报、纪录电影。85%以上的播出日（试播时每逢周四、周日播出）至少有一档新闻节目；9 月 2 日正式播出后，每周播出次数增加一倍（每周二、四、六、日播出四次），新闻播出占到总播出日的91%。固定自办新闻栏目增至四个：电视新闻、简明新闻、图片报道、国际新闻，另外还有体育节目；新闻体裁形式也增加到七种：纪录片、新闻片、现场转播、访问谈话、电视评论、图片报道、口播新闻。其中试验播出第一天的节目中就有访问劳动模范的谈话节目，后来又办有专栏《电视台的客人》。1959年6月18日，北京电视台播出了第一个电视评论《谈西柏林近况》，民主德国电视台提供了影片及部分录音资料，还附带了评论稿件。①

这一时期电视新闻的来源主要有以下几种：一是由其他单位制作，电视台只负责播出，如新闻电影制片厂的《新闻简报》；二是由外单位提供稿源，自己加工成电视形式播出，如图片来自新华社的《图片报道》；三是模仿兄弟媒体已有形式自制的节目，如学习广播的谈话节目、学习新闻纪录电影的新闻纪录片。

2.60年代的大发展

(1) 电视“大跃进”。

1958年12月15—20日，中央广播事业局在北京召开全国电视台基建工作座谈会，这是我国电视系统的第一次全国性会议。会上研究了电视事业的发展方针、规划和技术方案以及基本建设中的关键问题，决定从点到面在全国各地建立电视台，吹响了电视“大跃进”的号角。1960年年初我国仅有9家电视台，到这一年结束时，已经达到了18家；到1962年年底全国省级台已有了23家。

(2) 新闻报道加强。

1960年元旦，北京电视台的《电视新闻》栏目固定为每周播出三次，每次10分钟。这个电视台自办的新闻栏目，报道的几乎全是国内新闻，主要内容有时政新闻、工农业生产成就、学校和部队的好人好事以及体育新闻等。

电视台对60年代上半叶在国内发生的重大事件，如1961年在北京举行的第26届世乒赛、1964年10月16日我国第一颗原子弹爆炸成功、1965年5月第二颗原子弹爆炸成功、1965年7月李宗仁从海外归来等，都做了及时报道。

电视台记者开始随国家领导人出访采制报道，并到当时战事频仍的越南、老挝等国战地独家报道。同时新闻节目多样化发展，述评、节庆直播报道、新闻片、纪录片以及谈话节目等在电视荧屏上日益增多。

(3) 与国外交换节目。

这一时期，北京电视台继续与国外交换新闻节目。除早期开始的与苏联、东欧国家的交换外，1960年7月17日，同日本共产党主办的日本电波新闻社签订了交换电视新闻片的合同。

1960年北京电视台又与英联邦国际新闻影片社开始接触，选购其少量影片。这家新闻社是当时国际上唯一的电视新闻社［1964年改称维斯新闻社（VISNEWS），现为路透电视新闻社］。之后，北京电视台与该社签订了交换电视片的协议。

二、“文化大革命”中的广播电视事业（1966—1976）

从1966年开始到1976年结束的10年“文化大革命”给中国带来了深重的灾难，留

① 参见于广华主编：《中央电视台大事记》，见《当代中国的广播电视》编辑部选编：《中国广播电视大事记》，121页，北京，北京广播学院出版社，1987。

下了永远抹不去的伤痕。在这10年中，中国的广播电视事业除了有限的局部发展外，基本上处于停滞状态，广播电视新闻不仅没有前进反而是明显地退步了。

（一）广播电视的“文化大革命”内伤

1. 停止播出

1966年5月份，“文化大革命”开始后，对“文化大革命”的宣传一统天下，其他节目大幅收缩。中央人民广播电台增加了“革命样板戏”的播出时间，占到全天文艺节目时间的85%以上。

到年底各地陆续掀起了“夺权”运动。1967年1月3日，北京电视台（中央电视台前身）的一派群众组织召集全台大会宣布夺权。从1月6日起，该台除重大政治事件和重要节日外，停止了节目播出，到2月4日才恢复播出，其他地方电视台也基本都停播了。没有停播的上海电视台在张春桥、姚文元等人的策划下，从1月6日起开始直播“电视斗争大会”。

1967年以后，随着各省、自治区、直辖市“革命委员会”的陆续建立，一些地方电台开始恢复了少量自办节目。

1967年12月12日，中央广播事业局被“解放军毛泽东思想宣传队”（简称“军宣队”）实行军事管制。直到近四年之后的1971年12月7日，军宣队才全部返回原部队。其间，北京“工人毛泽东思想宣传队”也曾进驻中央广播事业局，1971年6月撤离。全国广播电台、电视台均被实行过军事管制。

2. 新闻节目

在“文化大革命”中，虽然新闻节目数量增加，但是内容大量重复，信息量减少。

1969年1月，“中央文革小组”发出《关于地方电台应严格掌握宣传内容的通知》，明确表示：凡与中央口径不一致的、凡中央报刊不发表的，电台一律不得广播；新闻节目只能转播新华社和中央报刊内容；有关毛泽东活动的新闻在全天各次新闻节目中都要播送，其中引用的毛主席语录不准有丝毫删节。这些规定致使稿件冗长、条数大大减少，新闻节目时间还经常任意延长，广播电台晚上的《全国新闻联播》节目经常重播当天《早报摘》的内容。这期间，与英国、日本、伊拉克等国的换片合同先后中断，国际新闻基本停播。

（二）“文化大革命”后期的缓慢发展和逐步恢复

1. 广播电视事业的发展

从1969年起，县广播站的事业经费开始列入国家预算，一个大办有线广播的热潮席卷全国。到1976年，全国农村已基本上建成了以县广播站为中心、以公社广播放大站为基础、连接千村万户的农村有线广播网。在农村，广播喇叭入户率达到60%，全国97%的人民公社都连通了有线广播。

此外，在这一时期，我国对内对外广播的语种都有所增加。1971年5月起，中央人民广播电台陆续恢复了四种少数民族语言广播，新开办了一种民族语言广播。从1966年起，10年间又增加了12种外语广播，使我国的对外广播用语达到了39种，位居世界对外广播前列，播音时间和发射功率都有较大增加。

这一时期有线电视也启动发展。1964年为召开国际会议，中央广播事业局在北京饭店安装了第一套共同天线实验系统，开始了有线电视的起步。1972年又先后在北京民族饭店和天安门城楼安装了可连接十几台电视机的小型共同天线电视系统。

2. 节目部分恢复

“文化大革命”后期的广播电视新闻记录下了国家取得的成就。例如，1967 年 6 月报道了我国第一颗氢弹爆炸成功；1970 年 4 月播出了我国第一颗人造地球卫星发射成功的新闻和卫星发回的《东方红》乐曲；1970 年，对亚非乒乓球友好邀请赛进行了多次实况广播，为政府的“乒乓外交”助了一臂之力。

1970 年 7 月 30 日，北京电视台《体育爱好者》栏目重新播出。随后，一批有较迫切实用价值、题材较软、不易触碰政治敏感的栏目也开始恢复，但它们大多办得“不苟言笑”。如在“文化大革命”初期被中断了的《卫生常识》、《科学常识》、《少年儿童节目》等先后恢复播出，荧屏上有了一点生机。

3. 尼克松访华报道

1972 年 2 月 21 日上午 11 时 30 分，美国总统尼克松到达北京首都机场。一下飞机尼克松就主动伸手，与周恩来实现了“历史性”握手。

对于这一历史性事件，美国三大广播公司组成的近百人新闻报道队伍，携带全套彩色电视摄录和转播设备、彩色胶片洗印机、卫星转播设备等对此进行了电视直播报道，这也是首次从我国通过国际卫星向世界发送广播电视报道。这给中国广播电视人带来了极大的心理冲击，使他们看到了自己的落后。

4. 创办新闻联播

这期间全国微波传送网络开始建设，为电视新闻实现联播提供了条件。

1976 年 3 月，中央广播事业局在北京召开全国电视工作会议，主要议题是创办全国电视新闻联播节目。1976 年 7 月 1 日，北京电视台在各地协作下开始试播《全国电视台新闻联播》。之后每天一般播出 10～15 分钟，每次不超过 10 条新闻。

5. 技术的进步

我国自行设计、制造的第一颗人造地球卫星“东方红 1 号”于 1970 年 4 月 24 日在酒泉卫星发射场由“长征一号”运载火箭发射成功。这使我国成为继苏联、美国、法国、日本之后，世界上第五个能独立发射人造卫星的国家。1969 年，我国试制成功第一套通信卫星地面接收站。

从 1972 年起的两三年时间里，北京电视台从美、日、英、德等国进口了不少彩电设备，其中有一批彩色录像机。1973 年彩色电视开播后，一些节目开始录像播出。1975 年，随着录像设备的增多，录像机的使用范围越来越广泛，电视节目逐渐由直播改为录播。

“文化大革命”使中国广播电视业停滞了 10 年，拉大了中国与世界先进水平的距离。“文化大革命”对中国广播电视传播观念的影响更是深刻而久远。如果传播技术的滞后可以被看做中国广播电视业所受的外伤的话，那么，传播观念的落后就是更难愈合的内伤。

这一时期，广播电视与其他平面媒体一起，在关于“无产阶级专政下继续革命”、“两个阶级、两条路线的斗争”等一系列宣传中，假话、大话、空话和套话泛滥，在全党全国人民中造成了很坏的影响。

到 1976 年 10 月“四人帮”被粉碎后，北京电视台于 11 月召开电视新闻会议，明确提出要解决电视新闻“假、慢、长、空”的问题。

第三节　改革开放后至 21 世纪初中国广播电视的发展

1978 年年底中共中央召开十一届三中全会以后，国家步入改革开放轨道，广播电视事业迎来了发展机遇，经历了由封闭走向开放的大发展时期。

一、过渡阶段及早期改革发展（1978—1983）

这个阶段从 1978 年改革开放伊始到 1983 年第十一次广播工作会议之前。第十一次广播工作会议做出了依国家四个行政级别分别建立电视台的决定，广播电视发展进入一个新的时期。

（一）观念初现变化

第十次全国广播工作会议于 1980 年 10 月 7—18 日在北京召开，会上重新提出了“自己走路”的方针。1982 年广播电视部又提出要依靠社会力量，“开门办广播电视”。后来又概括为“扬独家之优势，汇天下之精华”的节目宗旨。

1981 年中共中央书记处针对广播电视工作明确指出：“广播电视是教育、鼓舞全党、全军和全国各族人民建设社会主义物质文明、精神文明的最强大的现代化工具，这就是广播电视工作的根本性质和任务。”

（二）业务发展

第十次全国广播工作会议提出要发挥广播、电视自身优势，搞好宣传工作。

这一阶段，新闻数量、次数和形式增多。在中央人民广播电台（简称“央广”）的《新闻和报纸摘要》、《各地人民广播电台联播》节目中开始出现“本台消息”；1980 年，中央人民广播电台成立了评论组，播出本台评论、短评。由于全党工作重点转移，电台、电视台的经济类节目逐渐成为重点。主持人也在这一时期出现，1980 年庞啸成为我国第一个电视记者型主持人，1981 年元旦，徐曼成为第一个广播节目主持人。各类专栏节目也随着电视的发展逐步增多。

文艺广播发展势头良好，中央人民广播电台于 1980 年 5 月恢复了“文化大革命”中停办的第三套节目，内容以音乐为主，并用调频技术播出。10 月又在这套节目中增加了立体声播出。广播剧有了较大发展，当时，央广每年制作广播剧达 30 部左右。

从 1978 年起，电视剧事业开始复苏。这一阶段的主要作品有：中央电视台的《三亲家》、《窗口》、《教授的女儿》，上海电视台的《玫瑰香奇案》，浙江电视台的《保险高兴》等。表 6—1 列出了 1978—1982 年中央电视台播出的国产电视剧数量。

表 6—1　　1978—1982 年中央电视台播出的国产电视剧数量

年份	电视剧（部、集）
1978	8
1979	18
1980	103
1981	117
1982	235

资料来源：徐光春等：《中华人民共和国广播电视简史》，205 页，北京，中国广播电视出版社，2003。

国外影视作品译制片中最早的一部是1979年7月菲律宾驻华使馆提供的《我们的过去》。1980年，中央电视台成立了译制组，开始监制和组织译制工作。1980、1981两年共译制外国电视剧103集。此外，一些地方电视台为了开辟节目来源，也陆续开始购买和译制外国电视剧，如上海电视台播出的日本电视剧《姿三四郎》等。

（三）事业发展

1. 机构调整

为了适应广播电视事业的发展，一些电台、电视台进行了相应的调整。1978年5月1日，中央人民广播电台将国外广播部改名为中华人民共和国国际广播电台，独立出来，但在对外广播中仍沿用“北京电台”的呼号。同一天，北京电视台改名为中央电视台，英文缩写为“CCTV”，对国外称中华人民共和国中央电视台。中央人民广播电台、中国国际广播电台、中央电视台被并称为“中央三台”，共同担负向国内外展开广播电视宣传的重要任务。随后，各省级电视台也先后将以省会城市命名改为以省名命名。

1982年，第五届全国人大常委会第23次会议通过《关于国务院部委机构改革实施方案的决议》，宣布撤销中央广播事业局，成立广播电视部，吴冷西出任广播电视部第一任部长。之后，各省、自治区、直辖市广播事业局也陆续改为广播电视厅或局。广播电视部的成立为进一步推动广播电视事业，调整中央与地方、广播与电视、有线与无线、宣传与技术、事业等方面的关系，加强广播电视宣传和对广电系统统一管理，创造了有利的条件。

2. 事业建设

1980年2月25日在京召开的全国广播事业规划会议提出了新时期广播电视事业建设的方针和任务：努力办好广播，加速发展电视事业，在20世纪末，要使我国的广播电视在事业规模、技术设施、覆盖指标等方面都达到相当水平，进入世界先进行列。在第十次全国广播工作会议后，全国又新建了一批广播电台和电视台（见表6—2、表6—3）。

表6—2　　中国广播电视播出机构统计表（1978—1982）　　单位：座

年份	广播电台	电视台	市、县广播站
1978	93	32	2 553
1979	99	38	2 560
1980	106	38	2 610
1981	114	42	2 643
1982	118	47	2 631

资料来源：赵玉明：《中国广播电视通史》，附录三、四，580～583页，北京，中国广播学院出版社，2004。其中未包括香港、澳门、台湾的数字。

表6—3　　中国视听工具统计表（1978—1982）

年份	接收机社会拥有量（万台、万只）		
	收音机	电视机	广播喇叭
1978	7 546	304	11 211.98
1979	9 185	485	10 771.6
1980	11 910	902	9 856.6
1981	14 933	1 562	9 145.7
1982	18 476	2 761	8 364.9

资料来源：同表6—2。

一些省、自治区开始投资建设传送广播电视节目的专用微波线路，到1982年年底已达到10 330公里；广播人口覆盖率，从1980年年底的53%，提高到1982年年底的64.1%；电视人口覆盖率，则从45%提高到57.3%。

二、深化改革时期（1984—1992）

这个时期始自第十一次广播电视工作会议，终于1992年邓小平“南方谈话”。

1982年9月，中国共产党第十二次全国代表大会根据邓小平提出的建设中国特色社会主义的构想，制定了全面开创社会主义现代化建设新局面的纲领。此后，城乡经济体制改革迅速在全国范围内展开。在此背景下，广播电视部门决定召开一次全国性会议，统一全体人员的思想认识，部署开创新局面的各项工作。从此，广播电视工作观念发生了巨大变化，广播电视事业在社会结构的不断调整中获得了持久的发展动力。

（一）结构布局变化

1983年3月31日到4月10日，第十一次全国广播电视工作会议在北京举行。这是广播电视部成立后召开的第一次全国性工作会议，会名也首次加上了“电视”二字。该会议制定了发展广播电视事业的一系列方针、政策。

该会议强调广播电视机构的工作包括宣传和事业管理两个方面，“宣传工作的改革要以新闻改革为突破口”，“要努力提高宣传工作的质量……改进各类节目的内容”；事业建设上要发挥中央和地方的两个积极性，具体说来即“四级办广播，四级办电视，四级混合覆盖”的方针。

这次会议经过认真分析研究后认为，各级广播电视机构应实行如下领导体制：省、自治区、市广播电视厅（局）受该省、自治区、市党委和人民政府及广播电视部的双重领导，以同级党政领导为主。这一原则同样也适用于其他行政级别的广播电视机构。

（二）事业建设

“四级办”政策出台后，凡是具备条件的省辖市、县都可以根据需要和可能兴办广播电台和电视台。这些台除了转播中央和省台的节目之外，还可以播出自办节目，覆盖本市县。全国广播电视事业建设由此发生了巨大变化。

1988年3月5日中央电视台彩电中心试播成功，3月15日该播出系统正式启用。中央电视台三套节目随即全部在这里播出。

表6—4和表6—5比较了1984年和1992年的统计数据。

表6—4　广播电视事业建设发展情况：1984年与1992年比较

项目名称	1984	1992	两年相比	
			增长量	增长速度（%）
无线广播电台（座）	167	812	645	386
中短波发射台和转播台（座）	556	711	155	27.9
调频发射台和转播台（座）	172	934	762	443
广播人口覆盖率（%）	67.8	75.6	7.8	11.5
收音机社会拥有量（万架）	22 373	21 595	−778	−3.5

续前表

项目名称	1984	1992	两年相比	
			增长量	增长速度（%）
电视台（座）	93	586	493	530
电视发射台和转播台（座）	9 708	32 643	22 935	236
电视人口覆盖率（%）	64.7	81.3	16.6	25.7
电视机社会拥有量（万架）	4 763	22 843	18 080	380

资料来源：《中国广播电视年鉴》（1986年），857～859页，北京，中国广播电视出版社，1986；《中国广播电视年鉴》（1992—1993年），680～684页，北京，北京广播学院出版社，1993。

表6—5　　广播电视节目播出情况：1984年与1992年比较

节目时间（小时）	1984		1992	
	总体	平均每家	总体	平均每家
无线广播每日自办节目	2 287	13.7	5 964	7.3
无线广播全年制作节目	230 983	1 383.1	969 180	1 193.6
电视每周自办节目	1 745	18.8	11 913	20.3
电视全年制作节目	27 801	298.9	148 143	252.8

资料来源：同表6—4。

从1992年和1984年的统计数据对比来看，除了收音机的社会拥有量出现了递减外，无线广播和电视事业均有大幅增长，其中电视台的增长速度最为迅猛，电视人口覆盖率也超过了广播。由此看来，广播电视的格局发生了重大变化。

（三）节目改革

这一时期，广播电视的传播观念发生了深刻变化，由原来的“我播你收”转而开始重视受众的需求，广播电视节目在数量和质量方面都有了很大的发展，总体来说呈现出新闻节目、经济报道、文艺节目全面增长的态势，节目质量也有所提高，在布局方面也更趋合理。

（1）新闻节目开始注重时效，篇幅变得简短，舆论监督功能也明显加强，开始出现了一些新的节目类型，如央视的《观察与思考》、福建台的《新闻半小时》、安徽台的《社会之窗》和上海台的《新闻透视》。同时，由于经济发展的加快和人们生活的需要，经济台开始逐步创立；专题节目、纪实节目也异军突起，迅速发展；文艺节目的比重不断增大，丰富了人们的生活，广播电台中播出了大量的广播剧、戏曲、音乐等，电视节目中《综艺大观》和《正大综艺》两档栏目得到了观众的认可。

（2）广播界改革的步子迈得更大了一些。1986年12月15日凌晨5点，由原广东人民广播电台二台改办的珠江经济广播电台正式开播。它是国内第一家经济台，推出了融信息型、服务型、娱乐型为一体的全新节目模式。其突出特点是：节目内容综合化，节目设置板块化，栏目主持固定化，栏目播出直播化，开通电话热线、鼓励社会参与。全新的节目形式迅速赢得了听众。

随后，全国各地出现了经济台热，同时也引入了其节目形式。“珠江模式”为中国广播电视注入了新的活力，广播也开始出现各有特色的系列台。

（3）电视剧成果令人瞩目，年产量大大超过了电影。中央电视台1982年播出电视剧235部（集），到1988年已增至1 155部（集），增长近4倍。其题材更加广泛，品种日趋丰富，质量也有所提高。涌现出一批优秀剧目，像《蹉跎岁月》（央视）、《高山下的花环》（山东台）、《四世同堂》（北京电视剧制作中心）、《红楼梦》（央视、中国电视剧制作中心）、《末代皇帝》、《西游记》（中国电视剧制作中心）等，在社会上引起不俗反响。电视剧成为荧屏节目的一大支柱，占据了举足轻重的地位。

这一时期的广电媒体更加重视受众的反馈，各台通联部门对受众来信来电有所回应，有的选择在节目中播出，还有的体现在节目的改革中。广播电台还纷纷开展了受众调查，了解本媒体的受众状况，检验改革的成果，确定下一步的努力方向。

三、大发展时期（1993—2000）

这个时期始自邓小平的“南方谈话”，终于世纪末。这个阶段广播电视改革突飞猛进，是历史上发展最快的时期。

（一）技术发展

广播电视技术在这个阶段取得了迅速的进步。1998 年秋，重庆广播电视地面站建立，卫星节目正式开播；至此，我国已有 26 个省级电视台建立了卫星电视频道。[①] 卫星技术的应用带动我国广电事业进入了高速发展时期。

1997 年的世界无线电组织大会上，国际电联分配给中国三个直播卫星轨道位置，中国电视开展卫星直播的时机已经成熟。1996 年央视斥资 8 亿人民币购买了两台全世界仅有 4 辆的最先进转播车；1997 年年初，又引进了移动卫星地面站，使多点直播成为可能。直播技术的完善加上电视新闻直播报道理念的建立，带动电视新闻出现新的大幅度突破，在 1997 年香港回归的直播报道中，央视的装备相当于一个省级台的规模。[②]

（二）节目变革

从 1992 年开始，新闻类节目逐渐成为中央及各地电视台节目的主体，全国上千家各级各类电视台中有 800 家以上自办新闻节目，以新闻为主的中央电视台第一套节目覆盖了全国 80％以上地区。人们的观念逐渐从“电视剧立台”转向“新闻立台”。

这一时期，新闻节目出现了一系列新的样式，引起社会广泛关注。中央台推出了新闻杂志类栏目《东方时空》，深度报道类的《焦点访谈》、《新闻调查》和谈话节目《实话实说》，这几档节目受到了广泛的欢迎。随着人们生活水平的提高，对经济新闻的关注度提升，央视不断推出了新的财经类节目，如《经济信息联播》、《生活》、《经济半小时》等。现场直播开始出现并逐步繁荣，1997 年由于央视对日全食、香港回归、大江大河截流等多个重大事件的直播活动而被称为中国电视的“直播年”。

娱乐节目也逐渐繁荣，音乐广播和电视节目都受到追捧，大型文艺晚会成为常态，如央视的《春节音乐歌舞晚会》、《同一首歌》等。各大卫视的综艺节目更是百花齐放，如上海东方电视台的《快乐大转盘》、湖南卫视的《快乐大本营》、福建电视台的《开心 100》等。

---

① 参见应中迪：《试论卫星电视》，载《新闻大学》，1997（4）。

② 参见周勇、刘凡平：《1997 中国电视直播年》，载《中国广播电视学刊》，1997（12）。

（三）对外业务发展

广播电视在对内报道日臻成熟的同时，对外报道也有了新的突破。90 年代以后，电视外宣一改向我驻外使领馆和少数华语电视台寄送节目的方式，转变为创办频道、播出节目。

1992 年 10 月 1 日，中央电视台第四套国际频道开播，通过“亚洲一号卫星”覆盖了亚洲、澳大利亚、东欧、中东、北非等 60 多个国家和地区。1996 年，通过租用泛美二、三、四号卫星，该频道实现了全球覆盖，成为我国第一个面向全球 24 小时播出的窗口。

2000 年 9 月 25 日中央电视台正式开播英语国际频道，加入了国际舆论竞争的主战场，成为我国面向国外主流社会宣传的主渠道。

除了开播节目、境外覆盖以外，对外广电还抓住了节目“落地”这一关键。1993 年 1 月 1 日，中央电视台通过太平洋卫星开始向北美传送节目，每天 1 小时，包括新闻、经济和文体内容，由芝加哥 3C 集团在 KVBAND 台播出。1993 年 8 月 28 日，中央电视台与美国 3C 集团合作，在北美创办了“美洲东方卫视”；1994 年 4 月，该台节目由洛杉矶最大的有线电视公司——皇冠有线（CROWN CABLE）公司转播，覆盖了美国、加拿大、墨西哥及加勒比海地区。

1993 年 1 月 1 日，中国国际广播电台开始使用新呼号 CHINA RADIO INTERNATIONAL（简称 CRI）播出。1994 年 4 月 11 日，中国国际广播电台与俄罗斯广播技术代表团签订了《中国国际广播电台和莫斯科国际广播电台合作议定书》，相约互转合作。当年 6 月 14 日，美国之音使用内部频率转播中国国际台通过美国新世界中波电台向华盛顿地区广播的 1 小时英语节目，这是我国国际台英语节目首次在美直接播出。

（四）体制机制调整

1. 管理改革

（1）变更领导体制。

1996 年 12 月 27 日，经中央批准，中央电视台和中央人民广播电台、中央国际广播电台一起升格为副部级事业单位。1998 年 3 月，根据九届人大一次会议批准的国务院机构改革方案，广播电影电视部改组为国家广播电影电视总局（正部级），为国务院主管广播电视宣传和广播电影电视事业的直属机构。田聪明任首任局长。

（2）取消四级制。

“四级办广播、四级办电视”方针调动了地方和社会开办广播电视的积极性，加快了发展。但随后，广播电视业出现大量简单重复建设：重复制作、重复播出、重复覆盖，导致重复投入，增大了成本，造成了极大的浪费。从宏观角度看，结构失衡、力量分散、效益不高、资源浪费等问题制约了中国广电事业的健康发展。

1996 年 12 月，中央办公厅、国务院办公厅发布了 37 号文件，其中提出“市辖区不设广播电视播出机构，乡镇不设电视播出机构。现有县广播电台、电视台、有线电视台要合并为一个播出实体，主要转播中央和省的广播电视节目”①，明确了停止实施“四级办”

① 中央办公厅、国务院办公厅：《关于加强新闻出版、广播电视业管理的通知》（两办 37 号文件），http：//mlrc.cuc.edu.cn/plus/view.php？aid=407。

方针。

1997 年，广电总局开始启动“治滥治散”工作。1999 年 9 月 17 日，国办发 82 号文件，明确提出“在县级广播电视实行三台合一的基础上……推进地（市）、省级无线电视台和有线电视台的合并，进一步优化资源的合理配置，减少内部矛盾”①，进一步将省市有线电视台并入无线台，共同组成播出实体。

2000 年 12 月 20 日，国家广播电影电视总局《关于有线广播电视台和无线电视台合并的有关事项的通知》中再次重申了合并的最后时间，并规定，市级电视台只允许保留一个频道，县级广播电视台不再独自开办电视频道。

（3）集团化初露头角。

1998 年九届人大一次会议决定，国家今后对包括广播电视在内的大多数事业单位将逐步减少拨款，三年后这些单位要实现自收自支。这就意味着，届时广播电视事业将被全面推向市场。同年 6 月 9 日，全国首家广播电视集团——无锡广电集团正式成立。以办好广播电台、电视台为中心，进一步开拓市场，实现媒介的产业经营规模化和集团化，成为广播电视业发展的方向。

2. 事业建设

在 1992 至 2000 年这九年间，我国的广播电视事业飞速发展——广播人口覆盖率提高了 17.14%，电视人口覆盖率提升了 12.35%，均一直保持着稳健的增长，而台数却由于废除“四级办”等政策改变而有所下降（见表 6—6）。

表 6—6　　1992—2000 广播电视事业发展概况

年份	广播电台	广播人口覆盖率（%）	电视台	电视人口覆盖率（%）
1992	812	75.60	586	81.30
1993	987	76.30	684	82.30
1994	1 107	77.50	766	83.40
1995	1 202	78.70	837	84.50
1996	1 244	84.20	880	86.20
1997	1 363	86.20	923	87.60
1998	298	88.21	347	89.01
1999	299	90.35	352	91.60
2000	304	92.74	354	93.65

资料来源：作者综合整理自《中国广播电视年鉴》历年数据。

同时也有更多专门化频道开播。1995 年 1 月 1 日，中央电视台体育频道（第五套）经过一个月试播后正式播出。当年 11 月 30 日，央视又开播了电影频道（第六套）和少儿/军事/科技/农业频道（第七套）。

凤凰卫视中文台于 1996 年 3 月 31 日开播，它是香港唯一用普通话播出的电视台。它在内地很多地区落地，带来新的内容及表达方式，对内地电视形成冲击。

3. 制播分离

1992 年，中共中央、国务院《关于加快发展第三产业的决定》中明确将广播电视列

① 国务院办公厅转发信息产业部、国家广电总局《关于加强广播电视有线网络建设管理意见的通知（国办发〔1999〕82 号）》，http://law.baidu.com/pages/chinalawinfo/2/40/9cc50d0fe7873767ed4f914e90d73223_0.html。

为第三产业。产业属性的明确定位，为广播电视产业经营创造了良好的条件。

有线电视、卫星和数字压缩技术的运用，使电视频道数量大大增加。到1999年，30家省级电视台全部上星播出。众多频道对节目的需求急剧增长，电视台已无法用已有人力、物力满足这一需要。节目生产社会化的呼声变得强烈，“制播分离”成为中国电视界的热门话题。所谓“制播分离”就是指把部分制作任务从电视台分离，由社会上的制作公司承担，电视台可以选择购买、播出。

中国电视业对“制播分离”的尝试最先是在电视剧领域。90年代初，首先是中央电视台、北京电视台等有实力的大台纷纷成立电视剧制作机构，实现了电视台体制内的制播分离。

【本章小结】

中国广播电视技术都来自海外，分别在第一次和第二次世界大战后建立了自己的电台、电视台。我国广电媒体在几十年时间里开始是军事斗争的工具，后来是“阶级斗争”的工具。改革开放之后，广电媒体才开始快速扩张、壮大，媒体功能得以完善。

【思考题】

1. 中国广播事业始于何时？其早期路径如何？
2. 我国初期共创办了几类电台？简述各类第一台的创办时间及地点。
3. 国民党统治时期广播事业的状况与特点是什么？
4. 共产党领导的人民广播事业是如何创办与早期发展的？
5. 从新中国成立到“文化大革命”我国广播电视事业是如何发展的？
6. 改革开放后我国广电事业经历了怎样的发展过程？

第三编　操作广播电视媒介

这一编的内容是广播电视媒体的操作。在对广电媒体的兴起、发展、事业形成有了了解之后，我们进而学习两大媒体的操作。依照节目制作的程序，我们先了解广播电视节目的类别，再了解采访摄录的相关内容，继而是语言写作，最后是剪接编辑。

第七章 广播电视节目类型

CHAPTER 7

【本章学习要点】

1. 广播电视节目的分类及其划分依据。
2. 教育性节目及其主要节目内容。
3. 文娱性节目及其主要类别。
4. 服务性节目及其主要类别。
5. 广播新闻节目类别。
6. 电视新闻节目类别。
7. 言论性广播电视节目及其类别。

广播电视比起其他传统大众媒体，具有功能全面丰富，内容及表现形态异彩纷呈的特点。透过缤纷繁复的表象，广播电视各类内容的集结方式有着较强的规律性。这和接收者的文化传统、习惯及受众与广电媒体多年接收交流的默契磨合有关。因此形成的对其内在规律的认识和把握并不是随便任意就可以改动的。当节目符合受众接收心理、习惯和需求时，便会受到欢迎；反之则会遭遇冷落，甚至连累媒体声誉。

广播电视行业依类型来进行节目生产以及日常运作，比如自我定位，有新闻频道、体育频道等对频道内容的定位；还有如湖南卫视的“快乐中国”、广西卫视的“时尚中国”、安徽卫视的“电视剧卖场”等的功能定位。节目安排也要根据类型特性，在不同的时间段播放，例如白天播放肥皂局和情景剧，儿童放学后的晚间播放动画片等。

美国电视文化研究者约翰·菲斯克曾经说过："类型（类别）是一种文化实践。为了方便制作者和观众，它试图为流行于我们文化之中的范围广泛的文本和意义构建起某种秩序。……电视是一种高度'类型化'的媒体，很少有在既定类型范畴之外的一次性节目。"① 对节目类型的梳理就是把已有的认识整理、呈现的过程。

法兰克福学派在20世纪前半期就认识到，大众文化的生产是一种现代文化工业。因此，广播电视作为典型的文化工业，必然走向流水线式的生产，以应付大量的制作需求，这也有利于降低节目的成本。另外，为确保收视率与经济效益，广播电视机构更倾向于生产与过去的成功之作相似的产品。

从接受者的角度来看，类型可以在观看前制造出某种期待，在观看中引导受众理解节目，在接收后则方便与他人的传播，使之顺畅地进入到大众的文化生活中去。"类型是引导观众选择和观众期待的首要因素。"②

第一节　广播电视节目类别

对广播电视节目进行科学分类，有助于优化节目结构，合理配置节目要素，协调节目间的相互关系，以保证节目大系统的高效率运行；有助于突出类别特征，典型化内容、形式，清晰相关概念，方便节目的加工、制作。

一、广播电视的节目概念

广播电视节目是广播电台、电视台播出内容的基本组织形式和播出形式。它是一个按时间段划分、按线性传播方式安排、依时间顺序播送内容的多层次系统。

就一个台而言，节目至少包括三个层次。

（1）一套节目，即一个台每天以同一呼号或在同一频率、频道中播出的全部节目。它们是按时间顺序排列的节目群，形成节目的顺时链，同时全面体现出一个频道的定位、特点。

（2）一个节目，即在特定时间段、连续播出的一个具体内容整体。这个节目既是顺时链的一环，自身又可由每天或固定周期在同一时间段播出的多次节目组成自成一体的历时链，属于整个节目系统的基本层；又称做栏目。

（3）一次节目，即在某一特定时间一次性播出的具体内容的整体。它是节目历时链的具体环节，属于节目系统的基础层次。

这三个层次以统辖—隶属的关系，构成了一个台的有机节目系统。如果一个台有几套节目，那么在同一时间内就有几个节目在播出；这些节目之间又形成了共时链的关系，整个系统形成梯级构建。而作为节目系统基础层次的一次节目，本身也是完整的微观系统，往往包含着一系列下属概念，如报道形式、样式、体裁、风格等。

---

① ［美］约翰·菲斯克：《电视文化》，157页，北京，商务印书馆，2005。
② ［美］莫里·福曼：《电视类型出现之前的电视：流行音乐的个案》，载《世界电影》，2005（2）。

二、广播电视节目的分类方法

（一）分类的要求

分类从形式逻辑的角度来看，主要有以下要求：第一，穷尽；第二，不交叉。穷尽，指的是对各个类别的子项没有遗漏，全部收入；不交叉，指的是各类别内不存在同时适合两个类别的子项。这对于洋洋大观的众多节目来说，可以说具有相当的难度，这也表现于学界、业界众说纷纭的类别界定上。

广播电视节目的分类具有一定的内在规律性，这就是“同一律”，它指的是分类必须遵循共同规律。它要求以相同性和相等性作为科学分类的基本条件。所谓相同性就是要以属性为标准来分类。所谓相等性就是指对象在属性或类型、层次上要对等；不对等的子项不能归为同类。

从美国的电视节目分类来看，其“类型”（genre）概念源于电影，最初指好莱坞生产的商业化类型电影，比如西部片、动作片、科幻片、侦探片、战争片等，每一种类型都遵循一定的模式，为观众所喜闻乐见。此种分类方法是比较纯粹的约定俗成式。从美国电视节目单上可以看到这种分类思路的延伸：

1. 冒险（adventure）
2. 儿童（children’s）
3. 幽默（comedy）
4. 冒险喜剧（comedy adventure）
5. 幽默喜剧（comedy drama）
6. 犯罪电视剧（crime drama）
7. 纪录片（documentary）
8. 电视剧（drama）
9. 家庭电视剧（family drama）
10. 幻想片（fantasy）
11. 游戏片（game）
12. 杂志（magazine）
13. 音乐（musical）
14. 悬疑片（mystery）
15. 新闻（news）
16. 新闻杂志（news magazine）
17. 宗教（religion）
18. 科学（science）
19. 科幻（science fiction）
20. 系列剧（serial drama）
21. 体育（sports）
22. 恐怖片（thriller）
23. 综艺片（variety）
24. 西部片（western）①

另艾里斯沃思（Thomas G. Aylesworth）在其著作《图解美国电视史》中，按照类型标准列举最具代表性的节目，对美国电视发展史进行了全面的梳理和归纳，涉及的类别有：综艺节目（variety shows）、情景喜剧（situation comedies）、犯罪片（crime shows）、科幻片（science-fiction shows）、冒险片（adventure shows）、电视剧（drama）、肥皂剧（soaps）、西部片（westerns）、少儿节目（children’s shows）、医生片（doctor shows）、游戏节目（game shows）和新闻（news）。② 从中也可见分类标准的不确定性。

---

① 参见 TV Guide，Triangle Publications，1982—1991，various Fall and Winter issues，Radnor，Pennsy Ivania。

② 参见 Aylesworth，Thomas G.，1996，Television in America：A Pictorial History，River Falls Public Library；刘燕南等：《电视节目“多维组合”分类法及其编码设计》，载《现代传播》，2003（1）。

（二）分类方法与角度

广播、电视有着丰富的表现手段和处理方法。如前所述，声音、图像、文字等各种符号都可用于传递内容。因此从不同的角度来看，节目存在着多种分类依据，广播电视的节目类别划分可以有多种方法。广播电视节目具体分类，因其分类角度不同，可以分为多种。

1. 按内容划分

按内容性质，可分为新闻性、教育性、文艺性和服务性节目；按照内容涉及的领域，可分为经济、法制、军事、体育等节目；以传播对象的社会特征为标准，可分为少儿、妇女、老年人节目，或工人、农民、军人节目等；按传播地域可分为对外节目、国内节目、全国性节目、地区性节目等。

2. 按形式划分

根据节目组合方式，分为单一型节目、综合型节目、杂志型节目等；依节目体裁，分为消息、专题、访谈、评论节目等；按节目信号使用形式，分为口播、配乐、音响、图像节目等；按播出时间，分为定期节目、特别节目（不定期）、插播节目；按播出次数与内容的关系，分为首播节目、重播节目和滚动节目等；按节目来源，分为自办节目、联办节目、交换节目、联播节目等。

3. 按类别形成划分

从节目在类别形成中发挥的不同影响作用来看，可以将节目看做“原生”和“派生”两类。“原生节目”指的是在广播电视媒体诞生之前即具有成熟、特定表现形式的内容，如新闻和文化娱乐。原生节目的特征是它们的表现形式确定，即此类内容即以此形式表现。“派生节目”则相反，其内容没有相应固定的表现形式，要借用原生节目的形式来予以表现。这类节目是指教育和服务节目。

原生节目两大类一个严肃一个轻松，分别确立了节目基调的两端，为其他节目设定了标准。教育节目、服务节目则处于这两类节目基调之间。派生节目应该在新闻与娱乐之间找到一个恰当的基调位置，或严肃多一些，或娱乐多一些；它们本身也都或多或少地具有这两类原生节目的表达“基因”——或类似新闻或类似文娱，大体上不会脱离这两类原生节目的基本特点。

4. 按播出时间划分

按播出时间、方式，广播电视节目可分为直播、录播、转播节目。

（1）直接播出。

直播是指不经过录音录像环节的直接播出，是在事件发生同时将节目信号直接播出的方式。在广播电视诞生初期，没有发明录音录像设备之前，各国早期的广播电视节目都是采用直播方式播出的。

广播电视节目直播有如下优势：第一，直播推迟了截稿时间，在节目开播后还可以插入刚刚收到的内容。第二，编排播出灵活。节目可以更灵活地根据需要随时调整播出顺序，只要节目播出没有结束，便可以对重要内容随到随发。第三，节约成本。录播常常需要两倍甚至更多的制作时间，播出时还要有人监督，费人费事费设备；直播则一次性完成，大大节约了制作成本。

直接播出分为演播室直播与现场直播两种。

首先，演播室直播。演播室直播是指播音员、主持人在演播室将串接、播报节目的信号直接播出，同时编辑人员把已录制好的节目信号适时传送出去，播报和受众的收听收看同步进行的方式。

我国广电媒体在20世纪80年代经历了节目全部录播化之后，又在90年代前后陆续恢复了演播室直播。

其次，现场直播。现场直播是媒体工作人员在现场把正在发生的事实的图像、声音及记者的采访、解说等转换为电信号直接发射、播出的方式。它将节目的采集与播出和听众、观众的接收同时同步进行。它一般用于大型节庆文艺演出、重要赛事活动、重大新闻事件等现场的直接播出，有些还要有主持人或记者的现场解说、报道。

在当下信息激增、媒体竞争惨烈的时代，为了保持广播电视的地位，充分发挥传播快速、形象的优势，直播方式越来越受到各大广播电视媒体的重视，越来越多地被采用。

（2）录制播出。

录播，是指在规定时间内播放已经编辑录制好的节目。很多节目从选题策划到采访拍摄，再到编辑制作，整个过程周期较长，就都采用录播方式播出。

录播的优点是安全系数高，节目在录制过程中可以严格把关、反复审看，还可以及时调整、及时修改，最大限度地避免差错和疏漏，可以保证安全播出。录播的节目还可以反复重复播放，大大提高了节目利用效率。

录播的缺点是制作周期长，节目的时效性要打一些折扣，甚至与突变的时局不符时还有可能遭遇灭顶之灾。在整个节目都是录制播出时，临时有需要插入的内容，如重要新闻就很难在播出带中插播。

（3）转播节目

转播节目，是指电台电视台直接、即时转播其他台的节目，其间只有转播技术操作，没有制作任务，如每天19点各省级卫视对央视《新闻联播》的转播，有时这也被称做“联播”节目。

从目前的节目分类情况看，很难确定一个单独的标准，众多分类法是从不同角度对同一对象的划分。分类的目的是为了更好地为受众提供有效的服务，同时也提供了系统管理和社会认知的基础。各种分类方法都有一定的实用价值。

第二节 教育性、文娱性、服务性节目类别

前述按内容划分节目类型将广播电视节目分为四类，国外理论界还有将广告另分为一类的。这种分类简单、直观、实用，符合节目分类宜粗不宜细的基本原则。需要说明的是，这是为制作、管理和研究需要做出的界定，在实际操作中，并不需要完全依照类别区分来操作。在这一节，介绍除新闻外的三类节目，新闻节目将另有专门讨论。

一、教育性节目

教育性节目是以文化和知识传播为目的的节目。在广播电视节目系统中，教育性节目是最早出现的类别之一。最初主要是一些有关无线电知识、生活小常识等内容的谈话。

知识具有非分割性、非排他性、非消耗性、外部效应性、无限增值性等特征，也就是说文化知识在客观上具有公益性。对文化知识进行传播和扩散，可以让公众从中获益，赋予社会公众以精神利益、文化利益、政治利益以及突出的人文精神价值。从本质上说广播电视教育节目是一项直接与社会文化发展相联系、深入到人们的精神世界、促进人们心灵交流和交往的活动和文化事业，具有很强的公益性。

教育性节目有广义与狭义之分。狭义的教育节目是指以传播各类科学文化知识为主要内容，以提高听观众的科学文化水平为己任的节目；广义的教育节目则属于社会教育的大概念，有着更为广泛的教育职能。

（一）教学节目

教学节目以系统教授文化科学知识为主要特征，教学内容往往与学校教育内容相似或互补。根据教学内容及数量，教学节目大体可以分为：综合教学、专科教学及应用教学；依据播出形式的不同，可以分为系统教学节目和讲座、专栏性节目两大类。

系统教学节目是课堂搬家，其基本形式相似于现代学校教学。此类节目在我国大多见诸教育频道，在外国也由专门的教育台提供。讲座节目，区别于系统教学，属于主题讲授式，不如系统教学深入、系统，如电脑知识、外语知识等。后一类节目主要集中于科教频道，但也散见于各类频道，特别是综合频道。

讲座、专栏性节目与系统教学有明显区别。它以思想教育、传播知识为主要宗旨，适应不同层次受众的需要。按照节目形式和内容的不同，其可以分为理论节目、知识节目，如大政方针宣讲、法律知识、健康知识等，还有外语讲座以及摄影、书法、绘画、乐器教学等。

广播电视教学节目有很多优点：一是直观、形象，可以超越课堂局限，将一些实景和生动活泼的形式使用进来。如电视外语教学，可以有很多实际情景的对话方式演示，使得教学形式丰富有趣。二是可以集中优势资源，如请到最优秀的教师，采用最好的教学实验手段等，因为社会效益大，可以在人、财、物等各方面取得最好的资源。三是传播面广泛、学习方便，广播电视的教学节目随着媒体覆盖面提升致使受众广泛，如近年来风靡全国的养生保健节目，使很多人受益。中国的电教节目也曾经创造过参与人数的世界纪录。

电视教学节目也有不少缺点：一是无法互动，节目是单向传输式，老师讲授在课堂上还可以看到学生的反应，但在广播电视中，只是一味讲授，没有多少直接反馈。二是缺乏互动也缺少了学习的动力，往往使学习热情很快失去，使很多学生很难坚持学习。广播电视教学虽然开办初期往往参与者众，但半途而退者皆超大半，学员往往难以长时间坚持学习，因而在学习上不是最佳选择。三是他律性差。由于缺少教师和相应组织的管控，坚持学习往往仅靠个人毅力，学习效果常常并不理想。其中非学历的讲座教学节目往往收到更好的效果。

系统教学节目随着我国的教育普及，逐渐失去了较多的市场。我国办有专门的全国电视教学专业网：教育部主办的教育频道覆盖了全国。但其教学节目缺少号召力、吸引力，结果办成了自己的学校，而不是更好地利用社会资源办节目，此类节目的魅力不得彰显，也办得没有声色了。

（二）社会教育节目

社会教育节目就是社教节目，是广播电视对社会大众提供的广泛的教育性节目。这类节目中的一部分有教学内容，如普及知识、法律的节目，但它们不是系统教学，而是一次性、片段性的教育，目的是在传播知识的同时引导社会行为，所以其主要宗旨还是教育。

社教节目的目的是社会教育，要针对不同人群或是不同社会话题展开。社会教育节目具有很强的综合性特点。在对特定对象设置的节目中，其表现为对某一类对象所涉及、关心问题的综合性，如对农村广播既有新闻报道，又有生产科技知识、致富经验介绍，还有相关评述；对农村中发生的各类问题，如青年问题、老年问题、普教问题、生育问题、生产问题等无所不包；在知识的介绍上，也是各种专题应有尽有。

社教节目一般设置有固定的栏目，定时播出。它运用多种表现形式、手法，对大众进行潜移默化的宣传教育，让他们在愉快接收中获得多方面的知识修养，提高思想认识，陶冶性情。社教节目还可以引导舆论，调节平衡社会情绪，激发思维逻辑、思想方法等。国外有的称其为“公众利益服务节目”、“公共教育节目”等。

社教节目的表现形式大多生动活泼，对特定对象或一般受众具有接近性，亲切感人。此类节目的时效性要求不突出，有较充分的加工采制时间，可以做得更加精致。其节目包含多种门类，有知识性节目、对象性节目、专题性节目、纪实性节目等。其主要类别有以下几种。

（1）对象性节目，按传播对象的特点定位，如妇女、老年、少儿、青年、农民、工人、少数民族、军人节目等。世界上各国都有的对象节目是少儿节目。此类节目针对不同人群的具体需要安排内容，形式多为杂志性节目，也有采用专业频道来实现的，如少儿频道、妇女频道、老年频道等。其节目中有相当的娱乐性，最突出的是少儿节目。

（2）知识普及性节目，按题材领域定位包括：科普节目、经济生活、法律天地、文化博览、军事知识、艺术品鉴等。其很多节目都可以利用新闻性题材加工形成，如《今日说法》、《走进科学》；还有一些是极具欣赏价值，但没有什么新闻性，如《人与自然》、《动物世界》栏目中的纪录片。其中部分是以思想品德教育为目的的，如理论知识、道德修养等。

（3）益智节目：益智游戏、知识竞赛等。

除了不同类别外，社教节目还拥有丰富的表现手段。其节目形态以纪实为主，有的类似新闻节目，大多是专题节目，有科学知识、卫生健康、历史知识、理论节目等，如《今日说法》、《道德观察》等。还有不少纪录节目，如国外电视台拍摄的很多纪录片，如科技类、自然类，人类学、人文类的纪实节目也包括在内；我国央视的《人民子弟兵》栏目曾播出过多部优秀纪录片。还有一些演讲、谈话节目，如《百家讲坛》、《心理咨询》；也有现场参与、游戏、竞赛等方式的，如《开心辞典》、《第二起跑线》等；有杂志型或综合性节目，如《大风车》、《夕阳红》等。

二、文娱性节目

这类节目是发挥广播电视文化娱乐功能最主要的节目类型。它是由各类文学艺术娱乐形式与广播电视媒体相结合而产生的，在原作的基础上产生新的艺术感染力，形成了独特的广播电视艺术品位。由于广播电视文化艺术作品的影响面宽、感染力强，很容易在受众中形成强烈的社会反响，因而是广播电视节目系统中很重要的组成部分。

广播电视文娱性节目包含的子类较多，从不同的角度可以有几种不同的分类方法。

1. 按照节目来源划分

文娱性节目按照节目来源分类，第一种是直接取材于已有文艺品种，被看做非原创节目，即把某类文艺品种直接引入广播、电视播出，如歌舞、音乐、曲艺、戏剧、电影等的直接录像播出。第二种是广播电视特有的艺术品种，又称原创性节目，如广播剧、电视剧以及各种广播、电视小品、综艺节目等。第三种是对传统文艺品种的广播电视加工，被看做半原创节目，如电影录音剪辑、电视小说、音乐电视等。

2. 按照节目功能划分

文娱性节目按照节目功能划分，第一类是欣赏性节目，以播送各种形式的文艺品种、作品为主，从而实现广播电视提供文化娱乐的社会功能；第二类是知识教育性节目，主要向受众传授、普及文艺理论和文艺技艺；第三类是服务性节目，主要为受众提供动态信息、文艺知识；第四类是评介性节目，主要是评介文艺作品及其创作者、表演者等。

3. 按照艺术种类划分

文娱性节目按照艺术种类划分，一是音乐节目，如中外声乐、器乐、歌舞剧的音乐录音、录像（剪辑）等；二是戏曲节目，主要是中国的各种戏曲，如京剧、越剧等；三是曲艺节目，包括相声、评书等各种说唱艺术；四是文学节目，如文学欣赏、小说连播、评书等；五是电影、话剧的广播电视播出，以及电影录音剪辑等；六是专门为广播电视制作的戏剧节目，如广播剧、电视剧，后者已成为社会选择文艺性节目的重头戏；七是晚会综艺，即各类艺术形式的综合汇演节目，这本身是广播电视的创造。

三、服务性节目

从广义上讲，所有的广播电视节目都是在提供服务。具体来说，服务性节目是指在广播电视新闻性节目、教育性节目和文艺性节目外，所有直接帮助听众、观众解决各种社会生活实际问题的节目。这类节目最明显的特征就是实用性强、贴近生活，以特定的内容给人们的工作和生活提供具体而实用的服务。其宗旨是通过传播信息解决民众的实际生活问题，满足服务需求。这类节目包括那些可直接用于生活实践的知识、技能和资讯内容。

1. 服务性节目类别

（1）就内容而言，服务性节目包括纯服务性节目和含有服务性内容的节目两种，通常所指的是前一种。纯服务性节目又可以分为专业服务节目和综合服务节目。专业服务节目内容单一，主要是提供一类知识或解决一个方面的具体问题，如烹饪指导的《天天饮食》、身体保健的《中华医药》、金融信息的《证券时间》、婚姻介绍的《选择》等。综合服务节目常常在一个节目里安排多种服务项目，内容丰富，涉及生活领域的众多方面，如《经济生活》、《为您服务》、《生活帮手》等。

（2）从具体服务内容来看，节目可分为：第一，生活服务类。这类以受众现实生活的实用性需要为主，如当下（应季）的商品、服务介绍，技能辅导，购物，烹调，养花（园艺），宠物饲养，求医问药等。第二，资讯服务类。主要为必要的资讯，如报时、天气、交通信息、旅游信息等。第三，人生指导类。如婚姻介绍、保健、纠纷调解、心理咨询等。第四，广告也是广义的信息服务。广告节目的作用是为社会提供经济信息服务，沟通产销，发展贸易，指导消费，活跃经济，方便生活。除少量公益广告外，广告都是有偿节目，即为自己的产品和服务向大众宣传。其有独立广告节目，也有插播形式。

（3）就服务群体而言，服务性节目又可以分为普及型及特定对象型节目。普及型服务节目内容广泛，具有普遍性，一般适合各种职业和不同年龄的受众，如《天气预报》、《荧屏导视》等；特定对象型服务节目主要是为某一层次的观众开办的，如专为老年人提供服务的《夕阳红》、专为女性开办的《半边天》等。

（4）服务性节目既可以使用新闻节目体裁形式播出，也可以有一定的娱乐因素介入。如一些广受欢迎的烹饪节目，其间的调侃、搞笑也是节目收视的很大动力。一般来说，服务类节目风格宜轻松，如能多一些欣赏性、娱乐性会更受欢迎。但其间一些具有较强信息性的内容，如天气预报就不宜过分娱乐，否则会对信息真实性形成影响。

2. 服务性节目现状

广播电视服务性节目近年来有较大增长，内容、形式多样，与百姓生活接近，受到广泛的关注与欢迎。但是作为服务内容之一的广告却在节目中一度变得过多过滥，没有节制，有些受众调侃某些节目是“广告中插播节目”，有的广告时段动辄几分钟甚至更长时间，影响了听众观众的接收兴趣。更有甚者，虚假广告、医药广告屡见不鲜、屡禁不绝，对媒体的信誉带来了严重的影响；虽经多次整治，略有好转，但是没有从根本上解决问题。

新媒体与传统媒体融合为受众的服务需求带来了更大的满足可能，各类服务信息能够通过受众的主动选择更精准地发挥作用。提供更好、更到位的服务是广电媒体新的任务。

第三节 新闻节目类别

从广播电视的基本社会功能来看，新闻节目发挥着重要的作用，是节目系统的主干。新闻节目的好坏既支撑着媒体的整体形象，也在很大程度上影响着社会舆论。由于广播电视节目比起平面媒体来制作更为复杂，时效要求更高，所以更需要在类型的规范内制作，以达到播出的要求。

一、广播新闻节目类别

广播新闻是以声音为传播信号、以电子手段为传播信道的特殊的新闻报道，因而它的分类因素与报纸单纯以文字组织方式不同来划分这种单一因素相比，增加了声音与播出两大因素，它在确立划分标准时就稍显复杂，具有多重角度，需特别注意划分标准的掌握既要唯一又要恰当。

从采录声音的操作来讲，声源的状况不同采录的方法也不同。根据采录声音方法的不同区分，声源的种类有语言、音乐、音响三种，这可以成为广播新闻第一层次划分的标准，即将分类首先确定在其传播信号——声音——上，分为语言、音乐、音响三种。

具体而言，三种节目类型的具体含义分别为：语言类节目指的是单纯使用语言这一种声音形式来传达新闻内容的节目类型；音乐类节目指的是音乐（包括其他人工效果）加语言的报道形式；音响类节目指的是音响加语言的报道形式。这样就划分出广播新闻三大类别的框架（见图 7—1）。

广播新闻
- 口头播讲（语言类）
- 配乐（音）报道（音乐类）
- 音响报道（音响类）

图 7—1　广播新闻的三大类别

这三类包括了广播新闻的所有形式，子项区分明确，共处同一层次。在此基础上，再进行第二层次的划分，这次划分直接涉及具体的节目类型。

（一）口头播讲

口头播讲是只使用语言进行报道的广播新闻类型，它是出现最早、使用最多的广播新闻形式。这种类型在一般情况下多是由播音员播读由记者编辑采编好的稿件。在具体操作中可根据讲话人的身份和播讲方式的不同进一步分为：播音员播读，主持人、其他广播工作者（编辑记者）以及非广播工作者（即非专职媒介人物）的讲述，广播谈话（见图 7—2）。

口头播讲
- 播音员播读
- 主持人、编辑记者或非专职媒介人物的讲述
- 广播谈话

图 7—2　口头播讲的具体形式

这第二层次划分的依据、标准也是根据声音形式的不同，是更具体的形式差异。因为三种形式的听觉效果是不同的。这三种都是只使用语言，在播音室或其他安静的、适合播音的场所录制或直播的。

体裁是分类的第三层次。三种口播形式特别是播音员播读，可以适用于各种新闻体裁，如消息、通讯、特写、评论等。

1. 播读式

播读式是指由播音员播读各类新闻稿件。这些稿件中有广播工作者撰写的各种体裁的广播稿件和报刊、通讯社提供的稿件。它们与报刊相似的体裁有消息、通讯（专题）、特写、专访等；评论有本台评论、署名或不署名的评论员文章、短评、述评、编者按语（编后）以及编辑部文章等。它们与报刊新闻稿的不同只是在广播语言的写作要求上，因此在广播中，报刊新闻都要经过修改才能播出。

2. 讲述式

讲述式是由记者、编辑或节目主持人等广播工作者向听众讲述事实、评价事实。这种

形式采用的体裁也比较多，有消息、通讯、特写、调查报告、述评、编者的话等。这种讲述不一定仅由一个主持人来做，还可以有两到多个主持人，以及和记者、编辑对话。有一个人说的，也有两三个人谈的，还有几个人座谈讨论的。从形式上看，改播读为述说，语言更生活化、口语化，亲切自然、通俗易懂；从内容结构上看，比较灵活自如、不拘一格。

3. 谈话式

谈话式是由新闻人物、与新闻事件有关的当事人、新闻发布人、专家学者、领导人、英雄模范等非专职媒介人物的讲话构成的节目。这些人物的谈话具有一定的代表性和权威性，而广播电台则为他们提供论坛。带有鲜明个性的讲话使人产生“闻其声如见其面”的感觉，这种谈话具有较强的感染力。这类节目一般用于报告重要情况、介绍经历体会、宣传解释方针政策等。在广播史上有很多著名的广播讲话，如20世纪60年代“小萝卜头”的姐姐宋振苏的广播谈话《我的弟弟小萝卜头》，还有王进喜等劳动模范介绍个人事迹的演讲等，都曾经轰动一时，受到广泛欢迎。

国外一些政治家很重视也很善于利用广播发表讲话，宣传他们的内政外交政策。美国总统罗斯福1933年利用广播发表的一系列演说“炉边谈话”，成为他向公众谈论重大国策的特定方式。研究罗斯福演说风格的学者认为，罗斯福演说的魅力就在于亲切、生动，既无严肃的说教，也没有执意的辩白。用罗斯福自己的话说就是：讲我心里要说的话，就像在家里和邻居拉家常一样，从而使听众心头激起信念。至今，在很多国家，其领导人都很重视适时在媒介发表讲话，借此来介绍自己的决策及根据，沟通与民众的感情，这成为媒介的一种重要节目源。

谈话节目（talk show）是在各国广受欢迎的节目类型。在广播电台出现之初，谈话节目就成了当时仅有的少数节目中的一种。如从1919年创办的威斯康星大学WH实验电台的节目单里可以看到以客座身份为听众播出的大学教师的闲谈节目。到1929年，美国的广播中有了约几十个谈话节目。听众通过电话参与谈话节目出现于20世纪30年代。到20世纪60年代，越来越多的主流电台由以音乐节目为主转为以谈话节目为主。20世纪70年代听众自发参与减少，20世纪80年代后谈话节目又迅速成长，很多人自办谈话节目，节目辛迪加和卫星广播（小耳朵）使节目播出更多样、方便。

谈话节目有的是主持与嘉宾对话，有的是主持唱独角戏——单谈；话题涉及政治类、生活类、家庭类、心理咨询类等多个方面。

此外还有一种广播对话，文字稿写成人物对话形式，由两三位播音员各扮演一个身份（如假设的老李、小王，以及大爷、小张等）进行对话、讨论。这种形式也较活泼，语言多数都较口语化。它一般用于宣传时事、讲解政策法令和介绍各类知识等社教节目，新闻报道中不宜使用。

（二）配乐（音）报道

配乐（音）报道是指为口播的消息、通讯、特写等配上相应的音乐或（和）效果声音——主要是由播音员用声音模仿稿件中人物的性别、形象——的报道形式。配音中一般没有模拟自然的效果音响。这种形式有其独特的表现力，如配乐可以发挥烘托、渲染文字内容的作用，两者配合好的话可以给人以内容提示和美的享受。由于新闻有时效性和真实性的要求，当与之发生矛盾时，该形式的使用便不可能，且节目制作成本也会因配音、配乐而有所提高，所以目前在国内广播界使用较少。

目前广播界对这种报道形式表现出一种宽容的态度，只要听众认为好听，且对报道有利时也可以使用。目前一些新闻栏目和专题节目会有音乐配合，如中央人民广播电台 2000 年 11 月 19 日《新闻纵横》栏目播出的发生在当年 10 月 3 日的天津群众抢救落水儿童的专题，就使用了配乐方式播出，听来效果也很不错。

在配乐时要注意所用音乐的旋律、节奏、曲调的基调、音色，以及音乐段落转换等方方面面，要与稿件内容配合恰当。如果有条件可以找人专门作曲，那样会针对性更强；如没有条件，就需要记者、编辑在众多音乐作品中选择最合适的配上，这对记者编辑提出了较高的音乐素养要求。

这种形式在文学性节目如诗歌、散文播出中经常使用。

（三）音响报道

音响报道是运用新闻事物和（或）人物自身声音进行报道的广播新闻节目类型，它一般由实况音响与解说共同构成，是广播新闻最重要的报道类型之一。

“实况音响”是音响报道的基本特征。凡是有实况音响的广播新闻都是音响报道。实况音响是对“报道所涉及的人物、事物及自身的声音”的直播或录播，这些声音不是模拟、扮演的效果。这些声音经过记者的选择、采录，运用到广播新闻报道中，直接或间接地表现报道主题、内容；它不是新闻事件、人物所发出声音的全部，而只是与报道内容有关的部分声音，是被记者挑选出来的，最能反映事实面貌、特点，反映事物声音形象的独特、典型的声音。

从新闻的体裁形式角度划分，广播新闻音响报道可分为四种形式。这种划分与前一种划分不同，它不是从声音形式的角度进行划分，而是以节目采制方式的不同作为划分依据，分为录音报道、现场报道、实况报道、主持人报道。音响报道的体裁是在制作形式再下一层次的划分，它们大多从报刊新闻体裁转化而来，相同的体裁分属于不同的报道形式，具有不同的表现方法。

1. 录音报道

录音报道是音响报道中的主要类别，可以说，出现在广播新闻中的音响报道绝大多数是录音报道，这也是为什么在很长时间内它被作为音响报道代称的一个原因。录音报道顾名思义是要先采录音响素材，然后写作、录制解说，再将二者复制合成，形成完整报道。

录音报道再下一层次的划分就是所包括的新闻体裁了。在音响报道的所有形式中，录音报道的体裁最多，基本上各类新闻体裁如消息、通讯、特写、访问、短评、述评等都可以使用。

（1）录音新闻。

录音新闻指的是使用录音音响的广播消息。它在录音报道中的篇幅最短，因而音响使用要求最精练。它的题材一般都是事件性的比较重大的社会活动、会议、体育赛事、科技成果、突发事件等，还有一些新鲜、有意义的社会新闻。录音新闻反映的是社会各方面的动态变化，其特点是“短、新、快”。

（2）录音专题。

在广播新闻中，对篇幅相对较长的非消息类新闻报道统称为专稿或专题。这样划分使得那些较长篇幅、较有深度的广播新闻在制作中既可以叙述、描述，也可以评述、议论，处理起来比较灵活。记者可以根据自己采访所得具体选择应用的体裁。

1）录音通讯。

通讯是一种比较详细和形象地报道客观事物的新闻体裁。一般适于写新闻通讯，又具有较丰富、典型音响的都可以制作录音通讯。它以报道、叙述为主，较少议论，是使用音响来做的较为详细、较有深度的报道。比较而言，录音通讯比录音新闻要有更多、更丰富的音响素材。

2）录音访谈。

录音访谈是以谈话音响来报道新闻的体裁。它的主要形式有：第一，报道式访问。这种访问顾名思义是报道与访问并存的体裁，但应以访问为主，否则就只能是报道而不是访谈了。第二，对话式访谈。对话式访谈是在话筒前以问答形式进行的谈话。它可以一问一答，也可以是主持与多人座谈、对话。这种体裁在录音访谈中运用最多。第三，询问式访问，是就某一新闻事件或特定主题访问一定数量的有关人士和民众，请他们对事件、问题发表意见、表明态度，形成一种类似小型民意调查性质的报道，目前也被称为“海采”。

3）录音特写。

录音特写又称广播特写。特写是镜头景别的一种，特写镜头具有特殊的“窥一斑知全豹”的表现效果和能力。把它借用到新闻领域，指的是以纪实的手法，抓住事物、人物最典型、最富有特征的片段，集中、具体地做较为细致、形象的描绘，以求突出表现某一主题思想或是新闻事件的细节，给听众留下鲜明的个性印象或深入的启迪与思考空间。

4）录音评论。

录音评论是广播电台播出的带有实况音响的新闻评论，它包括有短评、述评等。录音评论与一般的口播评论的不同之点就在于使用录音素材。在录音评论中，音响资料可以用做评论的由头，也可以做论点、论据。

2. 现场报道

现场报道又称口头报道、现场口头报道，是记者在新闻现场边采集音响、边采访、边解说、边报道的形式。它可以在现场直播出去，也可以录音回来后再经剪辑播出。现场报道的音响采集、解说皆需于现场完成，这是它与录音报道区别的关键所在。录音现场报道的体裁有消息、通讯、访问、述评等。在我国，直播的现场报道中近年来还增加了对重大事件的大规模直播报道。

3. 实况报道

实况报道是对新闻事件（一般为大型活动、会议、演出、体育比赛等）所做的原原本本、从头至尾的照实播出。它包括实况转播、实况录音和实况录音剪辑，前两种一为直播，一为录播，它们一般构成特别节目；第三种是由第二种剪辑、浓缩后形成，可以形成新闻报道。

4. 主持人报道

主持人报道是由主持人出面组织音响、组织内容形成的报道。主持人与非主持人节目的根本区别在于他们与所报道内容的关系上，即把播音员表现出来与所报事件无关的态度和记者客观报道新闻的态度变成向朋友提供与大家都关系密切的消息的播报方式。

正像中央人民广播电台《空中之友》节目主持人徐曼说的："走进播音室如同来到一个气氛和谐的家庭，和其中一个成员进行朋友式的交谈；对所谈的事物要产生浓厚的兴趣，有一种强烈的想与听众交谈的欲望。"主持人的态度不是一对众式的宣讲，而是一对一地平等交谈，把自己感兴趣、对方想知道而自己先获知的消息、事情讲述给听者。这样，主持人与新闻报道和听者的关系密切了，个人化处理突出了个性。

这种形式的长处在于：一方面，主持人的个性魅力具有持久和广泛的吸引力，能帮助形成、维持节目忠实的收听群体。另一方面，它平易的表现方式能使大众媒介产生一种人际交流的效果。通过主持，很多内容更容易为社会所接受，使信息和意见的社会沟通更有效，这种人际沟通的感觉也会满足听众的心理需求，使听众有一种亲切感。

依据上面的划分，音响报道的分类如图 7—3 所示。

- 音响报道
  - 录音报道
    - 录音新闻
    - 录音专题
      - 录音通讯
      - 录音访谈
      - 录音特写
      - 录音述评
  - 现场报道
  - 实况报道
    - 实况转播
    - 实况录音
    - 实况录音剪辑
  - 主持人报道
    - 日常板块节目
    - 特别节目

图 7—3　音响报道的分类

比较系统地学习分类及其依据，有利于了解、把握各类体裁形式。只有这样，在拿到特定的题材时才能更有效地"量体裁衣"，在各种体裁形式中选用最适当的那个，以更好地表现内容。形式上的恰当到位会更有利于接收、理解，因为内容形式是相辅相成的。广播新闻工作者在选用体裁类型时也不应拘泥于现有分类——特别是教科书上讲述的类别，不能用体裁类型去套材料，"以文害义"，而应该在把握事实的基础上创造性地选用相关知识。

二、电视新闻节目类别

随着电视技术与传播理念的发展，电视新闻呈现出了多样化的样态。在电视的发展过程中，节目的不同形态之间常常相互交叉、融合。根据不同的标准，电视新闻节目的分类也有多种。

以电视新闻题材涉及的地域分类，可分为国际新闻、国内新闻、地方新闻等。

以电视新闻题材的专业内容分类，可分为时政新闻、经济新闻、法制新闻、社会新闻、科教新闻、体育新闻等。

以电视新闻时间因素分类，可分为预知新闻与突发新闻、静态新闻与动态新闻、硬性新闻与软性新闻等。

以电视新闻播出方式分类，可分为电视新闻节目录播、电视新闻节目直播、新闻事件现场直播等。

以电视新闻表现形式分类，可分为口播新闻、图像新闻、字幕新闻等。

由于电视新闻分类的角度极为复杂，本书主要依据电视新闻的体裁和电视新闻的报道形式来分析电视新闻的节目类型。

（一）依据体裁对电视新闻节目进行分类

1. 消息类新闻

（1）消息类新闻的特点。

电视消息与其他媒体一样都是以迅速、及时、简要、客观地报道新闻事实为特点，报道新近或正在发生、发展的新闻事实，是最常见的新闻体裁，是观众获得信息的主要类型，也是电视媒体在信息传播上取胜的主要方式。

电视消息具有以下几个特点：（1）时效性强：电子传播技术不仅使电视新闻可以报道当天发生的事件，还可以报道正在发生的事件。（2）短小精悍：消息的语言精练，加之电视多种符号配合使用，使其能清楚地展现新闻各要素，让观众在短时间内掌握丰富的信息。（3）消息包罗万象：任何地方、领域有新闻价值的人物、事件、现象都是消息的报道内容。（4）形式多样：电视的不同传播符号的多种排列组合使报道的形态多样化。

（2）消息类新闻的形式。

除了一般性运用电视活动图像的消息体裁报道外，电视新闻还有一些具有特殊形式的消息。

1）口播新闻。

口播新闻是播音员出图像口头播报，播读文字新闻稿件的新闻报道形式。口播新闻主要以两类内容为主：一是文件类，如公告、决议、命令、文件发布等；二是简讯类，播出有新闻价值但没有新闻画面的消息。

口播新闻时效性强，可以最快的速度将新闻报道出去。口播新闻制作简便灵活，可以直接让播音员播读新闻稿件。随着技术的进步，现在的口播新闻还常常运用抠像等电视特技，配以照片、地图、图表、实物、动画等资料，使口播新闻的生动性、可视性大大提高，增加了传播信息量。

口播新闻也存在播报形式单一的缺陷，因此要合理确定口播题材，稿件不能太长，不能将多个口播新闻集中编排；同时，要注意采用一些辅助手段来避免单纯的口头播报。

2）字幕新闻。

字幕新闻是用电子计算机控制字幕发生器，在电视屏幕上打出字幕，以文字向观众传播新闻信息的报道方式。

按照字幕运用的不同技术，字幕新闻可分为静态和动态两类。静态字幕新闻是指无形象画面，将文字打在空白底色上的新闻；动态字幕是指在正常播出的节目画面上（通常在画面下方）叠加滚动的字幕行，报道与正在播出的画面无关的新闻。它常常用于插播重要消息。

字幕新闻具有时效性强、文字言简意赅、制作灵活简便等特点，其插入容易吸引观众注意，同时，由于不干扰原有节目的正常播出，还可以形成信息“双重传播”效果。字幕新闻对提高报道的信息量和时效性发挥了重要作用。

3）图片新闻。

图片新闻是运用已有的新闻摄影图片，结合文字解说报道新闻事实的电视报道方式。这些图片有时来自报纸、杂志，有时来自网络、手机上由民众提供的资源。

图片新闻可以采用一到多幅新闻摄影照片反映新闻事件，将具有相对独立内容的照片经过逻辑组合后，较好地反映出新闻事件的视觉信息、阐释新闻主题。它弥补了缺少新闻现场影像的不足，扩大了新闻报道面。

2. 专题类新闻

（1）专题类新闻节目的特点。

电视新闻专题是综合运用各种电视手段与播出方式，深入报道某一重大新闻事件或某些既具有新闻价值又为广大观众所关心的典型人物、经验、新出现的社会现象以及某一战线、地区新面貌等题材的新闻报道形式。① 专题类新闻节目具有以下特点。

1）大容量。和消息相比，新闻专题具有容量大的优势，其节目时间较长，信息量丰富，报道面广，可以更详细地交代事实，介绍更多的背景材料和相关知识，对事实进行全面、深入的分析，同时也可以运用更多的电视表现手法。现在电视新闻专题大都栏目化，每天或定期播出。

2）立体化。和消息相比，电视新闻专题在内容和结构上具有立体化的特征。它往往不是孤立地报道事实，而是通过对事实的解释和分析，把其放在能够说明其意义的网络中，对现象进行观察与思考。为此，专题报道往往具有若干递进层次或通过几个不同角度展示事物的不同侧面；通过阐明事物之间的复杂关系，对事实及其所反映的问题进行由表及里、由此及彼的深入的报道。

3）思辨性。电视新闻专题并不是多种信息的简单累积、叠加，而是要从与新闻事件有关的信息中去伪存真、去粗取精，筛选出适当的信息；再由表及里、由此及彼，有逻辑、有层次地分析出各个信息之间的联系，对事实进行准确的解释和分析，使报道具有一定的思辨性。要求记者能够透过现象看到实质，依托事实，提出相应的观点和见解，使报道客观、公正、具有说服力。

4）多样性。电视新闻专题内容的丰富性决定了其表现手法和结构形式的多样性。一方面，在专题报道中，电视的多种元素获得了展开的空间；另一方面，可以根据题材的特点采用灵活多样的结构形式。专题报道是电视新闻深度报道的一个重要的形态。

（2）专题类新闻节目的形式。

1）报道型。

报道型新闻专题首先是消息的扩展和延伸，是电视新闻节目中侧重于对新近发生、发

① 参见杨伟光主编：《电视新闻分类与界定》，14页，北京，中国广播电视出版社，1994。

现的重大新闻事实进行的详细展开报道。

专题报道具体有对突发事件、某项活动的过程追踪或综合回顾，将已经发生过的事件围绕一个主题，按照时空或逻辑顺序汇总，全景式传播给受众；有典型报道，反映一段时期内较突出、具代表性的人物和事件；有对社会问题、现象的思辨性报道，在看似平常的社会现象中看到质的变化并做理性思考，给受众一种观念或启示。

新闻性是专题报道区别于社教类专题节目的显著特点。专题报道的内容为重要的新闻人物、重大的新闻事件、显要的新闻现象，报道要讲求时效性、时宜性。

2）纪实型。

纪实是一个含义广泛的概念，所有的新闻报道都属于纪实的范畴。纪实型专题是在狭义上使用的纪实概念，即具有纪录片风格。纪实型专题注重电视画面的叙述功能，较多地采用视听同步的长镜头，注重情节和细节，展现事件的发展过程。在结构上多为时序结构，报道线索故事化，报道的结果不可预知、富于悬念，易引起观众的期待心理；报道的结尾往往会形成全片高潮。

在纪实型专题报道中，记者的采访活动被淡化，较少解说和提问，记者往往隐身在报道之后，让报道对象自己行动、说话。记者不干扰采访对象，尽可能展现生活的本来面貌。报道的主题蕴涵在报道之中，不以主观判断方式提出结论，而往往是通过间接的、留给观众想象和体验空间的方式，让观众自己得出结论。

在表现人的生活形态、人的情感和心理方面，纪实型专题具有独特的优势。从报道的时效性来说，此类报道一般需要较长的拍摄时间，不及报道式专题的时效性强。

3）调查型。

调查型新闻专题是对事件或社会问题进行深入调查的报道形式。此类事件的真相或问题的症结并不能一目了然，需要记者去挖掘。调查型新闻专题一般以具有较大社会影响、为公众普遍关注的新闻事件或社会现象为由，从提出问题开始，以记者的调查路径为线索，完整地、层次清楚地展现调查过程，以揭示事件的真相，说明其社会意义为报道目标。展现调查过程是这种形式的主要魅力之一。

电视调查报道有以下特点。

第一，主观与客观的统一。调查型专题要以记者的调查活动推进报道，这就要求记者具有较强的发现问题和分析问题的能力，善于提出见解、抓住症结。同时，此类报道的手法应该是客观的、真实的，不允许杜撰与附会。现在进行时的调查过程把观众带到现场，让观众和记者一同调查，一起思考。

第二，感性与理性的结合。调查报道是一个一步步接近事实真相的过程，从突破口切入到每一层包裹事实真相面纱的揭开，都有可视听的信息、真实人物和事件，这些都能为观众通过画面所直接感知。报道者就是在这些感性的人物和事件中，理性分析人与人、人与事、事与事之间的联系，把握事实的来龙去脉，预测其发展方向。

第三，调查报道是电视新闻的深度报道。深度报道是在普遍的联系和发展中把握新闻事实、对新闻事实进行解释分析的报道方式，是在社会信息量激增的条件下，对信息进行深加工和综合处理的产物。

（二）依据报道形式对电视新闻节目进行分类

1. 现场报道

现场报道是电视记者在新闻事件现场，面向摄像机，以采访记者、目击者、参与者的身份所做的出图像报道。

（1）现场报道的传播优势。

现场报道具有以下传播优势：第一，时效性强：记者第一时间到达新闻现场，报道的常常是正在发生的新闻，更能突出电视新闻的及时特性。第二，现场感强：现场报道让观众通过荧屏看到新闻事件现场的图像，听到现场的声响，了解事件的发展进程；通过新闻事件参与者、目击者的举止神情和他们的内心感受，给观众更多身临其境的感觉。第三，参与感强：在现场报道中，报道与事件进展的过程同步，给报道设置出悬念，让观众期待谜底揭晓、事件结果产生的一刻，这都能调动观众的参与性。第四，可信度高：记者在新闻现场的口头播报、现场画面和音响的组合呈现、采访同期声等，使报道更加真实、可信。

（2）现场报道的采集工作。

现场报道的采集工作包括：第一，现场摄像：新闻画面表现的是与事件同步产生的现场情景，这些画面是记者在现场拍到的，富有现场气氛和典型形象。第二，现场采访：是电视记者在新闻事件现场，对事件的当事人和有关人士进行的访问和交谈。第三，现场口头报道：电视记者在新闻现场手执话筒、面向观众，以新闻事件的目击者或参与者的身份，向观众描述事件发生及变化过程。第四，现场述评：是电视记者在现场就事件和社会问题，发表自己见解的言论。现场述评的运用，增强了电视现场解说的深度和说服力。①

（3）现场报道的播出方式。

1）现场报道可以录制后播出。记者的采访、拍摄、解说在现场完成后，回到编辑部对其进行剪辑，之后再播出。在录制的现场，记者可以反复解说，直到流利、完整为止，虽然时效比直播有些缺欠，但现场感仍然很强，同时制作难度也大大下降。但要注意的是不要离开现场重新解说，那样就不能叫做现场报道了。因为离开现场后，无论声音背景还是图像背景都会有很大的变化，会让人对其真实性产生疑虑。

2）现场报道还可以现场直接播出。这种方式是在现场把新闻事实的图像、声音及记者的采访、报道等转换为电信号直接发射、播出。它不同于日常电视新闻节目的采集先于播报与传送的方式，将记者的采访报道、电视台的播出和观众的接收同时同步进行。

现场直播报道最能发挥、展现电视的传播优势，具体如下。

首先，时效性强。此类报道实现了采访、报道、传送、接收的同时同步，将新闻的时效性发挥到了极致。它让观众第一时间了解到正在发生的新闻和重大事件，让观众和报道者一起“亲临现场”，大大增强了新闻报道的现场感与观众的参与感。

其次，信息量大。直播报道中，记者第一时间赶到现场，用纪实的手法把新闻现场情景直接摄录、播出，全面真实地用镜头记录下现场的一草一木和事件发展的每一动态，及时了解到事件参与者、目击者的第一反应和感受。事件的很多信息，尤其是细节只有在第

① 参见石长顺：《荧屏思索录》，16～22页，北京，中国广播电视出版社，1998。

一现场才能捕捉到，用声画符号才能最好地记录下来、传递出去。

再次，形象性强。再生动、恰当的文字，再详尽、全面的回忆追述都不能完全真实再现事件的原貌。而现场直播报道可以通过多元素视听符号将观众“带入”新闻事件现场，让观众耳闻目睹新闻现场的“原生态”情景。

最后，参与感强。现场直播报道不仅可以让观众“现场”目击新闻动态，信息采制、传送、接收的同步使事件发展、结果成为悬念，可以更多地调动观众的求知欲和参与感，吸引观众一直看到结果。

尽管现场直播报道拥有诸多优势，但是由于其制作成本高，同时播出安全系数小于录播方式，因此，对于现场直播的制作要慎重，要注意以下几点要求。

第一，题材重要。凡是直播的新闻事件必须是重要的、受到大众关注的。如果报道的事件本身不足以引起大众的注意，观众也不会有兴趣和耐心去收看详尽的现场直播报道。此类直播从计划、筹备到播出，需要耗费大量的人力、物力、财力，如果不是足够重要的新闻，也没有必要兴师动众做现场直播报道。

第二，周密的前期准备。现场直播报道，要在操作过程中做到各个工作环节的相互协调、紧密合作。因此在直播前要做好充分的准备，制定尽可能完善、详细的方案，应参照活动安排顺序，制订计划台本，准备段落镜头的处理、资料的运用、现场采访内容，以及对特效、音响、灯光的要求等。有了细致、完善的准备，才能让参与直播的人员明确自己的职责，默契配合，在面对未能预测到的突发情况时能从容应对、应变自如。对于那些突发事件，要根据事件进程和前方采制能力滚动安排计划，并应该有应急的程序性操作保障系统，以保证第一时间较好地排兵布阵、完成报道。

第三，过硬的业务素质。做好现场直播报道是对一家电视台和相关新闻工作者专业素质的极大考验。直播节目要求记者、主持人具有较强的观察力、发现力、口头表达能力和采访能力；摄像要有较高的摄像技巧，能够迅速选择好机位和拍摄角度，抓住现场精彩的情节、细节与瞬间；编导应该有上佳的即时编辑能力，能够迅速判断、组接来自不同机位及不同现场的图像、声音；音响、灯光、字幕、传送等环节的工作人员也必须有丰富的经验和一丝不苟的工作态度才能保证直播的顺利进行。

对于一个电视台来说，直播报道反映的是该台全面的管理与专业素养。电视台应该有较完备的信息资料库，能够第一时间提供相关的文字、画面资料支撑，使报道从开始就找准方向，并及时提供丰富的内容。相关组织者还应该能够第一时间较好地调动、安排人员到达现场，各就各位地展开报道，使报道既源源不断，又能做到充分全面。

2. 连续报道与系列报道

（1）连续报道。连续报道是对正在发展中的新闻事件进行及时而又持续的报道。

连续报道具有如下特点。第一，时效性：对于正在发生的新闻事件，用连续报道的形式可以将事件的起因、经过、结果在第一时间及时传播给受众，满足受众的信息需求。第二，完整性：对于正在发生、意义重大、社会普遍关心的事件，连续报道能够交代事件从发生、发展到结束的每一步进展，报道具有持续性、完整性。第三，递进性：连续报道一般以时空为顺序，按照事件发展的时间和空间的转换将报道步步深入，层层递进，增强受众参与感。

（2）系列报道。系列报道是围绕同一新闻主题从不同角度、不同侧面做多次报道的方式。

系列报道有以下特点：第一，题材重大：一般采用系列报道形式的都是对社会建设、经济发展、百姓生活有重大影响的题材。第二，主题同一：系列报道着重于通过多次报道突出体现某一主题思想，挖掘共性，反映具有普遍意义的状态或趋势，引起社会舆论的重视，所以一般是主题性新闻题材。第三，立体式结构：系列报道每一分集并不是对信息的简单罗列，它们之间要按一定的逻辑顺序排列，从不同的侧面、不同的角度共同反映主题。

（3）连续报道与系列报道的异同。

尽管连续报道与系列报道都是由多个独立报道构成，都是出现多次持续的报道，但两者之间存在着明显的差异。

首先，题材差异。连续报道的题材多为一个事件性新闻，系列报道的题材多为多个非事件性新闻。所谓事件性新闻，是指有明确的起始时间，有持续的发生、发展、结局状态的相对独立的事件，它要具有很强的动态性，时空要素齐全，报道的目的更多在于传播信息。非事件性新闻则没有明确的起止时间，常常没有一个相对完整、有形的过程，是一段时间以来积累的状态结果，是当下状态的横切面。

其次，时效差异。连续报道注重时效性，每一条都应是事件进展的最新报道；系列报道则没有明显的时效指标，更注重报道的时宜性、时机性，即要适宜时下的形势。

再次，报道序列的差异。连续报道追踪的是事态发展，在报道顺序上一般采用时序结构排列，在特定时间一般只有一则报道；系列报道则是展示同一主题的不同侧面，报道顺序是以人们认识的逻辑为主组织安排，它可以同时推出一组，也可以分阶段陆续推出，各条新闻之间要有内在的关联。

最后，传播功能的差异。连续报道主要是及时传播新闻事件事态进展的最新信息，满足观众的信息需求；系列报道则常常会具有较强的深度与指导性，其任务是宣传某种思想、最新认识，理解某种最新的变化。

连续和系列报道都可以根据需要，运用消息或是专题体裁，制作出消息类或是专题类的连续报道或是系列报道。

3. 访问谈话

访谈型报道是以访问谈话为主的报道形式。访谈适宜报道具有一定抽象性、有一定深度的题材，尤其适宜人物报道，对一些宏观题材也较为适宜。从形式上分，电视访谈大致可分为两类。

（1）电视专访。

电视专访是指电视记者或主持人对采访对象进行访问的报道。电视专访大致有两类：一是人物专访，它能较深入、真切地表现被访人物独特的经历或心理感悟和思想情感。二是事件专访，是对已经过去的新闻事件通过亲历者的回忆再现于观众眼前。

（2）谈话节目。

新闻谈话节目是在主持人引导下，邀请嘉宾（和观众）就社会普遍关心的新闻话题，以平等对话的方式，谈论自己的见闻或感受。谈话节目使大众传播通过人际传播的方式进行，增强了传者和受者的交流感、亲近感，是极富生命力的节目形态。

新闻谈话节目具有以下特点。第一，话题有新闻性：新闻谈话节目的话题一般都是大众关注、新近出现的热门问题，具有较强的时效性。第二，参与者有权威性：节目的参与者一般与所谈话题有关或是对话题有研究、了解，可以是新闻当事人，也可能是相关领域的专家学者。主持人是驾驭谈话过程和营造现场氛围的中心人物，应具有较好的口头表达能力和较强的组织、应变能力，能够引导嘉宾、观众的发言；主持人还应有个性魅力和独到风格，能更好地营造节目特性。

访谈节目既可以较简短地形成消息，也可以较长篇幅地用做专题。

三、言论类新闻节目

（一）言论类新闻节目的特点

言论类新闻节目即广播电视新闻评论，是指评论者、评论集体或广播电视机构对当前具有普遍意义的事件、问题或社会现象表示的意见和态度，它不同于报道类主要讲述事实的诉求。

广播电视新闻评论在新闻节目中所占比重不大，却在传播过程中发挥着旗帜和灵魂的作用。由于评论是在新闻事实的基础上进一步阐明其意义、价值，针砭时弊，比新闻报道更具舆论引导的力量。

新闻评论的特点如下。

(1) 新闻性强。媒体只有及时针对最新发生和发现的新闻事件、社会现象发表意见，表明立场，才能达到引导社会舆论的目的。所以新闻评论应具备较强的时效性。

(2) 社会性强。评论的话题应是当下的社会热点、难点，才能引起民众的普遍关心和注意。

(3) 政论性强。评论的指导性应该建立在科学、客观、公正的基础上，论点要鲜明，论据要真实、典型、充分，论证要条理清楚，层层剖析，做到以理服人。

(4) 指导性强。广播电视作为有影响力的传统媒体，其内容对于民众的影响广泛而深入。广播电视评论所输出的意见性信息对于受众来说具有较强的参考意义和指导作用。

（二）言论类新闻节目的形态

1. 短评

广播电视短评常常是新闻报道前后配发的编前、编后话、编者按语等编辑点评。

短评虽然短小精悍但却可以十分有力。它用简短的语言，对新闻事件进行一针见血的剖析，使事件的本质得以彰显，新闻主题得以升华。

广播电视短评播出形式多样：可由记者在新闻现场即兴点评，可由主持人或播音员在新闻节目中进行评点，也可邀请或连线有关专家、学者或相关领导等嘉宾提出观点。

2. 评论员评论

评论员评论是电台、电视台的本台评论员或特约评论员就当前民众普遍关心的问题或重大新闻事件、社会现象，直接向观众表达意见、看法、立场和态度的评论形式。在此类评论中，评论员以第一人称与受众“面对面”交谈，这种模拟人际传播的方式让受众感觉更平等、接近，拉近了与他们的距离。

在欧美电视发达国家，评论员评论在节目中占有非常重要的地位。知名的评论员能很有效地提高所属台的舆论影响力。我国的凤凰卫视以及央视目前都很重视发挥评论员的作用。

电视评论员应具备以下几种基本素质。

（1）新闻敏感和理论素养。评论员必须熟悉国际、国内形势，具有较高的理论水平、广博的知识和较强的新闻敏感和观察力，善于识别、发现新事物，能找出意义重大、观众普遍关注的话题。

（2）较强的分析判断力。评论员应具有较强的判断分析能力，在错综复杂的生活中，能明辨是非，把握好方向，用科学的立场、观点和方法，对重大新闻事件或社会现象进行深入细致、客观全面的分析。

（3）亲和力。评论员评论要取得好的传播效果，评论员要让观众接受自己的观点，就不能以高高在上的姿态对观众说教，应该真诚、平等地和观众交流。除了做到口齿清晰、语言流畅等基本要求外，评论员在评论中还应该用平实的语言、形象的表述，深入浅出地分析问题，使评论在平实中见深度，通俗中见个性。

3. 谈话体评论

谈话体评论是以谈话方式播出的广播电视评论。它主要有两种形式：访谈式评论和讨论式评论。

（1）访谈式评论。

访谈式评论指的是在广播电视中播出的主持人（或记者）就某一事件或现象与采访者进行的访问交谈，以表达采访对象对此问题的看法、观点的方法来提出论点。

访谈式评论有着自己独特的优势。首先，此类评论的论点来自嘉宾，他们通常是某个领域的专业人士和权威，对那些复杂、专业的问题，让他们来分析、判断会更科学、客观，更具引导力。其次，访谈式评论可以通过言语直接展示嘉宾的理性思维过程，形式更简便、易得，也更有示范性。

（2）讨论式评论。

讨论式评论是在广播电视节目中由主持人邀请有关方面的负责人、专家学者、相关领域代表，有时有现场观众，多人共同围绕某一新闻或社会现象展开现场讨论的节目。

讨论式评论节目的人际交流特点更为凸显，现场多名嘉宾（加上听观众）的参与往往使讨论气氛活跃，讨论更加深入、全面。在讨论中，各种观点互相交织、碰撞，能引起不同听观众的共鸣，给观众更多的启发。其特点是：

第一，权威性。任何一个嘉宾或新闻评论员都不是神通广大、无所不知的，不可能对所有问题都知晓，所有分析都面面俱到。对于复杂的新闻事件和社会现象，要保证评论的权威性，邀请到相关多个领域的专家学者、社会人士来分析、探讨，是一个上佳的方法。

第二，客观性。讨论式评论通过让不同的人从各自的立场、角度、侧面去看问题、剖析思考、冲突碰撞，避免了评价的片面和偏颇，使对事实的认知更全面、深入。各种观点、看法的相互补充、印证或碰撞给听观众以更大的判断和思考空间，使结论更有说服力。

第三，趣味性。长时间听一个人讲话比较容易使观众感到沉闷、枯燥，观点也会比较局限。在讨论式评论中，参与者不同的声音、容貌、谈吐、举止、表达方式，可以丰富讨论过程的信息，产生更多的谈话亮点，同时增加自然、轻松的谈话氛围，使受众有更强的参与感觉。

4. 广播电视述评

述评是一种包括“述”与“评”两部分的评议形式。它既报道事实的具体情况，又对事实进行分析评价，既可夹叙夹议，又可集中表明观点和态度。① 广播电视述评边叙边议，充分运用广播电视的各种表现符号，是最能体现广播电视传播特点、发挥其传播优势的评论形式。

广播电视述评的题材十分广泛，主要有以下几种。

(1) 事件述评。事件述评是指以具体而典型的新闻事件为对象的述评。此类述评使受众在了解事件真相的基础上，对其所蕴涵的性质、意义、影响得到更深入的认识。

(2) 工作述评。工作述评是指以各条战线、各个领域实际工作中的经验、教训或问题等为评述对象的述评。工作述评涉及的不是某一个具体事件，而是在一个相当范围的实际工作中的一种经验、一类现象或一个问题，涉及社会管理层面的观念、政策或执行方法。工作述评往往以一个典型事例为由头，从理论、政策、法律的角度和全国甚至世界的高度提出问题、分析问题，对实际工作中的经验和教训做出归纳和概括，提炼出具有启发性和指导意义的结论。

(3) 形势述评。形势述评是对国内外政治、经济、外交等各个领域的形势为评述对象的述评。形势述评可以评述某一行业、某一领域的经济形势，也可以评述某一国家、某一地区的政治、军事形势；可以评述宏观形势，也可以评述微观局势；通过概述全貌、交代背景、分析现象、预测趋势使观众对相关形势有全面而深入的认识。这类述评要求记者、编导要掌握相关领域较广博的知识，视野开阔、旁征博引，而且高屋建瓴、思考深入，同时还要播出及时。

(4) 思想述评。思想述评是指以人们的思想观念和社会道德风尚中具有普遍意义的新情况或具有倾向性的新问题为评述对象的述评。思想述评的题材不是一人一事，而是通过对社会现象和社会问题的分析，提炼出某种观点，指出某种趋势，给人以某种启示。此类评论要富于时代特色，要站在时代思考的前沿，又要具有较强的思辨色彩。

广播电视新闻述评最大的特征就是述与评的融合。述即叙事，指运用声音、画面来展示新闻事件的现场、背景材料和人们的反应；评则是对新闻事件的性质、意义以及发展趋势发表见解。述为评提供依据，是评赖以形成的客观基础；评是在述的基础上进一步深化主题，揭示事物的性质，预测事物的发展趋势。述评的融合摒弃了围绕观点找例证的主题先行模式，是通过新闻事件的展示，对各方人士意见、观点的归纳，让受众和报道者一起去观察、分析，给受众自己思考、判断的空间。

---

① 参见杨伟光主编：《电视新闻分类与界定》，24 页。

【本章小结】

广播电视媒体的节目形态种类繁多，而且随着媒体的迅速发展还在不断推陈出新。了解各种节目的类别、掌握节目的基本样态，目的是有利于顺利进入操作，也为节目形态创新打造良好的基础。

【思考题】

1. 什么叫节目？节目有哪些类别？其划分依据是什么？
2. 什么是教育性节目？它主要有什么内容？
3. 什么是文娱性节目？它有哪些主要类别？
4. 什么是服务性节目？它有哪些主要类别？
5. 广播新闻节目有哪些主要类别？
6. 电视新闻节目有什么主要类别？
7. 什么是言论类节目？它有哪些类别？

第八章

广播电视采访摄录

CHAPTER 8

【本章学习要点】

1. 广播电视新闻采访的特殊性。
2. 广播电视新闻的选题与采访准备工作。
3. 广播电视新闻采访观察及采访对象选择。
4. 广播电视新闻镜头前采访及提问技巧。
5. 广播新闻音频采录要求及技巧。
6. 电视新闻摄录知识及方法。

广播电视播出内容丰富多样，各类节目都有自己的制作方式。本章以广播电视新闻节目作为主要介绍对象，其他节目的摄录也有相当多的共同之处。

第一节　选题与采访准备

广播电视新闻的采访，与其他一切新闻采访活动一样，是广电媒体新闻工作者深入社会生活发现新闻及其相关背景、解释材料的调查研究活动；或者说，新闻采访是新闻工作者为获取新闻信息而开展的调查活动。因此，新闻采访的一般规律同样适用于广播电视新闻的采访；但是由于媒介手段的不同，广播电视采访具有自己的特点和要求。

一、广播电视新闻采访的特点

广播电视新闻在采访过程中需要获得音响和画面，这为采访带来了平面媒体不具有的特殊之处。

（一）时空制约性

广播电视新闻报道采访有很强的现场性、时间性，这与平面媒体记者的工作不同。平面媒体记者可以通过其他途径采访新闻，如事后采访、电视联系当事人，甚至从电视节目、网络信息上获得报道的材料，可以较多运用第二手材料。但广播电视记者在采录音响及拍摄画面时一定要身在新闻现场。记者赶到现场，这不仅是争抢时效意义上的要求，也是现场声音和画面采摄上的需要。多数新闻的音响和画面只在特定的时空存在，时过境迁、条件变化，声音和画面都将转瞬即逝，不会重复出现；不到现场便录不到声音、拍不到画面。所以记者要根据新闻事实的发展进程选择合适的音响以及画面进行采摄，否则将没有合适的音响及画面制作报道。

（二）采录一次性

由于声音和画面转瞬即逝，广播音响和电视画面的采摄大多要在现场一次完成，没有反复出现供慢慢采摄的可能。尤其是一个客观事物的典型音响和精彩画面，绝大多数情况下都不可能补拍补录，过了这个时间或不在这个地点便都不可能采摄到音响画面。即使是那些有预见性的音响和画面，像一次会议、一场球赛，记者如果迟到了，也不可能为了录音录像而使会议、球赛重新开始。更何况很多音响、画面会突然出现，很难把握，也更难采摄。可见，越是有特点的音响、画面，就越是难以预料，越是受到时间、地点和条件的限制、制约；一旦错过，条件改变，就抓不住它们，结果会影响报道的准确性和生动性。所以记者要确保在事件过程中一次性采摄成功。

有一些采访，如访谈，可以重复摄录，可以让当事人再次述说。但是，人天生有对自己说过的内容回避重复的心理特点，特别是面对同一个人。除有专门训练外，没有人愿意完全重复自己。所以一些第一次说着真诚、热切的话语，第二次说就会大打折扣，甚至完全说不出来。因此，摄录也要追求抓住第一次述说，尽量争取一次性成功。

（三）采录的技术性

广播电视记者与平面媒体记者采访最大的不同还在于采访要借助设备——采录音响要使用录音设备，拍摄画面要使用摄像设备。因此，广电新闻素材的采访及传播效果，就不仅取决于记者的观察、询问、分析、报道，以及被访者的现场表现，还取决于摄录器材的记录效果。

使用设备采访有两方面要求：一是要求记者会用录音、摄像设备，懂得相关要求、技术操作；二是记者应该知道设备对采访对象会造成一定的干扰，应该能够减少、降低这种心理压力，而不是去加重它。要帮助采访对象在面对设备时迅速实现心理调适，使采访顺利展开。

目前摄录技术的发展，使摄录器材更加小型化，更加质优价廉，更便于携带、使用，所摄录的信号更便于传输，会使用摄录设备的人更多、技术更普及。

(四) 采制的集体性

由于是在同时同地、一次性采录，广播电视特别是电视采访要涉及较多的工种参与操作，所以大多是集体性工作。电视采摄一般需要两个以上的人员协作，很少仅由一个记者单兵作战。在电视采访小组当中，一般要有采访记者和摄像，根据任务需要，有的还有主持人、灯光师、录音师、制片人的配合。对于广播而言，较大型的报道也要多人配合、集体采录。在后期制作中，广播电视都要有技术人员和后期编辑参与进来。

广播电视新闻采制的集体性与报刊记者活动的单独性形成了对照。由于集体采录要有分工合作，在这其中，记者（编导）常常是组织者，新闻要靠他们指挥采录制作。这要求记者之间以及与其他工作人员要能配合协调，记者自身要乐于合作，有很好的与人协作的愿望与能力，同时还要会协调，能够组织大家共同完成工作。

二、选题

新闻采访活动是新闻记者有目的搜集新闻信息的活动。它大致可以分为选题、采访准备、采访几个环节。这里先介绍前两个环节。

选题是确定新闻报道对象的过程。大千世界千变万化，社会生活纷纭复杂，各种新闻线索纷至沓来，其传播价值高低不同。广播电视节目容量有限，要从其中选择出有价值的加以采访报道。这是新闻机构根据社会现实和自身价值观、传播理念、媒体定位所进行的筛选。

(一) 选题来源

不同的新闻传播机构由于服务对象和宗旨不同，在选题的要求和方式上并不完全一样。有的设有专门人员、部门从事选题乃至策划，大多则是编辑和记者共同参与。

从记者角度而言，选题主要来自三个方面：第一，上级领导或编辑策划部门指派的选题；第二，自己发掘的选题；第三，自己在采访当中或其他场合不期而遇的选题，或是由社会信息人员提供的选题。

许多重大的新闻事件，即通常所谓的硬新闻，是在现实生活当中自然产生的，并不以传播者的意志为转移。对传播者而言，对其加以报道是必然的，无可选择。所需选择乃至策划的是对这些重大事件的报道角度和方式。这类新闻因为新闻价值突出、社会影响大，因而选择相对较容易。这类选题既可能是指派的，也可能是自己碰到的。在这类新闻中目前很难有独家报道。

相对而言，较为困难的是新闻工作者在人们司空见惯的社会生活当中发掘出来的新闻选题。这类选题许多属于通常所说的软新闻、非事件新闻。这类新闻时间性并不突出，更多地要依赖于新闻工作者独到的观察、思考；运用新视角找到的新发现，受个人主观能动性的影响较大，往往也最能显示编辑、记者的水平与功力。在这类题材中记者可以做出独家报道。

在采访过程、生活当中也可能遇到新闻题材，但这往往可遇而不可求。有的是突发事件，容不得记者有任何的准备和犹豫，只能依靠平时的经验与知识积累，靠新闻敏感以及现场应变能力，果断迅速投入采访报道。这类选题要求广电记者以纯熟的技巧和敏锐的洞察力不失时机地采录现场信息，而后再做前因后果等内容的补充采访，以保证新闻报道的准确、及时。

（二）信息搜集

编辑、记者的选题工作，具体说来主要有两方面内容：一是搜集事实，监视社会生活发展变化的动态状况；二是对其进行分析评价，看其是否具有传播价值。

新闻工作者对信息的搜集，着眼点在于其新闻性。决定新闻性的因素主要有两个方面，一是客观事物和状况的实在变化，二是社会感知—评价系统的变化。一般重大新闻和突发事件较集中体现在客观事物的较大变化上；而记者从日常生活中发掘出来的选题，特别是那些并非显而易见的社会性选题，则往往产生于社会感知—评价系统的变化与客观事物变化的交汇点上。人们常常搞不明白，昨天还是司空见惯、见怪不怪的现象，今天却成为人人关注的新闻焦点。这正说明了客观事实转变成新闻的社会性前提：是社会实践的变革及其引发的社会感知—评价系统的变化，导致了人们认识和评价事物的价值尺度和角度的改变，进而导致了对客观现实的重新评价与定位。如在"孙志刚事件"中，对人们已经司空见惯的收容遣送制度的重新审视，不仅产生了好新闻，而且给社会带来了巨大的改变。

综上所述，新闻工作者在选题的过程中，既不能放过重大新闻和突发性事件，也必须学会在纷纭复杂、变动不居的大千世界里发掘出具有传播价值的选题。这要求新闻工作者不仅要搜集客观事物最新变化的信息，还要搜集由社会发展演进带来的社会感知—评价系统变化的信息。这样才会心明眼亮，不会陷入纷纭复杂的各种变化现象当中浑然不觉。

至于对具体新闻线索的搜集，在采访第一线的编辑、记者们总结出来许多行之有效的方法。概括起来，较常见的有如下几种。

1. 来自于权力部门及其最新出台的方针政策、法律法规、决议通告、重要文件，以及领导人的讲话

"官方"权力部门是指导社会政治、经济、文化等方方面面运作的管理机关，它们所制定的方针政策对社会生活具有重大影响。这些部门参与了各类政策、法规的制定，了解其制定的过程及依据，对其有准确的理解和把握，并通过其信息系统掌握着该政策、法规在执行当中的新动向、新问题，因而可以说掌握着较为全面的信息，甚至包括一些具体的新闻线索。新闻工作者可以通过这些信息了解社会整体或某一领域当前及未来的状况及发展趋势。

2. 各类会议、新闻发布会、记者招待会等信息交流场所，以及简报、情况反映等内部信息汇集文件

社会的信息汇集与交流并不仅存在于新闻媒介系统中，编辑、记者应当善于利用广泛的信息资源，从各种传播场合与媒介中搜集自己所需要的新闻信息与线索。上述这些场所往往就是相关信息权威人士的聚集之地，或者说是记者在特定方面的信息资源库。

3. 新闻界的信息交流

新闻媒体间信息的交流与互动，是新闻工作者日常获得新闻线索的重要来源。报刊、通讯社，其他电台、电视台的报道，都可以作为新闻线索再发现的来源。即使是同一新闻线索，也会有报道角度、深度、报道形式以及报道手段的不同，从这些不同中或许可以再

次发掘出线索。

4. 记者日常的调查、观察以及生活积累

正如作家要通过观察生活积累创作素材一样，一个好的记者也需要培养出敏锐的观察力。在现实生活和采访过程中，眼观六路，耳听八方，善于调查研究，及时发现社会实践当中出现的新矛盾、新问题、新经验、新动向，及时发现不同利益群体中带有普遍性的意见、愿望和要求，通过表面现象的蛛丝马迹，发现有价值的新闻线索。同时，记者还要善于运用先进的信息收集、处理与传输手段，通过互联网、智能手机等，扩大自己的视野，及时发现人们关注的热点话题以及新的观点和视角。

5. 来自受众的信息

现代通信技术不断进步，通信事业也更为发达，受众通过写信、打电话、微博、互联网等多种方式，与新闻媒介建立起广泛的沟通渠道。在这里，既可以反映出受众的呼声和态度，也蕴藏着丰富的新闻线索。当下各新闻单位也都有意识地公开征集新闻线索，把自己的热线电话和邮政编码公之于众，还开设了自己的博客、微博，并设专人值守，既密切了与受众的联系，也开拓了信息来源。

6. 新闻工作者自己的信息网络

人们常说记者应该是社会活动家，他所从事的职业决定了要同社会各界打交道。一个好的新闻工作者，应该充分利用各种条件，与各界人士特别是能够接触和提供新闻信息的人士建立起广泛、密切的联系。记者应该广交朋友——无论是政府官员、专家学者、新闻同行、通讯员，还是各行各业的普通百姓及热心受众——从而建立起自己的信息网络。利用他们的帮助，新闻工作者就会耳聪目明，为新闻线索的寻找乃至采访活动的实施提供便利的条件，也为自己感受社会提供真实有效的信息环境。

（三）选题论证

广播电视新闻与其他媒体新闻都遵循同样的价值标准，如教科书上总结的：及时性、新鲜性、重要性、接近性、趣味性等。不过，根据信息传播方式的需要，在选题过程中，要注意选择那些更适合于广播电视媒介的题材，以发挥其传播优势，取得更好的传播效果。

对于那些重大新闻，在确定选题时，一般无需对其价值做过多论证，注意力要更多集中于对角度和表现形式等的推敲中。对于一般性选题，则需要做较全面的衡量与判断，凸显其新闻价值，确保收到满意的传播效果。一般而言，确定一个选题，至少要在以下几方面做出思考与判断。

1. 主要内容的设想

新闻线索是引导采访发现新闻事实的依据，选择这个而不是那个线索在于传播者对新闻事实的预期。对新闻线索当中潜在的新闻事实的价值评估，也就是对采访报道主要内容的预想，是选题论证的首要环节。根据新闻线索提供的信息内容的不同，对报道主要内容的判断往往也会不同。

当然，这里对报道内容的预想，只是一个初步、预估的构想，不应成为不可更改的教条。最终报道的主要内容，需要在采访的过程中，通过对事实的正确把握和准确表现来实现，它会修正甚至完全改变事先的构想。但我们不能因此而否定对报道主要内容事先构想的实际价值。

2. 表现形式的构思

内容的表现形式是多方面的。从报道方式到报道角度、从报道结构到具体表达，都需要深入考虑。广播电视还要注重通过形象思维设计出报道的整体构想。

首先，要根据报道内容确定报道形式。报道对象有自身的感性形式，报道的内容是在报道对象自身形式的基础上经由报道者重新组织编码而展现出来对报道对象的把握，该如何组织编码，就是我们所说的表现形式问题。它既涉及报道对象的形式与特性，也涉及报道者对报道对象的主观把握。可见，表现形式本身并无优劣可言，判断其好坏要看是否能够充分地展示报道内容，无论是录播还是直播、人物访问还是现场报道……都要根据报道对象和报道内容的特点加以选择。

其次，表现形式决定着采访方式。现场报道要求记者在新闻事件发生的现场以目击者的身份直接向受众报道事件现状；深度报道要求记者深入细致地调查与采访；消息类新闻力求简明扼要，直奔主题。记者在采访当中是否出镜，也取决于对表现形式的设定。现场报道形式要求记者在现场直接向受众提供报道，以证实其目击者身份；其他形式的报道则需根据具体需要来决定记者是否出现在画面当中，如无必要，记者就要把宝贵的画面空间留给报道内容的形象。

3. 可行性论证

在对报道内容和表现形式进行了基本评估和设想之后，还要对其实现的可能性加以评估和论证。因为报道从设想到完成，在整个实施过程当中，有许多具体因素需要考虑。

首先要考虑的是制作经费。相对于报道内容而言，事先应有合理的经费预算，以避免匮乏或浪费。报道的设计与时效性的平衡也是需要考量的因素；报道设计得过于复杂，实施起来自然费时、费力，会对效果带来影响，这要求对两方面综合评价，做出取舍。

与新闻报道传播背景的协调也制约着选题的确定。在不同的新闻传播背景中，同一新闻选题的重要性并不相同。重大事件往往会挤压其他新闻的空间，使其他新闻的重要性相对减弱，传播时间被挤占，受众注意力被分散。因此，选题内容及其表现形式不仅取决于新闻自身，同样也取决于其在整个新闻群组中的位置。此外，特殊技术手段的使用也受到客观条件的限制。例如计划采取航拍方式，但专用器材由于种种原因无法提供，就不得不修改设计。

在选题过程中，要及时与上级和技术部门沟通联络，使其符合传播条件和环境提供的可能，以确保选题能够顺利通过并实施，最终顺利完成采制。

三、采访准备

与报刊记者一样，广播电视记者在选题确定之后，时间容许时，就要围绕选题内容展开采访准备。当然，并不是所有采访活动都容许记者从容地在采访前进行准备。内容、题材、形式不同，对准备工作的要求也有差别。然而，“凡事预则立，不预则废”，在可能的条件下，准备工作做得越充分，采访报道活动就会越顺利，传播效果也会越好。

采访的准备工作大致包括三个方面：一是收集和研究与选题相关的背景材料和筹划采访预案的案头工作，二是为带机采访而进行的前期脱机采访，三是为顺利进行带机采访而进行的设备和技术准备。

（一）案头准备

案头准备主要包括两个部分。其一是相关资料的收集了解。记者要从已有的文字资料中，尽量多地对被访对象和事物进行了解；要找到并熟悉与报道题材有关的法律法规、政策文件；阅读有关历史资料，掌握必要的相关专业知识；还要尽量全面、细致地了解有关历史和现实情况。对广播电视记者来说，还要注意发掘以往的音响、影像资料，供节目制作之用。

其二是设计访问对象及提问内容和方式。与报刊记者相同，广播电视记者在采访之前也要根据新闻线索及收集到的背景资料，设计需要采访的人员及其提问内容，以尽可能在采访中获取较全面的信息。与此同时，还要关注提问的方式，即控制提问和回答的镜头效果。因为记者的提问可能会被编辑到节目当中，而采访者和被采访者之间交流的状态及其态度、表情等也都是传递信息的有效途径。

在此设计中有一些基本原则需要遵守。第一，要尽可能找到与新闻题材相关的各方面人士，当事人采访得越全面，报道的客观性、平衡性、深度就越有保障；不能先入为主，只采访当事人的一方，那样的报道必然会偏颇。第二，提出的问题与采访报道内容要有必然联系，不能信马由缰、漫无边际。在采访过程中，记者要始终把握话题的主动权，将访谈内容控制在报道主题上。第三，记者提出的问题应该能被访问者准确无误地理解。如果提出的问题本身含混不清，被访者就会被置于难以回答的尴尬境地，也只能是含糊其辞、言不达意。第四，记者的问题应该能被受众准确无误地理解。如果记者与被访者操着常人难以听懂的专业术语侃得热火朝天，受众却听得满头雾水，即便采访内容再深入、再新奇，也难以收到好的传播效果。特别是广播电视的带机采访，其目的不仅是交流，而且是传播，因而在脱机采访情况下不必有太多顾忌的问题，在带机采访状态下则必须高度重视。根据报道内容、体裁的不同，找到具有针对性的操作方法，能够显现出记者的采访报道才能。

（二）前期采访

广播电视擅长记录和传播现场实况信息，为记录和报道“正在发生”的新闻事件，在事件发生之前进行的相关采访活动，称之为前期采访。从某种意义上说，它可以被称为“为顺利实施采访报道而进行的预先采访活动”。

广播采访由于受技术设备的制约较少，机动性强，录音设备随时可用，因而并无明显的带机与脱机之分，前期采访与其他采访活动的界限也并不十分明确。而电视的采访报道，特别是较大规模的采访报道活动则有明显的带机与脱机之别。电视的前期采访大多采用脱机采访方式。

前期采访工作在选题之初就已经在做了，不过最初的重点是寻找新闻线索，而在采访准备阶段，则是围绕选题内容及录制报道收集一切必要的信息，主要包括采访相关专家学者、权威人士以了解与其相关的政策法规、专业知识、宏观背景等；寻找、考察和预约最佳采访对象；调查并确定最佳带机采访时机；进一步发掘新闻线索，找寻最佳报道角度、切入点；在条件允许的情况下查看带机采访的场地环境，做好调查研究和前期准备，例如查看光源，查看现场各类干扰、噪声，寻找有价值的镜头和拍摄角度、落实拍摄许可等；验证采访报道预案的合理性和可行性。

（三）操作准备

为采访报道的顺利进行，广播电视媒体采访所特有的烦琐的操作准备也不可忽视。相对而言，广播记者这方面的准备相对简单，除了大规模实况转播等报道活动外，一般不需兴师动众。广播记者最重要的是确保录音设备能够正常工作。而电视记者的操作准备则相对复杂，既要事先落实摄录器材，仔细检查设备状况是否正常，查看需用物品如话筒、录像带、照明器具等有无遗漏，带的电池、录像带（磁盘空间）是否充足，电池是否已充好电，又要事先安排好采访摄制组的衣食住行，还要搞好与采访单位、采访对象的联络，可说是千头万绪、繁杂而具体，哪一个环节上出了问题，都会影响到采访报道的顺利进行。

总之，事前准备是广播电视新闻采访必要的工作程序，这与广播电视工作的特点有关。这种准备要因时因地制宜，时间多了多准备，时间少了抓紧准备。比如在遇到突发事件时，记者可能没有时间从容准备，这时候也不应该完全没有准备地上阵。记者要尽可能利用报道前的一切零碎时间，比如是赶到现场的路上，简单设想一下需要找到并采访哪些当事人员，再简单设想一下必须了解的问题，起码要想出一到两个问题；有余力时，还可以设想一下可能采录到的画面和音响内容。这样在到达现场后，记者便能按照设想相对从容地投入报道，需要时再临时调整，可以在较大程度上做到临场不乱。

第二节　采访提问

采访是一切新闻报道的基础。对于印刷媒介的记者来说，采访与报道是彼此衔接的前后两个环节。而对于广播电视报道特别是现场报道而言，带机采访与记者报道要在现场同步完成，已不再彼此独立；即便是录播节目，像广播当中的录音报道和电视当中的录像报道，其采访录音、录像也要以素材原有的形式进入传播，后期编辑只能对素材加以选择、剪裁，而不能任意改变。这就使广播电视的带机采访报道具有特殊的重要性，它的好坏往往决定着整个报道的成败。

采访就是调查研究的过程。对于广播电视记者带机采访来说，是记录观察和记录访问的过程。

一、观察

观察是感官与头脑并用，在事物自然状态下对其知觉信息进行积极的收集与处理的过程。善于观察应该是对所有记者的基本要求。对于广播电视记者而言，还需要通过记录和传播观察到的感性信息来进行报道，因而要求他们具有更加敏锐的观察力。

（一）观察的主要作用

1. 准确把握事实

新闻报道以事实为立命之本。人们获得事实信息的途径无非两个：通过媒介间接获得，或通过自己的观察与实践直接获得。记者的采访过程就是通过观察与访问直接加间接全方位获取信息的过程。相对于访问获得第二手信息资料而言，记者通过观察所获得的第一手材料更具有真实与可信性。记者对新闻事实的正确认识与判断也建立在对事实信息清晰、准确、深入观察的基础之上。可见观察对于新闻报道具有非常重要的作用。

2. 及时捕捉典型场景、细节与现场气氛信息

捕捉典型的场景、细节和现场气氛信息，是保证新闻报道真实感人的关键环节。这都要靠记者在新闻现场以敏锐的观察力深入发掘才能获得。对于广播电视而言，新闻事实感性状况的传达正是其传播优势之所在。记者若是身在新闻现场，却对现场的典型场景、细节和气氛熟视无睹、失之交臂，没有能力将其纳入报道传播当中，则无异于“深入宝山，空手而归”。

3. 发现报道线索、角度和采访对象

采访预案从某种意义上来说只是“纸上谈兵”，要使设计转变为生动形象的报道，就必须在现场发现具体的新闻线索、表现角度，并要及时发现适宜的采访对象，通过对它（他）们的追踪、摄录、采访和报道，最终达到传播信息的目的。而这一切首先要通过记者在现场的观察来引导。

观察的过程，实际就是记者在现场搜寻有价值的事实信息的过程。因而观察的角度在一定程度上限定了报道的视野，观察的视野又限定了记录的视野。

（二）观察中的注意事项

观察的方法多种多样，记者可以根据自己的条件、习惯，根据现场的情况和节目采访的实际需要来选择。若想得到好的观察效果，下面几个方面要格外注意。

1. 选择恰当的观察位置

观察是主体对客体的主动的信息收集过程，主客体之间的相对关系对观察的结果具有重要影响，所谓“横看成岭侧成峰，远近高低各不同。”记者对事实的观察，其前提是不干扰事物的自然进程。为此，选择恰当的主体观察位置就显得尤为重要。

观察位置决定了观察者对事物的知觉是否准确、清晰、全面。如果离被观察对象太远，自然就看不清事物的状态和动作，听不清主体的声音，感受不到其所处的环境状况；如果靠被观察对象太近，则又限制了记者的视野，难以把握环境的状况及变化，容易产生“只见树木，不见森林”的局限，产生认识和报道的局限性。此外，记者与被观察对象的相对位置，也关系到记者能否准确清晰地采录到需要的音响与画面。因此，在关键瞬间能否抢占到有利的观察位置，对广播电视记者而言具有决定性的意义。

选择观察位置，要根据现场实际情况和报道对象的特点来决定，并要在可能的条件下及时变换，多角度、全方位地把握对象及其变化的准确信息。如果报道主体与环境的互动性强，或其整体场面恢宏、运动范围广大，就需要选择有较宽阔视野的观察位置，寻找不易受到遮挡和干扰的观察角度；如果报道对象的细节具有重大新闻价值，如其讲话、演示、表情等，则需要选择相对接近些的位置。

2. 确定恰当的角色定位

在新闻事件现场，记者以什么样的角色展开观察，效果大不一样。这既决定了观察的主观视角，也决定了记者与采访环境之间的互动关系。

在一般情况下，记者多采用客观视角，以新闻事件的目击者、记录者的身份，在现场

进行采访报道。中立的旁观者身份有利于报道的客观性，消减与被报道者之间可能出现的同一或对立关系，因而适于大多数的采访场合，是较常见的角色定位。

在某些情形下，记者也可以采取参与者的角色定位。这种定位有利于获得和传播体验性信息，补充仅靠视觉观察所不能获得的内容；但同时要切记注意分寸，绝不可喧宾夺主。这种从内部进行“体察”的定位，一般作为辅助手段使用。

3. 捕捉有价值的信息

在现场观察中，如何在海量信息中选择出最具价值者，是记者必须解决的问题。这就要求记者在现场能够快速分析和判断所收到的各类内容，理解其含义，评判其传播价值。

具体说，首先，要切实把握那些显示对象特点的信息，从特点切入是把握客体的捷径，特点找准了、特殊性把握住了，观察追踪与思考就都有了线索，主次关系也容易确定了。其次，要注意把握生动典型的细节。典型生动的细节蕴涵着对象的丰富信息，是人们认知的感性途径。从观察的角度而言，把握典型细节有利于在微观层面精准地把握对象。最后，要注意捕捉预兆性信息。预兆性信息是引导观察与采访的路标，对记者的采访活动具有直接的影响。善于捕捉预兆性信息，能够使记者在现场取得观察与采访报道的主动权，便于记者及时、随机适应现场状况，顺利完成采访报道任务。

二、访问

通过问答的方式从知情者口中获得与报道相关的信息，是记者常用的信息收集方式。要想成功地完成问答采访，除了前述充分的前期准备和问题设计以外，还要在采访对象的选择、谈话环境的选择、谈话方式的选择以及随机应变的现场处理等各环节处理得当，才能取得满意的效果。

（一）访问对象（被访问者）

访问首先要确定被访问者。什么样的人最适于作为被访问者呢？根据传播目的的不同，选择的标准也不一样。有的被访问者无可选择，是唯一的信息来源，如某组织的新闻发言人、新闻事件的唯一当事人或知情者、唯一现场目击者、灾难的唯一幸存者等。由于他们掌握着核心新闻信息，因而不可替代。然而，在很多情形下被采访者是可以选择的。

1. 因事选人

（1）新闻事件的当事人。当事人的视角是别人不可替代的，因而尽管有可能“当局者迷”，但只要不是有意欺瞒，则其“所迷”亦有认识价值，何况当事人的切身体验别人无法代替。

（2）新闻信息的知情人。在无法采访或找不到当事人的情况下，现场目击者或知情者能够提供最接近事实的信息，因而也是被采访的当然人选。而在知情人当中，应当优先选择那些无利害关系因而更能讲真话的人，如儿童、目击路人等。

（3）新闻信息的相关人。与新闻事件发生地有直接关系的人士，如上级领导、下级雇员、街坊邻居、亲戚朋友等，可以从他们的身上了解事件的背景信息。

2. 因名选人

（1）权威人士。专家、学者、政府官员等权威人士由于掌握着与传播信息相关的丰富知识、信息或掌管着相关的管理权力，因而对所涉话题具有较强的判断力、分析力和解释能力。此外，信赖权威的社会心理也会使传播收到较好的效果。

（2）知名人物或与新闻事件有类似经历的相关人物。社会上存在因各种原因而获得社会名望的人士，如演艺明星、著名媒体人、知名作家、往日的新闻人物等，当所涉事件与他们的经历与思考有交集时，便可以选择采访。这主要是从传播效果出发所作的考虑，目的是加强受众的认同感，增强传播效果。例如，在某次空难中没有幸存者，记者就可以选择在其他空难中的幸存者作为采访对象，从其口中了解相似的经历。如其中有知名人士则会有更大的号召力，容易引起受众的注意。

3. 选择最好的合作者

（1）愿意合作。如果想要获取事实信息，而不是展示对采访问题、事件的态度等表情信息，就应尽可能地寻找那些乐于合作的对象进行采访。当然，一些负面新闻当事人，如社会问题的制造者，也会不情愿接受采访，在这种情况下，其态度、情绪同属新闻内容，记者不应回避此类矛盾，需要坚持采访。除此之外，如果被访者不愿接受采访，即便勉强回答了记者提出的问题，也难收到生动自然的效果，其真实性、可信性也会大打折扣。

（2）较好的表达能力。被访人阐述问题的能力、话筒前从容不迫谈话的本领，是广播电视记者选择采访对象的重要条件。采访对象应该能够较清晰地说明被采访内容；如果表达能力不尽如人意，又是必须采访的人，记者就应该尽量帮助、提醒，通过交流，将相关内容挖掘、确定下来，以保证顺利取得所需内容。

（3）普通话说得较好。在镜头、话筒前的采访中，除了与事件相关的重要人物无论其语音如何都不可随意更换外，其他采访对象最好选择那些较少地方口音、会说普通话者。不是事件核心人物的采访对象，方言太重的就不要选择，以免产生误解，影响内容传播。对那些必须采访而方言较重者，记者要听懂内容或找人翻译，在节目中对其话语音响做相应的处理，如对其压混后配上标准语音的重述（广播）或加上字幕（电视）以避免听者无法理解。

另外，在电视新闻中，应尽量不用外语同期声。因为电视是视听媒体，一旦使用外语，对于绝大多数观众来说马上要变为“阅读”状态，瞬间改变了接收方式，会给接收带来麻烦，特别是那些长时段的外语播出，会让观众放弃观看。欧美发达国家的广播电视一律使用本地语言，对外语采访都要进行语音转换处理后再行播出。

（二）访问环境选择

采访环境选择的恰当与否，对传播效果具有直接的影响。

1. 事件现场

采访环境的选择，需根据不同的访问内容和节目形态而定。对于现场报道而言，现场环境是展现新闻发生场合、条件与报道实际状况的重要信息源，让采访对象在这一特定情境中接受采访，也是体现报道之“现场性”的不二选择。现场环境还一定程度上赋予被采访者谈话的权威性与真实性，也能证实其特定的身份地位。同时，在特定现场情境中的人物谈话，其副语言、体语系统所传达出来的信息，可以有效折射出现场的环境氛围和其自身的心态；即便不是现场报道，事件已然结束，但在新闻发生现场进行的访问也有助于被访者回忆起当时的情景、细节，使相关信息的传播更加生动、真实，还可以证实目击者的身份，增强叙述的可信性。

有些访问谈话，其内容虽不具备事件性新闻所需的现场性，但特定的环境信息还是可以增加采访内容的信息量及传播效果的。记者应该尽量选择配合访问内容的采访环境，以使二者相得益彰。例如，以烈士纪念碑为背景，采访革命前辈；以训练场地为背景，采访运动员和教练员等。

2. 人物采访环境

与对事实的调查访问不同，人物专访是以采访人物观点、意见及其情感信息等为目的的访问，环境状况与采访内容的关联度、互动性相对较弱。环境主要对被访者产生一定的心理影响，加之采访时间较为从容，因而采访环境的选择余地较大。一般而言，选择被访者较为熟悉的环境、干扰较少的地点比较有利于消除其紧张情绪，保持思路的清晰和注意力集中。

至于演播室采访，在这种陌生环境中，被采访者在开始往往会不适应，容易出现紧张、局促情绪。因而在条件允许时，应该给对方一定的时间来熟悉环境，放松心情，这样有助于其自然、正常地表达和临场发挥。

三、提问

（一）提问技巧

（1）提问应简洁明确，一次只问一个问题，如一次提问包含两个问题，对方在回答时往往只回答其中之一，而且往往是较容易的那个。

（2）问题长度要适当，一般情况下，问题越长回答越短，问话长到一定程度就会使人很难回答，会“有去无回”，所以要追求一语中的式的提问。

（3）除了对想象力丰富的人可以尝试外，一般不要假设提问，对棘手的问题更是如此。特别是对身居高位者，他们会拒绝回答此类问题。

（4）提问中不要包含答案，以避免对方仅以“是、否”来回答。重要事实、意见，要让对方自己说出来，只有在非常必要的情况下才可以提此类问题，如重要的责任认定等。

（5）提问要新颖、有个性，尽量不提老一套的问题，如“你感觉如何”之类。这种问题往往会让对方不知从何说起，人家一个“感觉很好”就会让记者无功而返。记者提问要多动脑子，对新鲜的问题，对方也容易有回答的兴趣。

（6）适当的沉默。美国哥伦比亚广播公司的资深记者迈克·华莱士（Mike Wallace，1918—2012）说过：“提一个巧妙的问题，在对方答复之后，停上三四秒钟，好像你在等待他再说点什么。……对方会觉得有点窘迫，于是谈出更多的东西。”① 这是一个资深记者们屡试不爽的采访技巧。

（7）为了得到一个实质性回答，记者可以跳跃式提问。如不问你做没做过什么事，而问你第一次是在什么时候做的，把对方的阵脚打乱，他回答了你的问题也就回答了顺序上的前一个问题，有利于迅速打开缺口。这对一些批评性报道更为有效。

---

① 转引自［美］布雷迪：《采访技巧》，113页，北京，新华出版社，1986。

（二）常见问题处理

1. 事前沟通方法

被采访者都希望知道记者将要提出什么样的问题，因此如何与被访者就采访问题进行沟通就变得比较重要。一般而言，应该在采访之前向被访者讲明采访目的，包括题目、范围和具体步骤，使其心中有数、有所准备。但是要避免将具体问题和盘托出，因为被访者如果事先知道了问题，会在心里打腹稿，回答问题时不是边想边说，而是像在背书，显得不自然，容易说出一些官话、套话，使其回答失去新鲜生动的特色；这同时也会为被访者隐瞒某些事实提供心理准备时间。在特定的情形下，如隐性采访时，甚至还需要有意隐瞒采访意图。这在广播电视采录当中，被称做一次性原则，其目的就在于一次采录到具有生动性和真实感的访谈信息。“重录”和“补录”谈话除去具有导演、表演性质因而违背真实性原则外，单是在信息的表现性方面也会大打折扣，失去了鲜活的自然本色。

2. 会延伸提问

在采访当中还需特别注意，不要仅将事先准备好的问题生硬地搬到谈话中，而是要根据现场交流的情况随时调整问题，善于从已有内容引申提问。采访的目的在于求得准确深入的信息，而不是仅完成提问任务。记者在现场不能一心只想着自己下边该提的问题，不倾听对方发言，如此就无法发现其回答当中出现的新问题如新的信息和角度，或是偏差如信息不准确、谈话方式过于专业致使受众难以把握等，也就无法及时补充提问加以追究、澄清、弥补或纠正，甚至还会遗漏对方已经说出来被观众感觉有兴趣的内容，使谈话效果减弱。记者如果能仔细倾听被访者的话语、认真交流，就会有利于被访者进入自然的谈话状态，对谈话内容和方式就能进行最及时的把握、调控。

3. 把控采访过程

主导访问过程、把握提问节奏、控制好访谈时间也应该是记者的基本功。这一点对于新闻现场直播和演播室现场访谈显得尤为重要。在采访过程中，虽然被访者是谈话主体，但起主导作用的应是提问者。记者要具备把握谈话内容及其走向的能力，及时处理现场状况，根据传播的需要，调控某一话题讨论的长度和深度，不失时机地转换话题，以延伸信息的层次，兼顾到内容的各个方面，在有限的时间中内容完整、详略得当地提问出传播所需要的信息内容。

4. 注意屏幕形象

记者在出镜采访时，还要注意把握好身体语言，形成良好的屏幕形象。记者在镜头前要注意不能扭捏造作，不要有过多的习惯动作，像毫无缘由地满脸堆笑、频频点头、摇头晃脑、用手把弄衣角或其他物件等；当然更不能松松垮垮、无精打采。记者要神态自然、举止得体、姿势端正、身体放松，不要端肩弓背，举手投足的动作不宜过大；眼神要自然、专注，直视被采访者，不能散漫或游移不定。当做出镜解说时，要像面对一个离你不远的熟人那样看着摄像机镜头讲话。

记者在镜头前还要注意装扮得体，与现场环境相协调，不宜过于突出自己的形象，分散受众的注意力。在着装上，应避免穿着色彩太鲜艳、太明亮或纯度太高的服装，因为它们在屏幕上或还原较差或过于夺目；另外要避免穿着图案线条过密的服装，因为它可能会在屏幕上产生“波纹效果”。

5. 严禁作假

一些记者为了尽快完成报道，不愿意花工夫寻找持不同意见的采访对象，也不愿意认真倾听民众心声，只是想找到人用他的话将采访想表达的内容说出来，因此在采访时将想要的回答写成文字，让采访对象在镜头前诵读该内容，做出采访的样子，之后用于报道。这样做是一种严重的新闻造假行为，采访对象成了记者手中的傀儡、传声筒，这是对被采访人的极大不尊重，也是对新闻报道的极端不负责任。这样的“采访”没有任何实际意义，是媒体欺骗自己、欺骗社会，而且严重违反新闻道德的做法。久而久之，这样的媒体会被社会所唾弃，完全失去话语权。记者应该严守新闻道德，自觉抵制这样的“采访”。

第三节　广播电视新闻摄录

本节包括广播新闻音频采录和电视新闻的视频采拍。电视音频采录一般是与拍摄同时进行的，录音操作、技巧与要求与广播相同。

一、广播新闻采录

录音（拾音）[①]是广播音响报道的关键。记者外出录音捕获的现场音响是制作带“响”节目的基础。如果采访所录的音响先天不足的话，就会减弱节目的可听性，也会给带“响”节目的效果打折扣，所以采录音响是很关键的一个环节。

（一）决定音响采录的因素

高质量完成一项音响采录工作的决定因素主要有四方面：录音声源、录音场所、录音器材和录音技术。

1. 声源是基础

录音是借助电声设备对原始声源音响进行记录，在重放时真实地再现声源音响的活动。没有良好的声源音响，就不可能有好的录音音响。声源是录音的基础与前提。当然，可以在录音时和之后使用调音设备对原始声源进行人工美化，但这样做有一定的限度，并不能随心所欲地根本改变录音的质量。

对于声源，一是要认识它，二是要会利用它，准确地认识是恰当利用的前提。从录音角度看，原始声源包括语言、音乐、自然音响三种，对它们要使用不同的方法采录。认识声源指的是认识它们的构造和声学特点、特色。

2. 声源周围空间

声源所在空间，即录音环境的声学条件是决定录音音响的又一要素。一般说来，声源周围空间是指室内音响条件，其中最主要的是隔音问题和混响问题，其次是空间的宽度问题。因录音音响的组成不仅有声源的直接声，还包括录音空间的反射声与混响声，所以要求录音室的声学条件要好，否则无论声源及其他条件如何好，都不会产生优良的录音

---

① 在录音报道中，要用录音设备将话筒所收声音记录下来。而在现场直播时，一方面要录音，另一方面还要现场播出，是直接拾音，也就是说，录音与直播都有拾音过程，一是拾后播，一是拾后录。为了表述方便，本书不单独讲拾音，而统称为“录音”。

音响。

混响，也称残响，指声源关闭后的残余声响，是声源周围空间的间接反射音。混响是反射声场的重要声学特点，有混响感，才有厅堂的感觉。从听觉来讲，混响属于声音响度问题。在听音乐时，除了声源的直接音外，再加上这种间接音，音乐才会有重量感、润泽感，显得动听。

录音室的声学条件决定着声源的处置、传声器的设置与具体的录音方法，同时也明显地影响着录音音响的风格与特色。对于动态大而宽的声源，录音需要的空间也要按比例增大，这是录好它的要素。例如，对古典音乐录音要用混响丰富而宽大的空间，在这种空间中，要找到直接声与间接声的平衡位置，靠近声源，吸入更多直接声。

收录人声最好不要混响，否则会影响清晰度，听不清内容。反射音过多的场所，应注意吸音。像游泳馆、大而空的房间、没有吸收声音的设施，声线的反射没有障碍，因而非常多，造成回声不断，整个房子嗡嗡作响，听起来很不舒服，且录不到清晰的主体音响。在这种环境中采录时，应自觉选择混响不太集中的地方如房角来录音，而且不要面对硬墙壁录音，要与它形成45度左右的角度，以减少反射的声音。

对于录音效果来说，无混响的声音听起来清晰，但干巴、不悦耳；给其适当加些混响，能改变音质，使其有重量感、润泽感，较悦耳；但混响过多又会影响声音的清晰度，如果是人的语言，其内容就会听不清楚。

虽然我们不能总是得到良好的录音条件，如对声音的各种反射都能做恰当的吸收，对其他干扰都能进行完全屏蔽的录音间来采录音响，但我们要懂一些声学原理，自觉地想办法选择较少反射音、较少干扰、相对来说较好一些的地点采录音响。

在野外，除去在山谷中外，都是极少混响或没有混响的场所，也就是近于无声室（无混响）状态。

3. 录音设备

对于广播电视新闻的声音采录来说，录音设备的完备程度与质量优劣，对音响的影响十分明显。在条件允许的情况下，使用质量上佳的设备采录，能够保证录音质量。

4. 基本录音方法

（1）单点录音法。

用一个传声器在一个点上拾音的录音法，是最简单、最基本的拾音方法。一般用于声源较完善的录音场合。多数音响报道都是使用此法。单点录音主要是要确定拾音距离，寻找到声源声音的平衡点，距离上要尽量接近。

（2）主辅录音法。

这种录音法指的是有多个传声器在同一个现场同时拾音，其中一个为主传声器，其他为辅助传声器，主传声器担任主录任务，负责录制主要的声响，辅助传声器则用于弥补声源个别部分电平的不平衡，或是采录环境音响。主传声器的电平要大于辅助传声器的电平，这样才能确实以主传声器为主采录。主传声器的电平不能等于、更不能小于辅助传声器的电平，而主传声器应具有较高的拾音灵敏度。

（3）多路录音法。

多路录音法是用多个传声器在现场多点录音，可以采录到较大现场各处的声音，如大型座谈会等。多路录音能使在各个方向上发言人的声音都被清晰、平衡地采录下来。用此法录音乐还可以把声音本身不平衡的乐队声音用调音台重新调整加工后形成较平衡的声音。

（二）常见的录音问题及处理

1. 噪声过大

最经常碰到的录音问题是环境噪声过大，损害了主体音响的清晰度，也影响了准确传达采访现场的整体气氛。

（1）现场噪声。

在现场噪声较多的情况下，一是要考虑到主要的噪声声源，使话筒的指向与其相背，避开一些噪音的冲击；或让采访对象背部对着噪音来源，话筒放低一些，遮挡部分音量。再有就是调整话筒上的录音实际有效角度和距离。话筒的拾音角度不要选得很大，因为除零度外，其他几种度数都有程度不同的反相，根据声波特性，同相的声音相加，反相的声音相减。还可以将话筒更接近录音对象，使话筒主要收进被采访人的声音。

（2）操作噪声。

有的记者在摆放录音机特别是话筒时，不注意环境干扰，把录音机和话筒放在一个有噪声源的位置，如有人在放置设备的桌上敲打、摆弄东西；或是话筒在衣服上没有固定好，话筒把其中的各种摩擦、撞击噪声放大并记录下来，大大增加了所录音响中的干扰声。这样的录音信噪比水平会大大下降。再有，话筒线容易受其他电器干扰，录音时不能把它和交流电源线平行摆放，也不要接近正处于工作状态的家用电器，否则也会增加噪声。

2. 声音忽大忽小

在同一现场、时间采录的素材，像是人为组接过的，声音忽大忽小。这主要是录音时话筒来回摆动造成的，有的还会伴有震动话筒的“咔咔”声。在不需要话筒移动的情况下，要尽量将其固定。这样，既可避免声音忽大忽小，又可控制二人同时录音时声音电平的强弱平衡。有时说话人摇晃身体也会使声音发生变化，在采访中要告诉对方尽量保持身体的稳定。

3. 现场声太强

若事件进程中的现场声音太强，则想要采录的主要音响（人物语言、解说）突出不了，或想要的现场气氛在录音中反映不出来、不准确。应将话筒更接近主要音响，或是把采录地点更远离现场一些，离开一段距离，到现场声较小的地方再录。为了录到合格的音响，记者往往需要不断调整录音位置。记者要善于观察不同来源声音的音量情况，不能只关心自己录的内容，不关心环境声音，否则会录制失败。

（三）几种声音的采录方法

音响录制的基本要求是接近声源。我们耳朵听到的声音，录音机不一定都能记录下来，记者只有腿勤，接近它才能保证录音无误。此外，在一些大场景录音中，一定要有接近点，例如录掌声，接近一个或一群人来录就能录取到最清晰的声音形象。

1. 谈话录音

在采录谈话时，首先应考虑清晰度，因为录取谈话的主要目的是传递内容，只有清晰才能听清，也才有意义。人的说话声音量相对较小，方向性很强，所以谈话录音环境要比较安静。室内最好没有杂音、残响小，近于无声室。最好不要选择反射音多的场所，如不宜在空荡荡的房间里，也尽可能不选择靠近噪声源如马路边、市场内的空间。如一定要用，可以把屋内窗帘拉上，以防止外部声音混入，同时也可以减少反射音；录音的位置靠近某一墙角，可以避免说话人背后墙壁的反射声；可让谈话人背向噪声声源方面，用后背挡住强噪声，话筒放得更近、更低一些。

2. 会议录音

记者进入会议现场就应该寻找有利位置、安置话筒，或是放置录音机。应该会用耳朵辨别哪里声音响度合适、音色饱满、噪音干扰小。选择要敏捷果断，以免漏录内容。

录制大会讲话应把传声器放在主席台近处；在舞台前，传声器最好放置在中间，若放在侧面，场上声音会不一致。录制座谈会时，组织者的声音是关键，如果他的声音录不好，就会影响整个座谈会的录音质量。如果在现场其他位置还有人发言，那么应另有设备采录，否则一台设备会顾此失彼。

在录大会活动时，如果现场扬声器音质较好、声音真实，传声器可放在扬声器附近采录。这样可将不同位置发出的声音通过现场拾音、扩大收录进来，比较简单易得，大大提升单点录音的效益。

大型座谈会的场面过大，应该使用多路录音法，用多个话筒，运用多路调音台，并及时对各种声音进行解说。多话筒采录要使一个声音突出，各种声音有层次、有比例，会场各处声音要均衡，除去有大场面的远近层次感外，主体声音还应清晰突出，不能使现场声音混乱。

3. 音乐录音

这里说的录音乐，是指按音响要求的录制，专业音乐录音有着很严格的操作方法。

要将传声器放置在乐队声源的比例平衡之处，一般是在指挥的后上方；传声器还应放置在直达声与反射声比例合适之处；另外距离声源不要太远，以免出现双音。录古典音乐要选用混响丰富而宽大的空间，录流行音乐可采用人工混响装置适量加进混响。

4. 野外录音

野外，除去山谷以外，声源对周围空间来说，混响极少或没有，近于无声室状态，但又存在因风引起的空气流动，风声会传入话筒，铝带式话筒对此特别敏感，应配戴防风罩。音乐等需要混响的声音不宜在野外录制。有些野外声音也有回音，如雷声在云间回响，鸟叫在山间回荡等。

5. 自然音响采录

自然界的声音听起来混然天成，录出来却往往很难尽如人意。下面简单介绍几种声音的采录方法。

（1）雨声。蒙蒙细雨往往没有声音，而中到大雨录下来则往往像“白噪声”，这时可借助一些工具采录，如雨伞、树叶、铁皮屋顶等，在这些东西上的雨声，形象会比较突出。

（2）风声。可在与风向形成 $90^{\circ}\sim180^{\circ}$夹角的范围内录，即顺风收录。逆风录音容易形成风声“扑话筒”的“噗噗”声，非常难听。录音时也可以配装防风罩。

（3）流水声。小溪流水音量小，要把传声器放得靠水近一些。如果声音仍不明显，可选择有石头的地方或是水流转弯处来录到较清晰的潺潺流水声。

（4）路口。在十字路口旁边，手拿话筒，高度与人耳接近或略低，可以录红绿灯变换时汽车停下和启动以及车辆驶过的声音。

（5）市场。可接近某一有特点的叫卖人，让其声音做主声源，其他声音做背景。可手持传声器，也可将传声器用吊杆吊起来录音。

（6）火车站。在火车站站台上应将传声器放在离电铃及广播喇叭较近的地方，在这里采录列车开车前的铃声和广播声，以及列车开动后行进速度逐渐加快感觉的声音；不要离火车太远，以免录进太多其他声音。

二、电视新闻摄录

（一）摄录基础知识

电视画面的拍摄涉及景别、拍摄角度以及运动镜头等方面的技巧。

1. 景别

景别是指被摄主体形象在屏幕框架结构中所呈现的大小和范围。景别不同，表现的内容和功用也不同。不同的景别意味着不同的内涵、不同的视野和不同的节奏。景别的选择和运用是创作者创作思维最直接的体现。景别是电视画面用来表现内容、突出重点的手段，也是集中观众注意力、表达情节的途径。

景别的大小由拍摄的距离和镜头焦距的长短共同决定。摄像机与被摄物体之间的距离近，被摄物体在画面中所占面积就大，画面包含的周围环境的范围就小，景别也就小；反之，摄像机与被摄物体之间的距离远，被摄体在画面中的面积小，画面包含的周围环境的范围就大，景别也大。另外，改变镜头焦距也可以获得不同的景别。

景别的大小是一个相对概念，以人作为参照系的话，常见景别类型有如下几种。

（1）远景。

远景是超越主体尺寸对景观的宏观展示，是在一个画面中全面地提供景物概貌、主体周边环境及空间、规模和气势方面的信息，相当于人们放眼远眺时看到的景物。由于远景画面包容景物多、信息量大，因而要使观众看清画面内容，就要有较长的时间长度。

（2）全景。

全景包括主体全部及局部背景构成的画面，如是人物则是其“全身照”。全景的“全”指的就是主体形象的完整。任何一个全景画面都有主体和背景两个基本结构元素。全景多用来表现人物的动作或与环境之间的关系。

（3）中景。

中景一般包括主体的主要大部，如是人体则是腰部以上的部分。中景能使观众看清人物上半身的动作，可以显示群体间的互动，因而多用于叙事性展示中。

（4）近景。

近景更集中于主体的重要部位，如人物胸部以上部分；画面中环境背景所占比例已很小。观众可以清楚地看到被摄主体细部，如人物的表情。近景善于通过表情反映人物的内心世界。

(5) 特写。

特写集中表现主体的细部，如人体肩部以上的头像。特写镜头具有强调的意味，让人们仔细观察较小的局部。特写画面内容单一，可起到放大形象、强化内容、突出细节的作用，具有强烈的视觉冲击力，有时还有一定的戏剧效果。

随着镜头逐渐接近主体，镜头停留的时间也逐步减少。远景镜头长度最长，而特写就要较短，不然会对观众产生过强的压迫感，让人感觉疲劳。

2. 角度

摄像机与被摄体之间的位置关系，除了远近之外还有角度的不同。所谓角度是指摄像机与被摄主体的位置关系，摄像机稍稍向两侧移动一点位置，就会使取景框中的画面发生较大的变化。角度的选择和运用直接关系到所拍摄画面的成败质量。

用摄像机围绕着被摄体沿水平方向寻找拍摄点，可以找到正面、侧面、背面等不同角度；沿垂直方向，可找到平视、俯视、仰视和悬空等不同角度。

(1) 正面角度。

正面角度指被拍摄对象正面朝向摄像机镜头的画面。如果被拍的对象是人物，则给人以直面相对的感觉。特别是当目光直视镜头的时候，画面中人物仿佛是对着观众进行交流，对观众注意的吸引力最大。

(2) 侧面角度。

侧面角度指被拍摄对象正面与摄像机镜头呈 90°角所拍摄的画面。如果拍摄人物，则画面上只能看到人物的侧脸和一只眼睛，其视线不与观众相对，观众仿佛处在旁观者的位置。

(3) 背面角度。

背面角度指拍摄对象正面与摄像机镜头的方向一致时所拍摄的画面。如果拍人物，画面上出现的是人物的背部。背面角度所形成的画面有利于表现纵深空间。

(4) 平视角度。

平视角度指摄像机水平放置拍摄，镜头的高度和被摄人物的眼睛基本处在同一水平，视觉效果与人们在生活中观察事物时的角度相近，给人的感觉比较自然。这是较常用的拍摄角度。

(5) 俯视角度。

俯视角度指摄像机镜头从高处向下倾斜拍摄。这种拍摄角度特别适宜拍摄大场面，有利于表现地面景物的空间方位，用来表现浩大、视野开阔的场景效果；也常用于表现居高临下的主观视角。由于透视效果的关系，画面中的人物会显得矮小，常用来暗示人物品性的卑微，表现人物的悲惨境遇，或渲染孤独、压抑等情绪。

(6) 仰视角度。

仰视角度指摄像机镜头向上倾斜拍摄，一般镜头的高度低于被摄人的眼睛。视觉效果与俯角拍摄的画面相反，仰角拍摄使被摄物显得高大壮观。

(7) 悬空角度。

悬空角度指拍摄者利用飞机及航拍器材，从空中垂直向下拍摄所形成的镜头画面。在电视纪录片或新闻中，有时会采用这种角度拍摄大场景的灾害事件。悬空角度具有开阔的视野和整体概括的介绍能力，是观察的有利角度。它在日常生活中并不常见，因而具有一定的新鲜感。

与景别一样，拍摄角度也是一个渐变的连续过程。在运用的时候，要根据信息传达的需要灵活掌握。例如，处于正面和侧面之间的前侧角度，既能较完整地展现拍摄对象的形象，又不像正面角度所显示的那样过于稳定甚至有些呆板，因而在拍摄中被较多采用。在拍摄群体的时候，一般也将主要对象安排在相对正面的位置，以突出其地位，引起受众更多的关注。

3. 运动镜头

电视中的所有镜头可以分为两大类：一类是固定镜头，另一类是运动镜头。

（1）固定镜头。

固定镜头是指在拍摄时，摄像机的机身、机位、镜头焦距都固定不动所拍摄的片段。它像是一个人固定在一个地点观察事物的效果。判断一个镜头是不是固定镜头，并不以画面中有没有物体运动为依据，而只以摄像机是否运动来判断。在电视新闻节目中，为了加大信息传播的有效性，固定镜头的使用比例往往要多于运动镜头。固定镜头在表现上有着特殊的功效。

第一，有助于表现静态环境。固定镜头消除了画面外部的运动因素，使得画面中的背景和环境在观众的视线中有比较长的停留时间。这样可以起到介绍环境、展示场景特点、展现被摄对象间不同位置和关系的作用。

第二，能够强化和突出主体的动感。利用静态的框架来反映画面中主体的动感和动势，“以静衬动”是强化运动的有效手段。

第三，显得更客观、真实。固定镜头虽然也是拍摄者精心选用的镜头语言，但是因为它消除了摄像者主观的操作运动，所以较少主观倾向。因而，固定镜头能够真实、客观地记录和表现被摄对象，在新闻节目和纪实节目中能够较好地反映出现场感和真实感。

第四，能让观众更好地看清内容。运动镜头引人注意，观众会把注意力更多放在画面上。而新闻的内容大多由声音传达，所以，多用固定镜头反而能让观众更冷静地听清、看清内容，在较短时间里更有效传递内容。

（2）运动镜头。

在拍摄影像时，通过移动摄像机机位、转换拍摄方向或变化镜头焦距所拍摄的镜头称为运动镜头。运动镜头主要包括对镜头的推、拉、摇、移、跟和升降等动作。

推镜头。推镜头是指摄像机沿着光轴的方向逐渐靠近被拍摄对象所拍摄的画面。推镜头所带来的视觉效果是由远渐近，被摄对象由小变大。推镜头能够突出主体，还能积累情绪、烘托气氛。

拉镜头。拉镜头是指摄像机沿着光轴的方向逐渐离开被拍摄对象所拍摄的画面。其视觉效果与推镜头正好相反，是由近渐远，被摄对象由大变小。拉镜头能够展示主体与环境的关系、被摄对象之间的关系。拉镜头有远离感和结束感，电视节目经常在最后使用拉镜头来宣告结束。

移动镜头和变焦距镜头都可以产生推、拉的效果，它们的区别在于：移推镜头的摄像机追随被拍摄对象的运动移动自己的位置，而变焦距移动镜头只是改变摄像机的焦距。二者在景深和透视关系方面具有明显差异。

摇镜头。摇镜头是指把摄像机固定在一个点上，镜头做水平、垂直、弧线运动所拍摄的片段。它如同人身体原地不动、转动头部、视线移动的环顾动作。一个完整的摇镜头包括起幅、中间、落幅三个部分。起幅是摇镜头由静止开始运动部分，中间是镜头的摇动过程，而落幅则是摇镜头转入静止的画面。摇镜头善于表现大范围的横向空间，因此在电视节目中，它特别侧重于交代环境、介绍事件发生的地点，给人以全面完整的空间概念。

移动镜头。移动镜头是指将摄像机架在活动的物体上随之运动所拍摄出来的画面。它可以是摄像师用肩膀扛着机器，或把机器放在一个移动工具上，一边移动一边拍摄形成的画面。移动镜头最突出的特点是其自身位置处于连续不断的运动中，镜头的视点不断变化，好像一个人在行进过程中不停地观察四周一样。按照不同的移动空间，移动镜头可以分为三类：一是横移。横移主要用来展现横向空间，又可分为左移和右移。二是纵深移。纵深移主要用来展现纵向空间，也可分为前移动镜头和后移动镜头，也是真正的推拉镜头。三是曲线移。可以拍出圆形、半圆形、S形、C形等不同的移动镜头。移动镜头善于表现大场面、大纵深、多景物、多层次的复杂场景。

跟镜头。跟镜头分为移跟和摇跟两类。移跟镜头是指摄像机跟随运动着的被摄主体一起移动所拍摄的画面。它是移动镜头的一个特殊形式。摇跟镜头则是摄像机自身不动，而镜头追随物体同步转动。跟镜头的画面特点有：镜头始终追随一个动体运动，镜头的移动、摇动速度与其保持一致，主体在画框中的位置相对稳定，背景不断变化。在电视新闻和纪实性影片中，跟镜头被大量运用，它能够充分展示运动主体形体的语言、人物情绪等。

（二）摄录的方法和原则

1. 巧取画面角度，保证信息容量

以“看”为主的电视节目，画面形象无疑是传播信息的重要载体。要保证画面具有感染力，记者就要深入研究所采访的事件、对象，寻找最能引人关注并具有典型意义的画面角度，以充分的信息含量吸引观众的视觉兴趣。为确保画面的信息量，记者在拍摄中应尽量突出画面信息的三个特色：明确的信息、饱满的信息、生动的信息。

（1）明确的信息。作为“语言”的画面，其明确的信息特色是指有明确的“语言”目的，让人一看就知道是在“说”什么。一条1～2分钟的新闻所运用的画面数量有限，本身较难形成蒙太奇形式的表述能力。这就要求尽量使单个镜头以开门见山的简洁，突出新闻现场的主体，借助巧妙的角度（景别、距离、高度）获取形象信息，紧扣主题、丰富主题、解释主题。

（2）饱满的信息。画面语言的多义性，具有得到画面信息饱满效果的优势。画面语言的含义，除了传播记者所希望传达的主要信息外，还可以传播不在记者采访范围之内的次要信息。当这些次要信息得到恰当使用时，主要信息也得到进一步丰富。这一优势往往是其他媒体所不具备的。画面的次要信息常常表现为主体的环境、仪表、动作、情绪、服饰、活动过程等内容，是烘托、说明、解释主体信息的有机组成部分。为使画面信息饱满，记者在拍摄过程中，要注意选择、抓取这类次要信息，充分发挥其作用。

(3) 生动的信息。画面能够传递信息，是对拍摄的基本要求。进一步则要求画面能够传递生动的信息，此类是指充满活力、感人至深的那部分。这样的画面往往能更好地反映事物本质。对于电视画面来说，生动的信息可以充分发挥“看”的优势，丰富与之并存的声音内涵，提高电视节目的整体魅力。

2. 尊重采访对象，保证过程真实

电视新闻（包括纪录片），是客观事态的纪实，它所记录的必须是生活中真实事物的发生发展过程。要选取最能体现新闻主题的角度拍摄。记者运用各类拍摄技巧，在事态发展过程中等待、抓取，以保证记录过程的真实。记者要尊重采访对象，不导演、不摆布，让事态客观、正常地发生和发展。干涉采访对象，按记者的主观想象指挥新闻的发展变化，只会弄巧成拙，破坏事物发展的规律，破坏现场的真实气氛，破坏人物的真实情感，最终结果是造成虚假的影像。摆拍和导演，是电视新闻拍摄中弄虚作假的典型表现，新闻画面应绝对忠于事实本身，记者在采访拍摄过程中务必要避免此类做法。

3. 坚持“挑、等、抢”，摒弃“摆、导、补”

在电视新闻的采摄中，最忌讳的是摆布、导演、补拍等造假手法，它们完全违背了新闻的真实性原则，必须坚决摒弃。采访摄录要求记者从客观现实生活（新闻现场）中选择最能表明事物本质的事实材料来传递信息。采摄的具体运用主要表现在采访与拍摄过程的挑、等、抢三种拍摄方法的配合使用上。

(1) 挑。所谓“挑”，是指记者和摄像师、音响师在新闻现场做出的操作性选择决定。它是在调查采访后对传播意图进行检验与重新确定的同时，通过对新闻现场的观察、分析、比较，将那些最能显现事物特征、本质的音像内容挑选确定、加以采录的过程。

无论是一个事件还是一个人物，其着眼点及反映角度都有很多，能拍摄的镜头也不少，但真正能够反映事物特征的画面及富于表现力的典型细节、处于事物发展变化转折点的精彩瞬间、最能反映人物内心活动的表情和神态，以及最恰当的拍摄角度、光影条件、音响环境等，并不是随处可见、俯拾皆是，要靠记者和摄像师、音响师在新闻现场机敏地发现、捕捉才能得到。

这种在新闻现场的“挑”分为两个阶段：在开机摄录之前，它表现为记者和摄像师、音响师对素材所进行的选择，是将传播意图与新闻现场事实信息互动整合后具体化为现场影像和音响的确认过程，是建立在对新闻事件运行轨迹的预测与传播意图的贯彻基础上的素材选择，主要解决采录什么及采录角度与方式；在摄录过程中，则是对新闻现场中的事件、人物、环境、过程、时机、光线、音响等各种因素加以综合衡量与挑选、组合，主要解决如何采录的问题。

值得指出的是：第一，“挑”是个综合性方法，它贯穿于电视新闻结构成型的始终；第二，在拍摄过程中，“挑”兼有“等”与“抢”的内容。既是“挑”，就必须等待时机的出现，等到稍纵即逝的时机出现，又必须以“抢”方能实现“挑”的目的。

(2) 等。所谓“等”，就是在摄录的最佳时机尚未到来之前在新闻现场的准备过程。它体现了电视新闻真实性原则和实效性要求对拍摄过程的客观制约。

等待既体现了新闻工作者对于客观事实的尊重，也体现了广播电视的传播特性对传播者的要求。为了记录和传播正在发生的事实和获得最快时效，准备就绪的记者就在现场。

对于广播电视记者而言，采录不到现场的音响和影像，就无法采用有自身媒介特点的传播方式在第一时间将新闻传播出去，这样，从专业角度看就会落在别人之后。坚持等待，体现出传播者对其确定的传播意图和对新闻事件发展趋势预测的责任感。

这里的“等”不是“守株待兔”式的消极等待，而是建立在对符合传播规律的新闻信息可能出现的预期基础上。这既反映了传播者在“挑”的过程中对新闻事件的把握能力和预测能力，也反映出其把握概率性机会的责任心。

（3）抢。所谓“抢”，是指记者以忠于职守的职业责任感和纯熟的拍摄技巧，不失时机地抓取事物发展过程中最富有表现力的场面、情节与细节。

电视报道的魅力在于能忠实记录事物运动真实过程中的若干高潮，抢拍这些稍纵即逝的画面，这不但要求记者在千变万化的新闻现场倾注全部心血，有时甚至还要记者付出更高的代价来换取真实永恒的形象。战场上摄影记者为了抢拍而捐躯的事件时有发生。平时拍摄突发事件，如地震、洪水、火灾、泥石流、塌陷等现场也是危机四伏，随时可能使记者陷入灭顶之灾。然而，为了抢拍到决定性场面，记者必须要“抢点到位”，以强烈的空间意识，追踪事态发展的“热点”，只有这样，才有可能获得最富有表现力的动人画面。

还应再一次强调的是，作为具体的拍摄方法，挑、等、抢三者之间的关系是相互关联的，在拍摄运用时，三者是同步进行的，“等”到时机一来要“抢”，边“抢”还要边“挑”。

【本章小结】

广播电视新闻采访由于媒体的特点而带有不同以往的特殊操作，在采访新闻内容的同时要摄录到相应的音视频。这也就是说，在平面媒体内容采访的同时，广播电台记者还要有音视频的内容材料。本章系统地讲述了采访特点和技巧、摄录技术与要求，供学习者作为入门知识。

【思考题】

1. 广播电视新闻采访有哪些特殊性？
2. 广播电视新闻采访应该如何选题与做准备？
3. 记者采访时应如何观察现场并选择采访对象？
4. 记者应如何在话筒前、镜头前采访和提问？
5. 广播记者采录音频内容有哪些要求及技巧？
6. 电视记者如何摄录新闻？有哪些相关知识及方法？

第九章 广播电视新闻语言写作

CHAPTER 9

【本章学习要点】

1. 广播语言概念的由来，其语言的特点。
2. 广播语言写作及其具体要求。
3. 广播电视新闻标题写作。
4. 广播电视新闻导语写作。
5. 广播电视新闻主体写作。
6. 广播电视新闻结构的特点及类型。

语言是人类思维与交流的工具，是社会运行不可或缺的媒介。

新闻传播离不开语言——无论使用什么样的传播媒介。由于各种媒介传播方式的不同，所使用的语言也就有一定的差异。例如，报刊使用的主要是书面语——文字，以及部分视觉形象语言——报纸的编辑手段和图片；电视使用的是有声语言、画面形象和声音形象；而广播则只能传送声音，所以在传播中所使用的是有声语言和事物的声音形象两种。在广播电视中，语言是一种广泛的有意义符号的代称，如画面形象语言、声音形象语言等，因为它们在节目——特别是广播电视新闻——中不是可有可无的陪衬、装饰，而是内容自身的表达。

本章所涉及的语言主要是指在写作广播电视新闻稿件时为口语传播而写作的文字语言。

第一节　广播语言

广播语言不是一般的生活语言，其功能是为广播电视媒介的各类节目，特别是新闻报道服务的。

一、广播语言的特点

广播电视用做报道的有声语言分为两类：一类是先写成文字再由播音员、记者、主持人念出来的有声语言，如口播新闻、非现场解说，这类语言被语言学界定义为“书面语言的口头形式”①；另一类是记者、主持人在新闻报道时直接说出来的口头语言。我们这里所讲的广播语言写作，指的是第一种经过文字过程的语言。

（一）语言类别及其特点

人类语言首先可以分为内部语言、外部语言。内部语言指的是人们的内心活动，是自我传播，它是人一生中最大量、使用时间最多的语言，但它基本上不外化表现出来。外部语言只是内部语言中的一小部分，正所谓“不如意事常八九，可与人言只二三”。外部语言在形式上分为两种：口头语言和书面语言。

语言是以语音或字形为物质外壳、以词汇为建筑材料、以语法为结构规律而构成的体系。它的词汇标示着一定的事物，它的语法规则反映着人类思维的逻辑规律，它以其物质化的语音或字形而被人所感知。由此可见，语言的外在存在方式或表现形式有：语音和字形两种，它们就是口头语言和书面语言。

口说耳听的是口头语言，亦称有声语言；而手写眼看的是书面语言，亦称文字语言。对于大众传播媒介来说，印刷新闻媒介——报刊——使用的主要是书面语言，而电子新闻媒介——广播电视——所使用的从形式上看是口头语言。虽然广播电视比报刊晚了几个世纪才出现，但口头语言的应用大约已有10多万年，而书面语言却仅有6 000多年的历史。口头语言的出现早于书面语言数万年，从这一点看，广播电视使用的符号更具原初性质。广播语言其实并非原来意义上的口头语言，这一点通过对口头语言和书面语言的简要分析即可了解。

语言的表达形式是由语言活动的场合、方式、目的及传播对象等因素共同决定的，传播特性会影响语言特性。据此口头语言分为对话语言与独白语言两种。

1. 对话语言

在日常生活中，人们说话的场合是多种多样的，像聊天、座谈、辩论、问答等，在这些情况下的语言活动是对话语言。对话语言活动的特点首先是环境的接近：谈话双方处于同一空间，距离近，他们能很清楚地听到和看到对方；其次是心理接近：谈话双方在心理上处于共同情境之中，即对所谈论的内容都有相当的了解或关注。这两个基本特点带来一系列其他的特点：谈话双方互为信源信宿，角色转换自如，他们能够互相激发、互相支

---

① 叶蜚声、徐通锵：《语言学纲要》，183页，北京，北京大学出版社，1981。

持，因此使语言活动变得比较轻松、容易，心理压力较小；能及时反馈——对话是完全意义上的双向交流，对话者可以随时要求对方进一步说明、解释他所说的内容，以便弄懂、搞清他语言的准确含义，而说者则可以调整语言表达形式和内容，以便更详细、清晰地说明同一事物；对话者都可以充分利用表情和动作，即副语言、身势语（体语）来帮助自己的言语。

这一系列有利条件在内容的传达上形成一定的优势：首先是信息接收清晰。由于距离近，双方都能听清、听好，如果没有语言障碍，能最有效接收双方传播的所有信息。其次能很好理解对方所讲内容的含义，及时反馈与多种信息通道同时使用，使得对话双方对谈话内容中所传达的语义及情感的分寸能较准确地把握，能比较好地互相理解，较少或没有误解，传播的有效性很高。再次，这种语言活动还具有易于让人接受，并能进一步影响受传者行为等特点。

虽然有这么好的传播效果，但是反观对话语言本身却可以发现，其语言形式是所有语言中最简单的。由于传播通道多、交流方便，其话语反而缺乏展开性、词汇量小，在特定的情境下能用最简洁的方式表达完整的语义，且无疑义。在任何一种语言中，口语词汇量都大大少于书面语词汇。另外它在文法结构和逻辑系统方面也常常不很完善、不很严谨，经常会有语序混乱、词语颠倒，但这并不妨碍沟通。对话语言一般不很讲究篇章结构，常常是想到哪里说到哪里。同时它也是各种语言形式中发展变化最快、最有时代特点的。

2. 独白语言

还有一类说话的形式如讲演、做报告、讲课等，它们是较长时间的个人独自语言活动，称做独白语言。其特点是：首先，在此类语言活动中，说者与听者之间的空间距离比对话语言要远，在心理上他们也不太接近，即对所说内容缺乏共同理解，或者是双方不处于同一理解水平。其次，它的听说双方角色固定：一方是信源，一方是信宿，且信宿（听者）的数量一般较多，所以它是小众（群体）传播的语言。这种语言形式因为传播距离比较接近，因此讲话者可以利用表情和动作，即副语言、身势语等多种辅助方法来帮助自己言语的表达，使得传播的信息较为丰富。也由于此，这种语言活动的传播者也依然能获得及时的反馈，但是反馈的数量与前者相比大大减少，且模糊度大大提高。另外，对讲话者来说，他只能以自己的谈话主题和自己的词句作为支持物来展开语言活动，没有其他支持者，因而其心理压力较大。

独白语言的语言形式与对话语言比较也有了很多不同：一是所用词汇比对话要丰富；二是语句较为完整、展开，更合乎语法要求；三是表达要比较讲究篇章结构的系统性和前后逻辑。加上心理压力大，独白语言在各类语言表达中是难度较大的一种，因此它一般要求较充分的准备。

3. 书面语言

古人云："文为言记，言为心声。"这说明了文字、语言、思维之间的关系及产生顺序：书面语言是在口语基础上产生的，书面语言是口语的加工形式。但是由于书面语言在写作过程中远离接受者，这使得其在形成过程中不仅没有反馈来帮助作者做出有利于传播效果的形式、内容调整，而且几乎没有任何非语言的辅助表达手段来使信息传达更丰富、准确。因此书面语言只能用别的方法来加以补偿，如用词要更丰富，遣词造句要准确、贴切、规范，以避免疑义、歧义，还要使用较为严谨、复杂的句式，来形成清晰的逻辑关系，同时要照顾到层次的段落安排，讲究篇章结构、连贯照应等，使接受理解更为准确、容易。

对书面语言的要求就是严谨、规范、文法准确、逻辑清晰，还要借助修辞手段来传情达义，这样才能使得传播成功，达到“传通”的目的。比较而言，书面语言的驾驭、掌握更为困难。但是它的写作比说话可以有更多的时间从容推敲、仔细琢磨，接受—阅读时又可以随意选择读法，还可以复读；加之“白纸黑字”，查之有据，也使信息传递的准确度提高了，且没有口头语言只能在特定的时空内交流、范围局限、转瞬即逝的弱点，走向了更大的空间和更长久的时间领域，这也就意味着有着更大的接受人群，所以它是大众传播形式最早使用的语言。

（二）广播语言的定位

广播电视中使用的广播语言与书面语言比较是更新的、面对更大受众群体的传播语言。它虽然是为听准备的口头语言，但又不同于上述两类口语活动。首先，它的信源信宿是分开的，它与受众的空间距离与心理距离都很远，不知道自己的接收者是谁、在哪里，因此它不能收到及时的反馈信息。声音广播还不能借助身势语。这些交流特点都与书面语言相同。从语言结构看，广播语言也与书面语言更为接近，况且它也都先以文字形式出现，然后再转换成口头语言。

图 9—1 列出了广播语言在人类语言体系中的独特位置。

- 人类语言
  - 内部语言
  - 外部语言
    - 口头语言
      - 对话语言
      - 独白语言
    - 书面语言

（独白语言、书面语言 → 广播语言）

图 9—1　广播语言在人类语言体系中的位置

广播语言在语言分类中的定位使它具有很多特点。

（1）它以语音形式为人感知，是“说—听”的传播形式。

（2）它能使用语音、语调等副语言来帮助表达，在电视中还可以有表情体语的辅助。

（3）语言规范，表达完整严谨，讲究篇章结构。

（4）它是说者对众人的话语，不知接收对象，是发信者的单向传播。即使运用对话形式，它的说和听还是分离的，因为信宿不是对话者而是收听者，所以不是真正意义上的对话，还是对话者共同对众人发言。

由此可见，广播语言既不完全是口头语言，也不完全是书面语言，它兼有两种语言各自的部分特点，或者可以更简单地说是介于口头语言与书面语言之间的一种特殊语言。因而对它的要求是既要有有声语言通俗生动的口语特点，也要有书面语言严谨、规范、紧凑的特点。但是广播语言在两种语言之间的位置不是一成不变的，它常常会发生摇摆，有时更接近书面语言，有时则更接近口头语言，但总的倾向是在不断向口头语言趋近。

二、广播语言写作

了解了广播语言的具体定位，就要根据其特殊地位在写作、表达上提出一些特殊要求，运用一些特殊的操作技巧、方法。

（一）写作要求

1. 为听而写

广播电视新闻呈现是随时间流逝的声音、画面，不能像文字新闻那样回味、重读。而且，广播电视新闻文字稿件最终体现为语言表达，所以其新闻稿是为收听而写作。因此广播电视新闻为听而写要注意以下几点。

（1）口语化。为听而写首先要求用接近口语的语言来写作。这是由广播电视新闻的传播特点决定的。其一，广播电视新闻是由记者或主持人播报的，因此，新闻文字稿要体现人际传播的特点，要向受众“说”新闻，而不是“念”新闻。其二，广播电视新闻的服务对象广泛，各种年龄、文化程度的人都有，文字稿只有写得平实、易懂，如平日里人们说话一样，才能最大限度地让各类受众理解接受。其三，书面用语与口语在语言表达方式上有着很大的差别，书面用语常常并不适宜收听。

（2）具体形象。广播语言要口说耳听，就应该通俗易懂。广播电视新闻稿的通俗化要求，就是指要用明白易懂的语言深入浅出地报道、评价事实，用事实说话；要用大家熟悉的词语，切忌使用艰深的、生僻难懂的词语、专业术语；用明白晓畅的比喻和简单明了的具体事例来说明复杂的主题和道理、理论，尽量少用概括、抽象的议论和复杂的句式；写作要尽量像平时说话一样简明扼要、朴素自然、活泼生动，多用短句。语言具体形象就会通俗易懂，且好听好记，使人印象深刻。

（3）紧凑清晰。广播电视节目是线性播出，观众稍不留意，信息就稍纵即逝，不可重复视听。所以其新闻稿的写作表达要很清晰，这包括结构的清晰和语言的清晰。广播语言要求口语化表达，但不能如人们日常讲话那样条理不明、散漫啰唆。新闻内容贵在清楚、简短，要把复杂的事情条理化，用时间要素或内在逻辑来理顺内容。紧凑化的具体要求是少用形容词、副词，善于运用有力度的动词，让句子简洁明快；并适时地让音响、图像来说明事实。广播语言本身也要强调表达的节奏，一般没有细描细画、铺陈排场地叙说原因与过程的时间。

与广播新闻相比，电视新闻有画面作为补充，因此信息内容更丰富；同时，正是由于画面的吸引力，也可能造成观众对电视新闻中声音的关注度下降，注意力分散。因此，要讲究写作方法，将新闻稿与画面很好地配合，争取在单位时间里让观众把握住更多的信息。

（4）主次分明。由于时间的限制，广播电视新闻不可能将记者采访到的方方面面都告诉受众，记者在写作时必须分清哪些是重要内容，要多讲；哪些是次要内容，要少讲。如果在次要问题上纠缠不清，用大量文字来解释说明，重要的信息反而可能被忽略，影响传播效果。对于特别重要的信息，即使很难表达也不应该放弃，要尽可能将其解说梳理清楚。

（5）声音和谐、语言规范。写作广播电视新闻稿还要适当注意用词音节、和谐声调，以使播出的语言听起来抑扬顿挫，优美悦耳。

广播电视新闻稿的写作，要注意语言使用的规范化。因为广播语言与书面语言有很多相似之处，很多内容完全要靠语词来说清楚，语言不规范就会妨碍人们的接收、理解。为了广播语言本身表达的清晰，应该严格按照现代汉语的规则来写作。这种语言规范包括语音的规范、用词的规范、语法的规范等。

2. 为看而写

电视新闻写作不同于报纸、广播。报纸记者在写作时仅考虑文字是给人读的，广播记者在写作时仅考虑文字是给人听的，电视记者在写作时则既要考虑看，又要考虑听。

电视节目视听兼备。观众用眼睛观看画面，同时用耳朵接收声音。正因为这种声画结合的特点，决定了电视写作为看而写的基本原则。为看而写就要遵循视觉逻辑，当记者提笔写作时，应该时刻考虑观众收看时的接收状态和方式。为看而写的基本要求是要做到声画对位，根据新闻的整体构思、布局结构及画面内容进行写作。为看而写，并不是要简单地削弱文字的地位。

（1）少而精当。少指的是解说的数量不宜过多。通常，电视新闻篇幅比较简短，由于还要给观众留出观看画面的时间，因此解说必须少而精。如果解说灌满画面，观众就会感觉过于累赘啰唆；那些能够通过画面展现的内容就不要再用语言解释。

精当则是指解说与画面的配合要恰当。一方面，对那些画面已经展现了的内容，就不必再解说，否则不仅无用还会令人厌烦；另一方面，解说应该是对画面的补充和深化。有时，画面表现的内容比较笼统，解说就应该具体一些；有时，画面表现的内容比较具体，解说就应该能有所提炼、概括。其前提是解说与画面内容要相辅相成，切忌脱节，不能各行其道，形成声画两张皮。

为了少而精当，记者在写作时要挤出时间对照画面重读文字稿，将可有可无的文字去掉。

（2）实而具体。在电视新闻稿写作中，实而具体是指要将画面不能表达的内容转换成语言文字，记者应该根据画面需要，将新闻内容用文字表达得实实在在、明白具体。

（二）广播语言写作方法

广播电视新闻稿总的要求是要写“语”而不要写“文”，要追求“口语化”。达到这一要求可分几个层面。

1. 词汇使用

书面语言比口头语言使用的词汇量大，而且存在书面词汇与口语词汇的差异，这就要求我们在广播电视新闻写作中，注意避免使用书面词汇，尽量使用口语词汇。

（1）多用双音词。

单音词是指以单字作为完整表意单位的词汇。这种词汇广泛存在于中文书面语特别是古汉语中。但在日常口语中，大家更习惯听说的是双音词。单音词说出来比双音词要少一半音节，占用时间短，没有适当的冗余信息印证同一内容，容易使人听不到、听不清，有时还会产生误解。而双音词则长度增加，两个字之间有互相说明、印证作用，听起来语意表达更清楚、准确，不易产生误解。这也展现出广播语言的一个特点：词语疏松。在新闻稿件中最常见单音词应改为双音词的有：

现——现在　今——今天　昨——昨天　前——以前　曾——曾经　虽——虽然
已——已经　后——以后　将——将要　时——时候　可——可以　因——因为
即——就是　如——比如　但——但是　并——并且　或——或者　仍——仍然

单音词改成双音词也要视情况而定，并不是所有词汇都要使用双音格式。很多已经固定、词义明确的单音词也不需要再改成双音词，如吃、喝、买、卖等。如果把这些词改成双音词反而不自然，且变得书面化了。

（2）不用书面词汇。

有不少书面词汇虽然是双音，但并非口语词汇，对这些词汇在广播电视新闻中要慎用，有相应口语词汇的要选用口语词汇。这类词有：

如何——怎样　即将——就要　所致——造成　日益——越来越　与——跟
宜于——适合　故而——所以　该——这个　分赴——分头到　上述——上面提到

（3）避免同音词词义相混。

从词义看，同音词有几种情况。

第一，词义相近的，如：情谊——情义，权利——权力，考察——考查等。这类同音词，因词义相近，如果听混了，只影响对词义的精确理解，大概意思还对，对理解问题影响还不算大。

第二，词汇之间语音相同但词义不同，各自表达一种概念，互相没有联系的。如：轻捷——清洁，钟声——终生，著名——注明，政见——证件，破例——魄力，公关——攻关等。这类同音词，如果听混了，会造成对语意的不理解或错误理解，会给交流带来影响。

第三，词义相反或相对的，如：切记——切忌，全部——全不，长命——偿命，报仇——报酬，治贫——致贫，治癌——致癌，期中——期终，显见——鲜见等。这类同音词如听混了，问题就严重了，听到的与原意相反，传播效果是负的。

在写广播电视新闻稿时，用词要注意选择，尽量避开可能造成同音相混的词。记者要在写作时试着“听”一下所写出来的语言，比如“产品全部合格”容易产生误解，可改成“全都合格”，“期终考试”可改成“期末考试”等。

在稿件中可以用上下文来限定词的含义，让听者联系上下文，正确判断词义。像权利——权力，可用正当权利、民主权力等，这类词在具体的语言环境中一般可以避免混淆。

另外有些词，为了便于理解，还可以加以解释。如一篇报纸言论《种草种树 治穷致富》在广播中播出就应对两个“治、致”加以说明，或是干脆换一个说法——脱贫致富，就不会再有歧义。

（4）慎用简称。

在日常生活中，很多较长的专有名词都会在一定社会范围内产生简称。

一般情况下对于大家比较熟悉、较常用的可以直接使用简称，如两会——全国政治协商会议和全国人民代表大会，首钢——首都钢铁公司等；而不太熟悉的就要用全称，或者在稿件前后至少出现一次全称，以便于理解。在不易发生歧义时或在特定范围内可以使用简称。如在中国人民大学附近说“人大”一般不会有歧义，而在长安街附近会被一些人理解为人大常委会。在新闻稿件中当词义容易发生歧义时要慎用或不用简称。

一个新事物出现后要在一定时间内经常使用全称，让大家有一个熟悉的过程，以后再用简称。但对大家已经很熟悉的事物还是要提倡少用全称，多用简称；因为全称使语言表达显得累赘、烦琐，听起来节奏太慢；全称过多也使报道风格显得过分郑重、呆板，让人感觉冗长、枯燥，不如简称那样简明、生动。

（5）适当重复。

一则新闻往往围绕一个人或是一件事展开。由于广播电视新闻的播出是时间序列，线性、一次性是其特征。为了让受众能很好地接收，在新闻中至少要对所涉及的关键人物或事物的名称重复一次，即在新闻开头提过后，在新闻结束处再重复一次。

听众在接收广播电视新闻时，注意力往往并不总那么集中，经常处在注意转移、涣散的状态。在这些时候，人们对正在听的新闻会没有听到或听不完全，当他注意到所播内容与他关系密切时，往往其中一些关键内容已经过去，只能等待新闻再重复一下。这些关键内容一般有“谁说的”、“在哪儿发生的”、“什么单位”、“什么地点”等，这些在广播电视新闻中是应该重复的信息。那些没有重复这些关键内容的新闻，往往会给人留下遗憾和疑问，致使新闻信息不能完整传递。

（6）短语使用。

在短语使用中，书面语与口头语有着较大的区别。如口语中不能在代词前加修饰语，而这在书面语中却很常见。如“受到沉重打击的我”，是以动宾结构词组修饰代词；另“作为一名主持人的你”是以介宾词组修饰代词。这些结构在书面语中没有问题，而口头语一般要将其改成短句：“我受到了沉重的打击……”，“你作为一名主持人……”。

2. 句式

在句式上，口头语和书面语有一些不同的用法。一般来说，书面语的句子比较长，往往把互相有关联的意思按其内在联系组织成较为复杂的语句，其特点是附加、修饰成分多，复句多。而口语句子的主要特点就是简短、结构单纯、附加成分少，基本成分相隔较近、联系紧密。书面语句子有时变换语序，采取倒装形式，而口头上则很少这样。

广播语言的句子结构要短而完整，要多用简单句，少用复合句，不用长句、倒装句。通常我们把复杂的书面语长句改成口语短句，有以下几种方法。

（1）少用连接词，使句子变短。

在书面语言中，经常用“因为……所以……”、“虽然……但是……”、“与其……不如……”、“不但……而且……”之类的关联词来表示上下分句间的关系。在口头语言中却很少使用关联词引导的复句，而是多用并列句，用上下句之间的内容来表示分句之间的关系。

真正的口头语言中不仅关联词少，还有不少语气词，不仅用来表示各种语气，还用来表示停顿，在语句的开头、中间、末尾都可以用。

（2）去掉多余词语。

去掉多余词语、减少修饰语，或让修饰语独立成句子会使句子变短。例如：2013 年 3

月5日《人民日报》有关“十二届人大一次会议举行预备会议”的消息中的一段：“第十二届全国人民代表大会第一次会议4日上午在人民大会堂举行预备会议。出席预备会议的全国人大代表经过表决，选举产生了十二届全国人大一次会议主席团和秘书长，通过了十二届全国人大一次会议议程。十一届全国人大常委会委员长吴邦国主持会议。”而中央人民广播电台当天的《新闻和报纸摘要》节目中同样内容却改为：“第十二届全国人民代表大会第一次会议昨天举行预备会议。经过表决，选举产生了大会主席团和秘书长，通过了会议议程，吴邦国主持会议。”去掉三处重复的“十二（一）届全国人大”等字样，使文字从114字减少到62字，听起来更清楚。

（3）一个长句改成几个短句。

过于复杂的长句，常常同时表达了两个以上的内容。如果把复杂句中的附加成分拿出来也变成句子，每句都只有一个内容，一句改成几句，每个句子就都短了。例如，2000年3月20日《北京晚报》的一条消息《联想与美半导体巨头联手》的导语为：“今天上午，联想集团与全球半导体公司工业巨子美国国家半导体公司，在北京联合宣布国内第一家合资信息家电产品实验室——‘联想—国半联合实验室’正式成立。”这条导语作为报纸导语已经很难读了，如果广播出去没人能听懂。如果把它改成：“今天上午，我国第一家合资信息家电产品实验室正式成立。它是由联想集团与美国国家半导体公司在北京合办的。实验室名为‘联想—国半联合实验室’。‘国半’是美国国家半导体公司的简称，它是全球半导体工业界的著名企业。”这样一句改成四句，听起来就舒服、容易多了，且重点突出、关系明确、易于理解。

（4）简化句子结构。

采用外化复指的方式，使句子结构简化。例如，2000年3月20日《参考消息》的《中国教育改革任重道远》这则报道的导语是：“当中国大陆的中小学生们结束寒假生活迈进新学期时，伴随他们的还有各传媒关于‘端正教育方向’、‘加强思想教育’、‘减轻学生负担’的密集宣传。”这一句里包含了两件事，如果把它改成广播稿就要把它们分开，可以改为：“寒假结束，中国大陆的中小学生们开始了新的学期。这时，各传媒正在对‘加强思想教育’、‘减轻学生负担’的话题展开密集宣传。”这句就是先将前面原来的时间状语短语变成一个句子，再使用“这时”一词复指这一内容，在后面的主句中依然起状语的作用。

（5）不用倒装句。

书面语句子有时变换词序，采取倒装形式，这在口语中却很少使用。我们说话通常是按正常语序，先说主语，后说谓语，有宾语就放在谓语后面；定语和状语放在被它们修饰的成分前面；使用复句有偏正关系的，偏句在前、主句在后。不按这个顺序排列，说、听起来就不那么习惯。特别是在使用直接引语和同期音响时，一定要在前面加上说话人的身份和姓名，否则受众就不能理解同期和引证的内容。在广播电视解说中要尽量避免使用倒装句。

3. 标点符号的使用

广播电视新闻稿虽然是念来给人听的，但对标点符号却不能马虎大意。因为标点在稿件中都有其特定的作用、意义，如果不注意，往往会使播音员错误理解稿件内容，把意思播错。如有的句子缺乏标点符号就会使其意义不明确：

参加会议的有学生家长、职工家属。（几种人?）

他告诉你这样做是不对的。（两种理解：告诉你是不对的，或这样做是不对的）

另外，有的句子标点符号用错了也使表意不清，造成表达上的错误。

书面语常用标点符号包括逗号、句号、顿号、问号、感叹号、冒号、引号、破折号、省略号等。一般来说，标点符号在书刊报纸上怎样用，在广播电视稿里就怎样用。我们写广播电视稿，也跟其他文章一样，除了注意思想内容正确、语言文字通顺流畅外，也要注意正确使用标点符号。但是由于广播电视稿最终要变成有声语言播出，所以它的标点使用与书面语就有了一些不同，有一些特殊要求。

书面语言的标点符号在广播语言中使用时分为三种情况。

（1）仍能很好表义。

逗号、句号、问号、感叹号等几种标点的表意功能在广播电视稿中仍能较好地实现。在播读稿件时看到逗号、句号会停顿。广播语言中的逗号、句号要比书面语中用得多一些，因为除了使用短句等语言结构的需要，在广播电视稿中还要根据播音时换气、强调语气和便于听众记忆的需要适当增加使用这两种标点。问号与感叹号的表意功能也可以在播出时以语音语调的变化来实现。

（2）失去表意功能。

间隔号（·）和冒号（：）在广播电视播音中无法表达，它们只能在字面上发挥标识作用。

括号里的词语是注释、说明性质，不是正文，有的可以不播读，而有的不读会影响理解。在后一种情况下就要把其改成正文，并对内容进行调整。如这样一句话：目前，我国电视领域从中央到省、市（地）三级电视台都由“节目时代”进入“频道时代”。其中的“市（地）”是指的“地级市”，在播出时括号无法表示其含义，就要将括号去掉，改用“地级市”来称谓，才能让人听明白。

破折号在播音中也难以表现。如：“我刚一下学，就看到村口有许多人——有的人手里拿着农具——向我走过来。”直接播读让人容易听成“有的人手里拿着农具向我走过来”，而原意是“许多人向我走过来”，其中包括“手拿农具的人”；若去掉破折号，把中间的文字移到最后，播读出来意思就准确了。所以广播语言对包含破折号的文字要进行改写。

（3）要小心使用的标点符号。

1）顿号。很多具有并列关系的词汇用顿号隔开，在播读时适当停顿就可以了。但有些词汇放在一起播读，虽使用顿号间隔，其表达仍容易形成误解。如并列的两个词在意义上有联系的：“学生、家长”，“水果、罐头”，“香蕉、苹果”，“职工、家属”等。这些两个词组合在一起可以构成另一个词，听起来就很难确切把握内容。在这种情况下要对语言、词汇本身加以改变，如可用连词“和、跟、同、以及”等来代替顿号，或是将词序倒过来，以使表达清晰、避免误会。

2）引号。使用要视情况而定，如果所引内容表示引用原话或是需要强调的词语，播音时可以用语调变化和加重语气来表达。但引号内如是表示否定、讽刺或反义的词语就不易表达出来了。如：“最近四川什邡政府的官员们肯定特别郁闷。辛辛苦苦给灾后重建的什邡拉来的‘大项目’宏达钼铜，既能‘增加财政，改善民生’，还通过了‘国家级环评’。但是这样一个‘利国利民’的项目，却被‘不了解，不理解，不支持’的‘部分群众’强烈抗议，在7月初酿成了警民冲突，各种现场照片被四处传播，舆论骂声一片，最后项目停工。竹篮打水一场空不说，还落了一身骂名。”①

这几句话单引号中引用的是当事官员的语言，阅读它意思很清楚，若原封不动地播读出来却会引起一些误解，因为播音难以把这么多反义词读明白。对这种内容，在播音中要加入说明性词语指出其真实语义，如在引号前加上“所谓、什么、自称、标榜”等词，或改变句式，从正面来说。

3）书名号。书名号的使用也要区别对待。大家熟知的书名或作品名，在广播电视稿写作时加上书名号就可以了；对大家不熟悉和容易产生误解的，除用书名号外，还需加上说明词语。如高尔基的《童年》、张艺谋的《红高粱》等，容易误解成没有书名号内容的意思，可以加上词语改成高尔基的小说《童年》和张艺谋的电影《红高粱》等。

4）省略号。其使用表示列举省略，或是表示沉默、思考、意犹未尽等。播读中可以用语调的变化和停顿来表达后者的意思；而表示列举省略的，可用“等等”和口语中的“这些、什么的”等词来代替。

4. 加工数字

在广播电视新闻中数字应尽量少用，对一定要用的应做加工、说明。在使用中除少数必须用准确的数字外，要多用概数、约数。如有一篇有关南浦大桥建成通车的广播报道，其中一段为：“南浦大桥全长8 246米，主桥是846米，东西引桥各3 700米，桥面高48米，主桥宽30.35米，设6个车道，日通车能力5万辆；桥下通航净高46米，可确保5万吨级轮船通航……”这段文字在数字使用上就犯了忌讳：在短短一段话中，用了9个数字，且都是精确数字，也没有加工处理。这不仅让听众记不住，还不能理解，不知道这样一个规模对一座桥来说意味着什么。这样做的结果是使所用数字不能发挥应有作用，使报道无效。

广播新闻中应该对数字进行加工、换算，例如，无线电波传播的速度是每秒30万公里，这相当于一秒钟绕地球七圈半。这就是一个很好的转换说法。电视新闻中的数字使用还可以通过字幕、图表、示意图等来进一步说明，用多种方式保障接收有效。

总之，文字稿要做到口语化，就要力求精简，能用简单句表达绝不用复合句，能用主动句说明就不用被动句，能只交待一个时间点把故事的前因后果说清楚，就不用更多的时间点来困扰受众；其次，要删除一些不是重要信息的文字和一些不易让受众听清楚甚至可能产生误解的文字。广播电视新闻语言要追求简单、明白，远离复杂，写稿的时候不妨反复“读”几遍，力求文辞通顺流畅。

第二节　广播电视新闻写作

广播电视新闻写作是为广播电台、电视台写作新闻，它首先是新闻，其次是广播电视新闻，所以它先要服从新闻写作的基本要求。广播电视新闻的写作与报刊新闻的写作具有很多共性，如要新鲜、生动、平实等，基本的结构也相同。同时，广播电视新闻要服从广

---

① 刘瑜：《怎样推销“糖果”》，载《文萃周末》，2012-08-02。

播电视传播规律的要求，因此在新闻写作中，有一些与报刊新闻不同的要求。

一、广播电视文字稿件的作用

在广播电视中，语言是一种广泛有意义的符号的代称，如画面形象语言、声音形象语言等。广播电视新闻要实现信息的完整、有效传播，就要做到各种传播要素（文字、图像、音响）彼此匹配、相互补充。其中文字稿有着重要的作用。

1. 传达信息

广播电视新闻稿作为新闻的有机组成部分，是传递信息的“主力”，且要与音响、图像并行不悖，共同配合传达内容。在广播电视新闻中，音响、图像具有时空局限性，只能展现当前形象；而文字确切、清晰，可深可易，不受时间和空间的约束。在写作广播电视新闻稿时，文字基本和首要的任务是介绍新闻要素和基本事实。

2. 揭示主题

广播电视新闻中的音响、图像长于表现形象、直观的信息，受众要通过这些形象来把握新闻主题会有一定困难。文字稿则可以运用其概括功能来提炼新闻事实的价值、意义，用简短的语言把新闻主题讲述清楚，将受众的注意力集中到新闻的主要信息上，从而加深对事实本质的把握和理解。

3. 引导受众

纯粹的广播电视新闻音响、图像的含义往往是多义和模糊的，不同受众会产生不同的理解，有时甚至会和事实本身背道而驰。比如在电视新闻中，图像可以逼真地呈现一场事故或灾难的惨状，但无法讲清它的来龙去脉；图像可以表现优秀人物，却无法再现他们坎坷而又充满智慧和勇气的经历。因此电视新闻需要借助文字稿的语义逻辑叙事作用来解释和界定图像的多义性，引导受众较准确地把握新闻的主要内容和含义。

4. 协调整合

文字稿在广播电视新闻传播中发挥着极强的协调和整合功能，它将新闻传播诸要素整合起来共同完成新闻表达。广播新闻没有文字稿提供的解说基本就不能成立。电视新闻的图像与图像之间有时并没有直接联系，缺乏逻辑关系，如果没有文字稿解说，就会使人不知所云。正是文字稿通过其语义逻辑将各类素材联结成整体，共同为传播事实相互配合。音响、图像通过文字稿的提升而明确了观念和思想内涵，文字通过音响、图像的形象而使观念和思想变得具体而生动。

二、广播电视新闻写作

（一）广播电视新闻标题

标题是新闻的题目，是用以提示、评介新闻内容的一句简明扼要的文字。广播新闻标题大多现身于提要中，电视新闻标题则以字幕形式出现在图像中。

1. 标题的作用

首先，标题可以提示概括新闻的基本内容，使观众通过标题对新闻内容、新闻选材、新闻价值有大致的认识，如《WTO第四次部长级会议审议通过中国加入WTO》、《韩国国会通过谴责日本决议》。

其次，标题可以激发受众兴趣，引导视听，在报道开始前吸引受众注意。如《南京冠生园：年年出炉新月饼 周而复始陈馅料》、《世卫：H7N9病毒无人际传播证据》。

2. 写作要点

（1）具体。

新闻报道要短、快、新，标题作为新闻的“眼睛”，要直接表述事实本身，寥寥几字可高度概括新闻中最实在、最有价值的部分。值得注意的是，广播电视新闻专题和消息的标题会有一些差别。消息的标题要传达新闻的基本内容，简明扼要、概括准确；而专题则不仅要传达信息，还要挖掘事实内涵，比较强调深刻性和思辨性，因此它的标题既要传达事实，又要发人深省，如《千米之堤，毁于什么》、《不明不白的白酒》等。

（2）通俗。

广播电视新闻标题是要供耳听或叠加在图像上的，瞬间即会消失。要在如此短暂的时间内让年龄、文化层次参差不齐的受众中的多数听懂或读完并理解，而且还不费力，标题就一定要通俗易懂，文字不能太古旧、生僻、过于专业。

（3）生动。

标题要用新颖、独到、富有感染力的语言，把新闻事实中最重要、最有特点、最具价值、最新鲜、受众最想知道的信息瞬间呈现，让受众乐意接受。如《从后排到前排 15 米走了 15 年》①。

（4）简明。

广播电视新闻标题只起提示新闻内容、加深受众印象的作用，因此不必太详细；而且由于标题停留时间有限，更需做得简短明白、文字数量不能过多，便于受众一下听清、一目了然。

3. 标题的形式

概括地说，广播电视新闻标题的形式有陈述式、提问式、描写式、抒情式、赞扬式、揭露式等。例如：

陈述式：《关注人感染禽流感》、《香港正式实施个人信息安全新条例》。

提问式：《千米之堤，毁于什么?》、《农田里为何种树忙?》

抒情式：《坚守心中的那片绿》、《黑土地上的“女粮王”》。

赞扬式：《我国特高压输电技术取得重大突破》、《阳军：你用微笑点亮人生》。

揭露式：《隐秘会所吃喝风》、《坑人的网络推手》。

（二）广播电视新闻导语

导语是新闻开头的一两句或一段话。它往往使用精练的文字，简明扼要地对新闻的主要内容进行提示和评点。

1. 导语的作用

（1）引起关注。

一条广播电视新闻能否引起受众的兴趣、抓住其注意力，导语往往起着关键性作用。

---

① 上海卫视 2001 年 11 月 11 日首播中国加入世贸组织的新闻报道时使用的标题。

收听收看广播电视新闻的随意性环境决定了受众的注意力徘徊于无意注意和有意注意之间，他们对所要传递的新闻内容在大部分情况下缺乏期待。为了提高广播电视新闻传播的效果，导语要以鲜明的、突出的内容激发受众的注意，让他们将关注集中在一个兴奋点上，吸引他们看完新闻，同时帮助他们理解新闻主题。比如："扎龙真的着火了。没有人能把大火与湿地联系在一起，但是扎龙湿地却真的着起了大火。"[①] 这个导语就很引人注意，短短两句话就抓住了受众的兴趣。

（2）凸显核心。

新闻核心是新闻事件的主要内容和最有价值的部分，当然有时也包括传者对新闻事件所持有的观点及评价。好的新闻导语往往能在三言两语中突出新闻的核心。

（3）确立要点。

导语以简约的文字勾勒出新闻的轮廓及要点，为新闻正文的写作确立基调。例如：

> 你好，观众朋友，欢迎收看《焦点访谈》。辽宁省阜新市，细河穿城而过，而细河大堤被阜新人看做城市的屏障。前不久有观众反映，这条大堤有很长一段被推倒，盖上了楼！毁堤伤堤这样的事，让阜新人非常不安，因为这里发生的洪水曾经漫过大桥，冲走公共汽车，还造成了人员伤亡。这成为城市之痛，让人记忆犹新。那么细河大堤上，到底发生了什么？记者前往进行了调查。[②]

这条导语中说明了河堤的重要性，提出了问题，是正文行文的要点，导语提问的倾向也为正文定下了基调。

2. 导语的写作要点

（1）延缓切入。

一般报刊新闻特别是在事件性报道中，使用的都是"硬"导语，以示开门见山，节省篇幅。虽然广播电视新闻也讲究"开门见山"，但表达方法与报刊略有不同。广播电视新闻即使在突发事件报道中一般也不能像报刊新闻那样使用简约、直接的"硬"导语，而要用将信息稍微置后的"延缓式"导语，或称"软"导语。这是广播电视新闻与报刊新闻的不同之处。

如消息《上海液氨事故致 15 人遇难》：

> 昨日 10 时 50 分许，上海宝山区丰翔路 1258 号翁牌冷藏实业有限公司发生液氨泄漏事故。截至目前，事故已造成 15 人死亡、5 人重伤、20 人轻伤。
>
> 目前，伤者已被送往公司附近的三家医院治疗。据大场医院相关负责人介绍，伤者多为呼吸道灼伤，轻伤者伤情较稳定。
>
> 涉事的上海翁牌冷藏实业有限公司，坐落于上海西侧外环线附近一个工业园内，是集水产进出口贸易、物流、收购、加工、冷藏、销售为一体的综合性大型企业。
>
> 据新民网报道，事故由该公司一个车间的管道泄漏引发。具体原因正在进一步调查中。

---

① 《火烧湿地》，黑龙江电视台，2001 年 10 月 27 日首播。
② 《千米之堤，毁于什么?》，中央电视台，2013 年 4 月 12 号《焦点访谈》首播。

据上海市宝山区人民政府通报，上海市委书记韩正在获悉该事件后，要求各有关方面尽最大努力抢救伤员，彻查事故原因，并向社会公布。[①]

其导语是典型的报刊导语。其写法是纯粹的倒金字塔结构，在第一句话中就把主要事实、关键信息说了出来，这样的导语对于广播电视听众来说往往难以听清。这是因为广播电视受众在接收新闻时没有什么心理准备时间，一条新闻的第一句话往往只能起到引起注意的作用，如果在此时给予核心信息往往只会在他们注意力还没有集中到该内容上时，把主要信息漏听了，这会影响对内容的把握。所以应该用导语的第一句话提示内容的方向，用这个时间让听众做好关注此新闻的心理调适准备。

新闻内容纷繁多样，在读报时，读者可以先浏览题目，从中选择自己喜爱、关心的内容继续详读。看标题是“心理调整”，即将自己的注意力调整到某一关注点上。而广播电视新闻接收则没有这种“调适”时间，它以线性方式匀速播出，在每条新闻播出前只有提要做总的接收提示，电视新闻标题也只在本条新闻播出时才开始呈现在屏幕上，各条新闻之间只有很短暂的间隔，也没有过渡。因此，广播电视新闻除了做好提要外，在每条新闻中都要提供一定的心理、注意调整的时间。

在广播电视新闻导语中，新闻的主要事实不应放在一开头，而要放在导语的结尾处，起码是在第二句话中。这种导语的作用就是让人对事实的接收做好准备，将受众的注意力较从容地转移到即将开始的报道上，对后面的内容提供铺垫。如前面的那条导语，如果改成广播电视新闻导语应该是：“昨天上午，上海发生一起液氨泄漏事故，造成重大伤亡。这家位于上海宝山区的翁牌冷藏实业有限公司，有 15 名员工在事故中死亡，还有 25 人受伤，其中 5 人伤势严重。”

尽管导语要为听观众做心理准备而延缓，但同时又要保持新闻的简短，所以导语应该在一两句内容提示之后马上开始交代核心事实。如果导语拖得太长，不仅浪费篇幅，也会让人感觉节奏过慢。应该把这种“软”导语的长度控制在可能的较低限度内。

（2）“卖点”明确。

从内容上看，导语不是简单的新闻总结，不能只笼统地告诉受众发生了什么，它应该是新闻事件的高潮，内容要具体，要突出其新闻价值。实际上，受众也常常就是根据播报的导语来判断和决定是否收听收看一条新闻的。要想抓住受众，一条导语起码要有一个兴奋点或“卖点”，直接显示出新闻可听可看的价值，刺激受众的获知兴趣。

（3）简洁明快。

导语播报的时间非常宝贵，一般要在短短十几秒到几十秒内呈现新闻的亮点。这就要求表达上简洁明快，根据不同的新闻内容，确定最重要的一至两个新闻要素。比如，2013 年 4 月 20 日中国之声《新闻和报纸摘要》中《国内成品油价格下调窗口将于下周开启》的报道，原文导语是：“随着近期国际原油价格持续暴跌，市场监测机构预计国内成品油价格下调窗口将于下周开启。”这条导语交代两个信息，即国内油价将下调及其原因。

（4）通俗生动。

导语要用生动、明了的语言将新闻中最出彩、最有悬念的部分提炼出来，引起受众的

---

① 《上海液氨事故致 15 人遇难 死者面部烧伤难辨身份》，载《新京报》，2013-09-01。

注意。例如央视《共同关注》栏目2013年4月1号有关楼市调控“国五条”实施细则出台的报道《时限已过 多地爽约房价控制目标》，其导语是：“昨天（3月31日），是楼市调控‘国五条’细则要求各地公布2013年房价控制目标的‘大限’。就像很多学生会赶在最后期限交作业一样，北京、上海、广州、深圳、天津、重庆、合肥、济南、武汉、南京、青岛等地纷纷在‘大限’前的最后两天甚至最后一刻公布了房价控制目标。如今，房价控制目标‘大限’已过，但仍有很多城市没有按时交‘作业’，这与两年前同期九成城市爽约的表现如出一辙，未来两天，可能‘作业’才能基本交齐。”这则关于楼市调控的很严肃的报道，使用了“大限”、“交作业”这样生动的比喻词语，使很枯燥、生疏的内容一下子变得通俗易懂起来，使观众对其有了亲近感。

3. 导语的形式

从写作手法上来分，导语大致可分为三类。

（1）叙述式导语。

这类导语用平实无华的语言概括出新闻的兴奋点。写作时可自问：这个新闻事件中什么地方最突出、最有新闻价值？预想中受众最想知道什么？例如，

> 前些日子，社会上有关南丹矿难的说法众说纷纭。为此，本台记者深入到南丹矿区几个周边县市进行了调查采访，并将情况及时向自治区领导做了汇报。今天，自治区调查组证实：在南丹“7·17”透水事故中，确实有重大人员伤亡事件发生，请看报道。①

（2）议论式导语。

议论式导语在广播电视新闻中较为常见。这是因为广播电视新闻的音响、图像虽然能再现新闻现场，让受众耳闻目睹、真切感受，但对新闻事实比较内在、抽象的内涵则容易反映不够，所以广播电视新闻导语可以适当地使用议论法来突出新闻主题。根据议论方式，它包括结论式议论、评论式议论和提问式议论。例如，

> 今晚，是所有中国人都难以忘怀的日子。中国人终于结束了15年的艰难跋涉，成了世界贸易组织的正式成员。而这一历史性的变化，首先反映在中国代表团的座位上。②

（3）描写式导语。

所谓新闻描写，即写作时抓住富有个性的情节进行描绘，以期能够调动受众的想象，让新闻生动感人。由于电视新闻拥有“活动图像”，能生动再现新闻现场，因此它的导语不需要像报纸和广播新闻那样具体描述，而仅仅只是造成一种铺垫，引起受众对即将出现的图像的关注即可，而且它所描述的内容绝不应简单地重复图像。

（三）广播电视新闻正文

正文是新闻的躯干，所占篇幅最大，是报道新闻的主要部分。

1. 广播电视新闻稿正文的作用

（1）提供详细的新闻事实。

新闻事实在导语中简要提及之后，正文就要将事实展开说明，包括其详细的内容、具

① 《南丹“7·17”事故初露端倪》，广西电视台，2001年8月3日首播。

② 《从后排到前排 15米走了15年》，上海卫视，2001年11月11日首播。

体的过程、翔实的数据和丰富的细节以及新闻缘由、当事人的话语等。对此，美国的朱利安·哈瑞斯等有这样的表述："导语以后的那部分内容一定要流畅地与导语衔接，并且支持导语中提出的内容。"①

（2）阐释恰当的新闻评价。

相关的新闻评价最初是在导语中提出来，这些评价若没有具体的素材予以证实就不能让受众信服，于是正文承担了解释、证明的任务。美国的约翰·钱塞勒等认为："导语提出一个或几个观点后就要在报道中加以证明。"②

2. 广播电视新闻正文的写作要点

（1）层次分明。

新闻正文的表述层次要分明，可以按照新闻主体发生、发展的时间顺序或人们认识事物的逻辑顺序安排材料，每一层都有一个主旨。一层主旨说清楚后，再说另一层，这样受众听起来才没有障碍。值得注意的是，若按时间表达，时间要素的提示一定要明晰，不可前后混杂；若按逻辑叙述，一定要条分缕析地交代事情的前因后果。

（2）材料充实。

正文写作中应围绕着导语涉及的内容提供丰富的材料，要在有限的内容里尽可能使新闻充实。这种充实有两层含意：一是材料要典型实在，不要夹杂空话；二是要有适当的背景材料，丰富报道内容，拓展报道内涵。

（3）手法多样。

正文是新闻的主体，信息容量大，在写作上有较大的空间和自由度。它可以采取一般的概括叙述的方式，或是直接写实的手法等。但也不能公式化，应体现"大体须有，定体则无"的文法规律，勇于创新，大胆尝试新的手法技巧和表达形式。

（四）广播电视新闻结尾

广播电视新闻稿的结尾一般会有结束句或段落。一条新闻有了吸引受众的导语和正文，还应有或回应导语，或留下思索的结尾，以强化全篇的效果。好的结尾应该能够紧扣导语、深化主题、加深印象、延展情感并形成见解。

广播电视新闻结尾的形式大致可以分为如下几种。

（1）总结式结尾。

这是较常见的结尾方法。在结尾处总结全篇内容，使其归于一点。用这种做结论的方式结尾，强化了新闻传播的信息，又不让人感觉重复。

（2）悬念式结尾。

广播电视新闻不仅报道新近发生和发现的事实，还要报道正在发生、变动的事实。新闻事实的发生、发展、结果有一个过程。这个过程有时候持续的时间比较长，为了提高播报的时效性，可以对这个过程进行阶段性报道，并促使受众关心该事实的进展，关注下次的报道。这样就会形成悬念式结尾。

---

① ［美］朱利安·哈瑞斯等：《全能记者必备：新闻采访、写作、编辑的基本原则》，110页，北京，中国新闻出版社，1998。

② ［美］约翰·钱塞勒等：《记者生涯：美国现代新闻业务漫谈》，122页，北京，世界知识出版社，1985。

（3）展望式结尾。

展望式结尾是在叙述完主要新闻事实之后，对其发展方向和结果做出预测。例如，

12月1日，新的《药品管理法》将会出台。新法将从药品价格的源头开始抓起，进一步完善药品价格管理办法，有效地挤掉药价当中这些不正常的水分。同时，它还规定如果医务人员胆敢从这些药品中拿回扣的话，将会被处以1万元以上20万元以下的罚款，构成犯罪的还将依据《刑法》追究其相关的刑事责任。我们有理由相信，随着这些法律法规陆续出台，随着新法的进一步实施，将会有效地净化医药流通领域，还白衣天使原有的颜色。①

（4）自然式结尾。

自然式结尾是指当新闻的全部信息通过图像和文字稿全都传播完后，就自然结束的方式。这种结尾方法有“水到渠成”的好处。

（5）含蓄式结尾。

含蓄式结尾是指对新闻正文已揭示出的问题，记者不直接表态，让受众自己评判的方式。例如，

令人气愤的是，强迫农民缴的那些费用，又都是一些不合理的费用。“严打”是为了让社会更加安宁，让老百姓过得更安全、更幸福，可是高堡乡却荒唐地把“严打”对准了父老乡亲，弄得鸡犬不宁，人心惶惶。一项好的政策，居然让高堡乡歪曲和利用成这个样子，的确令人深思。②

三、广播电视新闻结构

（一）广播电视新闻的结构特点

我们从2013年9月1日中央人民广播电台的《新闻纵横》栏目中的一条新闻与当天报纸的同一条新闻进行对比，可以看到两种媒体表达的不同和广播电视新闻的结构特点。首先看电台的新闻：

上海液氨泄漏15人遇难 幸存者：闻到刺鼻气味逃跑③

昨天上午10点50分左右，位于上海市宝山区的一处冷库发生了液氨泄漏事故。截至昨天下午两点，事故已经造成15人死亡、20余人受伤，其中5人重伤。事故发生以后，上海市相关部门前往现场开展处置。上海公安、消防出动25辆消防车、200多名消防官兵、100多名公安民警开展现场救援。

在事故现场，上海消防总队宝山消防支队的参谋长朱国祥介绍，在他们接警赶到现场的时候，并没有发现明火，初步研判可能是生产车间的管道发生了泄漏。

（音响）**朱国祥：**“没有发现明火，然后我们主要是在疏散救人跟那个关阀堵漏、稀释

① 《被玷污的白衣天使》，中央电视台，2001年11月29日首播。
② 《违法收缴违民心》，中央电视台，2001年5月14日首播。
③ 中国之声《新闻纵横》栏目，2013-09-01播出，记者吴善阳采制。

冷却。目前为止，我们来的时候已经搜索出一部分，这里好像是一个生产车间，现场好像是一个管道泄漏，我们现在的工作主要是驻防，防止另外的情况发生。”

在厂区门口拉起的警戒线之外，几名幸运地逃出了厂房的工人告诉中央台记者吴善阳，他们是闻到了刺鼻的气味之后，才想起赶紧往外跑的。

（音响）**工人1**：“早上10点56分，我早饭还没吃呢，我下楼跑下来看，到这里了味道才出来，打扫一下卫生，里面我也不敢进。”

（音响）**工人2**：“我这个妹妹从17岁就开始做冷冻，现在都30几岁了，做了快有20年都没有事故发生。”

据事发的上海翁牌冷藏公司的工人介绍，工人的宿舍就在工厂的楼上。一名幸存者介绍，当时已经就有人意识到，可能是液氨泄漏了。

（音响）**幸存者1**：“当时听到有人上宿舍里面去叫我们快跑，氨气泄漏。”

（音响）**幸存者2**：“就是那种化肥味儿。”

这次事故的伤员收治工作主要由离事故地点不到五公里的大场医院承担。从昨天上午的11点15分起，医院陆续收治了35名病人，其中13人到院时已经死亡。一名接受救治的伤员这样描述她的感受。

（音响）**伤员**：“眼睛有点痛，头有点晕，还有嗓子不舒服。”

医院医务科科长郭安介绍，这是氨气泄漏造成灼伤的典型症状。据了解，15名遇难者大多是因为氨气灼伤导致的。而昨天，已经有3名病人转到同济医院和长海医院救治，仍然有一名病人病情严重。

（音响）**郭安**：“主要他还是一个氨气泄漏造成了灼伤，生命体征不是很稳定，还有一个电解质有点混乱，现在我们已经开放了气道，给他们吸氧，另外用了一些激素来抗感染。”

截至昨天晚上，上海市安全监管局已经会同有关部门组成事故调查组开展调查，事故原因正在进一步调查中，中国之声也将关注事件的最新进展。

当日《北京青年报》的同一内容的报道：

上海一冷库液氨泄漏 致15人死亡

新华社电（记者潘旭 吴振东 李荣 许晓青 仇逸 王晓杨 裴鑫） 8月31日10时50分许，上海宝山区丰翔路1258号翁牌冷藏实业有限公司发生液氨泄漏事故。截至31日14时，事故已造成15人死亡、20余人受伤，其中5人重伤。

得知事故消息后，记者迅速赶往现场。在发生事故的冷藏公司门外，记者看到10多辆消防车沿路一字排开，厂门口拉起了蓝白相间的警戒线，10多名身着橙色消防服、背着氧气罐的特种消防兵正依次进入警戒区参与现场处置。一辆环境监测车停在厂区门口，持续监测事发地空气环境的最新情况。现场仍能闻到一股异味。

现场一消防中队负责人告诉记者，接警赶到现场时，没有发现明火，研判可能系生产车间管道泄漏，随即实施疏散救人，并迅速关阀堵漏。

发生事故的翁牌冷藏实业公司位于上海城区西北方向。记者在现场了解到，事发后上海公安、消防部门立即出动25辆消防车、200余名消防官兵，以及百余名公安民警赶赴现场救援。上海卫生部门也全力做好抢救工作。上海市委、市政府相关领导和上海市安监局、宝山区政府负责人也立即赶赴现场组织救援工作，严防次生事故发生。

记者看到，由于事故发生在车间内，宝山区环境监测站正在车间外的下风向进行持续监测，截至目前未发现事故对周边环境造成影响。环保部门表示，将继续做好周围的环境监测工作。

记者随后赶到集中收治伤员的大场医院。正在吸氧的伤员顾齐珏仍心有余悸，事发时，她正在厂房大楼四楼的宿舍区休息，突然闻到刺激的气味后意识开始模糊，后来被消防和医护人员送到医院抢救。

14 时 45 分，记者从上海交通大学医学院第三人民医院获悉，这里已收治三名伤者，均为女性，一人伤情严重，已行气管切开手术，另两位有呕吐等症状，伤情比较轻。另外还有三名伤者在来院途中。医院已启动群伤救治紧急预案，开通绿色通道，急诊、重症监护等医务人员均已到岗处理伤情。

上海市安全监管局专家介绍说，液氨是一种无色液体，有强烈刺激性气味，在工业上应用广泛，可起杀菌和降温制冷作用。由于液氨具有腐蚀性且容易挥发，所以其化学事故的发生率较高。急性吸入氨中毒的发生多由意外事故如管道破裂、阀门爆裂等造成。严重吸入中毒可造成气管阻塞，引起窒息。

截至发稿时，上海市安全监管局已会同有关部门组成事故调查组展开调查，事故原因正在进一步调查中。

两条内容相同的消息，写法上有很多不同，除了单双音词的不同外，我们还可以很清楚地看到新闻篇章结构的不同。

1. 单一线索

首先报纸报道由一个信息较全面的导语切入，接着是记者在事故现场的观察和对消防员的采访，继而是对事故处理情况的了解、对环境的监测，接着两段是到医院采访伤员和救护情况，最后是对液氨知识的介绍和一个事故调查中的结尾。

广播新闻则使用了比较简单、包括救助信息的导语，随后是对现场消防队负责人、该厂工人的录音采访，谈了救灾操作和逃生经过；之后记者来到承担主要救治任务的附近医院，采访了伤员和医生，谈论的主要话题是中毒症状及施治方法；结尾内容与报纸基本相同。

由此我们可以看到，广播新闻与报纸新闻相比，线索要单纯很多。广播新闻只用工厂与医院两个现场带出整个事故，头绪清楚；而报纸新闻则内容繁杂，信息量相比要大，但对阅读理解没有太大影响，如果这样处理广播电视新闻稿件则会让人顾此失彼。

广播新闻的行文结构是按照新闻事件的时间顺序自然构成的，也可以理解为是按事实形成的逻辑展开的；还可以顺着一般思维逻辑来组织新闻内容。这种逐步深入的报道方法，符合人们对客观事物的认识规律，也符合广播电视线性接收的特点。广播电视稿的结构多使用这两种“顺叙”结构，一般不用倒叙和插叙，因为它们不符合人们听的思路和习惯。

当新闻涉及双方讲话，如外事访问、会见交谈等内容时，报纸往往按内容分主题来划分不同段落，对二人谈话穿插介绍，形成一种对共同话题的对话格局，而广播电视则要以人来划分内容，分头介绍两人讲话的不同内容，并不在一人的讲话之中穿插另一人所言，以防听者混淆两人的讲话内容。这样听起来会更省力。如果把两人所说的内容来回穿插，就会让人听得一头雾水，弄不清谈话主体。这就是以人为划分标准的内容头绪简单化、线索单纯化方法。这是广播电视新闻写作的一个主体处理方法。

2. 行文简练

上面这条广播新闻与报纸新闻比篇幅相当，但广播新闻中目前所见字数相当比例是音响内容（超过三分之一），而文字部分则少于报纸。这也是广播电视传播的特点：报道要尽量言简意赅，一般采用粗线条叙述，仅在新闻中表达事实的核心内容，也就是通常所说的主要体现“速报”功能，不能像报纸对内容展示得那么详细。这是因为听众不能对接收内容进行选择，过多地在一条新闻上花费时间，可能会使一些听众感到厌烦。所以除非是最重要、具有广泛社会兴趣的新闻可以做得长一些外，其他都要尽量短小，这也是广播电视媒体的特点所在。当然，重点之外，广播电视新闻也应有某些有特点的细节，但只能是粗中见细、点到为止。

3. 词语疏松

这个特点看上去与第二个特点相矛盾，但实际它们却都是广播电视新闻的要求。这就是说，在篇幅短的前提下，新闻语言还不能过分简约，反而要更为疏松，造成单位时间语言对信息的承载量还要减少，提供信息的内在节奏更慢、更从容，让受众在收听时有一个反应的过程。具体来讲，不能用代词“他、该单位”等过多替代名词，要适当重复重要词语；不能用单音词来使文章简短等。在这种要求下，只有使内容更集中一种选择，别无他法。

4. 总分结构

我们从下面中央台的一条广播新闻看广播电视新闻应有的结构：

本台记者刘振英报道：七届全国人大常委会第31次会议昨天上午在北京开始举行。会议的主要任务是为即将召开的第八届全国人民代表大会第一次会议做准备。万里委员长主持了会议。

全国人大常委会副秘书长曹志在会上做了《关于八届全国人大一次会议主席团和秘书长名单草案》的说明。曹志说，这个名单草案是经过有关方面反复协商，并且经过委员长会议讨论决定提出的，共176人，其中包括党和国家领导人、各民主党派中央负责人、全国工商联负责人和无党派爱国人士、中央党政军机关有关负责人和人民团体负责人，经济特区、港澳地区代表和其他社会各界代表。

再看1993年《人民日报》对同一内容的报道：

人大常委会举行第三十一次会议

万里委员长主持审议八届人大一次会议议程草案等

本报北京3月9日讯 记者苏宁报道：七届全国人大常委会第31次会议今天上午在人民大会堂举行。万里委员长主持了会议。

这次会议的主要议程有：审议八届全国人大一次会议议程草案、主席团和秘书长名单草案，决定提请八届全国人大一次会议预备会议审议和选举；审议七届全国人大常委会工作报告（稿），决定提请八届全国人大一次会议预备会议审议；审议七届全国人大常委会代表资格审查委员会关于补选的八届全国人大代表的代表资格的审查报告，决定列席八届全国人大一次会议人员名单；审议全国人大代表团访问巴基斯坦情况的书面报告。

我们选择的是两家媒体刊发同一事件报道的各自的前两段，是一个典型的代表。如果将后一条新闻播读出来，可能听者对会议内容会感到糊涂，弄不清会议到底干了什么。而中央台的消息则在一开头就开宗明义："会议的主要任务是为即将召开的第八届全国人民代表大会第一次会议做准备。"一句话就让人对该会议形成清晰的概念，以便集中注意力收听会议做了哪些具体工作。其结构为"总分式"，即先"交底"然后再将这个内容具体化。这样做符合收听的规律。人们听什么消息，要先搞清楚将会涉及什么方面的内容才能在对此类事情的知识背景指导下更好地收听，否则就会需要一段时间用来判断所听内容所指。但在广播电视中，由于内容会持续提供，而判断主题部分的内容将不便理解、记忆，对这些内容就会听不明白细节而难以把握，最后会影响对该项内容整体的把握。

所以广播电视新闻的一个更主要的特点是：开宗明义、内容确切。头绪清楚是对广播电视新闻结构的要求，如不加处理，上来就平铺直叙，会让听者不得要领、难以理解。

除去篇幅短小、开宗明义、线索单一等特点外，和其他新闻一样，广播新闻也要求内容要尽量具体，要使用形象化的表达方式，要使用生动的细节说明事实。

（二）广播电视新闻稿的结构类型

文字稿较为典型的结构形态，主要有倒金字塔式、时间顺序式和并列式。

1. 倒金字塔式结构

倒金字塔式结构是新闻文字稿中最为常见的结构形式，主要适用于时效性较强、事件单一的突发性新闻。其特点是：按照新闻事实的重要程度依次安排结构，将最重要、最新鲜、最精彩的新闻事实放在最前面，将次重要的放在后面，依此类推。由于材料结构呈现"头重脚轻"状态，故称之为"倒金字塔式结构"。它打破了传统的叙事常规，对新闻事实内部的过渡与衔接提出了更高的要求。

倒金字塔结构的优点主要有：(1) 便于记者写作。新闻写作有章可循，在一定程度上提高了写作效率。(2) 便于编辑编稿。编辑删减稿件十分容易，只需从后面删起即可，不管删到哪里，余下的都还是完整的报道。(3) 适于受众接受。受众在任何地方停止阅读都能获得对新闻事实的基本的认识，只是知晓得详细与粗略不同。当然，倒金字塔式结构也易流于形态单一、模式化，报道显得不够灵活、不够生动等。

2. 时间顺序式结构

时间顺序式结构又称"story"（故事）结构。这一形式的文字稿完全按照事件发生的时间顺序来写，发生在前的表述在前，发生在后的表述在后；事件的开头就是新闻的开头，事件的结束就是新闻的结尾。它在平面媒体中较适合于内容单一、现场感强的新闻，在广播电视新闻中适用于较多题材。其特点是叙述完整、层次清晰，将事态步步推进，高潮置后。这一结构形式与倒金字塔式相比，其开头不能交代新闻事实的精华部分，故吸引力稍差。

时间顺序式结构文字稿的优点主要有：(1) 最接近事物的原始形态，忠实地再现新闻事实的发生、发展、高潮、结局。(2) 符合受众的接收习惯。在现实生活中，人们都是随着时间的延续逐步认识事物的，久而久之，自然形成了以时间顺序来把握事物的习惯。当然，时间顺序式结构容易出现平铺直叙、记流水账的倾向，有的叙述甚至容易拖沓，以至于淹没了新闻主题；不过，若注意精心选材、锤炼语言，这些不足也是可以避免的。

要弥补这一形式的缺陷，可以在导语中使用倒金字塔形式，在主体中使用顺序结构。

3. 并列式结构

这种结构是把新闻事实的几个内容并列起来逐一叙述，较多地运用于报道综合新闻。在此类结构中，报道的事实不止一个，需要叙述若干个，就形成了并列式结构。此种结构的层次清楚，层次与层次之间的关系彼此平行，且各层之间也具有互补性，共同证明一个新闻主题。这种结构便于叙述，但容易出现主次不明、形式呆板的缺陷。

在实际新闻写作运用中，记者常常将这三种结构形式混合使用，以扬长避短，增加报道的活力。比如，在并列式的局部叙述中运用倒金字塔式，以便分清局部内容的主次，在时间顺序结构的开头运用倒金字塔式，以设置悬念，调动受众的新闻欲求。

除了上述的倒金字塔式结构、时间顺序式结构、并列式结构之外，新闻还有许多其他结构形态，如因果式结构、对比式结构、悬念式结构等。广播电视新闻稿的结构形式并非一成不变，记者在写作时要根据新闻内容以及音响、画面素材等，选择最为适合的形式来结构稿件，以便能清晰地展现事实，实现良好的传播效果。

【本章小结】

广播电视新闻写作有着自己的独特要求，这些要求来自收听的需要。本章并不讲述一般的语言及写作，而是紧紧围绕这些特定的要求论述，以帮助读者了解广播电视语言写作的操作原理，掌握操作的原则、要求，获得操作的指导。

【思考题】

1. 什么是广播语言？它有哪些特点？
2. 广播语言应该如何写作？其具体要求是什么？
3. 广播电视新闻写作要注意哪些环节？为什么？
4. 广播电视新闻导语该如何写作？为什么？
5. 广播电视新闻结构有哪些特殊要求，为什么？

广播电视节目声画编辑

第十章

CHAPTER 10

【本章学习要点】

1. 广播电视中的声音分类及其依据。
2. 广播音响的使用原则及其编辑、组接方法。
3. 电视中声音、画面的关系，电视节目中声音的编辑加工。
4. 电视画面分类。
5. 对镜头及其编辑点的选择、确定。
6. 画面组接的匹配原则，组接的方法。
7. 画面剪辑的节奏。
8. 画面的技巧转场与无技巧转场。

广播电视区别于报纸杂志等平面媒体的表现手法就在于其能够通过声音和画面而不仅是文字来传播信息。因而，在文字稿件写作的基础上，声音和画面的编辑对于广播电视节目的传播有很大的影响。

第一节　广播电视节目声音编辑

一、声音元素

声音是由发声体振动引发弹性媒质的振动（声波）导致人的听觉感受器的感知。对于广播来说，声音是听众接收信息的唯一途径；对于电视来说，声音是电视信号整体中相对独立又与画面紧密结合的元素。

广播电视中的声音元素包括语言、音乐、音响三大类。

（一）语言

广播电视节目中的语言具有以下几种主要的表现形态。

1. 新闻播音语言

新闻播音语言是指传播机构中承担向受众口头传播语言信息（即播音）工作的人在播讲稿件时使用的语言。其功能定位是对记者、编辑等提供的文字稿的口头再现。新闻播音语言常用的表达样态是播报式或称宣读式。其特点是态度客观，语速较快，语气庄重，较有力度。

2. 新闻报道语言

新闻报道语言是指广播电视机构中承担信息采集、编辑报道工作人员在报道新闻时播讲报道词、解说词时使用的语言。在表达样态方面，此类语言较多采用播讲式、讲述式或谈话式，一般不采用宣读式。

3. 实况语言

实况语言是指由设备摄录到的事件现场和（或）采访现场具有事实性价值的语言。实况语言是与报道语言和播音语言相对而言的。它的特点是与信息源的同一性，因此，它具有真实的品质。

实况语言又有是否“现场”发生之分。我们把与事件语境无内在关联的采访活动语言叫做实况语言，而把与事件语境存在内在关联的语言叫做现场实况语言。

在事件发生现场的实况语言有两种：一种是事件中人们交流的语言，它不以媒介的采访者及其受众为传播对象；另一种是以受众为传播对象的语言，即包括采访者对被访者交谈和被采访者直接以受众为对象诉说的语言。

（二）音乐

音乐擅长于抒情，具有丰富的表现力。当作为节目元素之一使用在广播电视中时，其可分为以下几种。

1. 音乐节目

音乐节目包括各种类别，如流行音乐、古典音乐、声乐、器乐等，其比例较大，是重要的广播电视节目类别。音乐节目对于广播电视来说是“非原创”节目，广播电视只是对这一固有艺术形式的展示传播新媒介。

2. 节目音乐

作为节目开头、结尾的标志，是将音乐作为包装，比如片头曲、片尾曲、子栏目的题头音乐等，或是做节目内容的间隔。这样的音乐一般都很简短，只是一个片段，但也个性鲜明、简短凝练、相对稳定，有利于树立节目形象，帮助受众识别节目，并唤起受众的接收兴趣。这类音乐一般在节目中发挥出标识的作用。

3. 配乐

有为诗歌、散文等文字朗诵内容配乐的广播电视节目，也有为新闻、专题及其他类别内容配乐的节目。

在节目音乐和配乐中，存在主题音乐、背景音乐、环境音乐、生活音乐、抒情性音乐、描绘性音乐、说明性音乐、结构性音乐等多种功能性音乐。音乐是广播电视不可或缺的有机组成部分。

（三）音响

音响是指除主持、报道语言和音乐以外在广播电视中出现的声音。在实际运用中常分为两种。

1. 实况音响

实况音响是指由客观事物或人物所发出的真实的声音。它在广播电视中称谓不同，广播中称“音响”，而电视中称为“同期声”。它是一个特定的称谓，是指经过广播电视工作者的选择、采录，并运用到广播电视节目中，直接或间接表现主题、内容的声音。因此它不是随便的声音，也不是客观事件、人物所发出声音的全部，而只是与节目内容相关的那部分最能反映事实面貌、特点，反映事物声音形象的独特、典型的声音。

实况音响是客观物质运动声波的真实再现，具有现实还原的特点。它运用在节目中必须是能表现节目主题、有助于表现事物形象特征、传达现场气氛的具有传播价值的声音。

从音响内容来划分，可分为人声、物声两类。人声又可以分为人们谈话的声音和人的发音器官或身体活动发出的声音。物声是指自然界的声音，如自然现象的风声、雨声，或是动物的声音，如鸟叫，虫鸣、虎啸、狼嚎，还有物化了的人类劳动成品（如机器、车辆等）发出的声音。

音响内容也可以从语言和非语言角度分类，语言音响具有自我表达的明确性，而非语言音响却往往不具备这种明确性。

2. 音响效果

音响效果是由人为制造或转借来的声音。它与实况音响的区别在于，实况音响具有客观真实性，而音响效果则仅具有模拟真实感，不具有真实性。所以，音响效果不能用于再现事实，只能用于表现、表达或虚构。因此，一般新闻节目中极少使用。

对于广播电视节目而言，最常用于内容表达的声音元素是语言和音响，而音乐则更多地用于点缀、渲染、烘托，在各类节目中都有使用。

二、广播节目的音响编辑

广播新闻节目除了由播音员播报的新闻以外，更具有广播特色的就是由实况音响（人物谈话）和记者解说组合共同表达主题的音响报道。在制作音响报道时，特别值得关注的就是实况音响的选用和编辑。

（一）音响使用原则

1. 音响选择

实况音响是音响报道的重要组成部分。除去直播节目以外，各类音响报道节目都需要对采录的音响素材进行剪辑。记者从新闻事件现场采录的音响都是报道的“原始素材”，采录的数量一般都要多于播出的量。虽然记者在采录时已经在现场进行了选择性录音，但是由于现场变化多端，报道主题也要进一步认识、提炼，所以现场的选择往往并非最终选择。记者回来后还要对内容深入思考，进一步根据事件的整体情况和对性质的判断来决定主题，在构思基本成形后，才能决定如何选择音响。

对所录“素材”音响进行筛选、剪接要考虑以下因素。

（1）选择为报道体裁所需要的音响。

不同体裁、形式的报道使用的音响不同。记者要在采录过程中基本确定报道的体裁形式，有针对性地采录。回来后在审听素材时要仔细辨别、研究如何最大限度地发挥音响的作用，再确定选用什么体裁能取得更好的报道效果，根据体裁的要求选择音响。

这要具体情况具体分析，一般来说消息的音响要精练，专题的音响要丰富。另外，新闻事件发展和音响采录过程中可能会出现变化，在这种情况下，就要在制作中考虑改变已定体裁。如原央广记者刘振敏曾有一次计划对该年的国务院国庆节招待会做现场报道，但后来发现在报道中作为背景的军乐团现场演奏乐曲因报道内容的切换而变得断断续续、可听性大打折扣，最终只能临时改变，改做了录音报道。

（2）选择最能表现主题的音响。

记者在编辑时要紧紧围绕报道主题，选取那些最能说明、表现主题的音响，抓住最能表现事物、人物特点的典型音响，抓住事物发展过程中有决定意义的关键音响，同时去掉那些与主题、形象无关的内容，烦琐的过程叙述等其他音响。音响报道的主题最好通过音响表现出来，如果不能表现主题，音响的使用价值就会大打折扣。

（3）选择能正确反映客观事物本来面目的音响。

有一些音响在采录中会由于录音技术或操作而产生变异，影响声音形象的表现，如把掌声录成白噪声，把笑声录成哭声等；还有的音响由于更大音量噪音的干扰导致不能听清。记者在选择音响时应选择那些能对事物的面貌——其形象、气氛、情绪等——给以客观准确反映者，让听者能够直接理解声音的形象、内容，而不应使听众得到片面、歪曲或模糊的声音印象。

此外，音响报道中的环境音响、背景音响也应使用典型的、能表现事物和人物特征的声音，那些能够表现事物细节的音响也应尽量选择使用，以使报道具有鲜明的形象特征。

（4）选择清晰的音响。

音响是否清晰传真，大多是由采录决定的，在制作中只能使用调音台或音频软件对较差的音响做很少的补偿纠正。要让听众听懂内容，就要选择符合上述要求同时又清晰易懂、干净悦耳的音响，去掉那些模糊不清、嘈杂刺耳的部分。有的音响虽然与主题关系很密切，但因采录技术不佳、站位不当或条件限制没能录好，则不能选用或不能原样使用。要保证音响报道的音响质量，就要在采录时根据音响的采录条件设计不同的采录方法，确保录到高质量的音响。

（5）要选择真实的音响。

真实音响是指确实在实地采录、由谈话人自发谈出的内容，而不是记者诱导、“造”出来的音响，甚至是人工效果，这都是违反新闻真实性原则的做法，一定要杜绝。

2. 报道中音响的安排使用

除去实况报道外，其他形式的音响报道都存在音响与解说的配合安排问题，在组合中要注意以下要求。

（1）音响应尽量早出。

用音响独特的声音形象吸引听众，引起注意，也使报道生动。音响较多、大场面的报道最好在一开始就出音响，然后再用解说解释所报内容。

（2）积极使用音响。

报道主题与事实能用音响说明、同时又采录到较好音响的，要尽量使用音响进行报道。这样做现场感强、信息量大，对听众有更大的吸引力。

（3）音响在报道中占据不可替代的地位。

要根据报道内容，把音响安排在最适当的位置，并用解说给以相当的烘托铺垫。另外，要使音响在报道中切实起到表现主题或烘托主题的作用，和所报内容形成有机、内在的联系，不能游离于主题之外。

（4）不滥用音响。

音响的使用要有目的、有功能，不要滥用。使用目的不明确，只满足于出“响儿”，音响过多过杂，会淹没、冲淡报道主题，减慢报道节奏，使报道冗长拖沓，让人听而生厌。音响的使用应以质量而非数量取胜。

（二）音响的编辑合成

合成又称为混合录音或合成录音，它是指把两路以上的声音配合录制到一起的工作。经过剪辑的音响要重新进行组接，根据体裁、内容的需要，对它们重新排列组合，还要与解说衔接，建立新的内容结构。

1. 三种组接方法

在音响报道中的混录合成是指把解说、音响、背景音响组合复录，它有音响与音响组接、音响与解说组接以及为解说配背景音响三种。其组接主要有三种处理方法。

（1）切换。

音响与音响、音响与解说的衔接都可以使用这一方法。它是将前一种声音结束，然后即刻出现后一声音的组接方法。这种转换方法比较干脆，易于操作。切换时应注意语句完整，中间要有适当的间隔。

（2）淡入淡出。

后一声音的音量由小变大而出，取代前一声音，再由大变小而消失，让位于后一声音内容的衔接方法。例如将音响衬托在解说后，音量逐渐加大，出现在报道中，解说停止后，音响的音量达到与之前解说相同的大小，凸显出来，使音响的出现不那么突然，即为淡入；淡出则相反，即将音响音量逐渐变小，由突出出来的解说所代替，继而逐渐消失。这种方法转换柔和，不像切换那么生硬，听起来比较舒服，是广播音响报道中常用的组接方法。淡出和淡入也可分别使用，再与切换混合使用。

（3）混播。

混播指的是两种不同的声音同时播出，叠放在一起，表面上是“各说各的”，但两者之间在内容上互相联系，可以互相转换。两种声音在音量上有主次之分：主体声音音量要大于背景声音，其音量之比约为 6∶4。

混播往往由压混处理形成，即把原来的主要响度的音响压低，变成背景音响，与另一音响或是解说混合播出。混播是出于音响采录质量的制约或是报道本身的需要，如音响录得不清晰或是说话人口音难懂，可在音响出来几秒钟后用解说压混处理，一方面有真实音响为凭，另一方面也避免了听不清楚的困惑和烦躁。音响需删减的也可以使用此法，将所要的音响出来后用解说串联，再将下一段要用的音响在解说下面接入，然后再突出成主体音响，使得转换更自然。现场报道全篇解说都要使用与音响混播的方法。

2. 混合复制后的声音要求

在经过剪辑、合成、复录之后，一则音响报道的声音要做到：

（1）各种音响比例合适、层次分明。

（2）声音清晰、平衡、丰满、不抖动。

（3）复制后不失真，不混入杂音，标准音量时无“沙沙”声。

（4）两段音响或音响与解说之间的衔接自然、和谐，没有复接痕迹；中间自然空隙1秒左右，特殊需要时可延长或缩短；也注意不要有过多的空白、间隙。

两种声音的接合处要保持五个一致。

（1）音量大小一致。音量平衡，不让人感到突然变高或变低。要注意的是，音响中的采访谈话因被访对象大多没有受过语音训练，有的甚至口齿不那么清楚，再加上现场录音条件有限，这种音响的音量从编辑器音量电平上看可能与解说一致，但实际听起来却会感觉不如记者的声音音量大、清晰，所以不能仅以音量表显示为准。在操作中往往以解说的音量为标准，把音响的音量略微放大一些，听起来才会是平衡的。

（2）音色一致。音质没有变化，同一人物、事物的声音前后不能有太大的变异。

（3）音调一致。声音的高低要一样，不能有粗细的变化。

（4）节奏一致。节拍快慢一致，不能因合成而使节奏出现变化。

（5）背景噪声一致。显示录制于同一空间，否则会对新闻的真实性带来疑问。

三、电视节目的声音编辑

电视节目中的声音由于不是单纯使用元素，所以首先要注意的是与画面的配合问题。

（一）声画关系及声音的处理

对于电视，声音并非唯一的传播符号，声音的选择和编辑必须与另外的传播符号——画面——相配合。

1. 声画关系

声音和画面在电视传播中各有长处又各自不足，要想取得最大的传播效果，只能根据不同声画现状，互相配合，以取得“1＋1＞2”的效果。在电视节目中，画面和声音的关系主要有以下两种形式。

（1）声画同步。

声画同步又称声画合一，是声画关系中最基本的形式，是指声音和画面同进同出，二者同步发生、发展，视听高度统一。在声画同步形式中，声音或者由画面中的事物发出，或者在具体说明画面中的事物与情景。电视上的画面、同期声、文字、解说四种符号传播的是同一个具体内容，共同呈现同一事物。这种声画合一的组合方式，反映的是人们在现实生活中习惯的感知经验，真实可信，所以最容易被人们接受。

电视新闻中的同期声讲话、同期声音响、电视直播等都是声画同步的组合方式。

(2) 声画对位。

声画对位借用在电影电视上，是指镜头画面与声音对列，按照各自的规律表达彼此不同的内容，但又在有机地围绕或阐述着同一个内容，造成单是画面或声音都不能达成的整体效果。声画对位的形式使声音和画面不再互为依附、重复表现同一事物，而是多种信息同时推进、各自发挥，大大扩张了传播的容量，产生较强的冲击力，打破了画面的时空局限。

在声画对位的状态下，声音和画面会产生信息差距，这一差距会促使观众将画面信息与声音信息综合起来联想，从而产生深层次的结构效果。声画对位有以下两种基本形式。

第一，声画对立，是指电视上声音和画面的情节或情绪完全相反，从而突出对比效果。在这一关系中，声音是以“画外音”的形式，运用与画面内容相对立的音响或解说从“反方向”来强化二者之间的对立，从而产生“画外之意”。形成声画对立关系的画面与声音必须具有内在逻辑关系，相反而能相成。

第二，声画并列，是指电视上的画面和文字、解说表面上各成系统，似乎互不相干，但实质上它们却有着内在的联系。在声画并列关系中，声音和画面各自独立、并列发展，但又相互联系、和谐统一。也就是说，这时电视的表意内容为画面与解说之和。例如，一些突发事件的报道，记者没能拍到发生时的画面，事后在事发现场用解说描述当时的状况，画面反映的是事后的现场景象。观众通过现场的情形和解说词的描述，综合起来得到有关事件的整体印象，产生自己的认知和判断。

2. 声音的处理

(1) 声音的筛选。

电视中的声音往往要根据内容和表现形式上的需要，对录制时每个镜头中都存在的不同声响进行选择，把那些最具典型意义和个性特色的声音筛选出来，以备使用。

(2) 声音的延伸。

在编辑片子的时候，画面中的声音突然出现或突然消失都会让人感觉有些生硬。而通过将声音的音量调小并延伸到下一个画面，就使得片子中段落和段落之间、场景和场景之间声音的转换平顺自然，形成声音的延伸。这类似于广播声音使用中的“淡入淡出”法。

(3) 声音的停顿。

声音的停顿指在节目的开始有声音，但到某个关键地方，突然出现了声音的停顿。这种效果会让观众把注意力全都转向画面，仔细捕捉其中的变化，这时候片子中的任何声响都会被观众听到，画面中的细微变化都会被观众看到。因此，要善于运用声音的停顿所形成的注意集中来表现关键的内容和信息。

(4) 声音的混合。

电视节目中会同时存在多种声音，如现场环境声、谈话同期声，还有解说等。在电视传播过程中，为了真实地再现新闻事件，有时这些声音都需要保留并运用到节目中。在这种情况下，编辑往往要将多种声音混合到一起。此时要注意：第一，确定主题声音，避免声音杂乱；第二，控制好主次音响的音量，既不能只有主音响完全听不到次音响，从而感觉新闻失真，也不能让次音响音量过大而干扰主音响的表达。

这些方法也适用于其他多符号因素共存的广播节目。如配乐广播，也要讲究话语或音乐的停顿、静默，而广播的淡入淡出、混播等制作手法也是电视声音处理的基本方法。

（二）电视节目的声音编辑

1. 电视解说词编辑

电视解说是一种依附于画面的画外语言。它由节目主讲者（主持人、播音员、记者）播讲，传达的是一种经过节目制作者整理、思考后的间接信息。① 电视解说是对画面内容的补充、解释和说明，它不是独立的文章，而是要与画面配合，相互生发、相互完善地为“看”而写作和运用的画外语言。

（1）解说词应比其相对应的画面晚出、早消。

解说词是对画面的解说，每一段解说词都要有与其相对应的一组画面。而每一段画面都要长于相应的解说词。一般来说，解说词与画面不能同时出现和消失，而要比画面晚出、早消。在编辑解说词时，要遵循三分之一或四分之一原则，即一般解说词要从需要有解释的镜头开始后的三分之一或四分之一处开始切入，到需要完成解释的镜头结束前的三分之一或四分之一处切出。

（2）解说词在传达理念时，要避免“声画两张皮”。

解说词与画面的良好配合是电视节目传播效果的保证。编辑解说词时应避免声音和画面的脱节，如解说的内容与画面播放的内容无关，甚至是相左的情况发生。

（3）解说词要对画面所展现的细节进行补充和深化。

在电视节目中，细节最有效的表现手段是画面。一个生动的细节画面胜过上百字的文字描述。细节画面并不排斥解说的配合。解说词可以通过解释说明与细节有关的方方面面，对画面细节起到强化作用，以此点明、深化和升华细节。

（4）根据画面编辑调整解说词。

在操作程序上，一般是先编好画面，再根据画面的情况考虑解说的处理和安排。因此，解说词应根据画面的内容、镜头的顺序、长短做出相应的调整并与之协调。在电视节目中，不要过于依赖解说词；一般情况下，要注重同期声的使用，解说越少越好。

2. 同期声的编辑

同期声是指在拍摄画面时同步采录的声音，在多数情况下是人物讲话。它是现实事件及采访活动中发生的语言事实，能使观众感觉到“亲耳所闻”和“当时所说”。同期声与画面都直接提供了现场信息，胜过记者的转述；同时，个性化的同期语言还能展示人物性格、追述过去的事实、提供独到的见解。因此，同期声与现场画面同样重要。

（1）同期声的选择。

同期声选择要考虑主要因素与前述音响选择相同，例如清晰度。所谓清晰度，一是指观众能够听清楚，即要挑选采录效果好的声音；如果效果不好又很重要，则要在剪辑时加以技术处理，比如调节音效或配字幕等。二是指观众能够听得懂，选择同期声尽量不要用方言很重或口齿不清的谈话；如果非常重要，在使用时要配上字幕，以便让观众了解其内容。

---

① 参见周勇：《电视新闻编辑教程》，260页，北京，中国人民大学出版社，2002。

再如典型性。即采访对象必须具有一定的典型性和代表性，应是事件中的关键人物，如亲历者、目击者、管理者等；同时，这个人物的谈话必须是有关事件的关键信息，而不是无关紧要的内容。典型的同期声就是这种典型人物的典型讲话。

又如多视角。对于比较复杂的事实，特别是矛盾冲突比较激烈的事件，由于看问题角度和立场不同等原因，存在不同的说法。在编辑的时候，就应注意多种观点的平衡表达，避免只选择一种说法、忽略其他意见的做法，避免造成节目倾向的不客观公正。

（2）同期声的要求。

第一，同期声应尽量简短、重点突出。与解说相比，同期声容易存在内容不精练、不够集中的问题。一方面电视节目时长有较严格的限制，另一方面，节目节奏也不容拖沓。因此，对同期声要精心剪辑，使之简洁、集中。当然，不能因简短而影响了人物讲话的原意。

第二，注意语意的完整、通顺和语气的连贯。在节目中运用的每段同期声都要能表达出一个相对完整的意思。如果是几段同期声组接在一起，除了要保证原意不变外，还要特别注意语意的通顺和语气的连贯，不要生硬和突兀。

第三，在同期声剪辑时，要兼顾画面。有时，一段同期声被剪辑后，声音简洁、完整又通顺，但画面却不连贯了。这时候，就需要插入一些补救镜头，如记者的反应镜头、谈话相关景物或事物的特写镜头等作为过渡，以保证画面的流畅。

（3）实况音响的运用。

电视节目中还有一部分非语言同期声，也是伴随画面一起记录下来、发自事实现场的真实声音。为了有所区别，在这里仿照前述广播音响概念把它称为实况音响。它们也具有重要的还原现实的作用。

这些非语言同期声在电视节目中主要承担两种角色：一是背景音响，指环境中存在的现场音响，可用于表现主体所处的空间环境，特别是那些现场声音丰富的事件。在多数情况下，它们是作为主题声音的背景而存在的。严格地说，没有环境声的画面是残缺的，背景音响是画面不可或缺的因素。二是主体音响。这种非语言同期声作为主体音响出现时，可以代替解说和语言同期声，直接作为节目表现的主角。由典型音响和典型画面所构成的经典场景，往往是电视节目中最容易出彩的段落。它们能够再现事实的原貌，具有极高的真实性和生动性。在电视节目编辑中，凡是这种能用现场声画直接表现的段落都应该尽量不加解说，而自然呈现。

3. 音乐的运用

音乐不仅能抒发情感、渲染气氛、激励情绪，还可以起到塑造形象、深化主题等作用。由于音乐的主观色彩较浓，所以新闻节目中较少运用，特别是意在传递客观信息的消息类新闻中更是如此。但是因其特殊的表现力，在专题节目中却发挥着重要的作用。

在大型系列片或专题片中常为画面配上气氛、情绪相同的音乐，可以使画面的气氛得到强化，感染力得到提升。有时又可为画面配上情绪、气氛相反的音乐，引起二者的强烈对比，从而深化主题。

在电视节目中常用音乐做内容的串联、间隔和过渡。音乐可以使多个无声的画面统一在相同的旋律中从而产生连贯性。比如在用多组画面表现一个主题时，光靠画面本身的造型不一定能顺利地剪接，这时音乐往往可以起到组织画面的作用。一个较长的电视节目会有若干段落，音乐插入可以在各个段落之间形成分隔。这样既有利于段落的划分，又有利于将节目形成一个统一的整体。另外，音乐还可以作为段落间转换的因素。在节目中，一些时间、地点、场合、事件发展过程等的转换也可以运用音乐来过渡，从而使画面转换流畅、自然。

总之，作为电视节目的表现元素之一，音乐不能游离于节目而单独存在，它必须服从于节目的主题思想及总体构思，服务于画面表现，尽量做到恰到好处、相得益彰。

第二节　电视节目画面编辑

一、图像类别

图像是电视传播的主要媒介之一。常见的电视图像在形式上大致可以分为影像、照片与图片、示意图与图表几类。

（一）影像

电视影像是电视摄录系统对事物光影状态及其变化的连续再现。影像本身可以起到可视性信息源搬运的作用，是电视中最常见的画面内容。

（二）照片与图片

照片与图片一般是作为影像的补充，用于没有、无法或不宜拍摄活动影像的节目中。不是所有的新闻现场都有摄像记者在场，不是所有的摄像记者都能拍摄到事件爆发时那具有决定意义的瞬间，不是所有现场都允许记者拍照，不是所有报道都需要用活动影像传达。传播形象画面是电视得天独厚的优势，但对摄录设备的依赖又制约了它的灵活性。在没有获得活动影像的情形下，照片甚或绘画图片就是迫不得已的选择了。在某些特定条件下，如光线不足或现场过于狭窄，无法拍摄，或在某些特殊场合，如在美国有些州的法庭中，不容许现场拍摄，那么绘画图片就是形象表达的唯一选择。

（三）示意图与图表

示意图与图表在信息传达上具有展现内在状态，使抽象概念形象化、复杂信息简明化、繁杂关系条理化等特点，较适于用来传达内在性、系统性、整体性、宏观性、对比性的信息。它能化繁为简，使影像难以涵盖或表现、语言叙述头绪繁多难以表达和理解的内容变得一目了然。

1. 示意图

示意图是事物、形态、关系等的简约化形式，由于它删除了一切无关的细节，使其意义得以凸显。

地图是较常见的示意图。它一般用简单的线条、符号和色彩等来显示出某一地理概念，一般不要求严格按照比例尺绘制，但一定要主体突出、清晰易看。凡是表示地理方位与周边环境的如新建国家，表示事件发生地和现状的如战场、战线、双方兵力部署配置，表示大范围生产建设布局如水利开发规划及最常见的天气预报等，都可以用示意性地图来表示。

另一类示意图是把摄像机无法拍摄到的事物的内部状况揭示出来，使人一目了然。例如人体的剖视图、生产设备的工艺流程图等。

2. 图表

图表是以坐标系统形成的结构，用以显示数量或层级的差异和关系。

电视节目中较常用的图表有两种。

（1）统计图表。主要用于说清数字概念，一般多用来表现数字的变化、比例或比较。电视上使用的统计图表一般比社会生活中使用的更简明。常见的统计图表有折线图、柱形图、条形图、饼图等。

（2）分析图表。分析图表可以使复杂系统条理化，凸显其内在关系结构。它能够产生直观效果，增强观众的理解和记忆。比如一个机构的组织形式，叙述起来头绪繁多，关系复杂，受众极易被搞糊涂；如果画成一幅组织结构图，配以简洁的解说，则不但脉络清楚，且具体直观。但由于屏幕面积的限制，电视一般难以呈现关系过于复杂的分析图表，因而在实际应用中要根据具体情况，灵活运用。

二、画面编辑

电视影像指电视摄像机在特定时空中所摄取的连续画面。这种连续画面，又被简称为"画面"或"镜头"。二者的区别来自于对连续画面这种时空一体性影像的空间性和时间性的不同侧重角度。当强调空间性时，一般使用"画面"这一概念，而当强调其每拍摄一次的一段画面的连续性时，往往使用"镜头"。

（一）镜头的选择

电视新闻画面编辑离不开对镜头的选择。

1. 确定镜头的内容

编辑在确定镜头时，既要考虑电视传播特色的需要，形象、直观地再现事实或故事，又要考虑到具体节目本身的需求，就是要考虑表现主题与展开情节、再现事实与刻画人物形象等方面的基本要求。与主题无关或关系不大的镜头要毫不犹豫地舍弃；反之，对于那些具体、生动、典型的镜头，能够有效地传播和再现事实典型细节的画面则要坚决保留。

2. 确定镜头的长度

镜头所表现的内容不同，所需的长度也不同。确定镜头长度就是要保证观众用最适当的时间了解画面中最多的内容，获得最佳的视觉及心理体验，并得到最好的传播效果。如何使镜头长度适当，主要取决于以下几方面的因素。

（1）以不同景别确定镜头长度。

景别不同所含的内容多少也不同，要看清一个画面所需的时间自然也就不一样。对固定镜头来说，看清一个全景镜头至少需要 6 秒，中景约 3 秒，近景约 1 秒，特写 1.5～1.8 秒。对移动镜头来说，时间长短应以交代清楚所要表现的内容、动作的完整、节奏的协调为取舍标准。一个镜头的实际长短还要根据内容、节奏、光照条件、动作快慢、景物复杂程度等灵活掌握。

(2) 以“叙述标准”确定镜头长度。

所谓“叙述标准”，是指随镜头而变化的画面内容对人们产生吸引力上的改变，即根据人们视觉情绪的高低来取舍镜头的叙述长度。

(3) 以节奏快慢确定镜头长度。

根据抒情和节奏快慢的需要，高潮前后和段落结尾时的镜头较长。节奏快时镜头一个比一个短，甚至看不清转换画面。在一般情况下，画面主体镜头长度可分为以下几种情况：

1) 前景与后景。当主体置于画面前景醒目的位置时，镜头长度要短些；当主体处于画面后面景物之中时，镜头要长些。

2) 亮处与暗处。画面主体处在亮处时，镜头长度短；反之则长。

3) 运动与静止。运动的主体，镜头要长一些；静止的主体，镜头则要短一些。同时，快速运动的主体，镜头也应加长。

4) 反映主体的情绪画面，如喜、忧等镜头长度可视情况延长些，使人充分感受画面主体的情感流露，以形成情绪积累。

5) 表现主体动作的画面，通常情况下，全景中的动作长度比特写近景长，可以占整个动作过程的约三分之二，因为大景别中动作幅度较小，需要较长的感受时间。

3. 确定镜头的角度

镜头角度不同，所拍摄的画面内容的形象和表现力也不同。镜头角度要多样，要注意形成人物与观众的交流。确定并合理地运用镜头角度，对于摄像和编辑来说都是非常重要的。

4. 确定镜头的运动方式

通过摄像机的运动可以产生许多不同效果的画面。这些画面又有着不同的表现力和感染力。电视编辑要明确自己所要的画面效果，并根据这一要求确定镜头的运动方式，从而更好地确立观众的视觉重点。

5. 确定镜头的景别

由于不同的景别有不同的表现力和描述重点，因此用不同的景别去拍摄同一个事物，会传达出不同性质的信息，给人以不同的视觉感受。在一个蒙太奇叙事段落中，为了清晰地、有层次地描述事件的过程，常常用不同景别的镜头来实现。

例如远景和全景都可以起到交代主体与环境的作用，但是二者在叙事功能上还是存在着一定的差异的。远景是以大视野摄取的远距离场景画面，常用来交代环境背景和整个事件的规模和气势，往往出现在某个叙述段落的开始。全景因其拍摄距离较远景近，观众可以辨认出它所介绍的活动场景中人与物的位置和关系，因此，基本上是放在某个场景片段的开头，展示给观众一个事件活动的空间。正确地把握景别，全面考虑各种镜头景别的有机组合与综合运用，是剪辑工作的基本要求。

(二) 编辑点的选择

所谓编辑点，就是指能将前后两个不同内容的镜头组接在一起而具有连贯性的那些声画位置。具体来说，就是把不同内容的镜头画面，选取恰到好处的地方相互连接起来，构成一个完整的动作或概念。而这个“恰到好处的地方”就是编辑点。在编辑设备上，通常被称为“入点”和“出点”。

恰当地选择编辑点，能够使作品动作连贯、形象逼真、镜头转换自然流畅，使内容和情节既合乎生活的逻辑，又富于艺术的节奏。声音和画面都有编辑点。

画面编辑点就是能使两个镜头实现视觉和逻辑连贯性组接的那些画面帧。按选择依据的不同，画面编辑点常常以画面内容的起、承、转、合以及内在节奏作为参照因素来进行编辑点的选择。画面编辑点可分为动作编辑点、情绪编辑点和节奏编辑点。

1. 动作编辑点

动作编辑点是以画面中被摄主体的动作或运动状态为基础选择的编辑点。这些被摄主体可以是人、动物，也可以是处于运动状态的车辆、飞机等。通常，动作编辑点可选择动作的起始点、动作进行过程中或动作终结点。

电视新闻动作编辑点选择应当符合节目对动作编辑点的特殊要求。新闻节目一般都采用单机一次性拍摄，不主张对人物动作的重复拍摄。因此，在后期编辑中，只要能使一个画面在长度上完整地表现人物某一动作的全过程，或者运动过程中一个相对完整的阶段即可。

2. 情绪编辑点

情绪编辑点以人物的心理情绪为基础，根据他的喜、怒、哀、乐等外在表情的表达过程来选择。

情绪编辑点的选择往往注重对人物情绪、气氛的夸张与渲染。在镜头长度的把握上一般是“宁长勿短”，镜头时间要稍长一些。这是因为，有的时候人物的动作或语言已经停止，但心理活动仍在继续，情绪仍在延伸。把编辑点选择在人物情绪基本抒发完成之后，也是常用的确定情绪编辑点的方法，这样可以把人物的心理活动展示得淋漓尽致，从而调动观众的情绪，增强感染力。情绪编辑点的选择不同于动作编辑点的选择，它在画面长度的取舍上有很大的余地。

3. 节奏编辑点

节奏编辑点运用镜头的不同长度来创造一种节奏：或舒缓，或紧张。节奏编辑点所使用的一般是没有人物语言的镜头。它以事件内容发展进程的节奏线为基础，根据内容表达的情绪、气氛以及画面造型特征来灵活选择编辑点和处理镜头长度。

在选择画面节奏编辑点的同时，还要考虑声音的编辑点。画面节奏必须与其旁白、内心独白、解说词的节奏、内容紧密结合，做到声音与画面的有机配合。

（三）画面组接的匹配原则

画面组接最基本的要求就是要做到自然、流畅，使人们的注意力在不知不觉中从上个镜头自然地转到下一个镜头，而不应让观众产生视觉的间断感和跳跃感。要做到这一点，就必须在画面组接中遵循一些必要的匹配原则。

1. 位置匹配

这一原则主要是指上下两个画面中的同一主体所处的位置要有空间上的统一性，如尽量保持在画面的同一侧，不要有明显的变化。这样，从视觉心理来讲就有了一定的呼应性，使得两个画面连接在一起时产生自然和谐的关系。

主体不仅是画面的内容中心，同时也是画面的视觉中心。当主体在画框中的位置发生明显变化时，就会造成观众视觉中心的转移，不合情理的变化会影响观众感觉的连续性，甚而会导致观众产生困惑，影响对画面内容的了解和判断。

2. 方向匹配原则

电视画面主体方向的体现受三个方面的制约。

一是现实生活中主体运动的方向。电视画面是对现实生活中事件的真实再现。事件的主体常常处于运动和变化之中，而主体的行动、行为又常常是错综复杂的，其运动方向也是多变的。

二是摄像机拍摄角度的变化。摄像机的运动也千变万化。同一方向直线运动的物体，由于拍摄角度的不同，呈现在画面上的运动方向也会各不相同甚至相反，这给画面剪辑增添了更多的复杂因素。

三是屏幕上运动主体方向的假定性。在屏幕上，屏幕边框的限制对画面的空间起了分割的作用。在这里，主体的方向是一种假定性的方向，与实际生活中的方向并不一样。因此，在画面的剪接时必须保持假定方向的一致性。

电视画面主体运动方向多样，在编辑时极易出错。如果在组接的画面里，主体运动和注视的方向莫名其妙地改变了，片子的连续性就会被切断，从而影响和分散观众的注意力，甚至会导致观众视觉心理的混乱，影响传播效果。

为了真实地反映主体的运动方向和空间位置，获得屏幕方向感和方位感的连贯性，剪辑时必须遵循轴线规律，并对那些方向性强的镜头予以正确的处理。具体方法有以下两种。

（1）组接的两个镜头必须同轴。

主体的方向包括主体运动方向和视线的方向。沿着这些方向会产生一条假定的直线，即关系轴线。记者在拍摄具有动作线、运动线、交流线等轴线的场景时，必须将摄像机位布置在轴线的同一侧。凡在这条轴线同一侧拍摄的镜头（也就是我们所说的同轴镜头）在总方向上都是一致的。而在组接这样的镜头时，开始的第一个画面所显示的关系轴线就是这个段落的总轴线，它所代表的就是这个段落的总方向，而后的画面组接都应是符合这一总方向的同轴镜头的组接。

（2）组接跳轴镜头时，必须进行技术处理。

在电视片拍摄中，由于客观条件和时间的限制，若不能从容挑选和布置机位，会在拍摄中出现跳轴的镜头。

所谓跳轴，是指拍摄方位的变化造成在画面中从主体运动方向延长线的一侧跳到了另一侧，在二维画面上形成两组镜头主体运动方向相反，这类镜头就叫做越轴镜头或跳轴镜头。组接跳轴镜头会造成主体空间关系的混乱，令观众弄不清楚画面中的人到底面朝哪个方向，从而造成思维的混乱。如果必须组接这样的镜头，需要后期剪辑时加以弥补，以冲淡方向改变在观众心理上造成的困惑。跳轴镜头组接的具体处理技巧有如下几个方面。

第一，插入中性镜头。最常见的中性镜头是摄像机跨方向轴线拍摄而成、与两个跳轴镜头互相垂直的镜头。这类镜头的画面表现就是在正面方向上迎面而来或者面向画面深处而去。这类镜头既不会与原有方向产生冲突，在方向改变时也不矛盾，因此它具有两方面的作用：一方面，当总方向不变时，它可以作为一种调剂，避免一个方向的全部镜头接在一起可能造成的枯燥感；另一方面，当总方向改变时，它可以用做过渡画面，使方向的改变自然流畅。中性镜头没有明显的方向感，可减弱方向改变造成的冲突感。

第二，插入场景中某些细节的特写镜头。特写镜头本身具有较强的视觉冲击力，它的插入可以削弱方向突变造成的视觉冲击，以消除两个画面方向或方位的不连贯感。

第三，插入带有动势改变的主体运动镜头。从这种镜头中观众可以看到主体动作改变的趋向，如转弯或调头。这样，观众就能理解画面方向感转变的原因，从而实现连贯性组接。

第四，插入全景镜头。利用全景镜头的定位功能，再次交代视点，可以对变化了的空间关系再次加以明确，使方向的改变合乎逻辑。

3. 景别匹配原则

景别匹配是使视觉连贯的重要保障。一个经验丰富的编辑往往能合理安排景别的变换以获得视觉上的连贯与流畅。保证这种视觉连贯性的重要方法就是景别渐变。

所谓景别渐变就是指在画面组接时，上下两个连接画面的景别要有所变化，这种变化是一种逐渐变大或逐渐变小的景别安排。也就是说，为了能给观众平稳流畅的视觉感受，既要避免将相同景别的镜头组接在一起，又要避免景别变化太大，如从特写到远景或从远景到特写的两极镜头的连接。

电视画面组接之所以要遵循景别渐变规则，是因为这符合人们的日常体验。在生活中我们看纵深方向运动的物体，它们的景别变化就是逐渐完成的。但是景别渐变并不是说所有画面的景别都必须一级级加大或缩小才可以组接。这种渐变，只需要在宏观上把握就可以了，可以有适当的跳跃。

有时为了营造某种特定的情绪气氛，可以使用非常规的景别变化。这种安排主要有两种：一种是同一景别或相近景别连续运用，造成一种积累效果；另一种是两极景别的跳跃，即大远景与特写的组接，用来形成一种强烈的对比，并以此引起人心理的振动。

（四）画面组接的方法

1. 主体动作的组接

画面内的主体动作主要包括人物和物体的运动。这些运动在剪辑中是否连贯直接关系到片子所讲述的情节、内容能否被观众正确理解，关系到新闻事实的真实再现。以下是人物动作的一些具体组接方式。

（1）消失剪切。

消失剪切是指画面的主体不论是人物还是物体，只要在画面上一消失，就可以进行镜头的切换。这种消失构成了切换的好时机。因为主体消失使观众的观看兴趣也随之失去，在这个时候切换镜头顺应了观者心理。

（2）封挡切换。

封挡切换是指画面上的主体在运动过程中挡住了画面，观众无法从画面上辨别出所拍对象的内容后，就可以切换镜头了。

封挡切换可以用在前一个镜头的结尾或者后一个镜头的开始。例如，两个镜头中前一个镜头中的主体在运动过程中逐步挡住画面，或者后一个镜头在开始的时候出现的是一些物件或人物的局部挡住画面。在封挡画面上，观众没有办法辨别出其内容，所以此处是观众观看兴趣的最低点，在此进行镜头切换可以使观众在不知不觉中接受镜头转换的事实。

(3) 出入画剪切。

出入画剪切是指在主体动入画面或动出画面的瞬间进行镜头的切换，它在调整时空关系上具有不可替代的作用。只要在两个镜头间加入一个出入画镜头后，就可以十分明确地表明两个镜头的时间和空间的不连续性，它就可以任意跳跃时空。一部片子只要有了出入画镜头就可以使得时空的变化十分自然，而且可以使镜头的组接变得流畅。

除了比较常见的左右方向的出入画镜头之外，还有大量上下方向、甚至对角线方向的出入画镜头。出入画方向的灵活使用，丰富了画面的形式美感。

(4) 同一场景直接对切。

同一场景直接对切是指处于同一场景的不同主体的镜头可以直接切换。在同一个场景中，人物与人物、人物与环境之间存在着相互依存、相互呼应、相互作用的关系，所以镜头可以直接切来切去。就好像是我们置身于一个真实的环境中，眼睛可以随意地看东看西一样。同一个场景使人与物、物与物、人与人之间形成了一个有机整体。有些不同场景的镜头，在主体的动作与下一个镜头有着明显呼应关系时，也是可以进行直接对切的。

(5) 动作的起始点切换。

动作的起始点切换是指利用画面上运动主体连续动作的起始点作为切换点的镜头切换。运动主体的连续动作总有静止点或是完成点。利用这个间歇的瞬间设置切换点就能使画面的节奏与运动物体的运动节奏相互吻合、协调一致，从而使画面上主体的运动和人物的动作显得完整和谐。

(6) 动静转换的倾向瞬间切换。

在电视上，主体由运动转为静止，或由静止转为运动都是很常见的情景。在处理这样的动静转换时，一般要选择在其动静转换显示出倾向性的那一瞬间进行镜头的切换。也就是说，如果主体由运动转为静止，剪辑点就应选择在主体显出静止倾向的瞬间；反过来，如果主体由静止转为运动，剪辑点应选择在主体显示出运动倾向的瞬间。

(7) 方向变化的瞬间切换。

有些主体长时间处于运动状态，却没有明显的动作变化，这就为镜头的组接带来了一定的困难。比如奔跑的马群、行驶的汽车，都是运动着的，但又缺乏变化。对于上述这些在画面中始终运动却没有动作转换的主体，其运动方向变化的瞬间应该是合适的切换点。把剪辑点选在画面主体在运动方向上出现变化趋势的瞬间进行镜头切换，会让观众觉得比较舒服，也打破了镜头缺少变化所带来的沉闷感。

(8) 利用插入镜头切换。

利用插入镜头切换是指在主体位置改变或动作不连贯的镜头中间插入一个补救镜头进行的镜头组接。由于主体的位置变了，上下镜头直接进行组接就会让观众产生困惑。而在两个主体位置不一致或运动不连贯的镜头之间插入一个特写镜头，就可以冲淡由于位置改变或动作的不连续而造成的视觉冲击。

2. 固定镜头的组接

(1) 一组固定镜头相连。

一组固定镜头相连时，应设法寻找其中的一致性，并据此将其直接组接起来。这包括以下几点。

首先，内容上的一致性。这是编辑根据现有素材决定的。比如，表现某位领导在某市视察工作，内容是由若干领导在该市不同单位视察的固定镜头组接而成的。这些固定镜头的画面内容所发生的地点不同，但观众并不觉得散且看得明白。这是因为该新闻画面的组接遵循了内容上的一致性，都统一在领导视察工作这一主题之下，这样的组接符合人们的日常逻辑和收视心理。

其次，镜头长度的一致性。固定镜头中的画面主体处于静止或相对静止的状态，一组固定镜头组接时，可以寻求镜头长度的一致性。一组长度一致的镜头连续组接，本身就赋予这组镜头以动感和跳跃感，创造出明显的节奏和韵律。要特别注意的是，在组接这样的镜头时，除了使镜头长度保持一致外，还要保证画面主体的朝向和位置也相对一致。

最后，主体运动状态的一致性。如果画面主体具有明显的动作过程，可以选择画面主体的精彩动作瞬间或完整的动作过程进行组接。如果画面主体处于明显的移动过程，则在镜头组接时要注意保持运动速度和运动方向的一致性。

（2）主体运动的固定镜头与主体静止的固定镜头相连。

这两种镜头应在前一镜头主体运动的间歇或终止点进行组接。

（3）主体静止的固定镜头与主体运动的固定镜头相连。

这两种镜头组接时，应选择在后一镜头主体运动即将起始而未动的瞬间，或运动间歇且新一轮运动未开始的瞬间进行组接。

3. 运动镜头的组接

（1）不同运动镜头的连接。

不同运动镜头主要是指连续几个运动镜头所拍的画面主体不同，镜头运动形式（推、拉、摇、移、升、降、甩、跟）不同的镜头。这类镜头的连接，一般应去除镜头相接处的起幅和落幅，在运动中切换。也就是只保留第一个运动镜头的起幅和最后一个运动镜头的落幅，而其他镜头相接处的起、落幅都可以拿掉。同时，一般要选择运动速度比较相近的镜头接在一起，以保持运动节奏的和谐一致。

（2）相同运动镜头的连接。

这类镜头是指那些画面主体不同，但运动形式相同、运动方向也一致的镜头。这类镜头的连接一般也应去除镜头相接处的起幅和落幅，直接组接。

（3）相反方向运动镜头的连接。

这类镜头是指画面主体不同，运动形式相近但运动方向相反的镜头，如推镜头与拉镜头、左摇镜头与右摇镜头等。

相反方向运动镜头的连接，一般应使镜头相接处的起幅和落幅保持短暂停留，给观众一个适应的过程。至于起、落幅停留多长时间，要根据节目整体节奏通盘考虑。如果是慢节奏节目，起落幅停留的时间可以长一些；如果是快节奏的，停留的时间可以短一些。然而，在表现两个运动镜头主体间的对立、呼应、迎面奔跑等关系时，可把两个镜头直接组接在一起。

（4）一组急推或急拉镜头的连接。

急推或急拉镜头的连接，一般要留着起落幅或留着落幅。但是，起幅和落幅具体的留取要根据内容的情况而定。如果在起幅和落幅中作者需要向观众介绍一些东西，要让观众看清楚，即起落幅都有信息，那么就要留着起幅、落幅；如果起幅中的内容是一样的，都是大山或大海，只有落幅中的东西不同，则只需要保留落幅。

4. 固定镜头与运动镜头的组接

（1）相对静态的固定镜头与运动镜头的连接。

这两类镜头的连接，一般应使镜头相接处的起幅或落幅保持短暂的停留，即当主体相对静止的固定镜头与主体相对静止的运动镜头组接时，应保留运动镜头的起幅；反之，当主体相对静止的运动镜头与主体相对静止的固定镜头组接时，则应保留运动镜头的落幅。

（2）表现呼应关系的固定镜头与运动镜头相连。

这两类镜头相连，一般要根据情况来决定镜头相接处的起落幅取舍。在表现呼应关系时，固定镜头和运动镜头中所拍的对象都是静态的，且运动镜头的形式又都是推、拉、摇之类时，一般固定镜头与运动镜头相接处的起幅和落幅就要保持短暂的停留。

在表现呼应关系时，若固定镜头所接的运动镜头的运动形式是移或跟，一般固定镜头可以与运动镜头直接相接，去掉相接处的起幅和落幅。

（3）主体运动的固定镜头与运动状态一致或相似的运动镜头直接相接。

主体运动的固定镜头，可与运动状态一致或相似的运动镜头直接相接，后一镜头无需保留起幅。

（五）画面剪辑的节奏

画面剪辑的节奏是指运用剪辑手段，对影片结构和镜头长度进行处理所形成的节律。[①]画面剪辑的节奏是电视片的外部节奏，必须服从和服务于电视片中所表现事物发展的逻辑以及由此引起的人物情绪对于作品节律的内在要求。

1. 剪接率对画面剪辑节奏的影响

镜头的长短与作品的节奏关系密切。这主要表现为编辑对镜头长短的处理会造成不同的镜头剪接率；剪接率不同，画面的节奏就不同。

所谓剪接率是指在一定长度的放映时间内所包含的镜头的个数，它具体表现为作品中镜头转换的速率。镜头时间长，剪接率自然就低；镜头时间短，剪接率就高。剪接率的合理变化会改变作品节奏，调动观众情绪；处理得好，会使观众情绪得到有效的积累。

前面已经分析了影响镜头长度的主要因素。总之，镜头长度的选择，对电视片叙事的明了和情绪的渲染都有直接的关系，在具体选择时，又直接涉及对镜头表现形象的完整性和声音完整性的考虑。

2. 速度对画面剪辑节奏的影响

这里的速度包括两方面内容：一是主体运动速度；二是镜头运动速度。

有时一组运动镜头被组接在一起，不是为了描述动作，而是为了表现一种运动的韵律和节奏，为了造成一种情绪效果和特定的气氛。这时，就运动主体而言，运动速度越快，画面的节奏感就越强；反之，运动速度越慢，则画面的节奏感越弱。因此，要想表现不同的韵律，形成不同的画面编辑节奏，所选择的画面主体的运动状态和速度就要

① 参见周勇：《电视新闻编辑教程》，237页。

不同。

镜头的运动速度也是影响画面编辑节奏的重要方面。快速运动的镜头，如急拉、急推可以造成紧张、忙乱、激烈的节奏；而“慢摇”等慢速镜头，则可以使节奏舒缓、优美。

3. 景别对画面剪辑节奏的影响

景别对节奏的影响表现为对主体运动速度的影响和对剪接率的影响。

（1）景别对主体运动速度的影响。

用不同景别来表现同一主体的运动速度，其表现力不同：景别越大，画面中运动主体的速度越不明显，节奏感越弱；反之则越强。

（2）景别对画面剪接率的影响。

景别越大，画面所包含的内容越多，观众看清楚画面的时间就越长，镜头长度也越长；反之，景别越小，画面所需时间就越少，镜头长度越短。镜头的长短直接影响剪接率的大小，从而影响画面的节奏。

综上所述，画面编辑主要通过以上几个方面的因素来形成电视片的快慢节奏。这种节奏的变化不断打破人们固有的心理程序，促使心理活动增强，造成一种新鲜感。简而言之，快节奏的要素包括：近景别、推镜头、短镜头、被摄主体明显的动作性、快速的镜头运动、快节奏的音乐和音响等；慢节奏的要素包括：远景别、拉镜头、长镜头、被摄主体不明显的动感、慢速的镜头运动、慢节奏的音乐和音响等。

（六）画面编辑转场

电视片要由若干场景和段落组成。场景在电视制作中是指同一时间、同一地点发生的同一事件。一个场景可用一个或多个镜头来表现，而一个段落又由若干场景构成。这些场景与场景、段落与段落之间存在着如何连接和过渡的问题。这就涉及转场。

转场就是电视片中场景和段落的转换。当不同场景的镜头画面组接在一起时，由于时间、地点或情节的不同，前后场景画面会出现逻辑线索、视觉心理上的不连续。要使不同的画面顺畅地组接在一起，就必须采用一定的组接方法。常用的转场方式有两大类：一种是利用镜头的自然过渡转场，称为无技巧转场；另一种是用电子特技方式转场，称为技巧转场。

1. 无技巧转场

无技巧转场是利用镜头中一些合理的组接因素来连接上下两个场景，不采用任何特效手段，在屏幕上表现为镜头的直接切换。这种转场让连接前后场景的画面显得干净利落、结构紧凑，叙事与表意自然顺畅。

无技巧转场是模拟人的视听感知经验的转换方法，与人们日常生活中的视觉感受一致，强调段落之间的内在联系，有助于营造片段间的不间断感。从内容与造型因素上看，电视节目的无技巧转场主要有以下几类。

（1）逻辑性转场。

逻辑因素转场是利用场景、段落相接处上下两个镜头在情节发展上的逻辑关系、对应关系或因果关系进行转换。其方式有以下几种。

第一，动势转场。指利用人物、动物、交通工具等动作和动势的可衔接性及动作的连贯性、相似性，来完成镜头的时空转换和叙事、造型的方法。例如，以“抗洪抢险”为主题的新闻节目镜头，常常会由一辆辆载着抢险队伍飞驰的卡车转到一队队在堤坝上奔向决堤处的战士，以及他们将填塞物抛向决口等镜头。这些不同的场景，都具有动势的可衔接性以及动作的连贯性、相似性，即具有内在的逻辑联系。

第二，主观镜头转场。摄像机模拟画面主体（人物）的视点、视线角度和视觉印象，观看（摄制）其他人物、事物活动情景的镜头，或是表现电视编辑的价值判断、情感与情绪的镜头。这种镜头的视点实际上是强加给观众的视点，使观众站在模拟画面主体或编辑的视点来观察事物、看待问题。

主观镜头转场是按前后镜头间的逻辑关系来处理场面转换，利用的是前后镜头在内容与情节上的连贯性，或是观众心理感觉的连贯性因素来连接镜头的。例如，表现武装冲突事件的电视新闻，前一镜头是主体的视线方向，后一镜头会转到主体视线所及的事物（场景）或人物联想到的事物或景象。这种场面转换很自然地将观众的视线迅速地拉到下一场景中。

主观镜头转场可用于相对较大的时空转换。前一镜头是人物抬头凝望，下一段落可能就是他所看到的事物和场景，或者是他所想到、与眼前完全不同的事物。

第三，修辞性转场。修辞性转场指通过画面的组接，让前后场景相接的两幅画面构成并列、对照等关系，产生思想或情感的隐喻、象征等新的含义，让其在观众中产生心理冲击，从而实现场景的过渡。以挖掘事实背后关系，揭示人物情感、道德、思想等精神世界为主旨的深度报道，常常更多运用这种超常规的修辞性转场手法。

（2）同一主体转场。

同一主体转场，是指两个场景的两个衔接镜头都包含同一主体（可以是同一人物、动物或事物）。这种转场方式将同一主体作为连接上下场面的纽带。

由于同一主体转场的场景转换过渡较大，为了让场景的连接显得自然，通常要使主体始终处于画面中较为突出的位置，以排除画面中的次要构图因素，避免周围环境中的事物转移观众的注意力。

（3）相似体转场。

利用物体的类别相同、外形相似、运动形式（如方向、速度）相似、位置重合、属性同一（如色彩、影调、光线）等因素，实现场景自然而流畅的转换，达到视觉连续、转场顺畅的目的。同类或相似物体作为转场衔接的因素，经常在电视节目中被使用。

（4）两极镜头转场。

两极镜头转场，即前后两个场景相连镜头的景别为相差极大的两极。例如，前一镜头为特写或近景，后一镜头直接跳切为全景或远景；或者相反情况。前后镜头在景别上的悬殊和鲜明对比，给观众造成强烈的视觉冲击。

在电视片中，两极镜头转场是区分段落层次的有效手段，能够形成明显的段落间隔；它还可以大幅度省略无关紧要的过程，给观众动中转静或静中变动的强烈直观感受。这种转场方式比较适用于大段落之间的转换。一般来说，前一段落以大景别结束，下一段落以小景别开场，节奏加快，场面转换明显；反之，前一段落以小景别结束，后一段落以大景别开始，叙述节奏相对从容，段落分隔效果明显。

（5）特写镜头转场。

特写转场，即不论前一场景结束镜头的景别如何，都以特写作为下一场景的开始镜头。这种方式或以人物动作细节、躯体细部、面部表情，或人物活动背景中的自然环境和生活环境的细部等特写画面作为下一场景的开端，然后再利用摄像机焦距的变换或位置的后移，将镜头拉出，展示另一场景并进入下一场面。

由于特写镜头画面内容单一，排除了一切多余的形象，分隔了被摄体与周围环境的空间联系，便于观众将注意力集中于镜头中的主体。利用特写镜头转场时，在镜头拉出的过程中就巧妙转换了场景和叙述内容，在一定程度上弱化了时空或段落转换的视觉跳动，上下段落的拼接显得非常自然顺畅。

在表现突发性新闻事件时，为了反映战争、疫病、灾难等给人类带来的创伤和唤起观众对受灾者的同情，下一场景的开始往往从灾难后废墟的一角、受灾者恐惧无助的眼神、受伤者或死难者的惨状、国际救援组织会旗等特写镜头拉开，转入对现场情况的介绍。此时，特写镜头转场起着营造气氛、感染受众、增强报道效果的作用。

（6）空镜头转场。

在从一个段落过渡到另一个有明显间隔感的段落时，可利用一个或几个空镜头（如风景或器物镜头）加以组接，这种转场方式称为空镜头转场。

空镜头（景物）转场是电视制作者将抒情与叙事手法结合，加强节目艺术表现力的重要手段。

（7）遮挡镜头转场。

遮挡镜头转场是利用镜头主体或画面前景对镜头的遮挡和离开，来实现上下场景的转换。遮挡镜头转场主要有以下两种方式。

第一种，是在前一镜头接近结束时，被摄主体迎面而来挡黑摄像机镜头，形成暂时黑画面，当画面重新出现时，已经转入另一个场景。

第二种，是前一画面内的前景（人或物）暂时挡住画面内其他形象，成为覆盖画面的唯一形象；后一镜头则是画面主体或画内前景从摄像机镜头前离开，转换为与前一镜头不同的场景，实现场景的自然过渡。

当画面形象被挡黑或不完全遮挡时，一般也都是镜头切换点。这种转场方式为节目设置了悬念，给观众视觉上较强的冲击，同时也使节目的时空转换显得流畅与紧凑。

（8）运动镜头转场。

运动镜头转场是利用摄像机的推、拉、摇、移、跟、升、降、甩等运动，连续地、综合地、立体地展现不同角度的场景空间。这种转场方式开拓了画面的造型空间，它在某种程度上体现了电视编辑的主观视点，营造出强烈的视觉艺术效果。

（9）声音转场。

利用人声、音乐、音响等听觉元素为桥梁来组接上下场景画面，以实现场面的过渡。其中，前后场景可为同一时空，也可为不同时空。

在电视节目中，声音转场形式包括解说词转场、同期声转场、音乐转场与音响转场几种形式。

1）解说词转场。利用解说词来衔接前后不同场景，如过去与现在、此时与彼时、此地与彼地。过渡性的解说起着承上启下的作用，将观众引入故事内，顺利地实现场景的转换。在电视节目中，许多只有内容联系而缺乏自然联系的镜头之所以能够组接在一起，多数情况下是利用解说词来做到的。

2）同期声转场。即利用画面中人物的语言来转到与此相关的其他场景。例如，在抗洪救灾专题片中，在解说词之后，切入灾民、抗洪人员、政府官员各自不同场面的同期声采访，讲述的内容不同，场景也不同。

3）音乐转场。即利用“标版”音乐或正文音乐来标示场景转换。如在有的新闻专题片中，叙事主干使用画面辅以解说词和同期声来反映内容进程，但在发表媒体观点和交代背景等插叙、补叙内容时配上音乐，非常明确地勾画出该片结构的不同成分，使其层次清楚、井然有序。

4）音响转场。利用画面中与所表现的人物或事件有关的、现场客观存在的音响作为转场的手段。根据不同内容和情绪表达的需要，这种实存的音响，可以和产生它的场景事物同步，也可以延续到另一场面或从后一场面提前介入到当前场面，或以音响相似部分的叠化，来完成前后场面的衔接与过渡。

2. 技巧转场

尽管无技巧转场是电视新闻制作中最为常用的转场方式，但是为了体现不同的视觉效果或让场面之间形成明显的间隔感，有时还是会采用到技巧转场方式。

电视节目中常用的技巧转场方式主要有以下几种。

（1）淡入淡出。

淡入淡出又叫渐隐渐显，是指前一场景的最后画面逐渐由明转暗，直到全部变黑，后一场景的画面则由暗转明，直到正常亮度。前一过程称为“淡出”，后一过程称为“淡入”。通常，淡出淡入是连在一起使用的。

淡出淡入可表现大幅度的时空变换和内容转换。淡出散用于段落或全片的结束镜头，表示某一情节或内容的结束。淡入一般用于段落或全片的开始，表示另一情节、内容的开始。淡出淡入的长度一般各为2秒左右。在实际运用中，淡出、淡入的时间长度依据节目的具体类型和表达重点（是偏重信息的传递，还是偏重情绪的抒发、艺术效果的实现）而有所差异。

（2）叠化。

电视屏幕上，除了切换外，叠化是最常用的镜头连接方式。叠化，又称融变，是指上一个镜头消失之前，下一个镜头已逐渐显露，两个画面有若干秒重叠的部分。在电视编辑中，当用直接切换方式连接两个场面显得过于生硬、突兀时，用叠化可以保证转换的顺畅。

叠化方式可以表现明显的空间转换和时间过渡，常用于不同段落或同一段落中不同场景时空的分割，既简化了时空转换过程又避免了切换的跳跃感，体现出一定的主观情绪。叠化可以表现梦境、想象、回忆等插叙、回叙场合，给人以梦幻般的感觉。

叠化可以表现丰富的视觉效果，尤其是一组镜头的连续叠化，视觉流动感强，便于营造氛围、深化情绪。

（3）定格。

定格，或称静帧，是将前一段落的结尾画面做静态处理，产生瞬间的视觉停顿，间隔一段时间后出现下一段落的画面。定格手法比较适合不同主题段落的转换。

因为定格具有画面意义的强调性和瞬间静止的视觉冲击性，因此，在强化画面意义、制造悬念、表达主观感受、强调视觉冲击效果（比如，运动主体突然静止、活动影像变为固定镜头）等场合中，经常被使用。

在电视节目中，定格方式经常与改变色调的手法、近景或特写镜头相结合使用，使主体情感得以介入和表现，有力地渲染、延伸、深化了节目主题。定格还经常与空镜头一起使用，用来交代新闻事件发生的地点及其周围环境。此外，利用定格还可以延长镜头长度，增加画面内的信息叙述时间，弥补镜头时间太短所带来的缺陷。

（4）多画屏分割。

多画屏，即在屏幕上同时出现多幅不同影像。多画屏分割转场，即让发生在不同地点并有着内在联系的画面同时出现在屏幕上，然后各自表述，最后让一幅画面占据整个镜头空间，自然转入下一场景。

在现代电视节目中，多画屏技巧大大丰富了画面内容。在新闻直播节目与新闻连线节目中，为了表现同时异地信息，往往采用这种方式。

（5）甩。

甩是利用摄像机快摇的拍摄动作，来连接前后场面中的不同表现对象。

“甩”镜头反映了空间的联系，即将一个空间内容快速地与另一空间内容联系在一起。因此，“甩”镜头常用于段落转换以分离时空，或者表现同一时空中不同主体动作和事件，强化两者之间意义的关联。

“甩”镜头具有速度快、指向性强的特点，还适于表现紧张气氛和呼应关系，也常常被用于快节奏段落之间的转换。比如，在一些电视新闻片中，可以利用甩出、甩入的突然过渡将不同的空间或人物联系在一起，加快节奏，制造这几个对象之间情绪上的呼应。在应用“甩”镜头时，应注意甩的动态方向、速度快慢及过程长短等，应与前后镜头的动作、节奏、速度等匹配。

（6）划像。

划像即上一段落的最后画面从一个方向退出画面，下一画面随之出现，开始另一个段落。划像多用来表现一些内容相近、篇幅简短、节奏明快、纯交代性的场面。根据画面退出方向以及出现方式的不同，划像有扫划、滑动、卷页、缩放、盒体、时钟等多种具体的样式。

划像技巧能够形成时空的快速转变，可以在较短时间内展现多方面内容，所以常用于同一时间不同空间事件的分隔呼应，节奏紧凑、明快。比如，谈话节目中的纪实片段部分与演播室部分之间的转换，就可用划像方式将观众从纪录片片段中的情节体验迅速拉回到现实中的谈话现场。此外，划像作为一种花样繁多、效果活泼的特技技巧，在文艺新闻、体育新闻节目中被大量使用。不过，划像有时失之生硬，如果采用不当，人为痕迹明显，所以纪实性强的新闻专题现在已较少使用。

在电视新闻节目中，一般不提倡过多地使用特技转场。因为新闻要求公正、客观地报道事实本身，而特技是对素材的加工修改和再创造，容易削弱报道的真实感和客观性。为求新闻的真实性和增加信息量，新闻剪辑一般使用硬切，或者在必要时仅使用一些简单的技巧。

【本章小结】

广播电视节目编辑工作内容涉及声音和画面的编辑，这部分工作具有较强的技术性，操作起来也比较烦琐复杂，需要掌握一定的专门音视频知识，并通过多次实践才能逐步掌握。虽然新媒体技术普及，参与音视频制作的人越来越多，但本章的知识还都属于基础，需要学习掌握。

【思考题】

1. 广播电视中的声音分为几类？分类依据是什么？
2. 广播音响有什么使用原则？有哪些编辑、组接方法？
3. 电视的声画关系主要有几种？应如何处理节目中画面与声音的关系？
4. 电视画面有哪些类别？
5. 如何选择、编辑镜头？
6. 画面组接的匹配原则是什么？有哪些组接的方法？
7. 怎样在组接中把握画面的节奏？
8. 什么是画面的技巧转场？什么是无技巧转场？具体有哪些方法？

第十一章 广播电视文字编辑与节目编排

CHAPTER 11

【本章学习要点】

1. 广播电视文字稿件的选择与修改。
2. 节目编辑的定义、功能与影响因素。
3. 节目编排的思想、原则。
4. 节目编排。
5. 栏目编排。
6. 频道编排。

广播电视节目编辑工作除了音视频编辑外，还有文字编辑和节目编排，这些都是节目编辑的重要环节。

第一节 广播电视文字编辑

广播电视节目后期编辑中的文字编辑是一项重要工作。画面和声音素材的后期编辑中穿插着文字编辑的工作。对于广播电视而言，节目内容在音视频编辑之前，都是以文字形式存在的，比如，广播新闻稿、电视节目文字稿等。在电视节目，甚至视音频编辑过程中也存在文字编辑工作，比如画面中的字幕等。广播电视文字编辑的主要任务有以下几个方面。

一、获得文字稿

文字稿是广播电视节目最初的形式。大部分广播电视节目都会先用文字表达出来（文字稿本、小说、散文等），然后改编成形象化的文字表达（分镜头稿本、剧本等），再通过技术手段将其转换成声音和画面。编辑获得文字稿的途径有以下几种。

（一）记者的新闻稿

对于广播电视新闻节目而言，记者来稿是主要来源。记者每天活跃在社会的各个层面，寻找或者挖掘有新闻价值的内容，根据节目需要和事件本身的特点向编辑提供新闻稿。

（二）网络和其他媒体的议题

随着互联网的发展，公共议题或公共事件往往通过互联网传播，广播电视节目编辑要善于运用互联网或其他媒体上的内容，将其改写成广播电视文字稿。

（三）受众提供线索

受众提供线索的渠道比较多，如节目热线、节目信箱、手机短信、网上留言，甚至直接播客来稿等。

（四）文学作品

广播电视文艺节目经常把文学作品改编成节目文字稿或分镜头稿本，使文字内容适合用声音和画面表现。

以上是文字稿的主要来源。在实际操作中，文字编辑工作还包括提要、串联词的写作，标题的拟定等具体写作任务。

二、选择稿件

广播电视节目内容涉及社会各个领域、国内外各个地域，呈现不同角度，显示各种观点。面对数量众多、内容丰富、水平差别很大的稿件，文字编辑要根据节目需要选取稿件。随着网络的普及，编辑还可以经过必要核实后从网络上选择稿件。

新闻价值是选择新闻稿件的主要标准。新闻价值主要依其时效性、重要性、新鲜性、显著性、趣味性等方面决定。除此之外，还需要考虑以下因素：

第一，稿件与相关政策有无冲突，包括相关法律、法规、部门规章等。

第二，音频、画面内容与文稿是否很好配合。

第三，是否适合本台采用，包括受众的关联程度，频道、栏目的定位等。

三、稿件的修改

稿件要经过编辑的修改才能发送出去。这并不意味着编辑的水平就比作者高，更不代表编辑有权对作者的文稿胡乱删改。编辑改稿要有一定的工作标准和规程。

编辑要把文字关。在编辑一段文字时，需要理顺原稿的词句（包括标点），改正稿件的错别字（笔误或机误），清晰文字的表达。需要提醒的是，编辑要尽可能保持文稿原意、尽量少改，非不得已不改。把好文字关主要在于编辑的语文修养和对稿件的责任感。

广播电视的表现要素是声音和画面，录制声音或者拍摄画面常常要以文字稿为依据。

在广播中，文字稿是节目本身的文字形态，文字的表达可以尽量完整。在电视节目中，有了画面，文字稿的内容要与其配合，不能无视已录声音或画面。广播电视编辑要了解音频、视频的特点，才会更好地根据声音、画面处理文字，从而将文字变成声音后可以和已有音视频共同准确表达节目内容，不会出现重复音频、视频内容，或者与音频、视频分离等问题。

（一）核对内容

对于新闻节目来说，记者写稿件受时间的限制，匆匆写就，可能会在准确性上出问题。最容易出问题的一是时间，二是地点，三是数目，四是名称。对四方面的核实要注意两个角度：一是稿件里标明的时间、地点、数目、名称跟实际是否相符，在电视节目中还要考虑与所拍摄画面内容是否相符；二是稿件里事件涉及多个时段的长短和先后是否与文字内容一一对应，几个地点的方向和距离是否准确，数目的加减乘除是否正确，电视稿件中还要注意这些内容是否和画面对应恰当。核实的渠道有两个。

1. 权威部门、权威人士、权威资料

要找到涉及范围、领域的权威来核实稿件。一般而言，事件相关领域最高主管部门是权威的；涉及政策时，主管部门及其人员比民间专家要权威；全国性的统计数字，要以国家统计局公布的为准；政策、法令及重要数据不能直接从新闻报道中援引（授权公布的除外），而要与相关部门的原始资料核对，并且必须是最新版本；权威人士必须是在所从事的领域被公认的，要对其身份进行核实。

2. 事件当事人

当编辑发现疑问时，要与事件当事人进行核对。涉及批评、表扬的，要从尽可能多的渠道了解情况，相互印证，不能听信一面之词；涉及争议的，要同时听取争议双方或多方意见，不能偏听偏信。

（二）改编的方法

1. 压缩

压缩的方法：（1）突出主题。对于广播电视新闻稿件特别是篇幅短小的动态类稿件而言，主题要小，要集中、具体。（2）主线清晰。善于摘取稿件中的精华部分，删去与主线无关的多余内容。

2. 补充

对一些原始资料有缺陷的稿件要做补充。（1）补充背景：对新闻中涉及的关键人物、事物、地点、时间、术语等补充相应的背景材料，起到解释、说明和深化主题的作用。（2）补充形象：为了使受众对新闻内容有更清楚的把握，适当补充照片、图表、动画、字幕等形象材料。（3）补充回叙：把之前已播过的相关内容进行简要复述，帮助受众理解本次报道。（4）补充说明：在栏目推出重点报道、新的板块或有其他特别之作时要做相应说明，解说编者的设想和节目的特点等。

3. 改写

一些稿件素材不错，但是总体上不符合要求，光靠压缩和补充无法解决问题，需要改写。改写的方法有以下几种。

（1）改变角度。

改变角度包括选题角度、选材角度和表现角度。改变选题角度是就同一事实或人物提炼出不同主题；改变选材角度就是对同一主题，选取不同的材料予以展现；改变表现角度就是对同一主题、同类材料用不同的方法、视角、切入点来表现。这是一种比较大的改动。

（2）改写导语。

导语是新闻引起受众关注的“敲门砖”，它必须把新闻中那些可能为受众感兴趣的信息以最简约的方式提炼出来。导语的改写可以从以下方面着手。

第一，突出新闻的意义。通过此一改写，使受众明白为什么要报道这条新闻。

第二，突出新闻的兴趣点。突出新闻中受众最可能感兴趣的部分，引起他们的期待。

第三，突出新闻的贴近性。拉近新闻与受众的关系，使他们乐于看下去。

第四，突出关键信息。把新闻的关键信息在导语中明确体现，使受众迅速把握新闻的要点。

第五，突出相关新闻间的关联性。通过归纳总结，提炼出前后新闻之间的内在关联，并在后一条新闻的导语中表现出来，使新闻之间形成一种有机联系、成为一个整体；同时，通过这种关联、比照也能更好地烘托每条新闻的价值、意义。

（3）分篇。

有时一篇稿件内容很重要，但涉及的方面较多、篇幅较大，单篇形式播出所用时间很长，受众容易疲劳，且将重要信息堆在一起，削弱了每条新闻的重要性。所以最好将其分成几篇，一篇一个主题，组合发出，既加快了节奏，还可使重点清晰、突出。

（4）综合。

把几篇稿件合编成一篇稿件。这些需要综合的稿件在内容或主题上相关，但彼此间有一些交叉重复，或是每一篇的信息含量较小，不足以支撑单篇的形式，因此可以把各篇中相同的内容抽出来，取其各自最有特色的部分，将其组合成一篇稿件。

第二节　广播电视节目编排

一、概述

（一）节目编排定义

广播电视节目编排是节目组合的艺术，也是时间分割的艺术。日本学者藤竹晓对节目编排做了广义和狭义的界定：从广义上讲，节目——编排是指广播电视机构在自己的主体立场上，对传播最后产品——节目——的各种条件予以选择和决定的一切活动；从狭义上讲，是指决定具体的节目条数、播送时间、播送顺序和播送结构等。①

节目编排是节目由制作进入播出的关键一环，是在科学统计和统筹兼顾的基础上对广播电视节目的“二度创作”。通过对节目播出架构的总体规划，将待播节目组合成一个顺

① 参见［日］藤竹晓：《电视社会学》，14页，合肥，安徽文艺出版社，1987。

畅的播出流程。编排人员要对本频道的节目资源状况、目标受众特征、竞争对手优劣势有详细的调查和分析，将不同节目放在恰当的位置，在合适的时段安排合适的节目，尽可能让目标受众看到、看好节目。如今，面对网络的挑战，广播电视节目编排的整体性将成为战胜碎片式网络内容的核心竞争力所在。

一个节目，即使它本身做得再好，如果没有放在合适的时间播放，还是很难达到预期的收视效果的；一档栏目也是如此，即使做得再精致，如组合、搭配不当，仍然很难激起观众的兴趣；一个频道，即使有很多精品，如果不能通过节目编排营造出一种整体风格，势必缺乏竞争力。

（二）节目编排的功能

1. 将节目要素变为成品

广播电视节目编排是对节目进行内容和形式处理的终端，是一个将节目要素变为节目成品的过程。

没有编排的节目，就不能算做一个节目成品。合理、有效的编排，能够契合观众的收听、收视习惯，降低受众的收听收视成本，为受众提供便利，培养受众的接收习惯。

2. 有效管理受众

合理的编排可以实现节目、栏目和频道内容的顺畅过渡，可以有效管理受众。

3. 增强受众识别度

编排方式是构成节目、栏目和频道形象的元素之一，富有特色的播出流程可以增强受众的识别度。

编排的目标是形成顺畅的播出流，优化传播效果，提高收视率，增加竞争优势。在实现这一目标的过程中，编排既要符合一定的操作规律，又要敢于创新、注重细节、凸显个性，向受众传递节目、栏目和频道的服务意识和创新活力。受众在享受精心编排带来的便利的同时，也会被传播者的职业精神所打动，继而愿意成为忠实受众。

4. 方便广告主投放广告

节目编排也是一个对播出时段评估和售卖的过程，会方便广告主投放广告。

通过对节目播出时间的排列，可以实现对播出时段的分切，在时间轴上确定插播广告的具体时段，并根据不同时段的收视状况，将受众的注意力进行估价，从而确定这一时段的广告价值，为广告主购买相应的时段提供方便。

二、影响节目编排的因素

（一）目标受众

目标受众是在市场细分的基础上产生的。市场细分是指在较大的市场中识别出具有某些共同需求和特征的人群，然后，根据他们对产品效用的共同兴趣，经这些人群聚合成细分市场。细分市场的目的，就是找到特定的目标受众来进行有效的产品营销。目标受众的地理因素、人口因素、行为因素和心理因素等构成不同的收听收看习惯，也直接对节目编排产生影响。

（二）播出时段

广播电视节目是被编入播出流中、隶属于某个时段来播出的。如果播出时段与受众的收听收看习惯不能很好地对接，节目就无法抓住目标受众。对于一个节目而言，在线性的时间轴上，有前后之分。对于一个频道而言，日播时段可以划分为早间、上午、中午、下午和晚间节目时段。不同时段，需要根据受众的收听收看需要与特性，有针对性地安排不同的节目。节假日，人们用于收看电视或者外出游玩的时间相应增加，对休闲娱乐、交通信息内容的需求会有增多，广播电视节目编排也要根据受众的状态和需求来调整。

（三）市场竞争

广播电视节目市场就是受众。随着数字电视的推进，电视频道从几十个增加到上百个，加剧了竞争的激烈程度。

总之，影响节目编排的因素很多，除了上面的受众、时段、市场因素之外，还会受到节目因素（节目类型、内容质量、时间长度……）、媒体因素（节目制作能力、节目存量与购买、财务预算、利润目标）等诸多因素的影响。

三、编排思想

（一）正确的指导思想和法律观念

各类广播电视节目涉及社会生活的方方面面，与各种政策法规有着密切的关系，要正确把握此类相关内容。

（二）整体把握全局和实际情况

编辑要胸有全局，站在时代的高度处理具体内容、编排节目，体现出节目、栏目和频道的整体设计和编排思想，要了解社会政治、经济和文化环境，还要把握节目、栏目、频道的整体追求。

（三）要注重节目、栏目及频道的特点，关注观众需求

广播电视节目不仅在内容上要有个性，在形式上也应该独特。编排正是内在个性的外在表现，是形成独特性的重要环节。不同节目、栏目和频道有不同的定位和特定的受众，调查受众、满足受众需求的编排才会对整体起到事半功倍的传播效果。

四、编排原则

对于编排思想以及影响编排的几大因素，有人做了更为详尽的论述。①

（一）导向原则

在任何时候都要将导向作为广播电视台的立台之本、传播之源，“导向决定生存，市场决定发展”应该成为节目编排与经营的根本原则。

（二）整体原则

所有的节目编排都是为了体现广播电视台的办台宗旨和立台原则，一个台的所有节目

---

① 参见陈建华：《电视节目编排的若干原则》，载《视听界》，2012（3）。

都应该有统一的理念。

（三）特色原则

随着技术的迅猛发展，广播电视的供给量越来越大。而受众每天用于广播电视接收的时间有限。这就形成了供给大量性与消费有限性的矛盾。广播电视要解决这对矛盾，就必须细分市场，打造特色。

（四）推广原则

消费者在决定购买产品前会经历一系列环节：注意、产生兴趣、联想、产生欲望、比较权衡、信任、行动。因此，从节目被注意开始，就要对节目展开推广，强化其对受众的吸引，继而强化其接收的欲望，强化受众的信任感，最终形成接收的具体行为。

（五）强入原则

广播电视节目一般都存在渐入性规律，即随着时间的推移，节目会越来越吸引受众；另外，在某时间段的节目具有连续性，错过一段，就很难看懂，这会使连续接收的受众换台的成本变高。因此，在此类时段开始时，节目的吸引力决定了收视率的高低。

为了在一开始就吸引受众，在节目编排时要注意强入原则。要用有强吸引力的内容作为节目的开始，以此留住受众，并拉动后续内容，创造高接收率。

（六）准时原则

如果不能准点播出，节目编排就毫无意义。影响节目准点的因素主要是节目的长度和广告的时长变化。要尽量实现电脑编排，大大减少这种误差。

（七）编播季原则

有几个要素促成了“编播季”的产生。一是受众市场的需求，存在着接收的盲目性与不确定性。广播电视台应以常新的节目品种和形态来满足市场要求。此外，节目还面临着电影、平面媒体、网络等各类媒介的竞争，特别是新媒体。一年分季节、分时段的编排表正是应对竞争、抢夺受众注意力的手段。季节性编排有助于广播电视台培养受众的忠诚度，为细分市场打下基础。另外，当节目的“编播季”与广告销售捆绑在一起，广播电视台也就找到了盈利的突破口。目前，我国的编播季主要分为八个（见表 11—1）。

表 11—1 广播电视编播季

假期	闲播	黄金周	闲播
寒假编播季（1～2 月）	闲播季（2～4 月）	小黄金编播季（“五一”小长假前后两周）	闲播季（5～6 月）
暑假编播季（7～8 月）	闲播季（9 月）	黄金编播季（“十一”黄金周前后两周）	闲播季（10～1 月）

（八）差异原则

电视台在节目编排时要考虑差异原则，如提前进入节目时段，抢先争夺受众。还可以对节目类型进行差异化设计，如湖南卫视用谈话节目《背后的故事》作为与其他台电视剧时段竞争的方式来吸引不看电视剧的观众。

（九）带播原则

在节目编排时要注意带状播出。在每天（每周）的固定时间、固定频道播出固定时长的固定节目，这有利于培养受众的接收习惯。

（十）重播原则

重播节目应立足于满足受众的需要。重播有两种：一是在首播之后的当日、次日及四天之内，目的是扩大接收面及对受众要求重播节目的反应；二是老节目重播，一些优秀作品可长年多次重播，如电视剧《西游记》、纪录片《中华之剑》等。

（十一）搭配原则

搭配原则，又称吊床策略，是将一个弱势节目置于两个高收视节目之间，或是在一个弱势后面跟进一个强势节目，以提升弱势节目的收视率。这一策略经常用于保护新开播的节目，期望通过已有强势节目为新节目打下良好的观众基础。

五、编排的类别

（一）节目编排

因为单条内容不能作为节目直接播出，需要对若干条内容进行编排，使它们能够构成完整的节目。节目编排主要侧重于节目内容（完整表达一个内容的镜头组合和声音组合）的编辑层面，即如何更好地对不同内容进行整合、组织，以达到预期的叙事目的和传播效果。具体而言，在新闻节目中，是对各条新闻的播出顺序进行前后编排，哪个排在头条、哪个排在后面等。

节目编排不仅要考虑节目已有内容的编排，还要考虑演播室与现场连线、节目内容与广告、节目内容与片花的关系等。

（二）栏目编排

对由若干小板块内容构成的栏目进行编排，一是要考虑各板块的排列顺序，即使各板块间在内容上没有直接的关联，也要根据主题、风格、节奏等进行排列，使其错落有致、富有张力；二是要做好板块间的串联，在写作串联词时，尽可能找到相邻板块之间的关联点，承上启下，过渡自然，将其融为一体，给人以整体感。

（三）频道编排

频道编排是指频道根据其整体定位，对其即将播出的节目确定各自所占的播出时间、内容分布，以及栏目之间的组合和排列顺序，以求达到节目的优化组合，实现播出效益的最大化。具体来说，就是将要播出的节目提前编排组合成播出流程，是对节目播出架构的综合规划，体现为节目播出表的安排。

广播电视频道编排的目的有两个：第一是表层的，即把前期策划的节目安排在适当的时间，给特定的观众欣赏；第二是深层的，即获得整体最大的收视率，进而获得最大的社会效益和经济效益。节目编排的表层目的和深层目的相互依存、不可分离。其中，表层目的是起点，深层目的是归宿；表层目的是策略，深层目的是原则。当二者发生冲突时，常常牺牲表层目的，以达到深层目的为主要选择。

（四）台节目编排

广播电视台的节目编排，是指在所辖各个频道之间进行节目资源的优化配置，避免同类节目或是吸引同一目标受众的节目在不同频道的同一时间播出，导致“自相残杀”、目标受众分流，不利于全台的共赢。全台编排还包括通过合理协作，实现频道间节目资源的流通、共享，比如，新闻频道的节目首播之后可以安排在综合频道播出等。广播电视台内的节目编排要充分体现“一盘棋”思想，不仅做好节目内、栏目内、栏目间的编排，还应统筹兼顾，做好频道与频道之间的节目编排。只有这样，才能确保从局部到整体的顺畅、高效，实现传播效果的最优化、传播效益的最大化。

六、节目编排——以央视《新闻联播》为例

综合性新闻节目是最普通、最常见的新闻节目形态，它报道面广、信息量大、传播快捷、内容简约，是广播电视台传播新闻的主要形态，也是人们了解周围世界的重要窗口。我国综合性节目往往以央视《新闻联播》为模板，其编排形成了三个重要原则：先重后轻、先硬后软、先国内后国际。这些原则在一般情况下仍然是重要并且有效的，但随着电视话语体系的发展，也发生了一些变化。

（一）综合性新闻节目编排的工作职责

1. 选择新闻

新闻节目编排的第一步，就是对记者和其他方面提供的消息做出选择，决定取舍。选择的标准主要是新闻价值，其次要考虑是否与节目风格、定位相一致。对于《新闻联播》而言，选择新闻的标准也在发生变化，比如会议类新闻在减少，国际新闻和民生新闻数量在增多。

2. 确定头条

头条新闻是一档新闻节目的中心，也是报道思想和编排思想的集中体现。对于受众来说，头条新闻是否具有吸引力，直接影响到他们收看新闻节目的兴趣。新闻头条一般是国际国内重大事件，或是国内重要会议、领导人出访等。但是在既没有重要会议，也没有重大事件的情况下，《新闻联播》的头条会有一些不同。表 11—2 列出了 2012 年 12 月第一周《新闻联播》的头条。

表 11—2　**2012 年 12 月第一周《新闻联播》头条目录**

日期	新闻头条标题
12 月 1 日	梦想照亮现实 脚踏实地共筑“中国梦”
12 月 2 日	我国今年粮食再获丰收 实现九连增
12 月 3 日	三种养老保险将实现衔接转换
12 月 4 日	中共中央政治局召开会议 审议关于改进工作作风 密切联系群众的有关规定 分析研究 2013 年经济工作 中共中央总书记习近平主持会议
12 月 5 日	习近平同外国专家代表座谈
12 月 6 日	胡锦涛在贵州考察工作时强调 深入学习贯彻党的十八大精神 为全面建成小康社会而团结奋斗
12 月 7 日	贵州：农村危房改造 安居才能乐业

在这一周中，4～6 日的新闻是常见的领导人活动、会议、会见等，1～3 日的涉及当下宣传思想和成就报道以及政策调整，7 日的有关民生幸福。

3. 排列组合

一档新闻节目涉及内容多样、题材广泛，结构安排反而不能复杂，应重点突出、条理清楚、层次分明。一般来说，新闻节目多采用板块式结构，如国内新闻、国际新闻、地方新闻、政治新闻、经济新闻、文化新闻、新闻事件等。各个板块之间或由主持人串接，或由特技画面转换。例如，2013 年 3 月 24 日《新闻联播》的编排：

习近平会见俄罗斯总理
习近平参观俄罗斯国防部
习近平会见俄罗斯国家杜马主席
习近平会见俄罗斯联邦委员会主席
习近平出席中共“六大”纪念馆建馆启动仪式
习近平会见俄罗斯汉学家 学习汉语的学生和媒体代表
俄师生：中俄合作对国家个人都重要
张高丽出席中国发展高层论坛 2013 年年会开幕式并致辞
教育梦 助推中国梦
《人民日报》评论员文章：民生改善是梦想的最好诠释——五论同心共筑中国梦
新疆：牛羊转场 高速公路成“牧道”
世界防治结核病日 全国加强防治宣传
中国记协召开两会新闻报道研讨会
我大学生再获东京国际动画节大奖
焦点访谈：黄浦江死猪事件溯源
坦桑尼亚总统：热切期盼习近平主席来访
中非：反政府武装攻入首都
国际联播快讯

这组新闻就是先国内、后国外的典型构成，国内是传统的“先官后民”式。

（二）综合性新闻的编排方法

1. 倒金字塔式编排

传统的倒金字塔式编排是将各条新闻按其重要性依次排列，这一做法曾为各电视台“联播”类新闻节目广泛采用。央视《新闻联播》通常采用这种方式。《新闻联播》采用的是典型的“虎头蛇尾”、“头重脚轻”的编排方式，这种方式是将当天最重要的新闻集中放在节目的开头部分，各条新闻均以较长篇幅报道；节目表越往后，特定的新闻价值就越小，时长也就越短。

2. 峰谷式编排

心理学分析表明，人的注意力受时间限制，往往随着视觉疲劳而下降；但当受到刺激后短时间还会恢复。按此规律，产生了编排上的“峰谷技术”，即把新闻节目设计成像一系列的山峰、峡谷一样，使它高低不平。每个组合从最重要或最有趣味的新闻开始，然后由高峰转向低谷，处于低谷状态时找到一个新的转变，使它再回到高峰。

3. 平行组合编排

平行组合编排是将同一时间不同空间有呼应关系或相同、相似内容的新闻编排在一起。

4. 集纳组合编排

集纳组合编排是将几条同类题材或内容相近的新闻以一个共同的角度和支点组接编排在一起，造成一种效果的积累。前例2013年3月24日《新闻联播》节目的前七条就属于集纳组合编排，都是关于习近平出访俄罗斯的新闻。

5. 反差组合编排

反差组合编排是将两条或两条以上内容截然相反的新闻安排在一起，显示其差异，激发受众的分析比较，启迪和教育受众。这种编排的特点是对照强烈、是非分明。比如，前一条新闻报道乱砍滥伐森林，后一条报道基层干部带领群众植树造林。

6. 相关组合

相关组合是把几篇内容虽然不同却有着内在关系——如因果、述评或呼应——的稿件安排在一起，这样可以使受众对其内在意义了解更加全面、深入。比如，治理城市环境污染见成效、城市绿化面积增加、多年不见的候鸟重返城市，这三条新闻的事实就有着因果关系。

七、栏目编排——以央视《新闻周刊》为例

《新闻周刊》创办于2003年，是央视至今仍保持较高收视率的杂志型新闻栏目。

（一）杂志型新闻栏目的编排特点

就编排对象而言，杂志型新闻栏目分为两个层次：一是对栏目整体结构的编排，它的直接作用对象是“板块”，即一个一个的节目；二是对节目的编排，它的直接对象是具体的新闻。前面提到的消息类新闻节目的编排仅针对第二个层次，而这里针对的则属第一个层次。

1. 大时段

杂志类新闻栏目一般由三个或三个以上的节目板块构成，每个板块都具有内容充实、结构完整的特点，因此它的时长一般较长，常常要30分钟，更长的可以达到两个小时。

央视《新闻周刊》栏目由“本周特写”、“本周人物”、“本周视点”、“一周人物回顾”和“一周新闻回顾”五个板块组成，时长45分钟。

2. 板块分割

传统的节目格局采用的是指向单一、对象精准的专题方式，分门别类地办节目。而杂志型新闻栏目则体现出“杂”的特点：将大时段分割开来，在每个小时段中嵌入风格、内容各异的板块，最大限度地实现了适应受众不同要求的节目综合化的统一。

3. 板块固定

杂志型栏目各板块的播出时间、长度、内容、形态都相对固定。这样的编排一方面方便受众的接收行为、培养他们的接收习惯，使其形成固定接收的“约会意识”；另一方面，固定板块形态也方便了节目的加工制作、稳定栏目风格，使编排意图得到一以贯之的

执行。

4. 板块连续

各板块虽然分割开来，具有相对的独立性，但是与传统的自立门户式的栏目相比，它们之间又具有一定的关联性。这样的编排既可以将子栏目连缀成一个整体，形成统一的风格，又避免了传统栏目编排间断明显的弱点。这会减弱受众的“关机”或“调台意识”，便于长时间吸引注意。

（二）杂志型新闻栏目的编排方法

1. 时间的安排

因为自身优势，此类栏目一般首先会考虑安排在黄金时段或者重点时段播出。《新闻周刊》是每周六晚的22：15播出，基本避开了娱乐类节目，如湖南卫视的《快乐大本营》等。

其次，要考虑各板块的播出时间。由于栏目整体时间跨度较大，观众很难在此期间保持均衡的注意，所以要对观众的收视习惯、兴趣以及竞争频道的节目编排进行研究，将优势板块安排在最适合的时间播出，以获得最大的效益。

2. 板块的设置

几大板块构成栏目的基本框架，好的板块设置是办好栏目的基础。

第一要有整体意识。每个杂志型栏目都有自己的定位和理念，各板块间的关系要“杂而不乱”、“杂而有序”；每个板块的设置都要和栏目整体意图、风格一致。《新闻周刊》的定位是以最近一周为单位选择新闻，打造有理想、有责任感、有尊严、能够记录历史的新闻栏目。

第二要丰富多变。各板块要功能各异，不可相互类似、雷同。比如，《新闻周刊》的板块有人物、特写、事件，各有特点，共同来总结一周以来的各层面新闻。

第三要规模适当。即板块的数量和长度要适当。栏目内容丰富多样，但不能太过“琳琅满目”，内容过多会导致受众注意力无法持续。如《新闻周刊》每个板块的时间基本控制在8分钟左右，比较恰当。

3. 节奏的控制

节奏不光体现在板块内部，还体现在板块之间。《新闻周刊》的“本周人物”、“本周视点”、“本周特写”三个板块节奏适中；而“一周新闻回顾”和“一周人物回顾”节奏较快，形成变化、对比。

4. 间隔的把握

间隔包括片花与广告，处理得好，不但能留住老观众，还能吸引新观众进入。把握间隔要注意，一方面广告不能太长，栏目内插播过多广告会使节目中断太久，从而导致观众流失；另一方面，可以通过下节内容的预告片花来告知未来精彩内容，使观众耐心等待。

八、频道编排

频道编排是指在一个固定频道播出的持续相当时长——目前常常是要持续20多个小时——的一套广播电视节目的编排组合技巧。目前的频道节目一般分成综合节目编排和专门节目编排两种。

（一）常用频道编排方法

1. 板块式（也称垂直性编排）

板块式（blocking）编排是将内容或风格相似的节目编排在一起，形成一个较长的时间板块，一般有1～3个小时，来吸引具有相同收视爱好的受众。

2. 带状式（也称水平式编排）

带状式（strip）编排是把特定栏目安排在每天的同一时间播出。这种编排方式运用较为普遍，如央视新闻频道每天早晨6：00的《朝闻天下》、19：00的《新闻联播》、21：30的《新闻1+1》等。特定栏目在特定的时间播出，便于记忆，有助于培养受众与栏目之间的“约会”意识。

3. 棋盘式

棋盘式（crossing）编排与“带状式”相反，在每天的同一时段安排不同的栏目，可以形成一条纵向的播出带。这种编排方式要求各个栏目的实力相当、大类相似又各具特色，可以培养受众对这一时段的重视。比如湖南卫视周一至周四的22：00相继播出《谁与争锋》、《我们约会吧》、《我们结婚吧》、《绝对大咖秀》，几个节目都是真人秀，有着共同特点但又角度不同，便于选择接收。

除此之外，频道编排还有吊床式（ham mocking）、帐篷式（tent-poling）、整点式等方法。随着节目竞争日益激烈，编排方式的创新也尤为重要。

频道编排需要协调好栏目、广告及形象宣传之间的关系。除日常节目外，还要考虑一些特别节目，比如节假日节目、特定时间重大事件的直播等。

（二）不同时间单位节目的编排

频道节目编排除了一般性设计外，还要以月、季、周、日为单位考虑调整播出内容安排。

1. 以季为单位的编排格式

频道节目可以根据不同的季节，结合气候特点、人们休闲时间的变化制定相应的编排策略。冬季天寒地冻，外出活动减少，加上各种节日较为集中，人们需要通过电视节目来放松心情、减轻压力、烘托气氛。而夏天，天气炎热，学生放暑假，在家时间相对较多，对电视节目的需求也相应增加。“编播季”式编排是国内电视台、频道近几年考虑、使用较多的方式，如有以节假日、大型活动、电视剧为依据的“编播季”。

2. 以月为单位的编排格式

一个综合频道、影视频道，需要以月为单位来对播出的电视剧进行调整，或者依据不同主题来对电影的播出进行编排。另外，体育频道也需要结合未来一个月的国际国内赛事来进行节目设计编排。其他专业频道也要有类似的每月设计。

3. 以周为单位的编排格式

对于一个频道来说，有的栏目是周播的，有的栏目是日播的，所以要将这些在一周内播出频次不同、时段不同、时长不同的栏目进行合理的排列。在编排节目的同时，还要为节目宣传、频道形象、节目预告等留出空当。对于节目、栏目和频道而言，宣传片、形象片和节目预告等能够调整节奏，从而提升传播效果。

4. 以日为单位的编排格式

以日为单位的编排格式是指频道编排一天当中播出哪些节目、栏目，分别安排在哪个阶段、以何种顺序播出，广告如何插播，频道、栏目和节目宣传片的播出频次和位置等。

湖南卫视提供了一个频道节目编排的成功案例。在定位为“快乐”频道后，该台的节目充分体现出娱乐特征。本章附表 1 是湖南卫视 2013 年度节目编排表，从中可以看到：每日节目除去上午、下午和晚上黄金时间段的电视剧外，周一至周五每天中午 12：50 有固定的娱乐新闻《娱乐无极限》，周一至周四每晚 22：00 轮换播出《谁与争锋》、《我们约会吧》、《我们结婚吧》、《绝对大咖秀》等娱乐真人秀节目，加上周五的《天天向上》和周六的《快乐大本营》两大重头综艺娱乐节目，共同构成了该频道娱乐化定位的主体框架，娱乐和快乐特点突出，在众多省级卫视及央视组成的电视市场中一枝独秀。

【本章小结】

广播电视文字编辑与其他新闻媒体的文字编辑有类似之处，很多操作非常接近，但也因为有音视频共存而有其特殊性。同时广播电视节目编排与报刊的版面编排虽然编排思想相似，但编排方法却有很大的差异，一个是空间安排一个是时间编程，其间很多技巧、方法都相去甚远。随着数字技术而来的频率频道资源大幅增加，广播电视节目的编排思想与方法也在与时俱进，专业频道与综合频道的编排方法已有很多差异，手法更多、目标多元，而且一切都仍在不断的发展变化中。

【思考题】

1. 广播电视文字稿件该怎样选择与修改？
2. 什么叫广播电视节目编排？它有哪些功能？
3. 影响节目编排的主要因素有哪些？
4. 什么是节目编排的思想与原则？
5. 什么是节目编排？
6. 如何进行栏目编排？
7. 频道该怎样编排？

附：编排案例

附表 1　　**2013 年湖南卫视节目编排表**

<table>
<tr><th>时间</th><th>周一</th><th>周二</th><th>周三</th><th>周四</th><th>周五</th><th>周六</th><th>周日</th></tr>
<tr><td>7：00</td><td colspan="7">《湖南新闻联播》重播</td></tr>
<tr><td>7：30</td><td colspan="5">《22 点栏目》（重播）</td><td colspan="2">《播报多看点》</td></tr>
<tr><td>8：00</td><td colspan="5" rowspan="2">《开心独播剧场》四集</td><td colspan="2">《开心独播剧场》三集</td></tr>
<tr><td>11：30</td><td rowspan="4">《天天向上》（重播）</td><td rowspan="4">《快乐大本营》（重播）</td></tr>
<tr><td>12：20</td><td colspan="5">《播报多看点》</td></tr>
<tr><td>12：50</td><td colspan="5">《娱乐无极限》</td></tr>
<tr><td>13：10</td><td colspan="5" rowspan="2">《22 点栏目》（重播）</td></tr>
<tr><td>13：30</td><td rowspan="2">大型栏目（重播）</td><td rowspan="2">第一周播剧场（重播）</td></tr>
<tr><td>15：10</td><td colspan="5" rowspan="2">《青春独播剧场》三集</td></tr>
<tr><td>16：05</td><td colspan="2">《青春独播剧场》两集</td></tr>
<tr><td>18：00</td><td colspan="2">《平民英雄》</td><td colspan="3">《新闻大求真》</td><td colspan="2">《新闻当事人》</td></tr>
<tr><td>18：30</td><td colspan="7">《湖南新闻联播》</td></tr>
<tr><td>18：59</td><td colspan="7">《黄金时刻》</td></tr>
<tr><td>19：00</td><td colspan="7">转播 CCTV《新闻联播》</td></tr>
<tr><td>19：30</td><td colspan="7">《金鹰独播剧场》（第一集）</td></tr>
<tr><td>20：15</td><td colspan="4">《金鹰独播剧场》（第二集）</td><td rowspan="2">《天天向上》</td><td rowspan="2">《快乐大本营》</td><td>《金鹰独播剧场》（第二集）</td></tr>
<tr><td>21：05</td><td colspan="4">《金鹰独播剧场》（第三集）</td><td>《金鹰独播剧场》（第三集）</td></tr>
<tr><td>22：00</td><td>《谁与争锋》</td><td>《我们约会吧》</td><td>《我们结婚吧》</td><td>《绝对大咖秀》</td><td>《风云再起》
《唱出我人生》
《快乐男声》
《女人如歌》</td><td></td><td>《我爱主持人》（一季度）
《第一周播剧场》（三集）（二、三、四季度）</td></tr>
<tr><td>0：00</td><td colspan="4">《22 点栏目》（重播）</td><td>《越淘越开心》</td><td>《天下女人》</td><td>《非常靠谱》</td></tr>
</table>

附表 2　　**中央电视台综合频道节目编排（2012 年 3 月 25—31 日）**

<table>
<tr><th>时间</th><th>周一</th><th>周二</th><th>周三</th><th>周四</th><th>周五</th><th>周六</th><th>周日</th></tr>
<tr><td>00：30</td><td>《动物世界》</td><td>《人口》</td><td>《动物世界》</td><td>《动物世界》</td><td>《动物世界》</td><td>《寻宝》</td><td>《寻宝》</td></tr>
<tr><td>01：00</td><td>《国际艺苑》</td><td>《寻宝》</td><td>《谢天谢地，你来了》</td><td>《国际艺苑》</td><td>《状元 360》</td><td>《状元 360》</td><td>《生活提示》</td></tr>
<tr><td>02：00</td><td>《正人综艺》</td><td>《精彩一刻》</td><td>《正人综艺》</td><td>《星光人道》</td><td>《收藏传奇》</td><td>《动物世界》</td><td>《动物世界》</td></tr>
<tr><td>03：00</td><td>《精彩一刻》</td><td>《精彩一刻》</td><td>《收藏传奇》</td><td>《精彩一刻》</td><td>《一起聊聊》</td><td>《撒贝宁时间》</td><td rowspan="2">《星光大道》</td></tr>
<tr><td>03：30</td><td>《谢天谢地，你来了》</td><td>《天天饮食》</td><td>《精彩一刻》
《魅力纪录》</td><td>《魅力纪录》</td><td>《魅力纪录》</td><td>《魅力纪录》</td></tr>
<tr><td>04：30</td><td colspan="7">《今日说法》</td></tr>
<tr><td>05：00</td><td colspan="7">《新闻联播》</td></tr>
<tr><td>05：30</td><td colspan="7">《人与自然》</td></tr>
<tr><td>06：00</td><td colspan="7">《朝闻天下》</td></tr>
</table>

续前表

时间	周一	周二	周三	周四	周五	周六	周日
08：30	《生活早参考》						电视剧
09：00	《天天饮食》						电视剧
09：30	电视剧						
10：20	电视剧						
11：10	电视剧						
12：00	《新闻 30 分》						
12：35	《今日说法》						
13：12	电视剧						《谢天谢地，你来啦》
14：05	电视剧						
14：50	《请您欣赏》	电视剧					
15：00	直播节目	电视剧					
15：40	电视剧					《第一动画乐园》	电视剧
16：30	《生活提示》		《第一动画乐园》				《第一动画乐园》
16：40	《第一动画乐园》						
17：10	《星光大道》		《生活提示》				
18：00			《国际艺苑》		《状元 360》	《寻宝》	《正大综艺》
19：00	《新闻联播》						
19：40	《焦点访谈》						
20：00	电视剧					《精彩一刻》	《2012 年电视剧年度明星盛典》
21：00	电视剧					《星光大道》	
22：00	《晚间新闻》						
22：40	《魅力纪录》					《谢天谢地，你来了》	《为你而战》
23：30	《看见》	《收藏传奇》	《寻宝》	《一起聊聊》	《撒贝宁时间》	《开讲啦》	《首席夜话》

资料来源：来源于央视网，考虑到编排的规律性，具体节目时间个别有前后 10 分钟的调整，编排顺序不变。

附表 3　　中央电视台新闻频道节目编排表

时间	周一	周二	周三	周四	周五	周六	周日
00：00	午夜新闻						
00：30	00：15《面对面》（重播）	《环球记者连线》（直播）			刘珪同志先进事迹报告会	《环球记者连线》（直播）	00：15《新闻调查》（重播）
01：00	《新闻直播间：焦点新闻播报》						
01：30	01：15《世界周刊》（重播）	《新闻 1+1》（重播）					01：15《新闻周刊》（重播）
02：00	《新闻直播间：焦点新闻播报》						
02：30	02：15《面对面》（重播）	《环球视线》（重播）					02：15《新闻调查》（重播）
03：00	《新闻直播间：焦点新闻播报》						
03：15	《每周质量报告》	《法制在线》（重播）					

续前表

<table>
<tr><th>时间</th><th>周一</th><th>周二</th><th>周三</th><th>周四</th><th>周五</th><th>周六</th><th>周日</th></tr>
<tr><td>03：35</td><td colspan="7">《焦点访谈》（重播）</td></tr>
<tr><td>04：00</td><td colspan="7">《新闻直播间：焦点新闻播报》</td></tr>
<tr><td>04：30</td><td>04：15《世界周刊》（重播）</td><td colspan="5">《新闻1＋1》（重播）</td><td>04：15《新闻周刊》（重播）</td></tr>
<tr><td>05：00</td><td colspan="7">《新闻直播间：焦点新闻播报》</td></tr>
<tr><td>05：10</td><td rowspan="2">《面对面》（重播）</td><td colspan="5">《环球视线：国际新闻评论》</td><td rowspan="2">《新闻调查》（重播）</td></tr>
<tr><td>05：40</td><td colspan="5">《焦点访谈》（重播）</td></tr>
<tr><td>05：55</td><td colspan="7">《国旗国歌》</td></tr>
<tr><td>06：00</td><td colspan="7">《朝闻天下》</td></tr>
<tr><td>09：00</td><td colspan="6">《新闻直播间：焦点新闻播报》</td><td></td></tr>
<tr><td>09：10</td><td colspan="6">《新闻直播间：焦点新闻播报》</td><td>《新闻周刊》</td></tr>
<tr><td>10：00</td><td colspan="7">《新闻直播间》</td></tr>
<tr><td>12：00</td><td colspan="7">《新闻30分》</td></tr>
<tr><td>12：35</td><td colspan="7">《法制在线：体现法治精神》</td></tr>
<tr><td>13：00</td><td colspan="7">《新闻直播间：焦点新闻播报》</td></tr>
<tr><td>14：10</td><td>《面对面》（重播）</td><td colspan="5">《新闻直播间：焦点新闻播报》</td><td>《新闻调查》</td></tr>
<tr><td>15：00</td><td colspan="7">《新闻直播间：焦点新闻播报》</td></tr>
<tr><td>18：00</td><td colspan="7">《共同关注》</td></tr>
<tr><td>19：00</td><td colspan="7">《新闻联播》</td></tr>
<tr><td>19：38</td><td colspan="7">《焦点访谈：用事实说话》</td></tr>
<tr><td>20：00</td><td colspan="7">《东方时空》</td></tr>
<tr><td>21：00</td><td colspan="7">《新闻联播》（重播）</td></tr>
<tr><td>21：30</td><td colspan="5">《新闻1＋1》</td><td>《新闻调查》</td><td>《面对面》</td></tr>
<tr><td>22：00</td><td colspan="5">《国际时讯》</td><td rowspan="2">22：15《新闻周刊：关注世道人心》</td><td rowspan="2">22：15《世界周刊：全媒体地带》</td></tr>
<tr><td>22：30</td><td colspan="5">《环球视线：国际新闻评论》</td></tr>
<tr><td>23：00</td><td colspan="7">《24小时：回顾重要新闻》</td></tr>
</table>

第十二章

广播电视节目主持人

CHAPTER 12

【本章学习要点】

1. 主持人的角色特征。
2. 主持人的角色功能。
3. 主持人分类及其各自特点。
4. 主持人的思想、文化素质。
5. 主持人的职业素质。
6. 主持人的心理素质。

随着广播电视的发展，节目主持人群体迅速崛起。半个多世纪以来，主持人在广播电视传播中扮演着重要的角色。

第一节　主持人的角色特征和功能

要了解主持人的角色特征和功能，首先要搞清楚主持人的定义。

一、主持人的界定

如何准确界定节目主持人的概念，至今在业内还没有形成广泛的共识。国内学者对主持人的定义，可谓仁者见仁，智者见智。

新华社出版的《新闻工作手册》中对主持人的界定为：“在广播或电视中出场为听众或者观众主持各种节目的人……主持人不是

表演者，也有别于新闻通讯和文章的播报者。主持人是以他自己的身份、自己的个性，直接面对听众或观众的人。主持人在节目中处于主导地位，他的主要职责是组织、串联一次节目的各个部分，但也直接向受众传播信息。”[①] 俞虹在《节目主持人通论》中提出：“节目主持人是在电子媒体中，以个体行为出现，代表着媒介群体的观念，用有声语言、形态能动地操作和把握着节目进程，直接、平等地进行大众传播活动的人。”[②] 陆锡初在《节目主持人导论》中定义：“节目主持人是广播电视中，以真实个人身份出现，通过交谈性语言主导节目进程，直接与受众平等交流的大众传播者。”[③] 这几个定义指出了主持人在大众传播中所扮演的角色及发挥的功能。

综合以上，主持人可以定义为，是以独立的个体身份代表媒体出现的，要通过有声语言及非语言符号组织、串联或主导节目，直接向受众传递各类信息的媒体从业者。

第一，主持人是以独立的个体身份代表媒体出现的。这里包含两个层面。首先，主持人代表媒体出现，仅仅是节目的一部分。主持人的言辞看上去是个人行为，但他所表达的态度和观点是要符合整个节目的宗旨。主持人出现的姿态是一种独立的个体身份，这种“独立”一是与幕后工作者相比，是直接出现在屏幕前与观众交流的，在形式上造成了一种视觉上的“独立”效果；二是主持人根据自身的特性形成了较为“独立”的特点。

第二，主持人要通过有声语言及非语言符号组织、串联或主导节目。无论是广播节目还是电视节目，主持人首先要通过有声语言传达信息。在电视节目中，主持人在向观众传递语言信息时还会伴随有非语言信息，包括其动作、姿势和副语言。主持人在节目中要起到组织、串联或主导的作用，对节目的每一环节、每一部分都能了如指掌、全面控制，成为开始、展开、推进和结束整个节目流程的指挥者。

第三，主持人是直接向受众传递媒体及个人信息的媒体从业者。受众往往是通过接触主持人，进一步去接受一个节目的。相对于庞大的节目幕后的制作群体，节目主持人是直接向受众传达信息的媒体从业者，节目主持人把媒体、节目与受众很好地联系在了一起。

二、主持人的角色特征

“出场传播者”是各类主持人承担的共同任务。对节目而言，主持人是负责冲刺重任的“最后一棒”；对广播电视而言，主持人是机构的“代言人”；对社会而言，主持人又是公众的“代言人”。广播电视媒体最具名牌效应的主持人实际上已经成为享有较高社会地位的“明星”。

（一）“最后一棒”

主持人工作是对前期包括策划、组织、采访、写作、编辑、编排等大量工作完成后的最后一个环节，是节目的最终呈现者，所以被称为“最后一棒”。作为广播电视传播中的“最后一棒”所承担的具体工作有现场解说节目内容、采访嘉宾观众、连线记者、串联节目各部分内容、分析评价相关话题、把握节目风格、控制节目进程等。“最后一棒”在广

① 《新闻工作手册》编委会编：《新闻工作手册》，630页，北京，新华出版社，1985。
② 俞虹：《节目主持人通论》，5页，杭州，杭州大学出版社，1996。
③ 陆锡初：《节目主持人导论》，3页，北京，中国传媒大学出出版社，2013。

播电视中所表现出来的重要作用主要体现在以下两方面。

1. 主持人的人格化传播拉近了与受众之间的关系

在只有播音声和画外解说的时代，播音员只需播读已经编辑好的稿件，不必表达自己的感觉和见解，传播者对受传者而言是“熟悉的陌生人”，因为常听、常“见面”而“熟悉”，又因为无交流而“陌生”，传播者与受传者之间似乎有隔墙、背对背之感。

当主持人以“我”的身份面对受众时，幕后那一个看不见的机构已被具象化为台前这一个活生生的人。受众与机构的联系转化为与主持人的关系，大大缩短了传者与受者之间的距离。当主持人把自己的价值判断与个性融入节目的时候，受众除了获得节目内容以外，更能感受到主持人的人格力量与个性魅力。当主持人的分析判断在受众中产生共鸣的时候，传者和受者之间的心灵沟通真正开始，经常性的共鸣为传受之间的默契与认同搭建了桥梁。这样，主持人成为观众熟悉的朋友，观众与这样的人相约会自然而然地产生愉悦、喜爱、尊敬、满意等肯定的情感从而产生积极的收视行为。

2. 主持人对各部分内容的串联增强了节目的整体感与灵活性

在新闻类节目中，主持人的串联语让受众从看似毫无关联的一个个消息中找到了某种内在联系。在杂志类节目中，主持人的串联语连接、延伸着各个子栏目。在谈话类节目中，主持人的提问左右着话题的走向，他们的归纳总结梳理、整合着谈话内容。

总之，主持人的串联把分散的节目片段（各条新闻、各子栏目、各分话题、个别演出）纳入一个精心策划的结构系统，使节目形散而神不散，统领在一条主线下。这就是主持人在节目中的整合作用、灵魂作用。可以说，主持人的表现如何决定了节目质量的好坏，是最后的决定因素。

（二）机构的“代言人”

在各国，娱乐明星们纷纷作为商品的形象代表出现在各类广告中，通常被称为“形象代言人”。商家花大价钱请明星做广告是希望受众因为喜欢明星而喜欢产品。广告中的明星们实际上扮演的是品牌标志的角色。为产品树立“代言人”成为重要的竞争策略。作为产业实体，广播电视机构所制作的节目就是产品。谁最有资格做节目的“代言人”？当然是节目的主持人。主持人的“代言”作用可以体现在三个不同的层次。

1. 广播电视台的代言人

当主持人以“我”的身份面对听众观众的时候，幕后的机构已被具象化为这一个人。受众与机构的联系转化为与主持人的联系，主持人代表其主持的节目这自不待言，且在某种程度上还代表了他所在的广播台或者电视台。例如观众在提到电视台时，往往最先反应出来的是该台的主持人。比如大家在提到央视的时候，往往会先想到白岩松、张泉灵；而提到凤凰卫视时，又会想到吴小莉、陈晓楠等人。

2. 栏目的代言人

听众观众对一个栏目的喜爱程度往往与该栏目的主持人密切相关。由于受众态度的形成需要一个非强制性、潜移默化的过程，主持人必须相对固定才能培养起具有较高忠诚度的受众群体。在美国，许多主持人在一个栏目一干就是几十年，广播电视机构往往在不得不撤换主持人或者主持人自己要退出的时候会连同栏目一并撤销。主持人与栏目常常是一体化的，或者说栏目已经人格化了。

3. 相关节目类型的代言人

不同的主持人具有不同的人格魅力和能力结构，这就决定了不同的主持人会在各自所擅长的节目类型中发挥出最佳状态。由于长时间的积累，不少受众都会将某主持人看做一个类型节目的代言人。以央视为例，董卿是综艺节目的象征，柴静是调查访问的象征，白岩松是深入评论的象征，张斌是体育报道的象征。

（三）大众“明星”

得益于广播电视在受众中所产生的广泛影响，许多节目主持人凭着在各自领域的突出成就和个人魅力获得了较大的社会影响，成为媒介“明星”。

如拉里·金（Larry King，1933—　）在其主持的节目中与各界名流侃侃而谈的形象深入人心，这为他的采访营造了良好的氛围。政界、商界、学界、演艺界的名人都愿意上拉里·金的节目，愿意与这位巨星面对面交谈，他们中的许多人与拉里·金成为交往频繁的朋友。而综艺娱乐节目的主持人也往往更有机会接触真正意义上的明星，这也使得他们本身受到更多的关注，甚至许多主持人自己也成为炙手可热的明星人物。

受众欢迎的主持人成为广播电视机构争夺的对象。广播电视最初的竞争就是从抢广播明星开始的，在今天，争夺明星主持人成为广播电视机构人才竞争的主要焦点。在广播电视机构的决策层看来，唯有主持人才是他们手中最有力的王牌，是他们参与媒介竞争的主攻手，谁手中有超级明星主持人，谁就有把握在毫不留情的竞争中稳操胜券，为此，他们不惜以重金或权力为条件吸引巨星。主持人的身价在一轮又一轮的人才争夺战中逐步升级。

（四）公众“代言人”

这一点对于新闻节目主持人而言表现得尤其突出。方宏进曾经这样描述自己在采访时的心态：“我们经常采访政府官员……主要是要他们放松，然后让他用更加老百姓的语言来讲述政府的意见，再把我的问题完全往老百姓的心态上靠，真正是替老百姓去向政府发问。”[①] 一句“替老百姓去向政府发问”道出了主持人作为公众“代言人”的角色特征。

拉里·金一贯主张站在观众的立场向嘉宾发问，甚至称自己从来不做采访前准备的原因就是要与观众在同一个起点开始了解嘉宾。NBC 主持人汤姆·布罗考（Tom Brokaw）在接受《人物》杂志采访时说：“记者不应把自己看得很高……如果一旦脱离观众，就再也不能行使一个记者的职责。”[②] 新闻主持人既是传播机构的代表，也是广大公众的代表，因为公众是他们最有力、最根本的支持者。这至少可以从两个层面理解。

一方面，按照传播学使用与满足理论，媒体所提供的服务满足公众的程度越高就越能刺激公众使用该媒体的频率，公众的支持率左右着节目的视听率，而视听率是广告商的指挥棒，广告商的选择直接决定广播电视机构的经济收益。可见，公众是通过影响广告商来间接控制媒体，成为媒体传播内容与传播方式的最终决定者。因此，以市场经济为生存机制的媒体必须提供公众所需要的服务才能得到公众的支持，才能获得相应的经济收益。公

---

① 杨成：《从容点评才是真——方宏进访谈》，见《中国电视名记者谈采访》，64 页，北京，长城出版社，1999。

② 赵淑萍编译：《新闻权威与个人魅力：美国电视新闻节目主持人成功之路》，138 页，北京，华文出版社，1999。

众所获得的收益应该与广播电视机构所获得的收益成正比。广播电视机构的利益在很大程度上与公众的利益是一致的。因此，主持人作为机构“代言人”与作为公众“代言人”的两种角色具有同一性。

另一方面，媒体与公众在长期的“合作”中建立了一种默契，即媒体是以公众利益的维护者形象赢得了公众的支持，从而获得了自身的发展，因此，公众对媒体有一种积极的角色期待，期望媒体能够反映公众呼声、维护公众利益，扮演社会发展的推动者角色。公众希望媒体发挥舆论监督功能以维护社会公正、传播先进观念、推动社会进步。作为产业实体的媒体所提供的服务应当以公众对媒体的角色期待为基本出发点。媒体作为“社会公器”的角色决定了主持人应当成为公众的“代言人”。

三、主持人的角色功能

根据社会学的角色理论，任何角色，除了具有一些具体的作用之外，“作为与某一位置有关的期待行为，角色无论对社会或对个人都有着十分重要的功能”①，即角色功能。既然主持人是一个确定的社会角色，而且是一个集多种角色于一身的复合型角色，那么主持人就有着与其角色特征相匹配的多重功能。

（一）信息功能

毫无疑问，信息功能是主持人特别是新闻和服务类节目主持人的首要功能。所谓主持人角色的信息功能，就是主持人作为一个信息收集者和传播者所负有的信息告知和信息整合的功能，没有这个功能，主持人角色的其他功能也无从谈起。

主持人角色的信息功能首先表现在主持人对于信息的传递上，这包括事实性信息的传递和意见性信息的传递，有时甚至其中还包括情感性信息和关系性信息。传递事实性信息要求主持人能将有关社会变动的信息准确、及时地报告给受众，满足他们了解事实真相的欲望；传递意见性信息要求主持人能就某个社会变动提供富有见地的观点和意见，满足受众了解事实前因后果的欲望，而且能对受众进行必要的引导。在一定意义上，受众对主持人角色的期望较多地集中在信息功能的这个方面。

除此之外，主持人角色的信息功能还体现在主持人传播中对既有信息的整合上，即主持人在传播中通过组织、串联等方式对信息进行梳理，并以富有个性的方式来传播的功能。

（二）情感功能

主持人在传播活动中具有引起受传者情感共鸣的作用。主持人的这一角色功能与其人格化、个性化的传播方式密不可分。如前所述，主持人在传播中以“我”的身份来面对受众，向受众传递信息，拉近了与受众的距离，使其产生亲近感；同时，观众亦可能与主持人产生情感上的共鸣。

（三）审美功能

主持人角色的一个重要功能就是它的审美功能。主持人角色的审美功能一方面是由主

---

① 周晓虹：《现代社会心理学》，365页，上海，上海人民出版社，1997。

持人作为机构以及公众"代言人"的角色特征决定的，另一方面是由主持人作为大众"明星"的身份决定的。在这个意义上来讲，主持人"不仅仅是一个辛勤的播种者、灌溉者、耕耘者，而且在受众心目中他还是一个审美主体，能为大家带来审美愉悦感受"①。

审美，作为人的一种高级精神需要，在人的生活中无处不在。对主持人来说，小到声音、相貌、言谈、举止，大到人品、道德、思想，无不表现着对美的追求，也无不体现着一定的审美价值。从主持人"代言人"和"明星"的角色身份来说，由于经常处在受众的视线关注中，更由于公众人物对社会大众具有的示范和引导作用，主持人更应时刻注意发挥自身的审美功能，除在服饰、行为、气质、人品上更加符合审美的要求，给受众带来应有的审美享受之外，更应该成为整个社会审美取向的推动者。因而，"主持人的语言，应该是字正腔圆、清晰流畅，音质甜美圆润、浑厚沉稳，同时又富有节奏感；主持人的形象，应该是五官端正，形体匀称，举止大方；主持人的服饰应该是和谐得体、富有个性；主持人的风度、气质应该是潇洒、高雅的"②。

事实上，由于广播电视主持人的广泛影响力，其角色功能甚为丰富。作为大众传播的一员，主持人同样具有引导舆论、教育，甚至政治、经济功能等其他功能，而上面所列出的这些功能是主持传播最基本的功能，以及它作为一种个性化传播最突出的功能。

第二节　主持人分类

对于节目主持人的分类一直存在着较大的争议。在不同的标准下，分类的结果自然不同。随着越来越多不同样态的广播电视节目的出现，这种分类变得更为困难了。现阶段我国对主持人的分类多是按照他们所主持节目的内容和性质来划分的。

张颂在《播音语言通论——危机与对策》中将主持人分为新闻评论类、知识服务类、教育欣赏类、综艺娱乐类。③ 陆锡初在《节目主持人导论》中按照节目内容的属性把主持人分为新闻节目主持人、新闻类节目主持人、对象性节目主持人、服务性节目主持人、综艺性节目主持人、谈话节目主持人、特别节目主持人七类。④ 俞虹在《节目主持人通论》中将主持人分为新闻、评论主持人，综艺、娱乐主持人，教育、服务主持人，体育竞技类节目主持人以及少儿节目主持人五类。⑤

从中可以看出，主持人的分类往往大同小异。本书根据主持人所主持的节目类型，将主持人分为：新闻资讯类节目主持人、社会教育类节目主持人、信息服务类节目主持人以及综艺娱乐类节目主持人。

一、新闻资讯类节目主持人

(一) 界定

新闻主持人是新闻节目中较为固定的出场传播者。在英语国家，新闻主持人被称为

①② 俞虹：《节目主持人通论》，10页。
③ 参见张颂：《播音语言通论——危机与对策》，83页，北京，中国传媒大学出版社，2012。
④ 参见陆锡初：《节目主持人导论》，92～94页。
⑤ 参见俞虹：《节目主持人通论》，67～72页。

“anchor”或“anchorman”，原指接力赛跑中跑最后一棒的运动员。20世纪50年代初，这个术语被借用到广播电视界，专门用于称呼新闻节目主持人。

新闻节目的“固定出场传播者”与广电新闻同步诞生。然而一般来说，人们并没有将新闻主持人的历史追溯到广播电视的起点。这大概有几方面的原因：一是最初的“出场传播者”所承担的工作只是播音，他们的作用和影响力还很小；二是新闻的报道量与影响力还很小；三是新闻还没有形成固定的栏目等。

以我国为例。中国最早的新闻播音员可以追溯到外国人在中国开办广播时期。人民广播最早的播音员也可以追溯到延安新华广播电台时期。1958年，北京电视台开播时，当时在中央人民广播电台做播音员的沈力被选为中国电视第一位播音员。在将近两年的时间内，北京电视台只有沈力一个人担任播音工作，她既要播新闻节目，又要播社教节目、文艺节目、体育节目，天安门节日实况转播、大型文艺晚会转播都由她一人承担。但她主要的工作仍是“画外解说”播音，不具有主持特点。

我国的第一个主持人节目是中央人民广播电台对我国台湾广播1981年元旦推出的《空中之友》节目，主持人是徐曼。她在节目中开始尝试以个性化和人际化的方式主持节目，在我国台湾播出后引起很大反响。1983年元旦，我国电视屏幕上第一个固定栏目——《为您服务》开播，沈力成为中国第一个固定电视栏目主持人。1987年6月，上海电视台推出了杂志型电视新闻节目——《新闻透视》，李培红以电视新闻主持人的身份亮相。

在我国，说起新闻资讯节目，人们一般会首先想到《新闻联播》、《新闻30分》等综合性新闻节目。实际上，随着节目形态的发展变化，新闻节目已经增加了杂志型和谈话类等多种形态。

（二）新闻资讯类节目主持人的特点

1. 政治素养和分析判断力

较强的政治修养是新闻资讯节目主持人的特点。新闻节目主持人在传播信息、点评事实的同时肩负着舆论引导、社会监督的职责；面对错综复杂的社会现实，要敢于揭示问题、剖析矛盾，要通过对社会热点、焦点问题的报道和分析，给人以思想上的启迪。新闻资讯节目主持人如果缺乏政策理论水准和判断分析能力，就会使节目缺乏思想和深度。

2. 新闻记者的素养

新闻节目主持人，首先应该是一个资深的优秀记者。只有这样他们才能较好理解各类事实并知道应该如何报道它们，会将新闻与生活的相关方面联系起来观察，从而提供给民众正确的理解方式。在美国的新闻节目主持人中，没有人不是从记者干起来的。曾任三大电视网的“台标”式主持人的丹·拉瑟（CBS）、布罗考（NBC）、詹宁斯（ABC）出任主持人前都有20年的记者经历，都是因记者工作出色才升到主持人位置的。他们良好的新闻素养、出众的口才、出色的现场报道能力以及娴熟的采访技巧都是新闻节目质量的保证。

3. 现场应变能力

新闻资讯类节目主持人无论是播报新闻还是即兴评论，都会遇到临时插入突发事件报道，比如临时加入的重要急稿、直播连线现场意外等。此时主持人的应变能力显得尤其重要，要根据瞬息万变的现状予以灵活反应，以最大可能掌控好报道的进程和局面。

4. 口语表达能力

语言是主持人综合能力的具体表现，是新闻节目主持人传播信息、交流意见、发挥职业功能的最主要载体。新闻资讯节目主持人必须要有娴熟的口头报道和讨论新闻的表达能力。他们应该有自己的语言风格，他们在节目中的语言活动不是脱离节目和受众的自由创作，而是准确把握节目特点、很好完成节目宗旨的顺畅表达。

二、社会教育类节目主持人

（一）界定

社会教育类节目是以社会教育、文化教育为宗旨的广播电视节目的总称。这类节目通常寓教于乐、寓教化于服务，题材广泛，节目设置灵活，播出手法多样，节目中往往设置固定的主持人。这类节目的观众覆盖面相当广，不同职业、不同年龄的观众都可能在这类节目中找到自己所喜爱的。如果从节目内容和社会功能上分，社会教育类节目主持人又可以分为以下两类：第一，教育类节目主持人，例如《走近科学》的主持人张腾岳、英语教学性节目《希望英语》的主持人赵音奇等；第二，对象性节目主持人，例如老年节目《夕阳红》的主持人张悦和女性节目《半边天》的主持人张越，以及少儿节目《大风车》的主持人刘纯燕等。

（二）社会教育类节目主持人的特点

1. 复合型知识结构

社教类节目注重节目的知识性、服务性，讲究贴近性，有的还要有一些娱乐性。由于这类节目以主持人为中介来向观众传播各种门类的知识，要求主持人自己首先要掌握比较深入和专业的主持领域相关知识；对于常年主持同一类型节目的主持人来说，应该成为本领域的准专家。此外他们还要具有较为广博的知识储备，对各个领域都要有一定涉猎，这样在主持节目时才能得心应手、游刃有余。主持人有契合媒体发展的知识结构，易于形成核心竞争力。

2. 丰富的生活阅历和人生感悟

社教类节目主持人不仅需要掌握书本知识，还要将自己的人生经验渗透其中。热爱生活、珍爱生命，一生的酸甜苦辣都会成为丰厚的人生财富。这是艺术家创作的源泉，也是主持人与受众沟通的心桥。丰富的生活阅历是主持人知识构成的不可替代的重要部分，能够增加主持人的接近性、真实感和可信度。

三、信息服务类节目主持人

（一）界定

信息服务类节目是为受众提供生活资讯及专业服务的广播电视节目。该类节目主持人必须理解节目与人们日常生活的密切关系，理解其直接为观众日常生活、学习和工作服务的目标及实用性本质。随着广播电视媒体的发展，信息服务类节目呈现出专业化趋势，这对于主持人提出了自身专业性要求。按照节目专业方向划分，可以从日常生活的衣食住行角度大致分为：美食节目主持人，如《天天饮食》的主持人刘仪伟；（服饰）时尚节目主持人，如《我是大美人》节目的主持人；汽车和旅游节目主持人，如《汽车时代》、《旅游黄金线》等节目的主持人；房产家居节目主持人，如《交换空间》的主持人王小骞；医疗保健节目主持人，如《健康之路》、《大话养生》等节目的主持人；天气资讯节目主持人，如《天气预报》、《凤凰气象站》等节目的主持人。

（二）信息服务类节目主持人的特点

1. 深入全面的专业知识

广播电视节目的专业化和细分化已经成为必然趋势。与过去"大杂烩"式的服务节目相比，现在的信息服务类节目更加深入、专业，对不同的受众群体或是不同的受众需求已经越来越有针对性。这要求节目主持人要具有节目所涉领域的专业知识，能够及时、全面、深入地提供受众需要的相关信息。在这个前提下，许多服务类节目主持人已经不是播音出身，而是拥有节目内容专业背景的人。

2. 强烈的贴近观众服务意识

服务类节目要为受众提供衣食住行多方面的服务信息，要贴近受众的需求，有强烈的服务意识。在节目中，主持人基本上都要直接面对受众，比其他节目更要强调平等交流；主持人一般都会采用与观众"交谈"的形式，其语言也要更口语、更通俗易懂、更生活化。要想在节目中体现"亲和力"，可以尝试在语言表达中突出恬静、可亲的特色，不对语言做过多的雕饰，使观众在一种平和与自然的气氛中体会平等对话的愉悦。温馨和蔼、自然热情成为对该类主持人表现要求的关键词语。

四、综艺娱乐类节目主持人

（一）界定

"电视综艺娱乐节目是通过一定的中介形式和大众参与，在相互交流中形成一种娱乐氛围的节目形态，是单纯以娱乐性、趣味性和消遣性为突出特点的节目。"①

综艺娱乐类节目以娱乐为主要目的，往往内容丰富，包括多种多样的艺术形式，欣赏性较强。在各类节目中，此类节目的观众面最广，收视率也较高，体现了大众传播"提供娱乐"的功能。综艺娱乐节目从较为单纯的晚会体逐渐分化，衍生出以娱乐、趣味为主，包括多种游戏、模仿、竞技形式的综合体。比如湖南卫视的《快乐大本营》和《天天向上》、央视的《星光大道》等。

（二）综艺娱乐类节目主持人的特点

1. 幽默感

一档综艺娱乐节目的成功离不开优秀的主持人，而一个优秀的综艺娱乐主持人的成功离不开他的幽默。幽默可以化解矛盾、化险为夷、消解紧张、增加情趣。随着综艺娱乐节目内容和形式的日益出新，现场类节目越来越多，节目中不可预知的因素也不断增加，如技术方面的故障、忘词的窘迫、突发状况挑战、录制时间漫长等，这都要求主持人能依据

---

① 朱羽君：《减压阀：电视娱乐节目——电视节目形态研究之一》，见电子传媒观察网，2001-08-25。

现场动态发挥急智，运用冷静幽默圆场补台，以使节目顺利进行。主持人的幽默应变，不仅可以起到四两拨千斤的作用，还可以为节目增添亮点。

综艺娱乐节目要有活跃的舞台气氛，要有台上台下的互动。作为节目的主持人，如果过于呆板，观众就会失去观看和参与的兴趣。而幽默可以增加主持人的亲和力，拉近与观众的距离，实现互动，从而提高节目的娱乐性。

2. 现场驾驭能力

现场驾驭能力是综艺娱乐节目主持人素质结构的核心部分，是决定主持人成功与否的重要因素。综艺娱乐节目中很大一部分是主持人与嘉宾、观众共同完成的即兴环节，节目的不确定性强，操作难度大。主持人是节目的主人，不但要对观众负责，还要对节目的所有参与人员负责，头绪繁多、责任重大。这就要求主持人具有较强的现场控制能力，主要体现在：一是对节目主题基调的整体把握，对情感分寸、时间节奏的控制能力；二是对节目中突发状况出现时的应变控场能力。在现场，主持人的控制能力直接决定着节目的精彩程度、节目风格的体现和主持人水平的发挥。

3. 个性突出

尽管所有节目的主持人都要有一定的个性化色彩，但是对于综艺娱乐节目主持人来说，在节目中的个性展现要更加充分。主持人有没有个性，这种个性能不能与节目风格相契合，能不能与同类节目的主持人区分开来，成为影响一个在综艺娱乐节目中主持人能否成功的重要因素。以受到观众广泛欢迎的综艺娱乐节目《天天向上》的主持人来说，汪涵沉稳不乏幽默，欧弟反应机敏、才艺出众，这些个性特征成为一种标签，给观众留下了深刻的印象。

那么，在广播电视这一领域内，主持人有哪些类型区分？在广播电视传播中，主持人的角色特征和承担的角色功能分别是什么？发挥着重要功能的主持人应当具有哪些素质？本章将着重探讨这些问题。

以新闻节目主持人为例，他们有更多机会接近国家领导人、国际风云人物，有更多机会参与重大事件的报道，这使他们备受关注，成为新闻界的新闻人物而纷纷被媒体采访、被研究者研究。

受众对著名主持人的普遍认同使他们比其他任何记者更容易受到采访对象的重视，而采访对象的重视和期望又激励主持人提高自己，这促进了工作的良性循环。白岩松就曾经深有感触地说："我觉得在采访的时候，现在比过去有了更大的优势，这就是每一个被采访人都更加信任我。因为他们长期看了我的节目后，知道我是一个什么样的采访者。他会更加认真地对待这次采访，他觉得这次采访很有价值。对于我来说，我必须不辱使命，我甚至必须比别人的期望值更高，因为在别人的心目中，他已经认可我，觉得我可能做得更好一些。如果我不认真做准备，做出的节目没有达到别人的期望值，那么我就觉得很丢脸。"①

① 曾祥敏：《一定要和别人不同——白岩松访谈》，载《中国电视名记者谈采访》，21页。

第三节 主持人的素质

素质是指“人或事物在某些方面的本来特点和原有基础，在心理学上指人的先天的解剖生理特点，主要是感觉器官和神经系统方面的特点”[①]。而所谓人的综合素质，就是人们自身所具有的各种生理、心理的和外部形态等方面较为稳定的特点的总和。[②] 这种特点的形成既有先天的因素，也有后天的养成；既有自然、他人的因素，也有自身的因素。综合素质不仅决定了一个人能够从事什么职业，而且决定了一个人从事某项职业所能达到的高度和成就。

广播电视主持人作为个人以及职业人都有其素质要求。

一、思想素质

思想是指客观存在反映在人的意识中经过思维活动而产生的结果。具体到主持人，则是指其思想见解、思想意识、思想水平及思想境界，表现在主持人的政治理论素质、职业道德素质和人格素质、人文素养等一切与其世界观、价值观、方法论有关素质的总合。它们完整地构成主持人思想素质的全部，也是一个主持人首要的基本素质。

（一）政治素质

在我国，广播电视行业是中国共产党领导下的中国特色社会主义文化事业，虽然主持人传播带有个性色彩，采用人际传播方式，但是其工作仍旧带有“喉舌功能”。主持人通过大众传播渠道担负着向社会与公众传播信息、引导和坚持正确的舆论导向、提供社会服务的任务。主持人的工作属于意识形态的范畴，因此政治素质对于我国主持人来说是必不可少的。

（二）职业精神和职业道德

职业精神包括对职业责任和职业使命的认识与理解，也包括对职业观念、职业态度、职业情感、职业作风的理解与把握，这些都构成主持人对职业精神的基本内涵。职业道德是一种主要针对职业行为的道德原则和规范。它通常通过人们在职业活动中处理各种职业关系时所表现出来的职业观念、职业态度、职业情感、职业作风，以及它们的社会效果反映和体现出来。

1. 强烈的社会责任感

无论是作为广播电视节目中“最后一棒”的冲刺者，还是作为机构代言人以及大众明星，主持人无疑都需要具有社会责任感，要对机构、栏目以及自身行为有责任心。而作为公众代言人，主持人则更需要对公众、对社会抱着强烈的责任意识。主持人的这种社会责任感应该以一种“润物细无声”的方式落实到个人的形象定位中和自己的日常节目中，最终形成主持人自己的个性特征和个人风格。

---

① 《辞海》（缩印本），1378页，上海，上海辞书出版社，1989。

② 参见庄驹：《人的素质通论》（修订版），19页，济南，山东大学出版社，1988。

2. 正确的价值观

价值观是人们关于生活中有关客观事物的信念、信仰、理想等思想观念的总合，也是对事物的重要性、有用性的总评价和总看法。总之，价值观是人和社会精神文化系统中深层的、相对稳定而起主导作用的部分，对一个人来讲，是其人生和事业中最重要的精神追求、精神支柱和动力所在。

作为个体的人的价值追求存在非常多元的取向。然而广播电视主持人在屏幕上的传播虽然是个性化的，但其反映的形象并不完全是自己的个人形象，而是带有职业属性与特征的媒体形象，应当体现出符合公共道德标准的形象特征，因此，对于在节目中需要经常面对不同生活方式、不同生命追求，面对公共利益与私人利益，面对金钱物欲、多元文化等多方面的考验与冲击，主持人应当始终坚持符合社会发展总体价值目标的判断与选择。

3. 敬业、进取、创新的工作作风

主持人应该具有爱岗敬业的工作态度、严谨细致的工作作风、进取创新的精神追求、实事求是的科学态度，还要有“语不惊人死不休”的工作标准。

主持人的敬业应是一以贯之、自觉的工作态度和行为习惯。主持人还需要有锐意进取、积极创新的精神，以适应越来越激烈的行业竞争和观众日益提升的要求。

4. 团队合作精神

广播电视主持人很依赖团队的支持。一个主持人再有能力也不能单枪匹马独自把节目制播出去，因此需要格外注重团队合作精神和能力的培养。加强团队合作要做到以下几个点：一是要正确评价自己在团队中的作用，摆正自己在团队中的位置；二是尊重他人及其劳动；三是理智地对待名利。

（三）人文素养

人文素养是主持人思想素质的文化内核，主要是指专业知识与技能之外的基本文化修养与素质。人文素养与知识有关，但不全等于人文知识，是一个人将知识内化以后的综合表现。拥有较高的人文素养对于主持人来说无疑是非常必要的，特别是作为代言人在传递各类信息时，其人文素养会影响到传播的质量。

二、文化素质

通常所讲的文化素质有广义和狭义之分。所谓狭义的文化素质，一般是指某人所掌握的以书本为载体的文化知识，而广义的文化素质则泛指人们在社会生活中表现出来的与社会主流文化价值取向的契合程度，包括人的言行举止、穿衣打扮、举手投足等方方面面。对于主持人而言，较为理想的文化素质构成应该有以下几个方面。

（一）教育背景

在一般情况下，人的文化素质同他在学校中所受教育的程度关系密切，这是文化素养的狭义方面。学校教育不同于家庭教育和社会教育，它是按照一定的要求，有目的、有计划、有系统地向人们传授文化知识、技术技能的，所以学校中的文化知识教育，对一个人的文化素质的形成有着重要的作用。

从我国广播电视节目主持人的整体教育背景来看，目前绝大多数都接受过正规的高等教育。一些用人单位已经把具有本科以上学历作为招收和录用新生代主持人的标准。这也体现出业界对于主持人教育背景重要性的肯定和重视。

（二）知识结构

知识结构，指的是各学科知识在头脑中的组织方式，包括其配置比例、内部联系和协同关系。从主持人的工作现实来看，其知识结构应该包括三方面内容。

基础知识：主要指文、史、哲及自然科学等基本知识。

百科知识：指包罗万象的常识，这种知识不限于一两个领域或专业，而是社会生活中无所不及的常识，例如天文、气象、地理、历史、生物、化学等。

专业知识：由两部分组成，一部分是广播电视传播者所应具备的传播学理论与业务知识；另一部分是其所面对的工作领域的专业知识，如财经或法制类节目主持人需要掌握相当的专业理论知识。

（三）生活阅历

生活阅历是指一个人在生活过程中所有经历的总合以及由经历获得的社会经验。[①] 生活阅历既与一个人的年龄有关，也与一个人生活内容的丰富性有关，还与他对生活的思考水平有关。

从日常经验来看，生活阅历丰富、见多识广的人对社会事物和现象较之生活阅历浅的人有更多体察，见解也更为深刻，在处理突变情况时也会更为老练和得心应手，更容易赢得别人的依赖和尊敬。从这个角度而言，丰富生活阅历也成了主持人应有的文化素养。俞虹认为：丰富的阅历是主持人的财富，是知识构成的一个重要部分；是主持人化解理论知识的溶剂；是增加主持人的真实感、可信度的重要因素。”[②]

因为阅历不足，文化积淀不够，一些主持人在节目中听不懂嘉宾话语中的具体含义，无法捕捉嘉宾话语中闪现的思想火花，并将其发展为有价值、可深入的话题，甚至还会不知所云、胡乱言语，严重影响到有价值信息的传递。有鉴于此，有理想追求的媒体会独具慧眼地延聘阅历丰富的长者来主持节目，如凤凰卫视的曹景行、阮次山、杨锦麟等。

（四）学习能力

学习能力是个体在获得经验和知识时表现出来的差别。学习能力强的人在一定时间内获得和掌握的经验与知识会相对更多一些，反之则会少一些，也更费力一些。因此，学习是每个人在不断地成长、不断社会化的过程中必不可少的一种能力，也是迎接挑战、适应新环境以及文化积累必不可少的能力。

由于主持人身处位于社会前沿的大众传播媒介工作的第一线，每天都要面对社会方方面面的最新变化，需要对新问题做出反应、分析和解释；同时，现代传播技术以及社会的飞速发展也要求作为媒介人的主持人及时掌握更新的专业技能；加之广播电视主持工作本身的繁重与压力，挤压了主持人用于学习的时间和机会。这些都要求主持人应具备较强的学习能力和自觉性，要善于主动学习和随时学习。

---

① 参见《辞海》（缩印本），993页，上海，上海辞书出版社，1989。

② 俞虹：《节目主持人通论》，81页。

三、职业素质

专业素质或职业素质是人们从事某项工作和开展某项活动所需具备的能力或品质的程度及心态。从广播电视主持人岗位的独特性来看，这一行业对其从业者所提出的职业素质要求应包括几个方面。

（一）思维素质

在人的思维素质的构成体系中，决定人的认识品质的是认识过程，即人在动机的驱使下，运用自己的感觉器官对注意到的事物能动地加以观察、记忆、思维、想象和判断的心理过程，因此人的认识品质可分为观察力、记忆力、思维力、想象力和判断力等要素。

作为广播电视行业的主持人，应具备以下思维素质。

1. 敏锐的发现力

发现力就是人们自觉地运用自己的眼、耳、鼻、舌、身等外部感觉器官搜集信息、认识周围世界的能力。据此，广播电视节目主持人不仅应该在节目现场及时发现有价值的传播点，善于提出新问题；在生活中也要随时随地发现新变化，形成有价值的感悟和思考。

2. 快速的发散力

发散性思维，是系统思维的核心，即由一点向四周散开，从多个角度、多个层面、纵向、横向、顺向、逆向地分散开去认识、分析问题。思维发散力，作为一种寻求多种答案的思维品质，可以通过对已有的知识和已获得的信息或形象进行加工，从而形成一种产生新的知识和形象的能力，它不受过去知识的束缚，不受已有经验的影响，从各个不同的甚至是不合常规的思路去思考问题。

具有快速的思维发散力能够帮助主持人全面、客观、历史、辩证地看问题，甚至可以通过对自己已有知识和形象的延伸、扩展乃至颠覆，产生全新的智慧火花，构成全新的观点或形象。从这个意义上来说，思维发散力无疑是主持人创造力和个性能力的基础。如果缺少这种能力，主持人会缺乏创新的途径和方法，难以对自己的工作愉快胜任。

3. 深入的思辨力

大众媒体传播的信息通常可以归纳为两类：一为事实性信息；二为意见性信息（主要包括相关的观点、意见、见解等）。作为“最后一棒”的主持人在实际传播工作中，不仅要和同仁一起对海量信息进行处理，在其中选择、组合、提炼那些有价值且适合传播的内容，还要对纷繁的事实汹涌而至的意见信息进行有效的梳理与甄别。这就要求主持人的思维品质不仅具备反应的速度，还须有较强的广度和深度，有较为深入的思辨力，能够从独特的角度为受众提供鞭辟入里的意见信息。否则，主持人在节目中就难以满足受众对信息的深层次需求。

4. 不竭的创新力

所谓创新力，是指人们能够突破传统思维，开创新事物的能力。不竭的创新力不仅是主持人灵机一动、灵光闪现的灵感源泉，也是他们不断适应新变化、新要求，不断顺利自我提升的职业素质。主持人工作本身的高强度与高密度压力，常使主持人在其岗位上做得时间一长就会遭遇到被“掏空”和难以突破的瓶颈。另一方面，由于众所周知的“审美疲劳”心理，当受众长时间面对一个一成不变的主持人时，即使其主持技巧和各方面素质都很高，观众也会产生厌倦情绪。而如果主持人具备不竭的创新能力，其主持生命无疑将得到延长，会得到受众持续的喜爱。从这个角度来说，不竭的创新能力是主持人永葆职业青春的有力武器。

（二）语言素质

作为传播的第一要素，语言是主持传播中最常用和最直接的职业手段。除了有效传递信息的工具性操作意义之外，口语表达能力也能反映主持人各方面的素质修养，又是构成、塑造主持人形象的首要因素，具有展现主持人魅力和帮助主持人成为意见领袖的重要作用。

1. 会说标准普通话

主持人会说标准的普通话，是信息传播和接收的需要。传播学研究表明，“意义的交换有一个前提，即交换的双方必须要有共通的意义空间”①，只有使用合乎规范的标准语，才能使信息的传播者和接收者借助共同的意义空间对其内容理解达成一致。

2001年起施行的第九届全国人民代表大会常务委员会第十八次会议通过的《中华人民共和国国家通用语言文字法》第十二条规定：“广播电台、电视台以普通话为基本的播音用语”；第十九条规定：“以普通话作为工作语言的播音员、节目主持人和影视话剧演员、教师、国家机关工作人员的普通话水平，应当分别达到国家规定的等级标准”。这使得会说标准普通话成为对主持人的基本要求。

2. 表达清楚

主持人在将有声语言作为传播手段和策略时还有一种情况：主持人的语音语调并没有超出标准汉语的规范，但受众仍然无法弄懂主持人的语言含义，主持传播的效果并不理想。

出现这种情况的原因主要有三：一是吐字发音习惯问题，表现为发音含混、吐字不清，造成听者接收的干扰；二是理解表达能力问题，有的主持人对稿件理解不准或不清，表达时只停留在从字形到字音的简单转换上，造成听者理解的障碍；三是语言运用问题，有的主持人语言过于抽象、晦涩，不善于把书面语转化为适于听觉接受的口语，超出受众的理解能力范围。因此，主持人必须理解所讲内容，将其融会贯通，再使用具体形象、通俗易懂又清晰准确的语言，才能表达清楚、有效传播。

3. 到位的话语组织能力

语言组织能力，既包括主持人口头即兴组织话语“说”的能力，也包括他们撰写、修改稿件时“写”的能力。由于广播电视媒体的语言传播需经由受众的听觉分析来处理，与阅读书面文字有很大区别，所以主持人必须会使用符合广播电视传播规律的具有口语化特点的语言，避免套用文件、教科书等文本语言。而主持人“人格化”传播的特点又要求其话语要深入浅出、通俗易懂，让人喜闻乐听又富于个性，话语表达既要有贴近性和冲击力，还要保证其导向正确与不失品位格调。

---

① 郭庆光：《传播学教程》，53页，北京，中国人民大学出版社，2011。

4. 灵活的谈话沟通能力

主持人传播的最大优势就在于将人际传播中的诸多优势引入了大众传播。这种优势中很重要的一点就是加入了人际互动因素，使传播有了明确的对象感和交流的现实性。为了体现这种优势，主持人必须掌握灵活的与人沟通的能力，这种能力最容易体现在与采访对象的沟通谈话上。如果主持人缺乏此种能力，信息传播的效果就会大打折扣。

（三）传播素质

1. 具备信息能力

现代社会，技术进步带来了信息的极大丰富，但也引起了信息过载这一新问题。媒介工作者要在浩瀚的信息海洋中甄别和滤取有价值的信息并传播给受众，同时能够在充足信息的支撑下生发出自己的观点。这就是主持人应该具备的能够主动积极地收集信息、接受信息和处理信息的能力，也就是所谓的信息能力。

2. 熟悉广播电视传播规律

广播电视以电波作为传输手段，运用画面和声音来传递内容，具有独特的传播规律。要想成为合格的广播电视主持人，除了具备媒体工作者的职业素养外，还需要熟悉广播电视的工作特点，掌握广播电视的专业知识，在必要的时候能够参与和介入到相关的业务中去，在工作中才能有更到位的发挥和与其他工种更好的合作。所以，熟悉媒体规律不仅是节目主持人应有的职业素质，也是其他素质得以展现和发挥的基础。

3. 有镜头（话筒）前的适应能力

在镜头（话筒）前讲话是主持人的主要工作状态。而且在多数情况下，主持人面前只有一个摄像机镜头（话筒），没有听众观众存在，这正是主持传播不同于一般日常交流的“虚拟”交流状态。而那些与嘉宾、观众的互动也有异于日常交流，即这同属大众传播，有着成千上万的受众。因此，主持人在镜头（话筒）前与观众的“虚拟交流”是否真实，与演播现场的嘉宾、观众的“当众交流”是否自然，能否保证交流圆满完成节目宗旨，就成了主持人职业素质高下的重要标志。

4. 有现场掌控能力

一般而言，主持人的现场掌控能力主要体现在两个方面：一是对节目意图、氛围、进程的驾驭和控制；二是对节目现场突发局面的驾驭控制。由于广播电视具有线性、顺时传播的特点，且往往有固定的节目时长，所以尤其需要主持人具备对节目进程的驾驭和控制能力。这种控制既体现在根据时间随时调整节目的内容和进度上，也体现在对现场嘉宾或观众的激发与调动上，还体现在对突发情况的控制和应变中，这种情况既可能是对意外事故的及时应对，也可能是对尴尬局面的巧妙破解，更可能是一次即兴的发挥或者是一次临时的补台，总之是对一切意想不到的情况的从容应变。

四、身心素质

在人的诸多素质中，身体素质和心理素质是最基本的素质，其中身体素质又可谓是基本中的基本，因为没有健全的体魄和良好的身体素质，人也就失去了成就事业的最起码条件。就广播电视主持人来说，其身体和心理素质除了要符合一般的良好要求之外，还应有职业要求的特点。

（一）身体素质

在视觉时代，主持人的形貌常常成为观众在一般情况下首先挑剔的因素。要成为一个受欢迎的主持人首先要在相貌、声音等外部条件上具有一定吸引力，身心健康，最好能够让人赏心悦目。当然，从崔永元、白岩松等成功的例子上可以看出，外在条件并不是观众要求的全部；随着认知的深入，受众更看重的还是主持人的内在修养。

此外，主持人的工作充满变数，经常要连续录制不同的节目，当出现突发新闻时还要“连轴转”，直播节目时身心高度紧张，这种高负荷状态对人的体力、精力和智力大量消耗，没有强健的体魄和充沛的精力会难以胜任。

（二）心理素质

从专业角度看，人的心理素质可以进一步划分为心理动能素质、心理智能素质和心理复合素质三部分。其中，心理动能素质包括需求品质、情感品质、注意品质；心理智能素质包括认识能力、运筹决策能力、行为能力等；而心理复合素质作为前两种心理素质互相结合渗透的产物，又有意志品质、审美品质、气质品质、社交品质等多项内容。[①] 本书仅选取与广播电视主持人心理素质密切相关的需求品质、意志品质、性格品质和气质品质略做阐述。

1. 需求品质

人们常说：“兴趣是最好的老师。”人只有对某项事物或活动充满浓厚的兴趣，在主观上才会产生进一步尝试和研究的动机，也才能积极主动地努力实现目标。因此，主持人对自己所从事的事业和面对的专业领域有浓厚的兴趣是成功的重要前提。

一些成功的主持人正是对自己的工作或专业有着浓厚的兴趣，才比别人有更多的积累和探索。张斌、刘建宏等之所以能够成为受人欢迎的体育节目主持人，恰恰是出于他们对体育、对足球的痴迷。

2. 意志品质

意志是人们根据目标支配和调节行为、克服困难实现预定目标的心理过程。意志对行动的支配作用表现在两个方面：一是发动，即推动和激励人们为达到预定目的而行动；二是克服，即制止、放弃与预定目的相矛盾的行动。二者在实际活动中相互关联。具体到主持人，其工作对他们所提出的意志品质要求是有足够的承受力和自制力。

主持人的工作压力非常大，这不仅表现在有时工作强度很大，而且表现在面对镜头直播时不容失误的巨大心理压力，以及由于需要不断创新和同行之间的无形竞争的压力，还有作为公众人物必须面对受众批评的压力。因此，主持人要有足够的心理承受力，不仅能承受领导的督促、受众的批评，还能承受工作劳累和失误带来的不适和煎熬。

另一方面，主持人的自制力要求体现在两个方面。其一，主持人面对名和利时要有自制力；其二，主持人在主持节目时对情绪要有控制，既不能对任何人与事都毫不动情、无动于衷，也不能毫无节制地任意流露情绪，甚至走入煽情的误区。

---

① 参见庄驹：《人的素质通论》（修订版），57 页。

3. 性格品质

社会心理学在研究人的心理时有一项重要内容是对人的合群性的研究，根据人的行为和心理特征证明这种合群性的存在。一般情况下，性格开朗、喜欢交往的人更容易保持真诚、热情的品质，也更容易接近自己原本不太熟悉的人，并很快赢得他们的信任。对主持人来说，受众常常是原本不认识、不熟悉的，要赢得他们持续的信任和亲近是一种时时要面对的挑战。主持人如果有着较强的合群倾向，并伴之以开朗的性格和高超的交际能力，会更容易成功。

4. 气质品质

主持人通常需要在节目中，尤其是直播节目中应对一些意想不到的情况，所以他们应具有机敏、活跃、反应迅速、有朝气的气质品质，这是优秀主持人必不可少的心理素质。

【本章小结】

主持人越来越成为广播电视节目不可或缺的构成元素，对主持人的议论常常成为坊间话题，研究也越来越深入。本章从主持人的角色特征、角色功能的界定入手，重点讨论了服务于不同类别节目的主持工作，以及广为讨论的主持人素质。从几十年的中国广播电视主持人实践来看，除了这些分门别类的学究式讨论以外，优秀的主持人更应该是一个真诚、正直、平和、宽容、平等和充满善意的人，应该是一个具有人格魅力的人，是一个有着敏锐的正确判断能力的人，是一个相对人格完善的人。这一点往往不是通过专业知识的学习就可以获得的，需要广播电视媒体仔细甄别、查找。随着媒体的发展，主持人个人的意志品质、才情修养越来越成为其具有长远竞争力的主要依据。

【思考题】

1. 主持人的角色特征有哪些？
2. 主持人有哪些角色功能？
3. 主持人该如何分类？不同节目主持人的各自特点有哪些？
4. 主持人应具有哪些思想、文化素养？
5. 什么是主持人必备的职业素质？
6. 主持人应有什么样的心理素质？

第四编　理解广播电视媒介

除了容易被看到的节目制作操作环节外，要更深入地了解广播电视媒介，其内部构成、运行管理以及已有的理论研究成果是更重要的部分，本编的内容帮助读者从这些方面更好地理解广播电视媒介。

第十三章 广播电视的管理体制

C H A P T E R 13

【本章学习要点】

1. 世界广播电视体制：公营、私营、国营。
2. 私营商业体制下的广播电视管理。
3. 公营体制下的广播电视管理。
4. 中国广播电视的管理体制的建立与发展。
5. 中国现有广电体制的问题与改革方向。

体制的基本含义指组织方式、组织结构，是社会系统内部各构成和运行要素的结构方式。所谓广播电视体制，狭义上是指广播电视的所有制和经营管理机制；从广义上来说，涉及广播电视机构在整个国家中的格局以及国家对其法治管理和行政管理的制度。自广播电视诞生之日起，人类就见证了这种有组织的大众传媒对于公众形成政治立场和塑造社会认同上产生的巨大影响。因此，广播电视的体制从来不仅仅是广电行业本身的事，它还和国家的政治、经济等方面有着密不可分的关联。正如施拉姆所说："任何社会对传播机构的控制都出自社会本身，代表着其信仰与价值观。"①

作为广播电视最主要的社会存在形式，体制同时也是整个行业得以建立、运行、管理的组织基础。广播电视体制的核心是传媒的所有制性质，它决定了媒体的管理方式、与政府的关系以及具体的

① ［美］威尔伯·施拉姆等：《传播学概论》，第2版，174页，北京，中国人民大学出版社，2010。

运转方式等。

第一节　多体制并存的世界广播电视

由于所有制、法人形式、经费来源等方面的不同，当今世界形成了多种广播体制并存的局面，其中又以英国为代表的公营体制、以美国为代表的私营商业体制和以中国为代表的国营体制这三种广电体制最为典型。

一、公营体制（公共事业体制）

公营体制下广播电视事业是一项公共事业，由一个不以营利为目的的社会团体（或公司）来管理，国家不直接出面管理，也不由商业集团（或个人）控制。

公营体制的主要特点是：资产为国家所有，但电台、电视台保持相对独立，作为“特殊法人”存在，实行企业化管理和运作；根据法律规定，组成董事会或管理委员会进行领导管理，其成员有较广泛的社会代表性；具体业务由电台、电视台自主组织，政府依法加以规范和监督。公营广播电视的经费来源最主要的是收音机、电视机用户按照规定缴纳的执照费用；其次是少量的国家财政拨款；也包括一定量的广告收入。公营台虽不直接划入国家的组织构成之中，但其本质上是一项公共事业，与商业媒体相比更具严肃性和权威性，常常成为准官方的电视广播机构。

公营体制旨在实现教育、告知和娱乐大众的多重目标，同时保证节目的多元性、高质量和普及性。政府的管制相对宽松，公共广电的自由度比较大。有学者们总结出公营体制下公共广播电视的八个特征：不分贫富贵贱，人人可以收看收听；不管是专家还是普通大众都能看到自己喜欢的节目；为少数、弱势族群服务；传承文化传统；服务于教育；不掺杂商业利益；竞争目的是获得更高质量的节目而非争取观众人数；给予制片人充分的自由。

很多发达国家以及发展中国家的公共台都实行这种体制。如英国广播公司（BBC）、日本广播协会（NHK），以及法国、意大利等欧洲很多国家的主要电台电视台。以 NHK 为例，它是依据日本广播法设立的特殊法人，最高机构为经营委员会，其成员由首相经国会同意后任命的社会各界人士组成。经营委员会任命会长，由会长组建理事会，负责日常业务工作。政府责成邮政大臣监督其活动，但是 NHK 在承担法律规定的义务的同时，享有编辑自由、表达自由，其业务活动不受任何非法的限制和干涉。

随着公营体制的进一步发展，一些国家的广播电视虽然也属于公共事业，但是其所有权不再由国家所有，而是归独立的法人单位所有，以服务社会为宗旨，在法制范围内独立组织业务活动和经营管理，这也被称为社会公营体制。这种体制和传统的国家公营体制相比，不但不会受到商业集团的控制和商业利益的影响，也不受政府或政党的干预，能较好地体现创办者（社会各界或某个公众团体）的独立意愿，较好地履行公共利益职能。美国及一些西欧国家拥有此类性质的广播电视机构。

以德国为例，德国各州的广播电视台，其权力机构广播委员会成员广泛，包括联邦政府、各州政府、各政党的代表，各宗教团体、工会组织、雇主协会、报界组织、慈善机构以及社会各界的代表；该委员会选举产生的管理委员会成员也来自10多个党派团体。他们负责制订大政方针、选举业务监督机构管理委员会、任免主持行政事务的总经理、批准财务预决算。这些地区性广播电视台后来联合组建了两个全国性电台和一个全国性电视台(ARD)。

公营体制以追求公众利益为核心目标，但是从实际情况看，政府、政党、商业集团的间接影响仍然难以避免；另外，某些公众团体、文教单位办的广播电视台，由于缺乏有力的经济后盾，往往容易出现财政危机。

二、私营商业体制

在私营商业体制下，广播电视本身就是一种企业实体，资产为私人所有，自主经营，自负盈亏，国家只是依据法律调控管理（如发放牌照等)。因此，私有私营体制一般具有以下特点：(1) 以市场为导向，以广告等经营性收入为创办经费；(2) 重视受众需求，以提高自己的视听率和市场占有率；(3) 在激烈的相互竞争中，不断改进经营管理、不断更新传播技术，在节目内容和形式上推陈出新，以获取生存空间；(4) 以营利为目的，把商业利益放在首位，甚至有时为了追求经济效益而罔顾社会责任；(5) 虽然不受政党和政府的控制，但是在业务上不同程度地受到广告商、赞助商及其背后政治势力的牵制。

私营商业体制以美国最具代表性。美国在广播创办之初即为此体制，又在1934年由国会通过的《通信法》最终确定下来。该法案规定：广播电视机构以私营为主，广播和电视中的言论自由和新闻自由受宪法保护，政府有权建立专门机构对广播电视进行统一管理，以便使公众利益和需求得到满足。目前，私人经营的商业电视占美国全部电视台的80%以上。

三、国营体制

国营体制是指国家拥有并直接经营电台、电视台，对广播电视的机构、人事、节目内容实施全面管理的体制。其主要特点为：(1) 资产归国家所有；(2) 广播电视的性质为国家事业单位，对广电机构的管理属于政府行政管理；(3) 领导成员由政府任命，业务方针由政府规定，业务活动受政府监督；(4) 经费靠国家拨款，有的也辅之以广告收入。

国营体制和公营体制的最大区别在于，政府对广电机构实行直接指导管理，不经由社会团体或公司法人居间。理论上，这种体制下国家可以统一、有计划地调配资源进行广电事业建设，使其业务活动更加符合国家的政策、发展需要，保证广播电视的宣传效益。

但是，完全的国营体制也被证明具有不可避免的缺陷：(1) 广播电视的主业是宣传，行政机关干预过多，业务活动侧重于对政府负责，容易对公众需求不够重视；(2) 内容难免单调、贫乏，形式不够活泼、生动；(3) 管理上重视集中统一，管理方式行政化，激励机制不完善，经营活力比较欠缺。苏联、东欧国家、中国以及相当数量的发展中国家，都实行过或正在实行这种体制类型的管理。

我国在相当长的时间内，国营台站都没有商业经营。在改革开放后国家转型市场经济的影响下，也引入了商业化运作，原来国家行政事业单位性质的广播电视台逐渐放开经营。国家主要在宏观上调控监督，使广电业务符合国家的总体需要；广播电视台在一定程度上开始自主经营，具有相对的独立性，以前过多的行政干预有所减少，业务活力有所增强。

目前在中国和某些发展中国家实行此类体制。它既不同于美国的私营制，也和苏联完全国家控制的体制不尽相同。以我国为例，主要体现在“事业单位，企业化管理”的运作模式上，因此被界定为“完全国有的有限商业运作体制”①。虽然中国已经放宽了非公有资本和外资进入广播电视领域的管制，但始终坚持一个基本前提：以公有制为主体，即控股权归国家所有，外来资本仅能进入节目制作领域而不涉及播出。这也是国营体制最本质的特征。

公营体制、私营体制、国营体制三者的区别也表现在广播电视的媒体功能上。公营体制下的广播电视更侧重公共服务、环境监测的功能；私营体制则更注重信息传播和娱乐大众；而国营体制体现的是宣传教育、意识形态功能。当然，随着市场经济的发展和公众意识的觉醒，这三种体制在业务层面已经开始相互借鉴，公营体制、国营体制逐渐对市场开放，西欧部分国家的公私兼营体制就是典型的例子。

公私合营体制是国家和私人合资或合作开办的广播电视机构。所谓合资，是指共同出资组成股份公司经营管理；所谓合办，通常是由国家兴建并经营广播电视设备，私方租赁这些设备制作并播送节目。不论合资或合办，国家通常处于主导地位，其基本特点是既实行商业经营，又保持国家在机构内部的调控制约。

如法国的新频道电视台（Canal Plus）是由公私合营的哈瓦斯广告集团和其他一些私人股东合资建立；法国国际广播电台（RFI）则由国家控股的合资公司法国广播金融公司创办；俄罗斯在 1995 年将苏联的全国性广电机构改组为“俄罗斯公共电视公司”，国家拥有 51%的股份，其余股份出售给民间企业等。

第二节　私营商业体制下的广播电视管理——以美国为例

一、美国广播电视的体制变迁

从体制变迁的角度来看，美国广播电视业的体制历经了三个阶段：第一阶段，从广播业诞生到 1934 年，此为无序竞争阶段；第二阶段，从《1934 年通信法》（Communications Act of 1934）颁布到 20 世纪 70 年代末 80 年代初，此为政府委托私人运营，采取“公众委托模式”进行严格规制的阶段；第三阶段，20 世纪 80 年代初至今，此为政府逐步放松规制、广播电视“市场模式”最终得以确立的阶段。②

（一）无序竞争阶段

这一阶段广播作为大众媒介开始普及，产业发展尚处于无序竞争阶段，对于广播电视的规制和体制也处于摸索阶段。《1912 年广播法》（Radio Act of 1912）是美国第一部对广

① 李良荣：《新闻学概论》，170 页，上海，复旦大学出版社，2001。

② 参见张春华：《传媒体制、媒体社会责任与公共利益——基于美国广播电视体制变迁的反思》，载《国际新闻界》，2011（3）。

播业进行规制的法律。这部法律授权商务和劳工部承担美国公民提起的建立广播电台及所使用特定频率要求的审核。[①] 这项法律针对的是电报电信的广播事业，而非现代意义上的广播电台，由于当时认为无线电波频率是充足的，该法规定商务和劳工部无权拒绝公民的申请，这也造成了美国20世纪20年代广播电台数量的激增。

为了应对广播电台数量的大幅飙升，美国会出台了《1927年广播法》，这是第一部针对广播电台管理的法律。它将宏观上的管制权力授予联邦广播委员会（Federal Radio Commission，FRC），使得广播有了专门的管理机构。该法还规定不得对任何广播通信或者广播电台传输的信号实施审查，不得干涉广播通信的言论自由权。

虽然这一阶段广播体制尚未建立，但是确立了允许公民申请建立广播电台、不审查的原则，实际上决定了美国的广播电视不是官办媒体，政府职能只限于法律指导。

（二）强化规制："公众委托模式"下"公共利益"的确保

从《1934年通信法》颁布到20世纪70年代末80年代初期，美国广播电视规制的基本指导原则是"公共利益至上"。《1934年通信法》规定，广播电视业须在"公共利益、便利、必需"（Public interest，Convenience，Necessity）的准绳下运营。

依据《1934年通信法》成立的联邦通信委员会（Federal Communication Commission，FCC）取代原来的联邦广播委员会（FRC），成为广播电视行业的管理机构。联邦通讯委员会（FCC）制定了一系列措施与细则（包括许可证的办法、结构规制、内容规制等），确保公共利益不为商业利益所侵蚀。有学者将美国广播电视业的规制框架概括为许可证权威之下的结构规制与内容规制，如图13—1所示。[②]

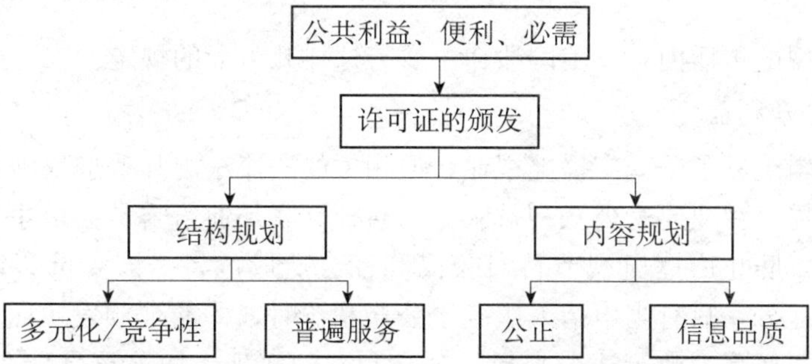

图13—1　美国广播电视业的规制框架

除了在1967年创立的公共广播公司（The Corporation for Public Broadcasting，CPB）和1970年成立的全国公共广播电台（National Public Radio，NPR）这两个规模较小的公共广播组织，美国广播电视业自诞生以来大多都属于商业性质。但是，在20世纪80年代之前，商业逻辑却从来没有完全居于支配地位。因为在广播电视领域，商业逻辑的力量被政府管制所减轻，这种管制给广播电视施加了一种义务：它要求广播电视"服务于公共利益与公共需要"。与此同时，社会责任理论、新闻专业主义也对商业逻辑力量形成了抵制。

① 参见褚建勋主编：《中外传播政策》，21页，北京，科学出版社，2009。

② 参见张春华：《传媒体制、媒体社会责任与公共利益——基于美国广播电视体制变迁的反思》，载《国际新闻界》，2011（3）。

从20世纪30年代到80年代早期，广播电视的社会责任说在业界被普遍接受。所有电视台的执行官、记者、编辑都认可这一观念：新闻记者负有一种高于收视率追求的责任，电视新闻服务于公众，而不仅仅是市场。①

（三）放松规制："市场模式"下媒体"社会责任感"的沦丧与"公共利益"的受损

从20世纪80年代开始，新自由主义思潮渗透到美国广播电视领域，政府逐步放松对该领域的管制。在此思潮以及技术进步的推动下，美国《1996年电信法》(Telecommunications Act of 1996) 颁布。该法案对美国广播电视和通信产业全面解禁——从执照的颁发到广播电视产业的结构规制。该法案规定，对广播公司拥有的电视台、电台数量不做任何限制，只规定一家电视台对全国家庭的覆盖率不得超过35%；电视执照年限从5年延长到8年等。"这促成了美国电视业在20世纪90年代前所未有的兼并与重组，在一定程度上保证了美国的电子传播产业在相当长的时间内一直居于世界领先地位。"②

我们在赞叹私营商业体制带来强大的经济效应的同时，不得不将目光聚焦在日益降低的社会政治福利与日益受损的公共利益之上。《1996年电信法》公布之后，"公共利益至上"的规制原则被"商业利益优先"所取代。在此模式下，专业主义文化、社会责任意识、公共服务观念都在衰退，商业逻辑几乎不受挑战地统治了美国广播电视业。这在客观上造成了20世纪90年代中后期美国广播电视界社会责任感的下降：在一个放松了管制的"自由市场"中，最好的运营者也很难保证其功能的完全健康，因为它们必须在激烈的竞争中生存，这是现实，也是所谓的社会责任、公共利益的承载之处。

二、美国广播电视的内容规范

对于广播电视的传播内容，美国法律主要有这样几方面的规定。

（一）维护公众利益

虽然商业逻辑统领了美国广播电视业，但相关的法律法规却普遍反映着对公众利益的尊重，体现出广播电视业要为公众利益服务的精神。联邦通信委员会最主要的职责之一就是维护公共利益，防止广播电视节目对公民和社会造成危害。该委员会对不同类型的电台、电视台做了区分，只有当申请人服务于公众利益时，才能被颁发执照。此外，联邦通信委员会还制定了一系列政策法令来保障公众利益的实现，如该委员会在1946年公布了《广播电视持照人的公共服务责任》蓝皮书，在1960年制定了《节目指导原则》。在《1967年公共传播法》、《1973年国际广播法》、《1984年有线通信法》、《1990年儿童电视法》和《反电视暴力法》等法律中也都有维护公众利益的条款。

（二）不得倡导暴乱、犯罪、反政府、反社会

每逢战时等紧急状态时，美国更多使用行政手段引导、管理广播电视。如"9·11"事件以后，美国于2001年10月1日修订了《美国战时紧急状态下无线电频率使用与协调程序》，对战争时期、受到战争威胁以及公众处于危险状态或其他紧急情况下无线电频谱

---

① 参见张春华：《传媒体制、媒体社会责任与公共利益——基于美国广播电视体制变迁的反思》，载《国际新闻界》，2011 (3)。

② 褚建勋主编：《中外传播政策》，21页。

的使用进行指导。在伊拉克战争中，美国国防部制定了《随军采访规则》，对记者规定了14项允许报道的内容和28项禁止报道的内容。对于触犯本民族传统和本国利益的电视网，最严重的处罚是吊销执照并强制执行。

这一点在其他有关电视业的法律法规，如《美国全国广播家协会电视规范》中也有所体现。关于特别节目的标准还指出：在使用性别、种族、肤色、年龄、信仰、宗教人物与仪式，或国家、种族起源的题材时必须特别慎重。

为了防止未成年人收看色情、暴力、猥亵的电视节目，《1992有线电视法》和《1996电信法》中还规定，家庭电视必须安装"童锁"和进行"信息加密"，通过技术手段来控制未成年人的电视内容接收。

（三）平衡报道

美国的电视规范强调："对有争论的公共问题，电视提供一个有价值的论坛，让人们发表认真负责的不同观点。广播电视业者应和有关个人、团体和组织一起，寻觅、编排关于有争议的公共问题的节目，以使所在地区的公众了解情况。在影响大部分公众生活和福利的问题上，应给予争论双方同等的表达意见的机会。"根据美国联邦通信委员会的解释，"同等的表达意见的机会"要求电视台既要对有争议的问题采取毫无偏颇的中立立场，又要给予双方同等的曝光时间。

（四）电视分级制度

《1996年电信法》要求美国电视业制定电视节目的分级标准，使人们可以避免观看到一些令自己反感的电视节目。美国电视业将电视节目分成以下六个等级：TV-Y（普适）级、TV-Y7（7岁）级、TV-G（一般）级、TV-PG（家长指导）级、TV-14（14岁以上）级、TV-M（成人）级。[①] 这些标准主要适用于除新闻和体育以外的电视节目。由原创者对节目进行分级，电视网在播出时标明，以便家长控制、指导儿童收看。

三、联邦通信委员会的管理职能

联邦通信委员会是独立的国家机构，直接向国会负责。委员会内设七个局，即有线电缆服务局、公共信号局、消费者信息局、执行局、国际局、大众传媒局和无线通信局。其基本任务是，通过管理尽可能广泛地向全体美国人民提供价格合理、设备充足、迅捷高效的全国乃至世界范围的有线及无线传输服务；依法管理各州和跨国的电台、电视台、电话、卫星、有线电缆等通信业务。[②]

1934年《电信法》和美国《宪法第一修正案》禁止任何组织审查广电节目内容，但联邦通信委员会仍然对广播电视台播出的内容拥有相当大的控制权。它可以通过颁发、续检执照来实现对节目内容的变相审查，以确保广播电视节目符合特定的内容标准。其具体手段有以下几种。

一是利用执照续批来进行事后检查。执照续批的主要依据是：某电台电视台过去的节

---

① 参见明安香：《美国：超级传媒帝国》，173页，北京，社会科学文献出版社，2005。

② 参见褚建勋主编：《中外传播政策》，23～24页。

目是否为公共利益服务，由联邦通信委员会对此加以确认。联邦通信委员会虽然不能在节目播出之前对节目进行审查，但它要求各台保留节目的历史记录，以此了解其状况。联邦通信委员会再根据已经播出节目的全面情况对申请台进行评审，以便决定是否继续延长执照的有效期。续批申请者必须提交大量的相关信息、节目计划以及满足儿童教育需要的安排等。发生在1930年的布林克案和1932年的舒勒案正式从法律上确认了联邦通信委员会具有评审以往广播电视节目内容的权力。

广播电视台如果播出欺骗性的广告或未能充分管制好自己播放的节目，联邦通信委员会可以拒绝其执照续用，这是联邦通信委员会在管理中的威力所在。① 此外，虽然FCC发放牌照的有效期为8年，但它有权给广播电视台颁发期限从六个月到两年时间不等的执照，通过这种“短期更新”来实现对违规台的“纠偏”。1990年，联邦通信委员会就曾以“歪曲、误导”为由拒绝了某些位于芝加哥和旧金山的电视台和俄亥俄州的广播电台更换新执照的申请。

二是所有权限制。美国法律规定，外国公司和个人不能独立拥有美国电台电视台，但可以拥有一台不超过20%的股份。为防止垄断，美国过去还对每家公司拥有电台电视台的数量有过限制，在《1996年电信法》出台之后已经明显放宽。

三是处罚违规媒体。这主要是指处罚违反技术性规定和节目内容要求的媒体。由于美国禁止对广播电视节目进行事前检查，因此主要依靠民众投诉来发现和处理有关电台电视台节目内容的问题。违规和处罚的法律依据由法院掌握，依情节轻重，FCC可以做出申斥信、禁止令、罚款等形式的行政处罚。不服处罚者可以逐级上诉，直至联邦法院。

四是节目要求规定。在选举时期，电台电视台必须遵循“同等对待”和“最低费用”原则。前者要求电台电视台必须给予各位政治候选人以大致相当的竞选广告时间；后者要求电台电视台向合格的政治候选人提供的广告时间是同一等级、同一时段中价格最低的。

四、美国广播电视的管理特点

（一）法律法规完善

《宪法第一修正案》是美国新闻自由的法律根源，美国新闻界把它看做本国的第一部新闻法。1791年实施的宪法前十条修正案被统称为“权利法案”。其中，有关新闻言论自由的修正案被列为第一修正案。这一修正案称：“国会不得制订关于下列事项的法律：确立国教或禁止信教自由；剥夺言论自由或出版自由；或剥夺人民和平集会和向政府请愿申冤的权利。”

随着无线电广播技术的发展，美国通过了《1927年广播法》、《1934年通信法》、《1996年通信法》等多部法律，建立了相应的管理架构。政府和管理机构都是通过营业执照审查和更换等法律程序来完成监管任务。

《1996年电信法》的宗旨是：鼓励竞争，鼓励各部门融合发展；进一步开放电信市场，放宽对于外资进入美国电信市场的限制，更鼓励美国公司进入外国市场。新电信法打

---

① 参见黄春平：《五管齐下 正本清源——美国商业广播电视内容监管》，载《传媒》，2010（6）。

破了电信、信息和有线电视业的界限，促进了通信信息业的融合。

新电信法实施后，在美国电信市场中涌现出大量的新公司，表面上看市场似乎有足够多的竞争者，行业一片繁荣，但一直青睐竞争的美国政府却没有预料到这样的后果：许多公司为了减少竞争对手的数量，通过大量的并购来达到目的。

（二）行业协会自律

在美国，几乎每一行业都有自己的多个行业协会。广播电视业的行业协会有全国广播业者协会、电台电视台新闻部主任协会等。这些协会都属于非营利组织，致力于本行业的自律工作，也制定了一些具体的规章。全国广播业者协会在1929年通过了第一部《全国广播业者协会道德准则》、《全国广播业者协会商业行为准则》，后来又制订了《全国广播业主协会电台准则》、《全国广播业主电视准则》等。

媒体行业协会自律是美国媒体控制的一个重要方面，甚至政府各类监管政策的出台也多以这些行业协会提供的情况为依据。行业协会的作用主要有三个方面：第一，代表行业的利益，向政府争取尽可能多的权益；同其他行业及国外市场达成贸易协议，采取措施保证本行业的权益少受侵害。第二，作为政府和行业的沟通平台，不断推动行业实施自律，以确保行业的言行符合国家法律规定和道德要求；对于"违规"者，行业协会代表整个行业向其施加压力，迫使其改正，甚至采取严厉措施使其失去发展机会。第三，为业内厂商提供交流与合作的机会。

（三）社会监督

社会监督是美国商业广播电视内容监管的重要一环，它一般表现为普通民众、市民团体（社团）或研究机构的意见或看法。美国政府管理当局对这些意见一般比较重视，如联邦通信委员会的大众传媒局专门设有受众处，执行局专门设有调查与听证处，主要用来搜集和处理受众对广播电视节目内容的投诉和意见。

市民团体监督。如美国《儿童电视法案》就是在"改进儿童电视节目行动"组织、"家长与教师联合行动委员会"、联邦工会委员会以及一些黑人社团、宗教团体等的压力下由联邦通信委员会和国会进行调研与听证后出台的；又如拥有100多万会员的美国电视家长协会为保护孩子们不受色情、暴力内容的影响，每年都会发布年度报告（PTC Annual Report），评比出年度最好和最糟糕的10个广告商（the top ten best and worst adverti sers）。

研究机构监督。如美国媒体教育中心帮助指导怎样使用V芯片滤除不合适节目；美国媒体与公共事务中心致力于电视暴力的发展倾向研究；加州大学洛杉矶分校（UCLA）传播政策中心专注于电视网节目中的暴力监视等。这些研究机构或社团通过调查与研究，公开发表自己对节目内容的意见，对广播电视媒体形成一定的舆论压力，迫使其接受内容方面的监管。

美国传播业的发达与其政策是分不开的，政策的开放和规制给了传播产业自由而健康的发展空间。美国的传播业以市场为导向，政府只在必要的时候出面予以引导和规范，在制度、法规的基础上通过经济手段、行业协会等进行监督。近年来，美国传播政策有更放松的趋势，这也引发了传播业大量兼并现象的出现，尤其是广播电视业。[①]

第三节　公营体制下的广播电视管理——以英国为例

一、英国广播电视公营体制的政策演变

1922年，英国广播诞生之初，其管理模式就与美国完全不同——没有走商业化发展的道路。这一方面是由于看到美国的广播系统开播了大量的私营频率，英国人认为其“混乱不堪”；另一方面，是出于对所谓“商业主义”的怀疑。英国广电业先驱——英国广播公司（BBC）的首任总经理约翰·瑞斯强调，广播不仅仅是为了娱乐。在其个人备忘录中，他写下了后来经常被引用的名言：“有些人往往自认为提供了听众所需要的节目，其实他们只是经常制造出一些迎合低标准的虚假要求来满足自己。”

BBC是世界上最著名的公共广播机构，从开播第一天就受到了格外“关照”。政府专门为它制定了《皇家宪章》（Royal Charter），系统规定了其性质、发展目标、组织结构等指导性规范。BBC是根据此宪章特许经营的公共事业，最高领导是董事会，其成员包括各政党和社会各界代表，以及苏格兰、威尔士、北爱尔兰地区代表，他们由政府提名，国王任命。董事会决定公司的方针、政策，并任命总经理主持日常工作。政府内务大臣受议会委托监督公司的经营政策和节目内容，向公司签发执照。公司享有依法自主经营的权利和业务上的独立性。

第二次世界大战期间，倾向保守的丘吉尔政府曾在是否引入商业电视这个问题上引发了很大的争议。最终在战后的1954年，商业电视进入英国。独立电视（ITV）开播，和BBC形成双垄断格局。不过，虽然这个商业电视是以广告作为财政的主要来源，但它承担的责任和公共广电别无二致，也是以告知、教育和娱乐大众为己任，因此和BBC的竞争不太激烈，彼此相安无事。50年代，英国广播电视机构得到全国人民的信任，拥有国家最优秀的人才，其中很多都是牛津大学的高材生。此时的BBC已经和那些充斥着“黄色新闻”的小报有了天壤之别，成为社会的“第四财富”（The Fourth Asset）。1964年，根据皮尔金顿委员会1962年的建议，BBC二台开播。

1986年发表的《皮考克报告》批评了ITV和BBC，认为前者对广告的垄断和后者的傲慢及自负造成了政府在广电方面开支过于庞大。有意思的是，报告并没有建议BBC引入广告，而是重点谈了订阅费和付费电视的作用。尽管该报告遭到许多人的批评，但是它对于80年代英国广播电视政策的调整发挥了重要作用，激发了英国广播电视业的竞争。

到90年代，英国广播电视实现了从“共产主义”向市场经济的转变，同时，对于广播电视的管理也有了比较系统和完善的法律约束。面对多频道服务和国际电视市场的开放，英国政府通过修改一系列条令来促进国内电视业的竞争。《2003年传播法案》对原有管理体系做了较大改动，在对公共服务电视台保持控制的同时，极大地放松了对商业电视的管制。英国的电视管理体系向着公私兼营的大陆模式转变。政府和议会在制定和执行广

---

① 参见黄春平：《五管齐下 正本清源——美国商业广播电视内容监管》，载《传媒》，2010（6）。

播电视业公共政策目标上处于中心地位，但政府与议会不能干涉广播电视机构具体的管理和编辑标准，广电业享有高度的独立地位。广电机构只需要遵循明确的责任和指导方针以保证其节目的公平和客观。①

二、BBC的管理政策

BBC的职责由皇家宪章作为法律形式明确规定下来。在首相的建议下，由女皇任命董事会，该会负责对BBC进行管理。董事会每年要提交年度报告到国会审议，经过公开讨论后批准执照费的使用。这就构成了一个检查和平衡的机制。

公共广播机构BBC独特的公共责任在以下两个专门为它制定的文件中有更为明确的表述：《皇家宪章》规划BBC的目标并确定其组织架构；BBC和英国文化、传媒及体育部（Department of Culture，Media and Sport，DCMS）所达成的协议（the BBC Agreement）根据宪章进一步阐述了BBC的服务和标准。

（一）英国《皇家宪章》

从1927年BBC建立至今，《皇家宪章》经历了数次修改。《皇家宪章》对BBC在发展目标、人事、组织、财政方面的权利都有比较细致的规定。

该宪章规定BBC的董事会成员（目前为12人）由皇家任命。该宪章中列出了董事会的部分权利义务，其中包括为BBC制定发展目标和对公众的承诺，同时监督BBC在这些方面的执行情况；确保BBC的运行和管理符合公共利益，能够对执照费支付者和国会负责；保证BBC遵守宪章、协议及其他规章制度；保证BBC不与法律相违背，坚持高标准。董事会还要与国家广播电视委员会经常磋商，确保苏格兰、威尔士和北爱尔兰地区受众的需求得到满足。

根据该宪章，BBC的年度报告和账目表必须通过国务大臣呈交国会，以及文化、媒体和体育部特别委员会，经过该委员会的调查和下院议员的审查之后公之于众。

（二）协议

另一个对BBC有法律效力的文件就是BBC和英国文化、媒体和体育部签订的协议。和《皇家宪章》一样，协议的有效期也是10年。作为对《皇家宪章》的补充，该协议规定，BBC只能将执照费收入及其他公共资金用于对内的公共广播电视服务，对国外的服务（BBC World Service）则不得使用这些资金。同时，如果没有内务部的许可，BBC的公共资金也不能用于商业性质的广播电视服务。1995年修订的新协议进一步强调了BBC对国内广播电视服务在节目内容、编排以及管理方面的独立性，同时明确了BBC需要提供的服务标准。

BBC的广播电视营业执照以10年为期。政府对其业务以及经济情况每年都会予以调查。在政府认为运转正常的情况下，才会颁发下一阶段的营业执照。在被认为失职的情况下，政府可以吊销执照。

---

① 参见周小普：《公共广播服务的神话——英国广播公司解读》，5～6页，北京，中国社会科学出版社，2007。

三、英国广播电视业管理机构 Ofcom 的结构职能

依据《2003 年传播法案》，英国废除了独立电视委员会（ITC）、广播标准委员会（Broadcasting Standards Commission，BSC）、广播管制局（The Radio Authority，RA）、电信办公室（Office of Telecommunication，Oftel）、无线通信管制局（Radio Communications Agency，RCA）在广播、电视和电子通信业务各自为政的管理模式，代之以统一的管理机构英国通信办公室（Office for Communication，Ofcom）。由此整合广播电视、电信、网络以及其他电子新媒体的审批和监管职能，以应对网络时代新媒体管理的需求。与 ITC、BSC 等类似，Ofcom 直接向议会负责，是独立于政府之外的法人组织。

通信办公室 Ofcom 的最高决策机构是 Ofcom Board，由一名 CEO、一名主席和五名非执行委员组成。主席和非执行委员由英国贸易工业部（Department of Trade and Industry，DTI）部长和文化媒介体育部部长依照“诺兰原则”① 联合提名产生。通信办公室的内部组织，除政策拟定、业务对象和涉外事务三大部门之外，还设置有内容委员会、消费委员会和咨询委员会。

《2003 年传播法案》将通信办公室 Ofcom 的主要职责确定为增进与传媒相关的社会民众整体利益，借由公平竞争增进该市场的消费者权益。具体来讲，该办公室的主要任务是拟定政策和推动英国电子传媒业的业务发展，包括调整改善媒介管理政策、推动电子媒介与通信网络的健全发展、积极支持创新行为、推动电子媒介与通信网络的健全发展、积极支持创新行为、推动市场竞争、确保电子媒介信息的多元化、保护消费者权益以及改善管理架构和程序等内容。

从 20 世纪 90 年代开始，BBC 就不得不采取包括裁减员工和开支、重新调整经营策略、开拓海外市场、创办收费频道等多种方式参与竞争，试图通过政府供给和有限的市场运作相结合的方法，改变市场资源配置，理顺和避免过去由政府完全垄断所引发的种种体制弊端。然而随着商业化策略的实施，公共媒体与商业媒体的区别日益模糊，很快来自政府甚至竞争对手的批评接踵而至。而更大的压力来自公众——BBC 越来越难以得到民众的理解与支持，最直接的表现是对强制征收视听费的不满与质疑。然而 BBC 的实践也证明，改革面临一个无法克服的悖论，即公益性和资本寻利性两种价值取向之间存在着巨大的矛盾。②

第四节　中国广播电视的管理体制

一、中国广播电视国营体制的建立及政策演变

（一）新中国成立初期，中央为主的“一揽子”领导

我国人民广播事业诞生于抗日战争年代，属新华社直接管理领导，当时的宗旨是为中

① 诺兰原则（Nolan Principles），适用于公职人员选拔，要求候选人具有无私、正直、客观、负责、公开、诚信、领导力七项标准。

② 参见谢勤亮：《西方广播电视体制的困境与转型》，载《中国记者》，2006（1）。

国的独立、解放事业服务。新中国成立之后，广播电视作为党的宣传机构，主要功能是以发布新闻、传达政令、社会教育为主，辅之以文化娱乐功能，广播的发展方向是成为“人民的讲坛、新闻的播送者、社会的学校、文化娱乐的工具”。

1949年12月，政务院第十一次会议决定，正式成立广播事业局，负责领导全国广播事业并管理国家广播机构。1952年5月，广播电视明确规定由隶属于中央宣传部的广播事业局改为直接隶属于中央政府，成立“中央人民政府政务院广播事业局”，简称“中央广播事业局”，实行中央为主的“一揽子”领导。在相当长时间里，中央广播事业局和中央人民广播电台，各省、自治区、直辖市广播事业管理部门和当地的广播电台多采用局台合一的体制，从中央到地方的各级广播部门直接接受同级党委宣传部领导。

新中国成立初期，全国广播电台分为四级：中央台、大行政区台、省（自治区、直辖市）台和省辖市台。1954年，大行政区撤销，大行政区台陆续停办。从1956年起，大多数省（自治区、直辖市）相继建立了本省（自治区、直辖市）的广播事业管理机构。

（二）20世纪50年代末至80年代初，逐步建立“条块结合”的双重领导机制

我国广播电视的双重领导体制经历了一个“条块结合，以条为主”到“条块结合，以块为主”的转变过程。20世纪50年代末，中国的广播电视事业规模较小，实行以条为主、条块结合的管理体制，即地方广播事业受中央广播事业局和地方政府双重领导，以中央广播事业局为主的管理体制。伴随“以条为主”的领导机制，实行的是四级办广播（中央、省和地市三级办无线广播，县办有线广播）、两级（中央、省）办电视、分级覆盖的方针。

随着广播电视事业规模的扩大，总结30多年的实践经验，到80年代初，我国广播电视纵向管理体制转变为现行的“条块结合，以块为主”模式。中共中央1983年批转广播电视部党组《关于广播电视工作的汇报提纲》指明：我国“各级广播电视机构之间的关系，应实行如下领导体制：省、自治区、市广播电视厅（局）受该省、自治区、市人民政府和广播电视部双重领导，以同级政府领导为主。同时，省、自治区、市广播电视厅（局）受该省、自治区、市党委和广播电视部指导；事业建设受省、自治区、市人民政府和广播电视部双重领导，以同级政府领导为主。上述原则，也适用于省、自治区、市广播电视厅（局）与省辖市、县广播电视局之间的关系”。

伴随“条块结合，以块为主”的管理体制，在1983年4月初召开的第十一次全国广播电视工作会议上，时任广播电视部部长的吴冷西提出了“四级办广播、四级办电视、四级混合覆盖”的方针。所谓“四级办”，就是除了中央和省、自治区、直辖市两级办广播电台和电视台以外，凡是条件具备的省辖市、县，也可以根据当地的需要和可能开办广播电台和电视台，除了转播中央和省的广播、电视节目外，可以播出自办的节目，覆盖该市、县。①

“四级办”的办台方针顺应了地方创办广播电视的积极性，解决了原来两级办电视时覆盖率严重不足的问题，使全国电视传播主体的数量急速增长。1996年全国的广播电台、电视台分别从1982年的118座、47座，增加到1 320座、2 827座（其中无线电视台961座、有线电视台715座、企业有线电视台558座、教育电视台593座），广播电视人口覆

① 参见胡正荣主编：《中国广播电视发展战略》，128页，北京，北京广播学院出版社，2003。

盖率分别为84.2%和86.2%。[①] 但在“全面开花”又“各自为政”的管理体制下，也带来了重复建设、无序竞争问题，造成了资源的严重浪费。从外部来看，行业定位不明晰又造成广电业与电信业之间的矛盾。[②] 这种体制以行政力量为主导，也决定了广播电视主体“更加重视上情下达的宣传功能，未能充分发挥信息沟通、环境监测的作用”[③]。

双重领导的模式保证了中央的重大思想决策能够第一时间覆盖到全国的地方基层这一级别，“以块为主”的模式还有利于地方党政机关加强对当地广播电视机构的领导，有利于发挥地方兴办广播电视事业的积极性。但是这种地方分化、松散化的特点，与广播电视的现代化、全局化、网络化不尽适应，同时宣传部门往往对广播电视管得过细过死，使广播电视缺乏足够的活力。

（三）从改革开放到新世纪初，市场经济引入和产业化发展

1978年，财政部批准《人民日报》等八家新闻单位施行企业化管理的报告，此后，“事业单位，企业化管理”成为我国传媒业的定制，并走上了“二元化运作”的探索历程。应当指出，这一机制并没有从本质上改变人们对于传媒属性的认识，但是，这一机制却成为我国传媒从计划体制向市场运作的转折，极大地解放了传媒业的生产力，在一定程度上促进了包括电视在内的我国传媒业竞争意识、受众意识和效益意识的形成和提升，也为双重属性的认识做了实践上的准备。

1999年11月，国务院办公厅转发了信息产业部和国家广播电视总局《关于加强广播电视有线网络建设管理的意见》（国办82号文件）。这份文件除要求网台分离，电视与广播、有线与无线合并外，还明确提出停止四级办台。2001年，中共中央办公厅、国务院办公厅转发的中宣部、国家广电总局和新闻出版总署《关于深化新闻出版社广播影视改革的若干意见》，规定广播电台、电视台只能由广电部门（或教育部门）开办，广播电视集团只能由中央、省（区、市）及有相当实力的省会城市、计划单列市广电部门组建。至此，实行了近20年的“四级”办广播电视的结构模式被打破。广播电视业开始由规模数量型向优质高效型转变，由粗放型向集约型转变，集团化成为实际操作模式。

1999年6月，全国第一家广电集团——无锡广播电视集团成立，拉开了中国广电集团化改革的序幕。2000年国家广电总局确立组建广播影视集团，中央和省市区两级管理、有线与无线合并等一系列政策，从而开启了通过行政力量整合广播电视资源，规模化经营的产业发展阶段。随后湖南广播电视集团、上海文化广播影视集团、北京广播影视集团等相继成立。

2001年，中办、国办《关于转发〈中央宣传部、国家广电总局、新闻出版总署关于深化新闻出版广播影视业改革的若干意见〉的通知》对报业集团、出版集团、发行集团、广电集团、电影集团的组建做了全面规定，要求积极推进集团化建设，实行多媒体兼营、跨地区经营，明确新闻出版广播影视集团由党委宣传部领导、政府有关部门实行行业管理。到2004年年底，全国已成立的广播电视集团共25家，其中“国家级”的1家（现在

---

① 参见涂昌波：《新中国60年广播电视发展政策演进》，载《中国广播电视学刊》，2009（10）。
② 参见王军等编：《传媒政策与法规》，14页，北京，中国广播电视出版社，2008。
③ 杨凤娇：《中国电视新闻传播格局的变迁》，22页，北京，中国广播电视出版社，2009。

已经解体)，“省市级”的15家，计划单列市的3家，地市级的6家。

有关专家指出：“凡是集团都必须是产业性的，事业性机构是不需要组建集团的。”[①]而我国这一轮广播电视“集团化”探索却并没有改变“事业单位、企业化管理”的性质，“集团”几乎全部定性为事业性质，这就决定了它并不能实现产业功能。2005年1月，国家广电总局明确指出，从现在起不再组建广播电视事业集团，并对已组建的25家广播电视集团进行改造。

(四)2002年至今，发展文化事业和文化产业战略

2002年11月召开的党的十六大的报告中明确提出，根据社会主义精神文明建设的特点和规律，适应社会主义市场经济发展的要求，推进文化体制改革。2007年10月召开的中共十七大的报告阐述了文化建设的重要性，提出要推动文化大发展大繁荣，兴起社会主义文化新高潮，提高国家文化软实力。这两份报告既顺应了时代对传媒文化体制改革的要求，推动了传媒文化的发展；同时，也确定了我国文化、传媒体制改革的目标模式，这就是“发展文化事业和文化产业战略”。

2004年2月，国家广电总局颁布了《关于促进广播影视产业发展的意见》，其核心内容有：第一，明确要求，强化以电视为龙头和支柱的优势产业，实现电视产业经营的转型，发展付费电视，扩大电视节目经营和资源开发；对经营性资源进行电视、广播、电影等多种媒体的多重开发和利用。第二，允许经营性资产、资源和业务逐步从广播电视的事业体制中分离，并面向市场进行企业转制和重组，与事业部分分别管理和运营。第三，广播影视的投融资渠道、市场准入将进一步扩大和放宽；明确提出“逐步加大广播影视市场的开放力度，逐步放宽市场准入，吸引、鼓励国内外各类资本广泛参与广播影视产业发展，不断提高广播影视产业的社会化程度”。第四，通过资源整合和结构调整，组建一批实力雄厚、主业突出、核心竞争力强的大型产业集团，作为产业骨干带动整个广播影视产业的发展。

在发展文化事业和文化产业战略的指导下，广播电视开始了以“事业和产业分开、制作和播出分离、宣传和经营分开、资源整合和机构优化”为主要内容的新一轮体制改革。自1999年我国首家广播电视集团成立到2010年我国省级广播电视台挂牌，这10多年间我国广播电视传媒体制总体上经历了三种模式：广播电视集团(事业型)、广播电视总台、广播电视台。2007年年底，我国首家广播电视台——无锡广播电视台成立。

2009年10月21日，在上海举行的广播电视制播分离改革大会上，上海广电率先在全国启动新一轮制播分离改革，其方案如下：撤销上海文广新闻传媒集团及集团化之前的各电台、电视台建制，合并组建上海广播电视台，实行事业体制，下设主要机构包括总编室、播出总控、广播新闻中心、电视新闻中心等机构；保留经广电总局批准的15个电视频道和11个广播频率，频道频率实行总监负责制；将影视剧等政策允许制播分离的节目制作业务进行分离，同可经营性资产合并，组建上海东方传媒集团有限责任公司，该公司是由上海广播电视台台属、台控、台管的控股企业集团公司。新一轮的制播分离改革也被称为“上海模式”。

---

① 周鸿铎：《广播电视体制改革应注意其规律性》，载《南方论坛》，2010(3)。

2010 年 6 月，湖南也公布了自身的广电改制方案：撤销湖南广播影视集团、湖南人民广播电视台、湖南电视台和湖南经济电视台，组建新的湖南广播电视台；同时成立了新的市场主体——芒果传媒有限公司（2010 年 3 月，原快乐金鹰投资控股公司正式更名为芒果传媒有限公司）。

自此改革呈现出从“集团化”向“总台化”方向推进的趋势，“上海模式”被认为对带动全国广电体制改革具有重要的示范意义。截至 2009 年年底，在全国 101 座地（市）级广播电视台中，约 30%实现了电台、电视台合并；县（市）一级则全部实现了两台合并，共有广播电视台 1 982 座。①

新一轮的广电体制改革在培育自主经营的市场主体、资源整合、促进结构调整方面无疑产生了积极作用。但也有学者认为，以上这三种都没有成为被社会普遍认可、堪称成熟的广电体制模式，“广电集团”、“广电总台”、“广播电视台”都只在“名称”上有了变化，根本上仍同属于事业性质，这决定了它不能实现产业功能。这当然也影响着广播电视传媒“大力发展文化事业和文化产业战略”作用的发挥。②

二、广播电视管理机制的内容和手段

从以上的广电体制变迁过程可以看出，中国广播电视媒体的制度变革并非完全是自上而下的“激进式”改革，有些是由媒体自下而上推动所致。有学者认为：“在这种自下而上的制度变迁过程中，国家并不直接提供制度安排，只是通过反复观察和考量志愿团体的违规行为，再以默许、鼓励、追认和批准的方式，逐渐促进新制度的产生，或者以限制、干涉和禁止的方式来阻滞或取缔新制度的产生。传媒的自发创新和党政部门的规限不断互动发展，新制度逐步成形。”③

（一）行政管理

行政管理是我国对广播电视实施的最主要管理方法。首先，全行业主管机构广播电影电视总局就是国家行政机关，隶属于国务院领导。其次，行政管理还体现为全局性的宣传管理。对广播电台、电视台的宣传管理包括节目设置、节目内容、节目编排、节目播出等方面的管理制度和方法。

1. 总编辑（或台长）负责制

为了加强对宣传工作的管理，在 1983 年第十一次全国广播电视工作会议上，当时的广播电视部曾经提出一项改革领导体制的建议，即由广播电视部部长兼任总编辑，由副部长和中央人民广播电台、中央电视台、中国国际广播电台的台长等兼任副总编辑，以保证第一把手的主要精力用在宣传工作上。因此，在实际工作中形成总编辑负责制和台长负责制的混合体制。不管是总编辑负责制也好，台长负责制也好，其实质都是要求主要领导者亲自管理宣传。

---

① 参见国家广播电影电视总局发展研究中心：《2010 年中国广播电影电视发展报告》，216 页，北京，新华出版社，2010。

② 参见周鸿铎：《广播电视体制改革应注意其规律性》，载《南方论坛》，2010（3）。

③ 王军等编：《传媒政策与法规》，19 页。

2. 编务会议制度

编务会议，是与宣传有关的编辑部的各种会议形式的泛称，在实际工作中，包括编委会、编前会以及编辑部全体会议等。这类会议大都是沟通情况、讨论宣传思想、制订宣传计划、部署宣传任务，以及讨论和研究宣传工作，部署宣传任务，检查宣传情况，了解宣传效果，总结宣传工作的经验教训。

3. 节目审查制度

节目审查属于宣传把关管理，包括审稿、审听、审看等。考虑到社会效果，尤其是新闻节目具有强烈的政治倾向，需要严格掌握。因此，节目审查制度是宣传管理中最重要的环节。目前我国广播电视机构一般实行三级审稿制度，即组长、部主任、台长。如遇特别重大的问题或特别重要的节目，则要请示上一级领导审查决定。

4. 人事全员聘用制

我国广播电视事业在人事管理上长期实行的是干部管理体制，原则上不从社会录用，这一制度直到 1992 年才有所变化。这一年后，人事管理政策逐渐趋向于宏观层面的规划制定，政策内容也由严格约束逐步向放开权力转变。上级党委对媒体内部人事的介入逐渐减少，各媒体负责人有了越来越大的人事权。人事制度在政策的推动下由原来的“人治”走向制度治理：第一，在招聘录用政策上，规定由原来管理部门统一安排人员转变为电视台自主选择人才；第二，在绩效考核、职务晋升政策上，由领导考核指定的局面转变为可以通过招聘、考试、竞争上岗等方式择优录用，并且逐步扩大选拔范围，既可在系统内部选拔，也可在社会上招聘，基本形成了人员能进能出、职务能上能下、待遇能高能低的富有生机活力的用人机制。①

（二）经济管理

广播电视管理中的经济方法，即运用普遍存在的经济规律来管理广播电视。如美国，几十年来一直是三大广播网控制美国的广播电视，到 1980 年 6 月，三足鼎立的局面才被美国有线电视新闻网（CNN）打破。CNN 之所以能打破三大广播公司的垄断，有观点认为，“CNN 采取了一种与众不同的经济结构：一是每天 24 小时播出节目，二是 40％的财政收入来自各有线电视台交纳的转播费，三是向新闻节目主持人支付中等水平的工资”。运用市场经济方法来参与竞争，获得生存发展的现象在西方广播电视中十分普遍。

随着经济体制的改革，我国的广播电视管理也逐步采用了一些经济手段，如放开电视剧和一些节目的制作生产，在一些内容生产领域引入民营资本竞争等。我国广播电视曾长期靠国家拨款，1979 年国家对中央电视台投资才开始由“全额预算”改为“差额补助”；1984 年又由“差额补助”改为“预算大包干”，即国家按电视台的播出总时间核定事业费定额，在完成定额的前提下超出部分电视台可以按比例提成，这实际上将电视节目推向了市场。1992 年上海东方电视台成立，它采取了全员招聘、自负盈亏的管理方式，表明广播电视已开始步入全面经济管理阶段。

设立“制片人”也是经济管理的具体方式之一。制片人制度，是从电影和电视艺术生产中借鉴而来的。我国非艺术类电视节目制片人是于 1993 年 5 月 1 日《东方时空》首播

① 参见徐志祥编：《广播电视概论》，303 页，武汉，武汉大学出版社，2000。

当天出现的。当天的栏目结尾字幕中首次打出“制片人”这一工种。作为节目的负责人，制片人有权决定节目的经济开支和收入，他要根据节目的收视率和受众反馈，调整节目内容和方向。制片人直接受电台、电视台“监制”（相关负责人）的领导。这样就在节目制作过程中削减了中间环节，提高了工作效率。①

（三）法律管理

改革开放30多年来，我国初步形成了以《广播电视条例》等国务院批准的行政法规为主，配合中办、国办发布的行政文件和广电总局颁布的部门规章为辅的广播电视法律法规体系。据不完全统计，1979年至2010年间，党和国家领导人公开发表的言论与意见、中央宏观管理机构出台的广播电视相关法规政策共有198条（项）。

《广播电视管理条例》（简称《条例》）于1997年8月1日由国务院通过，并于同年9月1日正式实施，是目前广播电视工作的指导性法规。其内容涵盖了电台、电视台的设立，传输覆盖网的建设与管理，节目制作与播出等各个相关方面，并对社会上擅自设台、乱播滥放等不良现象做出了明确的规范。《条例》以法律的形式规定了我国广播电视必须坚持为人民服务、为社会主义服务的方向，肯定了广播电视宣传工作、事业建设和行业管理“三位一体”的中国特色社会主义广播电视体制。这一《条例》也为我国最终制定《广播电视法》打下了基础。

在30多年间出台的198条（项）相关政策法规中，除了《广告法》是以国家专门法的形式颁布实施、《广播电视管理条例》等八个法规是国务院颁布实施的外，其余全部是行政措施和部门规章，大部分是“通知”（共计131条），“意见”、“规定”也多有出现。法规层级始终较低，相关法律不完善、政策权威性不足给广播电视管理、产业和内容规范方面留下很多“空子”，管理部门不得不多次重复强调、大力监督相关政策的执行。比如在1999年“82号文件”（《关于加强广播电视有线网络建设管理的意见》）的执行过程中，广电总局多次发出通知，领导多次在讲话中强调各地广电部门要严格执行。对于要求中央电视台部分频道落地这一政策，也借助了规定、补充规定反复明确要求和公布处罚措施才得以落实，这使得政策在执行过程中的成本大大增加。

中国广播电视的法律体系被有些学者视为“源自意识形态的需要和计划经济的惯性与本能”②，缺乏总纲性法律，以大量等级效力低的政策规章作为主角。有学者指出，由于广播电视管理必然会涉及新闻宣传、电影、广告、文化艺术、无线电频率使用、广播电视工程技术、邮电、卫星、经营等多个领域，会牵涉到其他很多法律、法规，作为行政法规的《广播电视管理条例》，一旦面对法律层级高于它的其他有关法律或与之平级的行政法规，便缺乏有效的适用性。以行政法规来规范原本应由法律调整的各方面权利和义务，从长远来看，体系是不完备的。

三、现存广电体制存在的问题与改革方向

首先，布局不合理、发展不平衡，竞争机制尚未真正形成。各台之间在拥有资源、制

---

① 参见徐志祥编：《广播电视概论》，311页。

② 常永新：《我国传媒业政府管制改革的探索性研究》，中国东西部传媒经济发展研讨会论文，2003年9月。

作能力、技术设备等方面参差不齐，各台的收入也相差甚远。此外，除了中央级广播电台、电视台的节目可以覆盖全国外，省市级电视台在其所在地都在相当程度上存在着垄断和地方保护现象。“在各台的外部竞争方面，不能真正实现公平竞争。一些大台仍然占有频率资源等有利因素，不公平的竞争环境使很多广播电台、电视台并未发挥出其应有的社会效益和经济效益；在企业内部人才竞争上，仍然存在着机构臃肿、人浮于事的弊端。”①

其次，从上而下的管理模式并没有实质性的改变。管理结构不科学，机制不灵活。由于一直限定在“事业单位，企业化管理”的制度框架内，国有广电内容生产机构长期管办不分、事企不分、条块分割、各自为政，无法有效突破区域、体制等壁垒，难以进一步做大做强。尤其是一些大台、老台的机构设置，经费分配等方面仍保留了传统的模式，往往由于人为阻隔、行政框架等原因，致使各级电台、电视台以独立法人主体进入市场竞争存在相当的难度。

再次，广播电视体制长期以来仍未解决职能冲突问题，如作为政府所有的事业单位，广播电视台必须履行宣传职能，而作为传播机构，又肩负着公共服务职能，同时，现在的产业发展还要求广播电视要有盈利目标，这三者是相互矛盾的。职能冲突导致一些传统观念根深蒂固，如小生产的“发展观”、僵化的“政治观”、事业化的“产业观”、不计成本的“经营观”、行政化的“市场观”、封闭化的“成就观”等②，这些传统观念已经不适合广电事业的发展。

最后，从本质上看，无论是此前的“事业单位企业化管理”，还是目前正在开展的被命名为“产业单位事业化管理”的管理方式，都不能证明是科学合理的。“事业单位企业化管理”是改革开放初期特定历史阶段的产物，有助于让人们在当时的环境下逐渐接受传媒的产业属性。在传媒业已经成为信息产业群中一个重要部门的今天，传媒事业和传媒产业分开已经成为一个不得不解决的问题，而“产业单位事业化管理”的思路在根本上还是把两者结合在一起，和此前的体制并无本质区别。

在现存广播电视体制背景下，其改革的方向应该是：

（1）调整传播格局，改变低水平重复状态；剥离产业经营，促进广电事业与之协调发展。

（2）分割广电公益性宣传事业和经营性产业，分类管理和运行。

（3）制播分离，把新闻节目以外的广播电视节目生产和播出分别由不同机构来经营和管理。

（4）在保证国家所有权的情况下，加大多元资本与资产资源、信息资源、受众资源、人力资源等方面的配置、整合。

新一轮的体制改革必将触及广播电视行业内部管理，配之以一系列的制播分离、考核机制、激励机制、制片人制等制度上的再创新。

---

① 陆晔、赵民：《当代广播电视概论》，291页，上海，复旦大学出版社，2010。

② 参见周鸿铎：《对“制播分离”的误解与厘清》，载《视听界》，2010（1）。

【本章小结】

世界各国的广播电视体制依其国家制度不同，存在着多种样式。美国和英国分别是私营商业体制和公营体制的最好代表，而中国的广播电视机制近年虽有了一些变化但仍是国营为主。几种体制各有特点，目标追求各不相同，管理方法各有千秋。其他体制的广电管理成熟经验可以为中国带来启示与镜鉴。

中国广电媒体面临着体制、机制改革的艰巨任务，为了建成与国家实力相匹配的世界主流媒体，需要使运行体制、机制更科学合理，这一改善管理的压力随着新媒体对传统媒体日益加大的威胁而变得更为紧迫起来。

【思考题】

1. 目前世界上的广播电视体制主要有哪些？各有何特点？
2. 公营体制、私营体制和国营体制在目标上有何不同？
3. 美国法律是如何规范广播电视内容的？
4. 联邦通信委员会是如何规范和管理私营广播电台和电视台的？
5. 英国广播电视体制双轨制是怎样形成和演变的？
6. 中国广播电视体制是在什么情况下建立和变革的？
7. 中国现有广播电视体制存在什么问题？应如何改革？

第十四章 广播电视的产业经营

CHAPTER 14

【本章学习要点】

1. 美国的广播电视产业。
2. 英国的广播电视产业。
3. 日本的广播电视产业。
4. 中国广播电视产业化进程。
5. 广播电视产业的经营内容。
6. 数字化时代我国广播电视产业的发展。
7. 我国广播电视产业存在的问题及发展趋势。

由于有比较科学合理的产业制度和成熟的产业运营术，发达国家的广播电视媒体在面对新媒体冲击时并没有呈现明显的下滑态势。比起国外，中国的广播电视产业还在学步阶段，需要解决自身的实际问题，同时积极应对新媒体的挑战，找到数字化时代广播电视产业的发展方向。

第一节　世界广播电视产业概况

世界广播电视产业相关情况，本书以美国、英国、日本为例说明。

一、美国

根据美国联邦通信委员会（FCC）截至 2005 年年底的统计，

美国目前获得广播电视营业许可的电台、电视台总数已超过2.7万座。[①] 广播电视产业在美国经济中占有重要地位。据统计，从1994年以来，美国的电视产业收入每年都以100亿美元的幅度递增，在出口创汇上已经超过了汽车、烟草等传统产业，成为美国重要的支柱产业。[②] 一项2003年的数据显示，美国拥有全世界75%的广播和有线电视的收入，85%的收费电视收入，55%的电影票房收入，55%的家庭录像销售额。[③] 以上数据皆表明，美国拥有全球最大的广播电视产业。

美国的广播电视市场主要包括地面广播电视、有线电视、卫星电视以及近年来不断增长的数字电视、网络电视等，从收入结构上来看，广告和收视费是其最主要的盈利方式。2005年，美国有98.2%的家庭拥有电视，电视家庭用户数为1.096亿。[④] 值得一提的是，在新媒体的冲击下，美国的广播电视的受众人数并没有像人们预期的那样锐减，相反，在2011年，美国的电视无论是地面广播电视，还是有线电视、地方电视的观众都出现了一定程度的增长，如NBC、ABC、CBS三大电视网的受众增加了4.5%。[⑤]

美国的广播电视产业发展特征主要体现在以下三个方面。

一是私营广播电视为主体。在美国，除了各地的公共电视网（PBS）和一些小规模的教会或社区电视台外，90%以上的广播电视公司都由私人拥有，采取商业化、产业化的运作方式——产业化不仅仅是一个概念，更是一种自然而然的行业生存状态。

全国无线电视网主要由三大广播公司的全国广播公司（NBC）、美国广播公司（ABC）、哥伦比亚广播公司（CBS）以及福克斯广播公司（FOX）、华纳兄弟公司（WB）、派拉蒙广播公司（UPN）等六家有影响的商业电视网组成。由于传统与实力的惯性作用，直到今天，这六大电视网的黄金时段节目仍然吸引了绝大部分美国观众（据统计，在晚间平均有2 250万的美国人在收看三大广播公司的电视新闻节目）。有线电视网主要由遍布全国的有线电视站（cable system）和近百家全国有线电视网组成，排在前三位的有线电视公司是Comcast、DirecTV以及时代华纳有线电视公司等。

二是跨行业并购与媒介集团化程度高。从20世纪80年代开始，新自由主义思潮渗透到美国广播电视领域，政府逐渐放松对该领域的管制，尤其是《1996年通信法》的颁布，使得美国的广播电视产业与通信产业全面解禁。[⑥] 美国广播电视产业进行兼并联合的最大特点在于，它不仅发生在行业内部，使得市场日益集中在几个大的媒介集团手中，而且发生在行业外部，使得广电与通信、娱乐、互联网等其他产业强强联合。

《1996年通信法》的颁布带来了美国传媒产业前所未有的兼并、整合浪潮，它一方面

① 参见国家广播电影电视总局发展研究中心编：《国外广播影视体制比较研究》，38页，北京，中国国际广播出版社，2007。

② 参见张丽等：《世界广播电视发展趋势研究》，172页，北京，中国传媒大学出版社，2012。

③ 参见陈韬文：《不开放不足以成文化——关于全球化中媒体保护与媒体开放的分析》，见金冠军、郑涵主编：《全球化视野：传媒产业经济比较研究》，533页，上海，学林出版社，2003。

④ 参见孙有中等编：《美国文化产业》，93页，北京，外语教学与研究出版社，2007。

⑤ 参见高晓虹、李智：《美国电视竞争格局及其策略借鉴》，载《现代传播》，2012（8）。

⑥ 《1996年通信法》一方面较大幅度地放松了针对媒介所有权、有线电视相互持股、外资进入、许可证更新等方面的限制性措施，大大促进了广播电视市场的跨区域竞争，另一方面也为跨行业、跨媒体的融合打开了大门。具体内容参见本书广播电视管理体制相关章节；张春华：《传媒体制、媒体社会责任与公共利益——基于美国广播电视体制变迁的反思》，载《国际新闻界》，2011（3）。

推动了美国数字化多媒体信息服务产业的崛起，另一方面也优化了美国广电产业结构。如1995年，沃尔特·迪士尼公司以190亿美元收购美国广播公司（ABC）；接着时代华纳公司又迅速以67亿美元并购了特纳广播公司，从沃尔特·迪士尼公司手中重新夺回了世界传播及娱乐业的头把交椅。2000年，维亚康姆公司以350亿美元收购了哥伦比亚广播公司的业务。2000年，全球最大的互联网服务商美国在线（American Online）与时代华纳合并，组成世界上第一家面向互联网时代一体化的媒体与传播公司。2005年7月默多克新闻集团出资5.8亿美元收购了社交网站Myspace。2006年，美国第六大广播公司城堡广播公司兼并了华特·迪士尼公司名下的22家美国广播公司ABC的电台及其网络，并成立一家新公司。

三是辛迪加节目市场（syndication）的运作模式。美国广播电视节目基本实行“制播分离”的运营模式，即除新闻外的节目主要由节目制作公司受电视台委托制作。辛迪加节目市场是居于节目制作公司与电视台的节目分销系统。辛迪加节目市场可以绕开电视网的发行体系，把一个节目的播出权分别卖给不同的电视台以及有线电视网。这种“一稿多投”的方式使得一些优秀的节目几乎在美国任何地方都能同时看到，从而提高了电视节目的价值。[①] 辛迪加节目市场的发展受到美国政府的大力支持，正是由于联邦通信委员会对三大电视网的黄金时间节目时长、自制节目比例以及节目发行等方面都做了严格的限制，电视辛迪加才得到快速发展，成为美国电视节目市场的枢纽与核心。[②]

辛迪加节目分销的常见类型有首轮辛迪加（first-run syndication）以及网外辛迪加（off-net syndication）等。[③] 首轮辛迪加是指辛迪加节目制作公司把制作出的新节目直接卖给地方电视台，而绕过电视网的发行体系，节目类型多为脱口秀与游戏节目；网外辛迪加是指向一些私营电视台出售电视网已播出的节目，这类节目一般播出了较长时间，并且证明有相当高的收视率基础，类型多为情景剧或电视连续剧。

美国政府对辛迪加节目市场的发展发挥了重要的推动作用。早在1971年，美国联邦通信委员会为了扩大辛迪加节目市场、减轻三大电视网对黄金时间节目的控制，颁布了《黄金时间机会条例》，规定电视网娱乐节目不能占用超过三小时的黄金时间。除此之外，在1970—1993年，美国电信法中的“电视网禁止独占规则”对电视网自制节目进行了限制；《财政利益与辛迪加节目发布条例》为防止电视网对节目制作和发布的垄断，对每个电视网与黄金时间节目的制作和所有权进行了严格的限制，也限制了他们参与国内辛迪加节目发放的自由。这些措施对美国节目市场的形成起了很大作用，电视辛迪加得到快速发展。[④]

尽管美国的广播电视受众以及接收时长并没有出现锐减现象，但面对新媒体的冲击，所有的广播电视公司都在持续寻找数字平台作为增加受众和收入的新路径。如采用多媒体的复合方式报道新闻，将电视新闻内容放置到iPhone、Android手机设备以及iPad等移动

---

① 参见孙有中等编：《美国文化产业》，92页。
② 参见褚建勋主编：《中外传播政策》，13～16页。
③ 参见［美］詹姆斯·沃克、道格拉斯·弗格森：《美国广播电视产业》，93～96页，北京，清华大学出版社，2005。
④ 参见褚建勋主编：《中外传播政策》，13～16页。

设备上，与在线新闻的实体公司展开合作等。

二、英国

英国实行以公营为主、公共和商业广播电视并存的二元体制，这一体制深刻影响了英国的广播电视产业格局。目前英国电视产业主要由几家大公司占主导地位：英国广播公司（British Broadcasting Corporation，BBC）、独立电视台（Independent Television，ITV）、四频道电视公司（Channel 4）、五频道公司（Five）。新闻集团控股的英国天空广播公司（BSkyB）垄断了英国的卫星电视市场；有线电视市场则由 NTL［National Transcommunications Limited（UK television & media）］和西部电信两家公司在 2005 年合并后的新 NTL 公司独家垄断。[①] 其中，BBC 和四频道电视公司为公营，其他均为商业广播电视公司。

公共广播电视与商业广播电视的一个显著区别体现在收入来源上：BBC 的收入来源以社会缴纳后由政府拨付的电视执照费为主，也有小部分来自广播电视节目及其相关内容产品开展的商业经营活动。商业广播公司则主要靠广告播出和出售电视节目的收入。卫星和有线电视公司则通过用户缴纳的服务征订费和商业广告来维持公司的运转。[②]

据统计，2005 年英国地面广播电视产业的收入为 117.66 亿英镑，约占 GDP 的 1%，其中电视业收入 106.21 亿英镑，广播业收入为 11.45 亿英镑。[③] 电视业收入中有 36.6%（38.91 亿英镑）为用户征订费，超过了广告收入（35.48 亿英镑）。

据 BBC 公布的 2004—2005 年度报告显示，该公司在英国国内公共广播电视服务的家庭到达率为 92.9%，达到 5 540 万户，占整体市场份额的 43.1%；对国内公共电视全年播出的总时数（包括数字电视频道）为 5 万小时左右，对国内广播全年播出总时数（包括数字广播节目）为 7.76 万小时，对国内的公共广播电视和商业电视服务播出总时数合计为 40.25 万小时。[④]

三、日本

根据日本总务省 2005 年版《信息通信白皮书》的数据，2003 年日本广播电视业的市场规模为 3.824 万亿日元（约合 330 亿美元，约占日本 GDP 的 0.7%）。其中公共广播电视机构 NHK 的年收入为 6 693 亿日元（约合 65 亿美元），占整个广播电视行业的 19.7%。日本广播电视产业的构成如下：全国共有商业广播电视媒体 1 052 家，其中地面广播电视媒体 373 家，总营业额为 2.52 万亿日元，占有 66.4%的市场份额；卫星电视媒体 131 家，营业额为 2 995 亿日元，占有 7.4%的市场份额；有线电视媒体 548 家，营业额为3 300亿日元，占有 8.3%的市场份额。

日本广播协会（NHK）是唯一的公营广播电视机构。它在日本各大城市设有 8 个地

---

① 参见陈力丹、王辰瑶：《外国新闻传播史纲要》，北京，中国人民大学出版社，2008。

② 参见毕佳、龙志超编：《英国文化产业》，107 页，北京，外语教学与研究出版社，2007。

③ 据 Ofcom 网站：The Communications Market 2006 Overview 的统计数据，转引自国家广播电影电视总局发展研究中心编：《国外广播影视体制比较研究》，63 页。

④ 参见国家广播电影电视总局发展研究中心编：《国外广播影视体制比较研究》，88～89 页。

方分局和 54 个地方台，在国外设有 34 个分局，与国外 42 个新闻机构有合作关系。它主要拥有三套广播节目和两套电视节目，在全国的覆盖率达 99%。NHK 的主要经费来源为国民交纳的收视费，据 NHK2005 年报显示，当年的收视费为 6 478 亿日元，占总收入的 96.3%。除了主营业务之外，NHK 还广泛涉足文化、艺术、出版等多个领域，形成了一个以广播电视服务为主业、其他业务为补充的公共广播电视集团。

日本目前共有 127 家从事地面电视服务的民间电视媒体，绝大部分的民间电视媒体隶属于五大民间电视网，即日本电视网（NTV）、东京广播公司（TBS）、富士电视台（FUJITV）、朝日电视台（NET）、东京电视台（TV TOKYO），主要收入来源皆为广告。这五家电视台分别隶属于五家报社，即通过报社融资，由报社委派主要干部形成的报社领导电视台的局面。如日本电视网属于《读卖新闻》系统，东京广播公司属于《每日新闻》系统，富士电视台属于《产经新闻系统》，朝日电视台属于《朝日新闻》系统，东京电视台属于《日本经济新闻》系统。这五大广播电视中心媒体分别与各地区享有独立法人地位的区域广播电视台合作，依据节目交换和转播合同形成松散型协作网。① 报业资本与广播电视媒体的结合，是日本民间广播电视公司运营体制的一个重要特征。

近年来，日本通过了包括《信息通信法案》等一系列的新法规，在节目内容和传送设备等方面都打破了通信与广播电视的行业壁垒，使得产业格局可能发生大的变化，通信和广电业务的融合可能成为日本未来广电的新增长点。②

第二节　中国广播电视产业经营和发展

一、概况

根据《中国广播电视年鉴（2010）》统计，截至 2009 年年底，全国共批准设立电视台 272 座，开办电视节目 1 310 套，付费电视 139 套。国家级电视台有中央电视台和中国教育电视台，每个省、自治区或直辖市，每个地级或以上城市基本都有一座电视台。此外，全国还有广播电视台 2 087 座（为区县级广播电视播出机构），电视发射台 17 686 座，微波传输线路 8.5 万公里，有线广播电视传输干线总长 333 万公里，加上用户接入网线大约共有 400 万公里。全国电视人口覆盖率为 97.23%，有线电视用户达 1.75 亿，居世界第一；数字电视用户 6 320 多万户。2009 年全国共有广播影视节目经营制作机构 3 343 家，全年制作电视剧 16 885 集，制作动画电视 15 571 集，跃居世界前列。

在广播产业方面，截至 2009 年年底，全国共有广播电台 251 座。国家级广播电台有中央人民广播电台和中国国际广播电台，每个省、自治区或直辖市，每个地级或以上城市都至少有一座广播电台。全国现有中、短波广播发射台 809 座，调频发射台 12 057 座。全国广播在国内的人口综合覆盖率达到 96.31%。2009 年全年制作广播节目 671.65 万小时，全年播出广播节目 1 126.55 万小时。

根据国家广电总局的最新统计，2009 年，广播电视创收收入 1 582.02 亿元，同比增

---

① 参见褚建勋主编：《中外传播政策》，198～200 页。
② 参见张丽等：《世界广播电视发展趋势研究》，177 页。

长 17.18%。在广播电视创收收入构成中，广告与有线网络收入所占比重较 2008 年有所下降，但仍然是广播电视产业的主要收入来源。其中，广告收入为 781.78 亿元，所占比重跌至 49.4%；网络收入为 418.85 亿元，所占比重为 26.5%；付费数字电视收入 18.17 亿元，占比 1.1%，同比增长 27.8%。[①]

经过奥运年的频道格局变化以及金融危机的洗礼，2009 年我国电视收视市场呈现如下格局：中央台在全国市场的霸主地位仍然难以撼动，但其市场份额已经从 2008 年的 60.7%降至 53.6%；省级卫视的市场份额连年保持增长，同比增加了 7 个百分点，升至 45.9%。在整体市场剧烈变化的同时，细分目标观众由于长期以来形成的收视习惯和对频道定位的认知，对频道的偏好仍保持相对稳定。语言、地域、习俗等相对稳定因素对受众频道和节目收视选择的影响不容忽视，是保证收视市场发展的重要缓冲机制。

另外，广播电视产业发展也呈现出区域性显著差异。中国东西部经济发展不平衡，经济差异直接导致了传媒的区域差异。广播电视产业的发展与受众的购买力密不可分，受众的购买力直接决定了广告投放。而西部地区地广人稀，发展相对落后，随着新一轮数字电视业务的开展，东西部广播电视的差距有可能进一步扩大。有区别和针对性地促进东西部地区广播电视产业的协调发展，是文化体制改革中的一个重要课题。

二、中国广播电视产业化进程

（一）新中国成立至改革开放前的事业发展

从新中国成立之初至改革开放前，在计划经济体制下，中国的广播电视媒介属于非营利性质的事业单位，是党的宣传工具与社会公益事业。广播电台、电视台接受党和国家主管部门管理，广播电视系统的人力、物力、财力的资源配置都处于行政调控之中，是由财政拨款维持运转的事业单位。这一时期，广播电视节目基本上都是自己制作自己播出，台与台之间有时通过交换的方式或者低价补偿的方式进行节目交流，节目类型也较单一，主要承担宣传和教育的功能。

（二）改革开放初期的边缘突破

1978 年，财政部批准《人民日报》等八家新闻单位提出的施行企业化管理的报告，此后，“事业单位，企业化管理”成为我国传媒业的定制，并走上了“二元化运作”的探索历程，广播电视机构开始追求社会效益和经济效益之间的平衡，并以社会效益为首要准则。1979 年，中央广播事业局根据财政部规定试行了“预算包干”的财政政策。中央电视台作为试点单位实行了“差额补助，结余留用”的管理办法，成立了中国电视服务公司并以此作为创收渠道。到 1982 年，中央电视台的经营性收入达到了 787 万元，改变了过去作为全额财政拨款单位的性质。

应当指出，“事业单位、企业化管理”机制并没从根本上解决对传媒属性的科学认识问题，但它是当时的环境条件下能被普遍接受的说法。这一机制也成为我国传媒从计划体

---

① 参见国家广播电影电视总局发展研究中心编：《2010 年中国广播电影电视发展报告》，3 页，北京，新华出版社，2010。

制向市场模式转折的开始，极大地促进了新闻传媒生产力的解放，在一定程度上促进了我国传媒业竞争意识、受众意识和效益意识的形成和提升，也为形成双重属性认识提供了实践准备。

1987年，国家科委首次编制的我国信息产业投入产出表中，第一次把“广播电视产业”纳入了“中国信息商品产业”序列。这表明政府开始承认广播电视的产业属性。而真正使这一属性得到承认则是在党的十四大以后。十四大确立了社会主义市场经济体制，从此不再片面、单一地强调传媒的政治属性，媒体经济属性的多元功能也日益凸显并被开掘。广播电视既是党和政府的喉舌、舆论的引导者，具有社会公益性，又肩负着经济创收的重任，具有经营性。这就较好地兼顾了媒体的上层建筑属性和信息产业属性的双重性质。

可以说，对传媒双重性的认知顺应了传媒事业发展的规律，也回归了传媒的本源。广播电视作为上层建筑组成部分，必然具有意识形态属性；但是，广播电视又是信息、文化产品的重要生产者、提供者，这使它不能脱离经济产业的属性。在西方，一以贯之的理念是：“新闻事业是一种双重性格的事业。站在为公众提供普及教育的立场来说，大众传媒是一所学校；但是，站在为投资者赚钱的目的而言，大众传播媒介是一个企业。任何传播媒介的负责人都受到这种双重性格的影响，一方面要尽校长之职，另一方面要尽经理之职。这两种职务有很多时候是互相矛盾的。”①

（三）作为第三产业的广播电视

1992年，中共中央和国务院在《关于加快发展第三产业的决定》中将广播影视正式列入第三产业。该文件指出：“以产业为方向，建立充满活力的第三产业自我发展机制。大多数第三产业机构应办成经济实体或实行企业化经营，做到自主经营、自负盈亏。”这一对广播电视产业属性的界定，不仅为广播电视经营指出了美好的前景，也为其加快产业建设提供了政策支持。以中央电视台为例，1992年成立了经营开发部（后改为经营管理处），负责全台经营工作的指导、监督和协调，并相继成立了荧屏经营公司、未来广告公司等，围绕电视兴办和开发了几十项创收项目。②

1998年是我国广播电视整体产业化的起步时期。九届人大一次会议明确提出，国家今后对包括媒介在内的大多数事业单位将逐步减少财政拨款，每年减少约三分之一，三年后这些单位将实行自收自支。政府取消对传媒业的财政补贴，迫使国内的广播电视台不得不通过不断改革组织架构，努力把脉市场动向，调整传播理念和服务定位，以多种方式参与市场竞争。从此，我国媒介被推向了市场，从单纯依靠国家财政拨款的纯事业发展成为具有相当规模，能够自我谋生、自我发展的“准产业”。

我国传媒在市场搏击中的成绩是有目共睹的。从1998年起传媒业的利税总额就超过了烟草业，成为国家的第四大支柱产业。③ 经中国证监会批准，湖南电广实业股份有限公司（后更名为湖南电广传媒股份有限公司）于1998年12月23日在深圳证券交易所上市，

---

① ［美］迈克尔·埃默里、埃德温·埃默里：《美国新闻史》，第8版，864页，北京，新华出版社，2001。2009年，中国人民大学出版社出版了该书的第9版。

② 参见杨伟光主编：《中央电视台发展史》，685～686页，北京，北京出版社，1998。

③ 参见赵启正：《中国传媒：发展潜力巨大的产业》，载《新闻记者》，2003（1）。

定价发行 5 000 万 A 股股票，发行价格每股 9.18 元，当日申购资金高达 1 198 亿元人民币。这是全国广电系统发行的第一只股票，也是广播电视事业在产业化经营方面的一次全新探索。

1999 年 6 月，全国第一家广电集团——无锡广播电视集团——成立，拉开了中国广电集团化改革的序幕。随后湖南广播电视集团、上海文化广播影视集团、北京广播影视集团等相继成立。2000 年国家广电总局确立组建广播影视集团，中央和省市区两级管理、有线与无线合并等一系列政策，开启了通过行政力量整合中国广播电视资源、走规模化经营的产业发展阶段。

集团化的过程不但是资产优化组合的过程，也是产权明晰和优化重组的尝试。集团化过程中的产权改革包括“存量转型、增量转制”两层含义。所谓存量转型，就是利用集团化过程中机构重组和资产重组的机会，把资源浪费和无效率现象严重的传统型广播电视企业改造成为政企分开、产权明确、自主经营、自负盈亏、运作高效的现代型企业。所谓增量转制，就是利用集团化企业扩张契机，把一些非国有制企业吸收到集团的外围层或半紧密层，或者干脆规定集团新建的企业一律采取产权明晰的股份制经营方式，从而逐步实现中国广播电视产业和企业所有制结构的多元化。①

但事业性质的集团为集团化改革的失败埋下了伏笔。2004 年 12 月在海南全国广播影视工作会议上，国家广播电影电视总局决定今后不再批准组建事业性质的广电集团，其原因是作为喉舌性质的电台、电视台组建的事业性质集团，容易与社会上一般理解的产业集团概念相混淆。

（四）作为文化产业的广播电视

2002 年党的十六大报告指出：加快发展文化产业。这是在国家层面第一次把“文化产业”和“文化事业”作为两个概念区分开来，并把文化产业定性为繁荣社会主义文化、满足人民群众精神文化需求的重要途径。在 2003 年 1 月召开的广播电视工作会议上，国家广播电视行政管理部门第一次明确提出了“加快发展广播电视产业”的号召。同年 12 月，国家广电总局正式颁布实施《关于促进广播影视产业发展的意见》，提出了广播影视体制改革及产业发展的政策措施，并确定将 2004 年定为“数字发展年”和“产业发展年”。具体措施如下：（1）除新闻宣传以外的社会服务类、大众娱乐类节目以及影视剧的制作经营，从现有体制中分离出来，组建公司，自主经营、自负盈亏、依法纳税；（2）体育、交通、影视、综艺、音乐、生活、财经、科教等频道频率，经批准可以组建公司，进行频道频率的企业化经营；（3）电台、电视台和广电集团（总台）内部重组或转制为企业的单位，在确保控股的前提下，可以吸收国内社会资本进行股份制改造。条件成熟的广播电视节目（包括电视剧）生产营销企业经批准可以上市融资。②

虽然文化产业也属于第三产业，但是将广播电视产业纳入文化产业的统计体系中，能够将广播电视产业的地位凸显出来；同时，文化体制改革的大背景推动了广播电视产业的发展，并为其提供了更广阔的空间。

---

① 参见陆地：《中国电视产业的危机与转机》，171 页，北京，中国人民大学出版社，2002。

② 参见王军等编：《传媒政策与法规》，18 页。

2009年，国务院出台了《文化产业振兴规划》（简称《规划》），这是中国继钢铁、汽车、纺织等十大产业振兴规划后出台的又一极具分量的产业振兴规划，是新中国成立60年来第一次对文化产业发展做出的规划，是国家充分发挥文化产业特点和优势应对国际金融危机出台的重要举措。《规划》是新形势下中国文化产业发展的纲领性文件，同时也对广播影视在一个较长时期的改革发展有着重大的影响。①

以上的政策和文件都表明，广播电视向公共事业和文化产业的双轨体制转型已经成为一种必然趋势。在这种趋势下，广播电视媒体将一分为二：一部分是以广播电视台为主体的国有事业单位，一部分是面向市场、自主经营、自负盈亏、自我管理的企业单位。发展会朝着“统一规划、分类管理”的剥离方向行进。原来的“事业单位、企业化管理”的模式已经不适应产业的实际和发展的要求了。

不过需要说明的是，在我国，广播电视的双重性在实际运行中必须坚持“四不变”（即喉舌性质不变、党管媒体不变、党管干部不变和正确的舆论导向不变）的基本原则，其他形式的改革都在这个总前提下展开。这是由我国媒体的社会主义性质决定的。所以，广播电视的产业发展仍处在一个整合、转型的探索阶段。这一阶段有可能要付出不菲的管理成本和制度成本，但是广播电视的产业化进程并不会停止。

三、中国广播电视媒介经营的发展变化

（一）目前广播电视产业经营内容

我国广播电视产业经营按其在收入中所占的比重大小，可以分为核心层面经营、中间层经营和外围经营三个层次。核心层的内容主要是广告经营，中间层包括节目经营、网络经营、广播电视衍生产品经营，外围层有实业性的多元经营、资本经营等。目前，这些经营所占的比重为：广告经营占据绝对优势——大多数电台电视台的广告收入都占到70%左右，有的高达90%；相关的节目经营、网络经营和衍生品经营约占20%，其他收入占10%左右。②

广播电视产业最主要的经营方式包括以下几种。

1. 广告经营

广告是广播电视产业目前和今后一个相当长时期内的经营重点，也是增加广播电视部门经济收入来源的主要途径。广告在本质上是一种信息传播活动，它是企业产品或服务进行市场营销和企业形象公关的重要手段和途径。对于广播电视产业而言，广告经营的好坏主要取决于：媒体覆盖范围、收听/收视率高低、节目质量与节目编排、广告服务品质。

2. 节目经营

这是指广播电视节目的策划、生产、编排、包装与推广，节目交易、交流和购销等相关操作。我国拥有世界上最大的潜在节目消费市场。据有关方面测算，我国电视台每年的节目缺口总量在百万小时，其中最缺乏的是能够形成品牌的优秀节目。目前节目的经营实践受到许多人为因素的制约，经营领域发育不健全，经营方式和手段不规范，市场规律并

① 参见国家广播电影电视总局发展研究中心编：《2010年中国广播电影电视发展报告》，213页。

② 参见刘成付：《中国广电传媒体制创新》，97页，广州，南方日报出版社，2007。

未发挥应有的作用。[①]

3. 传输网络经营

随着技术进步，线缆网络成为广电媒介，尤其是有线电视可以利用的重要资源。其主要经营项目包括有线电视、互联网接入、在线游戏和其他增值业务。但目前电视网络公司经营面临不少问题，如：最大的困难在于分属各家的地方利益难以协调，导致网络经营处于一种不能发挥整体效益的涣散状态；网络公司收入的绝大部分来自于有线电视维护费，其他增值业务的开发有限，网络经营缺乏必要资金；网络公司的事业体制制约了经营运作，无法有效管理；网络技术的开发和使用难以展开；等等。

4. 信息及技术经营

广播电视同时作为信息产业和技术产业，可以应用数字技术为受众提供多样性的信息服务。这包括政府公务信息、教育、金融、商务、交通、旅游以及其他各类信息。在技术服务方面，除开展广播电视播出和接收设备的维修之外，还可以承办集体接收天线系统、有线电视系统等各种设备的生产、设计、安装业务等。

5. 服务及延伸产业经营

广播电视延伸产业经营的重点领域有：(1) 与广播电视相关、优势相近的领域，如多功能电视塔的开发与利用，媒体自身软、硬件产业化经营，音像出版，信息开发，技术及其边缘开发。(2) 有线电视增值业务，其中包括多媒体宽带数据网建设、网络开发与改造、数据服务、交互业务开发。(3) 广告经营中的衍生业务，包括电视购物、广告频道、信息广告。(4) 其他领域，包括房地产、旅游服务、医药和交通等。[②]

(二) 广播电视媒介的广告经营

边缘突破是我国传媒产业发展的一个重要特征，这一特征的明显体现就是广告。1979年1月28日（农历1979年中国春节），当时的上海电视台急于购买进口设备，可是经费严重不足，有人建议通过广告来获取一部分收入，解决这个难题。就这样“参桂补酒”很偶然地成为中国大陆播出的第一条电视商业广告。同年4月，广东电视台、中央电视台也相继播出了广告。11月，中央宣传部正式批准新闻单位承办广告。12月，中央电视台开办《商业信息》节目，开始集中播送国内外商业广告。从此，电视的广告经营以势不可挡的速度发展起来。

广告业务的恢复和开办，是广播电视事业增辟经费来源的渠道，改变了单纯依赖国家拨款的局面，而且广电广告在宣传商品、引导和扩大消费、促进生产等方面也发挥了积极作用。[③] 可以说，广告生发于改革开放，同时又极大地推动了市场经济的发展。

90年代以来，随着广播电视产业属性的明确，电台电视台都更加重视广告业务。以北京交通台为例，“2003年，北京人民广播电台交通广播实现了1.5亿元人民币的广告收入，刷新了交通台自己在2002年创下的1.07亿元的单一频率广告收入的记录”[④]。从此倒推10年以前，该频率开播时一年的广告收入是318万元。此后，交通台的广告节节攀升，

① 参见黄升民、周艳、马丽婕：《广电媒介产业经营新论》，26页，上海，复旦大学出版社，2005。
② 参见上书，27页。
③ 参观毕一鸣：《现代广播电视论纲》，118页，北京，中国广播电视出版社，2007。
④ 徐泓等：《超越：北京交通广播解析》，75页，北京，北京大学出版社，2003。

在2000年创下了6 032万元的销售记录，成为全国广播行业单一频道广告收入的冠军。

电视广告的收费虽然明显高于广播，但由于声形俱佳、覆盖面广，仍对客户具有很强的吸引力。尤其是在卫星电视台，黄金时段节目中间的插播广告，客户竞争十分激烈。为给企业和广告公司提供一个公开、平等的竞争机会，增加广告经营的透明度，充分运用市场机制来决定广告价格，中央电视台从1995年开始实行广告公开招标。第一届“标王”被山东孔府家酒厂以3 009万夺得。次年“标王”出价6 666万元，招标成交总额上升到10.6亿元。2010年，中央电视台黄金资源广告招标又创历史新高，总额达到109.67亿元。

据不完全统计，从1988年至2008年，全国广播广告营业额由2 323万元增至72.23亿元，电视广告营业额由3 397万元猛增至609.16亿元，20年分别增长300多倍和1 700多倍，这足以证明广播电视广告市场的发展和成熟。

在基本上每年保持10%稳步增长的同时，广播电视的广告经营也面临着新的调整和创新。

一是广告时长和广告形式的管理更加严格。2009年9月广电总局出台了《广播电视广告播出管理办法》，对广告播出时长尤其是晚上19：00—21：00的黄金时间广告播出时长、播出形式等都做了严格的规范，引起了广播电视广告产业链各环节的震荡。①

二是广播电视广告面临互联网等新兴媒体的激烈竞争。近年来以网络媒体为代表的新媒体在广告上取得了强劲增长，其增幅大大超过了传统媒体。互联网数据中心（DCCI）2010年1月发布的数据显示，2009年中国网络广告营销市场营收规模达193.3亿元，同比增长13.8%，预计增长率有望超过20%。

三是迎接挑战，推广创新。面对广告新规以及新媒体的冲击，不少电台、电视台通过创新广告营销来优化广告经营生态。如湖南卫视启动价值营销、活动营销、植入式营销、互动营销等，从2002年起连续七年保持全国省级卫视广告创收第一。2009年广州电视台还专门为植入式广告进行了公开招商，受到广告界的追捧，短短3小时就入账3 903万元。

四是频道的品牌化经营。20世纪90年代中期，电视频道纷纷进行了专业化改革，这一进程在2005年前后已经基本完成。而随着电视产业的市场化程度不断加深，频道专业化逐渐向频道品牌化发展，这也是电台、电视台凸显自身的核心优势，争取市场份额的必然选择，如湖南卫视的娱乐特色、安徽卫视的电视剧特色、凤凰卫视的新闻特色、央视二套的财经特色等。

（三）广播电视媒介的节目经营

节目和内容是广播电视媒介最基础的经营要素。广播电视节目种类繁多，一般节目被划分为四种类型：新闻节目、教育节目、服务节目和娱乐节目。当前的制播分离改革就是要把新闻节目和部分教育节目以外的内容从广电系统自制改为由其他社会机构来制作。由于我国广播电视自诞生以来就是事业体制，节目处于“卖方市场”，为了保证节目的政策倾向和内容安全，一直以来节目全部由广播电视台内部自制。但是随着电台、电视台经营压力的增加，竞争的加剧，频道数量和播出时间不断增长，播出对优秀节目的需求也随之

---

① 参见国家广播电影电视总局发展研究中心编：《2010年中国广播电影电视发展报告》，97页。

增加。这样，电台、电视台单靠自身的力量已难以满足播出对节目的需求，电视的情况更为严峻，从系统外获得丰富的节目资源就成为必然。因此，广播电视节目的制播分离成为大势所趋。

1. 制播分离

“制播分离改革主要是为了提高电台、电视台的节目质量，降低节目成本，丰富节目内容，转换运营机制，增强发展活力，调动社会力量制作节目，改变各台自制自播节目的模式。”①

2002年11月，党的十六大报告把文化单位分成两大类，一类是公益性事业组成部分，一类是经营性产业组成部分。前者继续以事业体制进行管理，后者要按现代企业制度进行体制创新，通过市场来实现其产品价值。这为广播电视行业的制播分离提供了政策上的支持和保障。在此基础之上，广播电视行业将节目与广告、宣传与经营实行分离。除新闻等核心节目自制之外，其他的娱乐、体育、电视剧等节目都实施制播分离，进入市场化运作。

2003年夏天，国家广播电影电视总局正式颁行上海影视制作业市场准入制度，并率先向海润影视等八家民营电视剧制作机构核发了《电视剧制作许可证》（甲种）。从此，行业外资本进入影视业终于“名正言顺”，获得了合法身份。这被看成是政策上对影视剧制播分离认同、鼓励的信号。

2009年原上海文广新闻传媒集团获得国家广电总局第一个对“制播分离”的批复，正式分拆成上海广播电视台和上海东方传媒（集团）有限公司，制播分离也得到了正式肯定。当年7月16日国家广播电影电视总局《关于推进广播电视“制播分离”改革（修改稿）》文件下发，明确规定，除影视剧外，电视台从市场购买节目的比例，原则上每年不低于播出总量的30%。这一政策，无疑大大改变了电视台传统的自制自播局面。

目前国内的制播分离模式主要有以下五种。②

第一种是以上海广电和辽宁广电为代表的整体推进模式。2009年10月21日，上海广播电视台、上海东方传媒集团有限公司正式揭牌；上海东方传媒集团有限公司旗下计划成立十几个子公司，它们基本都是脱胎于原来的电视频道，比如第一财经、星尚等。2009年12月18日，随着辽宁广播电视台、辽宁北方广电传媒（集团）有限公司及广联视通新媒体有限公司、沈阳鲁艺文化传播有限公司的揭牌成立，辽宁人民广播电台、辽宁电视台、辽宁教育电视台正式为辽宁广播电视台取而代之。整合后的辽宁广播电视台形成了新闻宣传和产业经营两大业务主体的格局。宣传业务主体以新组建的广播电视新闻节目中心为龙头；整合后其影视剧、综艺、体育等节目的制作业务被分离出去，与经营性资产合并，组建台属、台控、台管的企业公司。

第二种是以浙江卫视为代表的局部推进模式，浙江卫视制播分离实验相对务实。2009年8月，浙江卫视牵头成立了蓝巨星国际传媒公司，其业务除了主持人经纪外，还自制电视剧。

---

① 中国新闻网：《广电总局：制播分离改革中，严禁频道频率公司化》，http：//www.chinanews.com.cn/cul/news/2009/09-15/1868017.shtml。

② 吕鹏：《制播分离与中国广播电视发展》，载《现代视听》，2010（1）。

第三种是安徽卫视为代表的综合推进模式，该模式是在一个个领域内先行尝试，然后再根据情况实行制播分离。安徽卫视积极推进电视剧的制播分离，并且开展了对综艺节目的竞争和争夺。

第四种是以湖南广电为代表的循序渐进模式，2009 年 11 月，湖南广电开拓性地以“零持股”方式与盛大公司合作体外孵化公司，绕道资本市场，这也使得整体与局部稳妥推进的改制方式，成为湖南广电改制的一大特点。

我国目前电视节目的制作主体主要为广电系统内的电视台和系统外的社会制作公司。电视节目交易市场呈现如下特点：(1) 电视台和社会制作公司构成节目交易的主体，制播分离形态下的电视台采用外包、委托制作、购买、交换等方式从社会制作公司获得更为专业、成本更低的节目。(2) 社会制作公司迅速发展，它由于具有生存机会和空间，逐渐成为电视节目制作的主体。2009 年，全国共有《电视剧制作许可证（甲种）》持证机构 132 家，各类《广播电视节目制作经营许可证》持证机构 4 057 家，同比增长 21.36%。(3) 贴片广告是电视节目交易市场的主要支付手段，电视台面临资金与节目双缺的现状，而节目制作公司又急于收回投资成本，因此贴片广告就成为代替支付的一种方式。(4) 电视节目交易渠道以发行和交易会为两个支点，交易会每年只有有限的几次，因此依靠发行渠道成为最主要的发行方式。①

2. *电视剧经营*

电视剧经营是目前观众面最广、市场需求量最大、市场运作最成熟、广告吸纳能力最强的经营性节目。电视剧在各个电视台的节目播出和广告创收中均占有重要份额。由于电视剧的投资需求量大、制作专业化程度高，绝大部分电视台不具备自制自播、自给自足的条件。因此，电视剧是我国电视节目生产领域当中最早探索社会化制作模式、形成节目交易市场的经营性节目类型。②

2009 年，中国生产完成并获得发行许可的剧目共 402 部 12 910 集，比 2008 年减少 100 部、1 588 集。这是电视剧数量自 2005 年连年攀升后首次出现回落。这表明电视剧生产和调控放弃数量的增长，开始追求品质的提升。目前电视剧产业呈现以下特征。

一是播出市场趋于饱和。央视索福瑞（CSM）自 2000 年以来的 10 年数据显示，电视剧播出份额稳定在 24%～30%之间，收视份额稳定在 32%～38%之间，近年来收视份额已经出现连续下降的趋势，可见电视剧对于电视市场的贡献已经到达了临界点。

二是剧中心转企改制积极推进。在新一轮的制播分离改革中，各大电视台所属电视剧制作机构积极推进转企改制，中国电视剧市场主体培育获得重大进展。如中国电视剧制作中心成功转企改制，由事业机构转变为中国电视剧制作中心有限责任公司，并通过央视内部资源整合和兼并重组，成为大型综合性文化产业集团和影视剧产业国有控股核心企业。

三是大片自制寻求突破。近年来电视剧制作实力较强的电视媒体开始从外购独播或联播的激烈竞争中跳脱出来，在自制剧的层面上寻求突破。如 2009 年东方卫视推出的《网球王子》、《杜拉拉升职记》，湖南卫视的偶像剧《一起来看流星雨》等，安徽卫视也拍摄

① 参见黄升民、周艳、马丽婕：《广电媒介产业经营新论》，49 页。

② 参见唐世鼎、黎斌等编：《制播体制改革与电视业发展问题研究》，73 页，北京，中国传媒大学出版社，2005。

制作了《王子变青蛙2》等。自制剧是从播出平台品牌特色出发的“量身打造”，这种订单化生产对电视剧整体质量的提高和市场秩序的规范都有一定益处。电视剧大片自制战略，从长期看会促进制作水平的提升，影响整个市场的走向，推动电视剧产业的升级。

四是播出环节的垄断竞争。目前电视剧播出环节的主要竞争是在资源整合能力上，即对剧目的选择、购买和编排播出等方面。省级卫视对电视剧资源运作的力度最大，主要的竞争体现在两个方面：一是加大上星联播的力度，这既可以降低购剧成本，又不会错过热门剧目，2009年晚间时段首轮四家同播的电视剧近50部，有25个省级卫视参与播出；二是越来越多的强势频道用独播剧来加大对优势资源的垄断，提升品牌形象，锁定忠实观众。

（四）广电媒介的网络产业

传输网络经营与广播电视传输技术的发展密不可分。以有线电视为例，从技术上看，我国有线电视的发展经过了“共用天线”、“闭路电视”、“光缆传输”的三个阶段。相应地，有线电视产业经营也经历了“共用天线”、“有线电视网络”、“联网和改造”三个阶段。随着当前数字化技术进入推广应用阶段，有线电视网、计算机网和电信网的“三网融合”已经不是趋势，而是现下的必然。

1.“三网融合”的发展

“三网融合”是指电信网、广播电视网、互联网在向宽带通信网、数字电视网、下一代互联网演进的过程中，三大网络通过技术改造，其技术功能趋于一致，业务范围趋于相同，网络互联互通、资源共享，能为用户提供语音、数据和广播电视等多种服务。[①]“三网融合”不意味着三大网络的物理合一，而主要是指高层业务应用的融合。以后的手机可以看电视、上网，电视可以打电话、上网，电脑也可以打电话、看电视。三者之间相互交叉，形成你中有我、我中有你的格局。

2001年3月15日我国通过“十五”计划纲要，第一次明确提出“三网融合”：“促进电信、电视、互联网三网融合。”

2006年3月14日通过的“十一五”规划纲要，再度提出“三网融合”，积极推进“三网融合”：建设和完善宽带通信网，加快发展宽带用户接入网，稳步推进新一代移动通信网络建设；建设集有线、地面、卫星传输于一体的数字电视网络；构建下一代互联网，加快商业化应用；制定和完善网络标准，促进互联互通和资源共享。

2.“三网融合”的初步落实

2008年1月1日，国务院办公厅转发发改委、科技部、财政部、信息产业部、税务总局、广电总局六部委《关于鼓励数字电视产业发展若干政策的通知》（国办发〔2008〕1号），提出“以有线电视数字化为切入点，加快推广和普及数字电视广播，加强宽带通信网、数字电视网和下一代互联网等信息基础设施建设，推进‘三网融合’，形成较为完整的数字电视产业链，实现数字电视技术研发、产品制造、传输与接入、用户服务相关产业协调发展”。

2008年5月23日，运营商重组方案正式公布。中国联通的CDMA网与GSM网被拆

---

① 参见《三网融合》，http://baike.baidu.com/view/21572.htm。

分，前者并入中国电信，组建为新电信，后者吸纳中国网通成立新联通，中国铁通则并入中国移动成为其全资子公司，中国卫通的基础电信业务将并入中国电信。

2009 年 5 月 19 日，《国务院批转发展改革委〈关于 2009 年深化经济体制改革工作意见〉的通知》（国发〔2009〕26 号）指出："落实国家相关规定，实现广电和电信企业的双向进入，推动'三网融合'取得实质性进展（工业和信息化部、广电总局、发改委、财政部负责）。"

2009 年 7 月 29 日，广电总局发出《广电总局关于印发〈关于加快广播电视有线网络发展的若干意见〉的通知》，指出：加快广播电视有线网络发展，对于巩固和拓展党的宣传文化阵地、满足人民群众日益增长的精神文化和信息需求、推动我国广播影视改革和发展、推进"三网融合"、促进国家信息化建设，具有十分重要的意义。

3. "三网融合"的具体落实

2010 年 1 月 13 日，时任国务院总理温家宝主持召开国务院常务会议，决定加快推进电信网、广播电视网和互联网"三网融合"，会上明确了"三网融合"的时间表。

2010 年 6 月底，"三网融合" 12 个试点城市名单和试点方案正式公布，"三网融合"终于进入实质性推进阶段。2010 年 7 月 1 日，"三网融合"的 12 个试点城市或地区名单终于正式出台，分别为：北京市、辽宁省大连市、黑龙江省哈尔滨市、上海市、江苏省南京市、浙江省杭州市、福建省厦门市、山东省青岛市、湖北省武汉市、湖南省长株潭地区、广东省深圳市、四川省绵阳市。

2011 年 12 月 30 日，国务院办公厅公布"三网融合"第二阶段试点城市，分别为 2 个直辖市天津市、重庆市，1 个计划单列市浙江省宁波市，22 个省会、首府城市和 17 个其他城市。

4. 网络产业在整体产业中的比重越来越高

网络的基本功能是提供多样化的信息传输通道，有线广播电视网络的经营业务有以下四大类：视频业务、数据业务、交互业务和安装维护业务。

视频业务包括传统视频播出业务（目前主要是模拟电视传输，数字电视播出还没有大规模普及）、付费电视等。视频业务的主要收入包括有线网络维护费、广告收入、付费电视收视费等。截至 2009 年年底，全国有线广播电视网络用户达 1.75 亿户，全年有线网络收入达 418.85 亿元，其中有线网络收视费收入为 284.62 亿元。广电网络和通信网、计算机网相比，最大的优势就是在传输视频信号上，未来的付费数字电视业务将是广电网整个视频业务的主要增长点。

数据业务是利用现有的有线电视网，通过单向数据广播的方式，下行传输各类信息（电子报刊、教学信息、股市行情、互联网信息等），传输速度高达 2Mbps；系统提供商可租用专用卫星信道覆盖全国，实现规模经济。数据业务主要有高速互联网接入、IP 电话、带宽出租、在线游戏、在线音乐、网络教育、电子商务、在线理财、远程医疗、社区服务、家用电器的远程控制等。[①] 如 2009 年华数数字电视传媒集团有限公司互动电视业务发展了 50 余万户，建立起综合信息服务网络，为用户以及政府、企事业单位提供数据信息

① 参见黄升民、周艳、马丽婕：《广电媒介产业经营新论》，107 页。

服务，提供电子商务服务以及游戏、教育、3G视频业务等。

交互业务也叫交互电视，指的是利用电话线或有线电视回传通道，实现用户与电视中心和有线电视前端的交互操作。其特点有：一是将电视和交互合二为一，在看电视的同时得到更多信息；二是用相关软件将网页转到电视机上，并与网页同步更新；三是将资讯与电视节目融合，增加节目的趣味性，使观众在看电视的同时获取更多信息。“你播我看”的传统收视模式将转变为“我点你播”的自主选择模式。

安装和维护业务主要有安装费、收视维护费和频道占用费。有线电视数字化后，售后服务系统的建设也是维护业务的重要部分。

中国有线电视网络的发展趋势或者说发展重点是数字化和“三网融合”。目前采用的模拟信号传输方式、带宽资源有限的有线电视网络平台，已经无法满足信息高速增长的需要，数字化将极大地释放频道资源，引发一系列产业的开发与跟进。数字化的必然结果是“三网融合”，即基础电信网（电话网）、有线电视网（HFC网）、计算机数据传输网（互联网）在技术上趋于一致，在网络层实现互联互通，在业务层互相渗透和交叉，行业管制和政策等方面也逐渐趋向统一。

第三节　数字化时代中国广播电视产业走向

一、我国广播电视产业发展存在的问题

我国广播电视产业发展到现在，已经形成了一个完整的产业链，包括节目制作体系、传输体系、播出体系、运营体系等几大环节，形成了稳定的产业模式。从整个产业结构来看，目前广播电视产业在发展中主要存在如下问题。

（一）收入结构较为单一

多年来，广播电视的产业属性界定不清，导致发展战略的不明确。在经营认识上，一直以来大多关注广告经营。2009年，全国广播电视广告总收入占整体产业收入的49.4%，这还是在受到金融危机的冲击之下；有些电台电视台的广告收入甚至占到90%左右，俨然成了运营的生命线。然而近年来，我国广播影视业广告经营收入增长已经放缓，特别是电视广告增幅已经远远低于四大媒体广告的平均增长速度，新业务的开发推广又受到阻碍，直接导致我国广播影视产业市场的增长乏力。

在传媒业发达的美国，广播影视产业的经营领域要广泛得多，包括有节目经营、广告经营、节目相关产品经营、广播影视增值服务、娱乐业经营等。在美国，节目收视费、节目相关产品经营、增值服务的媒体产品直接消费收入之和已经超过了广告收入。照此看来，要做大我国广播影视产业市场，就必须在稳步提升传统经营业务的基础上，快速拓展新业务，开发产业经营的新市场。

产业收入的单一不仅来自于产业结构的不合理，在广告经营内部也存在着地方保护、过度竞争、低水平竞争和缺乏竞争等各类问题。目前的广电格局是中央台、省级台、城市台三级电视台交叉混合覆盖。中央台多数频道实现全国覆盖，拥有最大规模的受众；省级台在本省覆盖的基础上，卫视频道实现全国覆盖；城市台基本上是本地覆盖，覆盖范围最

小。在这种行政管理的格局下，各级政府都在办广电，支持、保护当地所属的广播影视企事业的现象普遍存在，导致难以公平竞争，地方保护主义严重，直接导致我国广播影视市场被人为无序分割，提高了市场壁垒，增加了交易环节和交易成本。

从电视频道资源来看，2009 年，城乡居民家庭平均每户可以收看到 39.1 个频道[①]，电视频道资源已经由稀缺变为过剩。随之而来的是电视台之间的竞争日趋激烈，尤其是省级卫视频道之间；争夺同一地区收视市场的全国性频道与本地频道之间，出现了过度竞争的现象。为了在竞争中获得优势，各级电视台纷纷开通卫星频道，扩充当地频道，单纯依靠增加频道、频率的数量来抢占收视市场，进一步造成频道资源过剩。在频道增加的同时，节目内容却并没有改进，内容建设并不同步，造成了电视受众的分流和市场的萎缩。而与此同时，每个电视台却又存在同一级别缺乏竞争对手的情况。

（二）节目市场供应失衡

我国的节目制作主体主要分为广电系统内的电台电视台和系统外的社会制作公司两大类。在我国的电视剧市场上，社会制作公司已经成长为中坚力量。在我国 1 000 多家制作公司中，规模较大的每年制作电视剧的数量已达到 5 部 100 集以上。据不完全统计，目前我国用于电视剧拍摄的资金有 60%～70%来自社会。而在年产量 9 000 集左右的国内电视剧市场，由制作公司独立和参与制作的电视剧，已经占到 80%的市场份额。[②]

纵观当前的电视节目市场，相对于电视台，社会制作公司还处于弱势地位，总体生存状况并不乐观。这种状况的原因有三：一是社会制作公司地位和作用的不对称，电视台掌握着所有的频道资源，拥有所有节目的播出权，在很大程度上决定着民营电视制作公司的命运。二是供求关系的不对称，从而迫使卖方即内容提供商在低成本、小制作的层面上以投机的、短期行为方式游离于市场，而真正的买方并没有进入市场，这样导致市场信号失灵，利益分配不平衡，市场机制不能有效发挥作用。三是利益分配关系的失衡。国外电视节目的利益分配关系是 50∶25∶25，即制作占 50%，播出占 25%，广告发行占 25%。而目前我国电视节目的利润却完全倒向媒体，播出机构拿 50%，内容提供商只能拿到 25%。由于利益分配的失衡，加之对节目内容的人为控制，社会制作公司生存环境很不理想，利润不高。目前，节目制作业的总利润不到 6%。

从长远看，推动我国广播电视产业数字化的核心是发展内容产业，而推动内容产业发展的主体应该主要在社会制作公司。目前，独立制作公司由于经济实力弱，无法扩大再生产，难以吸引专业人才，缺少节目发行渠道，无法建立销售网络等问题，因而限制了电视节目市场的发展。

因此只有进一步放开政策，建立合理的节目市场交换机制，协调电台电视台和社会制作公司的利益分配，给予社会制作机构应有的待遇，鼓励更多有实力的资本和制作者参与竞争，才能推动广播电视节目尤其是电视剧的繁荣发展。

（三）内容出现短缺

我国的有线电视分配网一般能够传送 40～50 套模拟电视节目，频道资源有限，各省

---

① 参见王兰柱主编：《中国电视收视年鉴 2010》，6 页，北京，中国传媒大学出版社，2010。

② 参见丁俊杰、赵子忠：《问题解构与战略选择：中国广电产业发展研究》，84 页，北京，中国传媒大学出版社，2009。

卫视节目要全部进入有线网落地传送存在困难。随着数字技术、信息技术的发展，广播影视行业数字化已经成为不可逆转的趋势。采用数字技术后，有线电视网络可以提供400套以上的数字频道，传输能力扩大近10倍，对内容的需求量进一步提升，内容缺口进一步增大。

内容的缺口不仅体现在数量上，更多地体现在质量上。虽然有很多专业台、专业频道出现，但节目同质化问题依然严重。目前各台仍然缺少个性突出、功能性强、为听观众所喜闻乐见的节目。在新闻节目中，直播、评论等类型的内容比例仍然较低，电视台的主力频道仍然要过多依赖播放电视剧赢得市场。自从央视一套加大了电视剧播放力度，2004年多家卫视纷纷改版，同样加强了电视剧的播出，延长其播出时间成为各电视台竞争的主要手段。

（四）网台之间矛盾渐趋尖锐

广播影视产业内部的矛盾不仅体现在电台电视台之间的竞争，还体现在有线电视网络与电视台之间的矛盾上。例如卫视频道的落地问题，在频道数量少、内容稀缺、有线电视网络带宽资源丰富的年代，有线网络可以免费传输卫视频道，靠初装费、收视费获得收益回报。但是随着卫视频道数量的增加，有线电视网络资源供不应求，便开始了收取落地费用。

2004年3月，杭州有线电视网对卫星电视频道落地权进行了邀价拍卖，价高者优先落地。根据克顿顾问公司2004年7月进行的“全国省级卫视覆盖机构调查统计”，从2001到2004年，全国省级卫视每年的覆盖预算几乎都在以翻倍的速度递增，2005年23家卫视的覆盖费用之和突破了4亿元。如此庞大的支出，加上上星费、节目制作费、设备购买及维护费，对于年收入在1亿～2亿元的卫视频道来说，有的已经很难承受全国覆盖的负担。这就意味着，部分卫视频道将可能退出全国市场，退守本地市场。①

杭州有线电视网络拍卖模式激化了有线电视网络与卫视频道之间的矛盾。杭州拍卖卫星电视频道落地权虽然保证了浙江有线电视网的利益，但同时大大增加了浙江卫视在各地有线网络的落地难度。在杭州有线电视网络拍卖后，各个地区的有线电视网络纷纷要求增加浙江卫视的入网费用，导致落地费用大幅上升，落地压力增大，使浙江本省的网台关系变得更加紧张。

二、数字化时代广播电视产业的发展趋势

2004年被国家广电总局定位为“数字化年”和“产业发展年”，这也许是某种巧合，也许是某种必然，让人联想到两者之间存在某种内在联系。未来广播电视产业的发展必然会在数字技术的推动下，形成新的技术平台，呈现新的业务模式，构成新的产业结构。②

在数字时代，广播电视产业将呈现以下发展趋势。

（一）内容产业成为广播影视产业的主业

内容产业之所以成为广播影视产业的主业，除了因为它是支撑播出和产业生存的根本

---

① 参见丁俊杰、赵子忠：《问题解构与战略选择：中国广电产业发展研究》，108～109页。

② 参见上书，111～129页。

所在之外，另一个重要原因在于，广播影视产品在资金、人力、时间等方面的投入非常大，制作很昂贵，受众关注度高，它们往往能够成为引领时代的最优秀内容产品，在市场中居于核心地位。

我国广播影视业拥有庞大的作者、编剧、记者、编辑队伍，还有大批的社会制作力量。广播影视产业应该牢牢把握这一核心领域，成为整个产业链条中的核心价值创造者。

广播影视产业是以提供音视频内容产品为主的产业。传统的广播电视内容生产者大多来自各级政府办的台，内容较难实现跨平台、跨媒体的使用，交换成本较高。数字技术的发展，为广播影视内容产品的大规模生产、销售和交易创造了便利。随着渠道资源大幅增加，内容需求也大幅提升，从而使得内容生产成为广播影视业发展的关键所在，决定着它的生存状况，也就是说数字时代决定媒体生存的不是技术而是内容。

（二）内容集成平台成为广播影视产业链的核心部分

广播影视内容集成平台是指全国性或者区域性宽带数字节目交换及信息发布平台，它们构成了广播影视产业的核心数据库。未来部分中心电视台将从节目生产商向内容集成平台运营商转型。这种平台支持各类音视频内容的存储、查询和检索，统一的数字模式使内容集成平台成为跨媒体的平台。

内容集成平台向广播电视传输平台提供节目，它们将节目经过分类筛选后打包集成，形成不同的组合，提供给播出机构，通过专业性电视节目资源中心向细分的消费者群传送节目，不同的频道面向不同的观众，收取相应的费用。这个平台处理的不仅是现有的各类电视节目，还包括各种资讯信息。此外，平台一方面接受源源不断的数据流入，另一方面向节目生产商提供多样化的素材，而围绕在资源中心周围的，是大大小小的电视节目制作商。

各地广播影视机构、社会节目制作公司、国际电视节目提供商都将是集成平台上各种电视节目的重要来源渠道。围绕着内容集成平台，将有几十个甚至几百个电视节目制作公司为其服务。

目前，大多数电视台对这些媒体资产的再开发还远远不够，对节目资源中心的建设还处于初级阶段。电视台节目库或称资源中心以及产业运作机制的建立，是我国电视产业健康发展必不可少的环节。

（三）电视传输网络发展为数字综合信息传输网络

在模拟信号时代，我国的无线、有线、卫星等传输网络功能都较为单纯，只是用于传输广播电视节目。数字技术将网络从单一的传送渠道变成综合信息服务平台，不仅传输带宽上取得突破，而且将单向传输变为双向互动，同时为用户提供种类更多、更便捷完善的服务。

有研究者曾经用过这样一个比喻：如果将“综合高速公路”的经济价值仅仅看成一个“收费站”，只是得到了“过路费”，那么公路所带来的诸如对于区域经济的拉动作用、带来的大量商业机会，就被忽视了。实际上，目前我国广电传输网络主要运营模式正是将网络作为通道，只收取“过路费”，这样，内容生产商牢牢占据产业的上游，产业下游的各个环节也通过增值服务完成销售，而作为产业链重要环节的传输网络，却没有形成应有的竞争力。

在传统思维中，传输网络追求的是同一内容被更大规模的人群接收，即让更多的人通过“收费站”。但是中国目前的有线用户已经到达了相对饱和量级，很难再有突破性增长，而且广电网络还面临着电信网络的冲击。因此，广播影视产业必须积极开展新兴业务，要在确保传输基本公共节目的前提下，大力开发网络新业务、新市场，提供新服务。要大力发展数字电视，在广电网上积极提供付费节目、视频点播、数据广播、互联网接入、网络游戏、电子政务、电子商务、远程医疗、远程教育以及其他服务，促进网络产业功能扩张，使其尽快发展为广播影视新的经济增长点。

（四）营建家庭多媒体信息终端

我国电视机和收音机的社会拥有量分别达到了4亿台和5亿台，电视家庭用户达到3亿多户，电视无疑是各类家庭信息接收终端中最为普及也最为重要的。采用数字电视后，除现有的公共节目外，还增加了专业化、个性化的交互电视节目、视频点播节目以及各类生活服务信息，未来广播电视的定位就是家庭首选的多媒体信息终端。

所谓家庭信息平台，是指基于数字电视平台，以用户信息数据库和数字内容库为基础，为家庭用户提供各种信息服务以满足家庭需求的系统。其核心是可控的实时互动的家庭（个人）信息的获取、过滤以及处理。家庭信息平台具有如下特征：（1）以电视机为终端，（2）基于数字电视平台，（3）以用户数据库和内容库为基础，（4）针对家庭需求，（5）提供综合信息服务，（6）对信息进行实时监控。[①]

目前家庭信息平台搭建主要面临的问题是网络基础改造难度较大、技术平台水准不一、服务和内容缺乏吸引力等。技术的差距还是其次，亟待提高的是服务水平。广电系统在营销和服务水平上一直不强，而点对点服务又是家庭信息平台的发展要求。过去电视主要是满足大多数受众的需求，而数字电视要求运营商重视每一个用户的使用要求，重视用户的反馈信息，完善服务管理。

在终端竞争中，数字电视首先面临的是网络电视（IPTV）的竞争。网络电视的出现同样颠覆了以往传统电视的线性传播模式，给了用户更多的自主选择和互动，同时结合网络媒介所特有的互动性和开放性，弥补了电视媒介在传播过程中的种种缺陷。它的真正价值并不仅限于视频内容，更在于为用户构建简便、安全、快速、互动的服务平台。这和数字电视有些类似，两者同是媒体提供者和媒体消费者的实质性互动。比如“天天在线”推出的网络电视以音视频为主，并有家庭相册、多媒体论坛等功能；还有网络电台，可以在线收听数百家电台的节目。

【本章小结】

比起国外广播电视产业的发展水平，中国还处在学步阶段。由于有比较科学合理的产业制度和成熟的产业运营术，发达国家的广播电视媒体在面对新媒体冲击时并没有呈现明显的下滑态势。目前，中国广播电视产业经营的主要内容与方法还较为局限，存在较多的

① 参见黄升民、王薇：《家庭信息平台：数字电视运营模式新突破》，10页，北京，中国传媒大学出版社，2008。

矛盾与纠结：关系有待理顺、管理有待完善、活力有待提升。只有将目前的矛盾、问题解决了，才能更为有效地应对新媒体的挑战，找到数字化时代广播电视产业的发展方向，做大做强中国广播电视产业才不会只是梦想。

【思考题】

1. 为何面对新媒体的冲击，西方广播电视的收听收视率并没有呈现明显的下降？
2. 广播电视如何应对数字化的挑战和机遇？
3. 中国广播电视的产业化进程有何特点？与整体经济改革有何联系？
4. 广播电视经营的主要内容是什么？就目前来看各部分的比例是否合理？
5. 我国广播电视产业化经营主要存在哪些问题？
6. 数字化时代广播电视产业的发展方向有哪些？

西方广播电视研究经典理论概述

第十五章

CHAPTER 15

【本章学习要点】

1. 广播电视媒介研究的四个方向。
2. 广播电视媒介效果研究。
3. 广播电视批判理论。
4. 功能主义理论。
5. 批判学派理论。
6. 文化研究理论。
7. 收视文化理论。

就广播电视媒介研究而言，不同的研究者观点各异，但不论是结构功能主义、权力视角、批判主义、文化研究还是收视文化的考察均表明，广播电视媒介对于社会的影响是深远的。

第一节 广播电视媒介研究的四个方向

布尔迪厄说："电视是一种极少有独立自主性的交流工具。"[①]在介绍广播电视的媒介研究前，我们先提示"媒介（媒体）"概念四种不同的含义[②]，从这四种不同的含义出发，进而介绍四种广播

① ［法］皮埃尔·布尔迪厄：《关于电视》，39页，沈阳，辽宁教育出版社，2000。
② 参见刘海龙：《大众传播理论：范式与流派》，419页，北京，中国人民大学出版社，2008。

电视的理论研究方向。

一是指作为技术形式及信息的运载方式，如电报、电视机、互联网等。它指的是由各种电子零件拼装在一起并用某种方式联成一个网络的硬件设备。作为技术主义取向的广播电视，本章主要介绍的是多伦多学派麦克卢汉的理论。

二是指媒介中传递的信息。我们在修辞中常常用媒介来指代其中所传递的信息，这可以看做一种借代性修辞或简便的表述，比如"电视的影响"指的是电视节目内容的影响，而不是指显示屏、显像管等电子元件的影响。作为信息的广播电视，本章主要介绍符号学理论。

三是指信息在某种载体上呈现出的特殊格式。同样的信息在不同的媒介中会呈现不同的格式，就像水在不同的容器中会呈现不同的形状一样。这种媒介形式可以作用到广播电视传递的信息中，形成固定的叙事结构。作为一种固定结构的广播电视，本章介绍的是叙事理论。

四是指从事信息传播的专业组织，如"大众媒体要正确引导舆论"、"美国的媒体认为"，这里的媒体指的是生产媒体内容的组织和人群。作为组织的广播电视，本章介绍新闻生产理论。

综上所述，广播电视可以分别指代广播电视技术、广播电视节目内容、广播电视形态、广播电视组织等，本节就从这四个方面分别介绍广播电视的媒介研究及相关理论。

一、作为技术的广播电视

这里并不是要分析广播电视技术的发展变革。法国启蒙运动后，社会理论界一种非常有影响力的对传播历史和传媒影响的思考方法就是把"关键技术——书写、印刷、信息技术——的连续发展与人类社会发展的阶段理论联系起来"①，特别是20世纪中后期传播研究中出现的"媒介技术决定论"思想。"媒介技术决定论"认为：一种技术通常被嵌入一个社会结构中，并深刻地影响着社会的进步与发展。② 加拿大多伦多传播学派以及美国纽约学派等是其中的代表。

加拿大多伦多学派形成于20世纪60年代，其创立者是加拿大多伦多大学学者哈罗德·伊尼斯（Harold Innis）和艾瑞克·何乌洛克（Eric Havelock），他们的代表理论是"传播偏向论"；第二代领袖是马歇尔·麦克卢汉（Marshall McLuhan），其代表理论是"媒介讯息延伸论"；目前的领军者以多伦多大学麦克卢汉文化与技术研究所为中心，代表人物是德里克·德克霍夫（Derrick de kerckhove），其倡导的是"文化肌肤论"。多伦多学派将大众媒介的历史当做整个文明史的核心，以长时段的历史和文化诠释作为论据，形成了独特的风格和理论观点。这里重点介绍麦克卢汉的"媒介即讯息"论。

麦克卢汉被称为"电子时代的先知"、媒介预言家、思想家等。其备受争议的很大原因来自他对自己观点的论证并不严密、思维跳跃且晦涩难懂，受到当时许多学者的排斥。

① ［英］尼古拉斯·加汉姆：《解放·传媒·现代性——关于传媒和社会理论的讨论》，111页，北京，新华出版社，2005。

② 参见高金萍：《西方电视传播理论评析》，50页，北京，中国传媒大学出版社，2008。

但是他所提出的“部落”、“地球村”等概念在今天已变为现实。

（一）媒介即人的延伸

麦克卢汉认为，“技术的影响不是发生在意见和观念的层面，而是坚定不移、不可抗拒地改变人的感觉比率和感知模式”①。人们通常认为媒介形式是为内容服务的，但麦克卢汉强调媒介对讯息、知识等内容具有极高的反作用。“媒介即讯息”，从表面上看，这是一个主语与谓语缺乏同一性的命题，但是作为一个隐喻，它真正想表达的意思是任何一种媒介——人的延伸——都会创造出一种全新的环境，对“整体的心理”和“社会的复合体”产生影响——“媒介是社会交往的讯息”②。

不同媒介延伸了人的不同部分，也延伸了不同的感觉器官。比如文字是眼睛的延伸，收音机是耳朵的延伸。而电子媒介的出现，让人类重新回到了口语时代那种感官平衡的状态。人们回归对交谈的依赖，电话、留声机、广播、电视、照片、互联网、手机等媒介使人们重新恢复了口语交流的传统。在电子媒介陪伴下成长起来的一代，他们感知世界的方式发生了变化，他们作用于世界的方式也相应地改变。我们可以看到，文字正在走向衰落，而图像、声音正在积极兴起。19世纪的公众可以津津有味地听政治候选人滔滔不绝地演讲七个小时，而现在手拿遥控器的电视观众选择节目的时间平均只有几秒钟。

麦克卢汉认为，电子媒介时代感觉器官的延伸不再是单个器官的延伸，而是整体的延伸，神经中枢的延伸，也可以称为声觉空间的延伸。人类在电子媒介时代重新恢复了感觉的平衡，恢复了部落化时代的特征，人类重新走向整体化。但是电子媒介并不只是简单地恢复，而是在新的基础上发展了部落文化。至少，人类不再聚集成许多独立的、老死不相往来的小群落，而是把部落扩大到整个地球，麦克卢汉给它起了一个带有诗意的名字——“地球村”（global village）。电子媒介使印刷时代距离越来越远的人重新走到一起，地球村使整个人类联成一个整体。尤其是电子媒介光速的传播，令空间已经不再成为障碍，原因和结果已经很难区分。

（二）作为热媒介的广播与作为冷媒介的电视

麦克卢汉的媒介理论中还有一个重要的观点是“冷媒介”和“热媒介”。信息强度较低，能够带给公众更多参与空间的是冷媒介，包括电视、电话、漫画、谈话等；具有丰富信息内容而参与度较低的媒介就是热媒介，不需要接受者投入较多的想象力，如电影、广播、照片、书籍、报刊等。从受众的参与程度来看，热媒介具有排他性，冷媒介具有包容性。热媒介只延伸一种感觉器官，并使信息的清晰程度较高。当然，冷和热的划分并不绝对，只是相当主观的感觉。

麦克卢汉认为，广播是一个热媒介，因为它只延伸了我们一种感觉器官，很清晰，但是听众的参与度较低。广播参与度低的一个重要证据是：收音机是伴随媒体，我们可以一边走路或一边开车一边听收音机，但是无法一边走路一边看电视。所以广播是热媒介，电视是冷媒介。

电视作为冷媒介的证据是，首先电视要求的参与度相当高。电视必须吸引人的参与才

---

① ［加］埃里克·麦克卢汉、弗兰克·秦格龙：《麦克卢汉精粹》，239页，南京，南京大学出版社，2000。
② ［加］麦克卢汉：《理解媒介》，21、25、33、34、36页，北京，商务印书馆，2000。

能维持其收视率。其次，电视的信息常常模糊不清，像重大新闻的现场直播就是一个例子。越是情况不明，观众越希望看电视，而且麦克卢汉写作当时，由于大多数电视机的图像并不清晰，加上现场直播的信息传播者也常处于无知状态，镜头更是不能清晰表达内容、很粗糙，还会出现技术错误。这正好使受众在意义产生的过程中成为更加平等的伙伴，从而促进了受众的深度参与。

在麦克卢汉那里，冷与热是一对测量媒介和文化的分析工具，可以用它们来衡量媒介的特征是否与社会环境相适应。他的分析也再一次提醒我们，要从受众实际的感觉出发，结合具体环境，研究媒介的影响。

麦克卢汉对媒介研究和文化研究的贡献在于：他始终坚持研究媒介的各种形式和信息的生产及其对个体、社会和文化的影响；他富有启发性地揭示了新媒介技术，特别是电子媒介对重构人类社会生活的重要作用。当然，与此同时，他又将电子媒介的作用过分渲染，具有明显的唯技术决定论倾向。

二、作为符号系统的广播电视

关于广播电视传播的信息内容的研究，本书在前几章的节目形态、声音图像信息特点、信息流动等方面都有相关介绍，这里侧重于把信息理解为符号，从符号学和语言学的角度来分析。

（一）能指与所指

瑞士语言学家索绪尔（Ferdinand de Saussure）被认为是符号学的创始人之一。他认为，语言指号（sign）是由两部分组成的，一个是形式（一个字的笔画、读音、各种写法、图像等），另一个是与这个形式相连的观念或概念。前者被称为“能指”（signifier），后者被称为“所指”（significant）。能指和所指之间的联系过程，称为意指（signification）。能指与所指之间相联系的意指过程既是浮动的、任意的，如用“hēi”这个语音来表示“黑”这种颜色对象，最初是没有规律可循的，但是，符号的能指与所指一旦确立下来，便不能轻易更改，又具有一定的约定性，如不能用“bái”这个语音来表示“黑”这种颜色对象。索绪尔发现，人类的大部分概念是以二元对立的形式出现的，如高低、善恶、长短、男女等，我们通过这些差异，形成对世界的图像。电视经常会通过某个二元对立概念中的一个和正面（或负面）连在一起，或者刻意强调二元对立中的一个概念而忽视另一个，从而构建人们对符号的解读。如“中国”经常会和“繁荣”、“崛起”联系在一起，“女性”会和“柔弱”、“感性”联系在一起。

（二）神话分析

法国符号学家罗兰·巴尔特（Roland Barthes）在索绪尔理论的基础上，将语言学理论应用于社会中。巴尔特认为，索绪尔所谓的符号的意指过程，只是第一个层次，对于社会意义而言，还有一个神话的层面，或者叫内涵的层面。比如“5·12 汶川地震”的电视直播中出现的“人们点燃蜡烛”的画面，“人”、“蜡烛”这两个意象只能表达一种行为，但是我们可以解读出更深层次的意思：“人们在沉痛悼念死者”，这第二层的所指就被称为“内涵”或者“神话”。

神话的特征是并不明确地说出第二层的所指，但是它通过大量的其他文本，反复暗示相似的意义（这一过程又被称为互文）。通过这些过程，强制性的意指被自然化为理所当然的常识。这种常识成为我们理解世界的框架，成为意识形态的一部分。

（三）符号暴力

进一步地，在对法国电视的研究中，布尔迪厄提出了“符号暴力”（symbolic violence）概念，即在物质暴力合法性受到普遍质疑后产生的一种隐蔽权力。

布尔迪厄认为，权力或者资本都可以变为符号，产生某种特殊的支配性影响，这就是符号权力或符号暴力。“符号暴力是一种通过施行者与承受者的合谋和默契而施加的一种暴力，通常双方都意识不到自己是在施行或在承受。”[①] 换言之，符号暴力是一种参加者意识不到的共谋。比如电视中的社会新闻经常将公众的注意力吸引到一些反常的事件或名人那里，占用公众的时间，此类事件被布尔迪厄称为“公共汽车”，理由是它服务于全体大众，在吸引公众的同时又不造成任何后果，还打发了时间，将公众行使民主权利所应该知道的严肃信息排斥出人们的视野。

此外，电视讨论中存在一系列隐藏的审查机制，像采访对象的选择、时间的分配、讨论者的确定甚至程序的事先策划都使自由交流变得困难。为了在很短的时间内表达不同观点，必须使参与者表达简单、极端、娱乐化，从而导致播出的意见多为陈词滥调等。布尔迪厄认为，电视从不利于表达思想，它需要一种“快速思维”，所以电视只赋予一部分“快思手”以特权，导致出现一批“媒介常客”，他们使观众陷于思想的颠覆性沉沦与老生常谈之中。说到底，电视不过是提供了一种消化过的食品和预先形成的想法。[②]

三、作为叙事媒介的广播电视

广播与电视都是叙事媒体。故事是按时间先后、以一定的逻辑顺序排列起来、受因果关系推动的一系列人物、事件和背景。新闻、电视剧甚至是商业广告都带有一定的叙事结构。叙事结构让故事讲述减少过多的随意性。新闻与真实并非同一回事，媒体的报道总是放弃对细节的爬疏，而换用粗暴的文字将故事的当事人分成“好人”和“坏人”。简单的故事更能激发起“沙发土豆”们的兴致，传统的故事母题更易激起事实认知背后的价值判断。如此一来，真相便让位于对新闻报道的态度。

（一）叙事理论

叙事分析作为一种文学研究方法，在法国结构主义浪潮中首先被正式提出。但对它应该追溯到20世纪初的苏联，一位叫做普罗普（Vladimir Propp）的苏联文学理论研究者不满于当时的文学研究，他认为，将文学著作简单地按照内容或题旨分类（如爱情故事、亲情故事、友情故事）毫无意义。他的野心在于能够找出故事中的本质结构，他认为“人物的功能独立于人物对其功能的完成，是故事的基本要素”[③]。普罗普通过对大量俄罗斯民间故事展开剖析，发现蕴涵在所有故事中的一个共同的叙事结构有六大部分、32个叙述功能。这六大部

---

① ［法］皮埃尔·布尔迪厄：《关于电视》，14页。
② 参见上书，8页。
③ ［美］伯格：《通俗文化、媒介和日常生活中的叙事》，23页，南京，南京大学出版社，2006。

分分别是准备阶段、深入阶段、遣派阶段、搏斗阶段、返回阶段、承认阶段。普罗普认为，故事角色是什么样的人并不重要，重要的是他们在故事中起什么作用——其活动范围是什么。

列维-斯特劳斯（Claude Lévi-Strauss）分析了原始社会的神话结构，认为社会的所有神话都可以分析为一组对立的两极——各种对立面的结合，比如好与坏。各个对立面并非在所有的神话中都一目了然，但是故事始终都围绕着它们展开。各个对立面反过来又象征或代表着对该社会的生活至关重要的矛盾或问题。概而言之，神话象征性地调和了实际存在于社会中的矛盾，使社会各成员不回避各种困难。

法国符号学家托多洛夫（Todorov）认为，故事往往以一种平衡或和谐的形式开始，接着勾画出由于某个自然原因或恶人作祟而产生的波折，最后在故事收场的一幕中，常常借助主人公之力回归和谐。

托多洛夫、普罗普、列维-斯特劳斯的叙事理论都具有相当的概括性，在他们看来，故事就是人类社会看待自我的基本方式。它们不是单纯的故事，它们面对具有人类社会特征的基本矛盾、事件和关系。从这个意义上讲，各种类型的故事，包括电视故事，都具有神话特色。[①] 费斯克和哈特利在谈到把电视比做传唱这一看法时多少捕捉到了这层意思："电视似乎凌驾于个性特色之上，发挥着一种社会仪式的作用。我们的文化与这种社会仪式相结合，以便同它的集体自我交流。"

（二）新闻图式

荷兰学者托伊恩·A·梵·迪克将话语分析和媒介研究相结合，提出了新闻报道的图式结构[②]（见图 15—1）。梵·迪克认为，新闻报道隐含着一般性组织结构和叙事规则，由此可以用新闻图式进行新闻报道的文本分析。

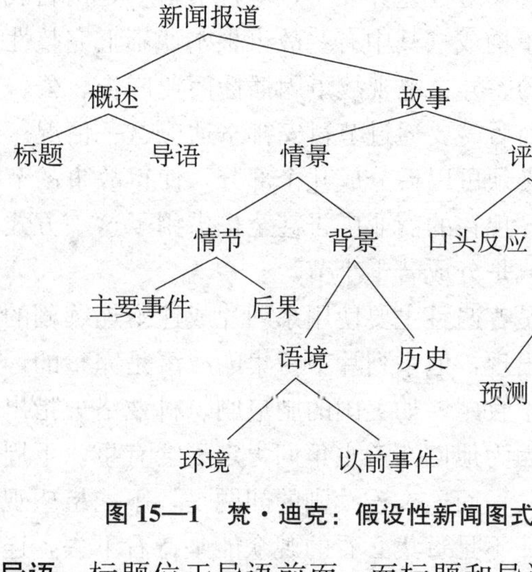

图 15—1　梵·迪克：假设性新闻图式结构

概述：标题和导语。标题位于导语前面，而标题和导语又都位于整个新闻报道的前

① 参见［英］尼古拉斯·阿伯克龙比：《电视与社会》，24 页，南京，南京大学出版社，2002。
② 参见［荷］托伊恩·A·梵·迪克：《作为话语的新闻》，54～58 页，北京，华夏出版社，2003。

面，它们一起表达了这个新闻文本的中心主题，概括了新闻文本的内容，表达了整篇报道的语义宏观结构。

情景：语境中的主要事件和背景。概述之后，新闻一般需要进一步详细描述整个事件的情景，包括主要事件、语境和背景。主要事件和语境共同还原了事件的真实情形，背景还提供现实事件的历史缘由等。在一般情况下，新闻事件背景安排在介绍完主要事件之后。

后果：社会、政治事件所造成的后果的严重性在相当程度上决定了它的新闻价值，新闻事件的后果有时甚至比事件本身更重要。

口头反应：大多数重大新闻事件报道之后通常会邀请重要的参与人或意见领袖发表评论。这样做的目的在于：让媒体有机会阐述客观的但却不一定是他们自己的观点，因为“这些观点确实是有人这么说的”。当然，选择谁来表达观点却并不客观。一般口头反映会被安排在重大事件、语境以及背景的后面，即靠近新闻报道的结束部分。

评论：虽然许多媒体都主张新闻事实不得与观点混淆的职业准则，但是最后部分的评论还是经常在新闻中出现，尽管有时是以间接的方式出现的。评论可分为评价和预测，前者是对所报道的新闻事件的价值或意义做出评价，后者是阐述该事件和事态可能产生的后果，甚至预测将来可能发生的事情。

在以上的假设性新闻图式中，只有标题和主要事件是必不可少的，背景、口头反应和评价则可有可无。

刘易斯认为，电视新闻的叙事结构更像是报纸，电视新闻以要点开头，要点通常由播音员说出，然后再进行较为详细的报道，最后还会用一些总结性的评语给报道来个小结。

（三）电视节目的叙事结构

以上介绍的叙事理论主要是以文学研究为基础的，事实上，电视节目所采用的叙事结构和小说还是有一定差别的。其关键性差异在于，电视节目不是由自我完整的单一性故事构成，而是由一系列传播的故事构成（其中有些故事根本谈不上完整性）。[①] 比如说，电视故事与电影故事就有一个明显的差异：电视故事因插播商业广告、公告和节目预告而出现中断。电视节目制作人在中断前后需要通过节目安排来适应这一情况。这就要求电视故事必须有更多的悬念和转折点，必须可以拆分成几个部分，使得故事的节奏更加紧凑。为了适应电视故事的这种叙事特点，现在的商业广告甚至也借用了这一方式：广告故事不再是单一的，而是做成连续的系列或是分成若干小节。

电视故事最显著的特点就是普遍且主要使用系列片或连本连续剧的形式。系列片和连本连续剧的人物和场景都反复出现，但系列片中每集的故事是完整的，连本连续剧中每集的故事都不完整，而且叙事从不收尾，如美国的肥皂剧。科兹洛夫指出，系列片面临的叙事问题是：观众没有悬念感，因为他们知道主角们肯定不会有事，下周一样登场，多数系列片的人物只有现在，没有过去；而连本连续剧的问题是，不能指望观众观看每一集，结果多数故事内容周周重复，好让不是每集必看的观众能坚持看下去，连本剧必须刻意在每一集后留下悬念。

费尔认为，电视或者以系列片，或者以连本连续剧的形式，代替了电影的线性叙事形

---

① 参见［英］尼古拉斯·阿伯克龙比：《电视与社会》，24页。

式，由此产生的一个重要结果是人们的兴趣由事件向人物转移。而且，电视故事的相关性和整体性越来越强，呈现相互融合的势头：不仅是电视节目之间的内容更加相关，电视节目和广告在主题、叙事方式上也更加相关。

四、作为媒介组织的广播电视

把广播电视理解为媒介组织的话，这一组织内部的新闻从业者、组织机构、权力分配等，都会影响到媒体的内容生产。关于广播电视的媒介组织研究，主要集中在对新闻生产和控制等影响上。

（一）“把关人”理论

在早期涉及媒介内容生产的研究中，提及率最高的可能是“把关人”（gate keeper）研究。“把关”是心理学家库尔特·勒温（Kurt Lewin）1943 年在渠道理论（channel theory）中提出的概念。他以“号召人们食用牛下水的大规模宣传活动”为例，讨论了家庭妇女在获得食物的渠道中所受到的各种力的影响。在渠道的不同关口（gates），把关人会对面临的多种选择进行控制。

狭义的把关是指在信息传播的过程中，各个环节对所经过信息的筛选和过滤。广义的把关概念泛指信息的整个编码过程，它不仅包括信息的选择，还包括对信息的内容、表现、重复次数、发布时间、刊载媒体、流向等方面的操纵与控制，而且把关不仅限于大众媒体，也存在于人际传播、群体传播和组织传播等各种传播形态中。

1949 年，怀特用个案研究的方法，对一名新闻从业经验丰富的“盖茨先生”（Mr. Gates）进行观察和访谈，研究表明，编辑是在按照自己心目中的“新闻”定义来挑选稿件，这似乎证明了把关人在新闻选择上掌握着生杀予夺大权。但是麦库姆斯和肖对怀特的研究数据进行了重新分析，发现这位编辑收到的通讯社稿件中各类新闻的比例和最终被采用的新闻中各类新闻的比例之间具有很高的相关性。这说明，新闻“把关人”的个人性格和价值观在新闻选择上具有一定的影响，但它并不是最终的决定因素。

除了个人的价值观、生活背景外，新闻从业者的职业角色认知也会影响媒体的内容。1963 年科恩通过对各国驻美国华盛顿记者的研究，提出新闻工作中存在两种职业角色的自我认知——中立报道者和参与者。中立报道者的观念认为，新闻从业者只要保证向意见的自由市场提供不偏不倚的材料，公众就会根据自己的理性做出判断，每个新闻从业者纵然有偏向，但只要不同的媒体享有从不同的角度报道的自由，公众必然会从中得到一个最接近真相的结果。参与者有时也被称做“鼓吹者”（advocate），这种角色要求新闻从业者积极参与社会的政治运动，干预社会，推动社会向理想的目标前进。参与者的角色是一种给予记者极大满足感的职业理想，带有比较浓厚的精英主义色彩，希望通过大众媒体，影响公众和社会。新闻从业者的职业角色是一个随着历史发展不断变化的意识形态，它为新闻从业者的工作提供了一套合理性的话语，它们与特定的历史背景密不可分。

（二）媒介组织对新闻生产的影响

除了以上提到的个人作用，新闻生产过程还受到媒体组织的目标、分工、权力机构、无形政策、惯例等方面的影响，尤其是新闻活动中形成的惯例，如倒金字塔式结构、客观报道、观点平衡、故事化、戏剧化等。惯例帮助记者迅速地将未知事件归类，用统一的格式将其重构，完成流水线上的任务。媒体中的惯例来自于三个方面：受众（消费者）、媒介组织（生产者）、消息来源（供应者）。像新闻价值、形象化就是为了照顾受众的接受习惯而形成的。

媒体组织这一环节也会形成许多惯例，比如电视会划分成不同的栏目，各自负责一定的领域，媒体记者负责一定的线口，中国媒体在重大事件的报道中要参照《人民日报》和新华社（俗称"对表"）等。对消息源的依赖使得记者经常会使用一些常规消息源，如来自于政府机构、公关公司、企业、专家学者等，只要遇到他们所在的领域，就会邀请这些熟悉的专家，甚至专家的观点已经成为媒体报道的一种"仪式"，使电视报道更具有客观性和权威性的一种手段。

（三）社会环境对新闻生产的影响

美国伊利诺伊大学教授弗雷德·赛伯特（Fred S. Siebert）、西奥多·彼得森（Theodore Peterson）和韦尔伯·施拉姆（Wilbur Schramm）在1956年出版的《报刊的四种理论》一书中，根据不同的社会政治制度，将大众传播媒介的制度理论分成了四种，即集权主义理论、自由主义理论、社会责任理论、苏联的共产主义理论等。

对新闻生产的研究也扩展到了社会环境和制度环境，这方面的代表人物有盖伊·塔奇曼、赫伯特·甘斯等。1978年，塔奇曼在《做新闻》中，将新闻生产过程的常规化如何影响新闻内容这一点发挥得淋漓尽致。在探讨和分析了各种新闻生产的常规之后，她提出了"新闻网"（new net）的概念，指出新闻生产就像撒网打鱼一样，往往只会抓到大鱼，小鱼则在网中间溜走，而这些大鱼正是社会上的建制代表。赫伯特·甘斯在对1967年哥伦比亚广播公司（CBS）、美国全国广播公司（NBC）、《新闻周刊》和《时代周刊》的研究中发现，电视新闻中有71%，杂志中有76%的被报道者是已经为人所知的名人。列奥·西格尔（Leon Sigal）在对《华盛顿邮报》和《纽约时报》的内容分析中发现，在所有消息来源中，官方来源占75%，60%的新闻来自常规的、被消息源控制的渠道（官方记录、新闻发布会和县城的新闻稿）。

第二节　广播电视的效果研究

大众传播是现代文化的中心，而广播电视在20世纪无疑是大众传播的中心。1961年，施拉姆、莱尔和帕克发布了一项名为"儿童生活中的电视"的研究报告，这项持续了三年的研究的核心结论如下：

> 对某些（some）儿童而言，在某些条件下，某些电视节目是有害的；在同样条件下对另一些（other）儿童，或同样的儿童在另一些情况下，这些电视节目也许就是有益的。对大多数（most）儿童而言，在大多数条件下，大多数电视节目可能既不是有害的，也不是特别有益的。[①]

---

① 转引自［美］希伦·A·洛厄里、梅尔文·L·德弗勒：《大众传播效果研究的里程碑》，第3版，237页，北京，中国人民大学出版社，2009。

这种模棱两可的结论无疑使人感到困惑，关于电视及其对儿童的效果问题并未得到解决。“大众传播理论之大部分（或许甚至是绝大部分）研究的是效果问题。效果历来为社会的许多群体所关心，其中包括那些想用他们的信息影响别人而希望获得影响受众的最有效的信道的群体，以及那些对媒介的消极影响表示担心的群体。”① 英国学者克里斯·纽博尔德认为，“对媒介效果的研究是隐藏于大众传播研究发展史中的原动力”②。无论是直接的教化还是间接的涵化，无论是古代集权主义体制下“大一统”的思想禁锢还是当代社会责任论倡导的权力与义务平衡，传播效果始终贯穿其间，表现为受众或被动或主动的信息接受行为。任何人都不能在逻辑上否认广播电视对受众的影响。然而，这种影响的程度和方式，以及影响产生的原因和机制，却在广播电视的研究者中产生了不小的争论。

一、魔弹论/皮下注射论

第一次世界大战到第二次世界大战期间，大众传播媒介得到了前所未有的发展，电影、收音机和早期电视在当时相对来说是相当新奇的，再加上城市化进程的突飞猛进，传统的社会关系受到削弱，所有这些至少部分地提供了一种社会基础，使得受众在这些媒介面前显得相对被动、天真和易于受操纵。

这一时期效果研究的代表理论被称为“皮下注射论”，也称为“魔弹论”，即受众会广泛地、无区别地对一种媒介刺激或消息做出反应，这个反应被设想为即时性的。这一理论受到本能心理学的影响，其认为人的行为如动物的遗传本能反应一样，是受“刺激—反应”机制主导的。

尽管媒介全能的行为主义“深化”已遭到大多数研究者的反对，但仍有一些不能被轻易忽视的特定的受众影响，它们支持着直接刺激反应模型。关于这一点，一个常被引用的例子是广播剧《火星人登陆》(*The Martians Have Landed*, 1938)。这部广播剧是演员奥逊·威尔斯（Orson Welles）根据科幻小说《星球大战》(*The War of the World*) 改编的。它运用了一种不同的纪录风格，采用新闻简报的形式，并采访了诸如政府官员和军医之类的“现实生活”中的专家。③ 广播剧播出以后引起了大面积的恐慌，有人声称见到了“异物”，甚至有报道说遭到了外星人侵者的强暴，“至少 600 万人听到这个广播节目，至少有 100 万人受到严重的惊吓或者惊惶失措”④。

皮下注射论也被认为是大众媒介的强效果理论。持此观点的研究者相信：“一条信息以相同的方式传给每一只眼睛或耳朵，会产生基本相同的反应。至于这是谁的眼睛或耳朵，那就无关紧要了。”⑤ 但是，这种理论受到线性传播思维的影响，不仅抹杀了人的主观能动性，把受众看做消极被动的接受者，而且还忽视了各种社会因素对传播效果的影响，无疑具有诸多的历史局限性。如后来有研究者分析，之所以公众对“火星人”的广播剧产

---

① [美] 丹尼斯·麦奎尔、[瑞典] 斯文·温德尔：《大众传播模式论》，59 页，上海，上海译文出版社，1997。

② [英] 奥利弗·博伊德-巴雷特、克里斯·纽博尔德：《媒介研究的进路：经典文献读本》，143 页，北京，新华出版社，2004。

③ 参见 [英] 大卫·麦克奎恩：《理解电视——电视节目类型的概念与变迁》，181 页，北京，华夏出版社，2003。

④ [美] 希伦·A·洛厄里、梅尔文·L·德弗勒：《大众传播效果研究的里程碑》，第 3 版，61 页。

⑤ [美] 梅尔文·L·德弗勒、埃弗雷特·E·丹尼斯：《大众传播通论》，303 页，北京，华夏出版社，1989。

生恐慌，也是源于当时人们对即将发生的真实战争处于一种高度焦虑的状态。

二、有限效果论

自20世纪40年代起，延续到60年代初，美国的媒介分析试图通过实验室和大量的社会实证调查来监测大众传播媒介对人类行为的影响。这些研究的结论几乎同以前的观点相反。研究表明，媒介在总体上是无害的，或者它只不过是强化了一个多元社会的指标体系和价值观。包括广播电视在内的媒介的作用被看做只是强化某种观念而不是改变它们。这一阶段的研究被称为"有限效果论"，其代表人物有保罗·拉扎斯菲尔德（Paul Lazarsfeld，1901—1976）、卡尔·霍夫兰（Carl Hovland，1912—1961）等，代表理论有"两级传播理论"、"传播与说服理论"和"使用与满足理论"等。

（一）既有倾向假说和两级传播

1940年，拉扎斯菲尔德和他的合作者伯纳德·贝雷尔森（Bernard Berelson，1912—1979）、哈泽尔·哥迪特（Hazel Gaudet）等人对总统大选期间的宣传战进行了调查（伊里调查）。他们1948年出版的调查报告《人民的选择》中提到，大众媒体产生的主要影响可以分为三种，激活、强化和改变，而在这三种效果中，由于政治既有倾向和选择性接触的影响，大众传播中的政治宣传在改变选民既有投票意向上的效果非常微弱，大众媒体最明显的效果是强化和激活既有政治倾向。[①]

此外，这次调查还获得了一个出人意料但又极其重要的发现，即大众传播媒介的信息并不直接到达受众，事实上分为两步，首先从大众媒介到达受众中的一小部分相对活跃的人（被称为"意见领袖"或"舆论领袖"），然后这些意见领袖再将信息扩散到广大受众那里，这个信息的分级流程被称为两级传播。两级传播理论（Two-step Flow Theory）认为，意见领袖的作用比媒体本身更加重要，虽然媒体先影响的是意见领袖这一群体。这项研究揭示了社会传播的复杂性，同时"开创了有限媒体效果论的时代，这个理论在以后的几十年内主宰了美国传播学学者的思维"[②]。

（二）使用与满足理论

使用与满足理论首先产生于20世纪40年代的美国，与之前的效果研究最大的差异在于，它是站在受众的角度来研究传播过程。按照伊莱休·卡茨（Elihu Katz）等人的定义，使用与满足关注的主要问题是：由社会因素和心理因素产生了需求，这种需求又导致人们对大众传播或其他信源的期待，这种期待引起了不同类型的媒介接触，其结果导致了需求的满足和其他后果。使用与满足理论认为，受众只有愿意接受一定的媒体，媒体才能对其产生影响。如费斯克评论的，"电视和它的节目不影响人，受众和电视互相影响"。

20世纪70年代，使用与满足论重新引起学界关注，最为著名的是丹尼斯·麦奎尔（Denis McQuail）、杰伊·布鲁姆勒（Jay Blumler）和卡伦·布朗（K. Brown）的研究。他们把受众看电视的动机归纳为以下四个方面：（1）消遣和转移（diversion）：逃避或情

① 参见刘海龙：《大众传播理论：范式与流派》，169～170页。
② ［美］E. M. 罗杰斯：《传播学史——一种传记式的方法》，303页，上海，上海译文出版社，2002。

感释放。（2）人际关系：电视可以代替社会交往，为个人提供陪伴，并且可以用于与他人交往。（3）个人身份：将电视中的人物和事件作为参照，探索现实，强化既有价值观。（4）环境守望：获得信息和新闻。

1960年，约瑟夫·克拉帕（Joseph Klapper）在《大众传播效果》一书中将之前的效果研究体系进行了概括，提出了大众传播效果的一般定理。

（1）大众传播通常不是效果产生的必要和充分的原因，它只不过是众多的中介因素之一，而且只有在各种中间环节的连锁关系中并且通过这种关系才能发挥作用。

（2）大众传播最明显的倾向不是引起受众态度的改变，而是对他们既有态度的强化，即便是在这种强化过程中，大众传播也并不作为唯一的因素单独起作用。

（3）大众传播对人们的态度改变产生效果需要两个条件：一是其他中介因素不再起作用，二是其他中介因素本身也在促进人们态度的改变。

（4）传播效果的产生受到某些心理生理因素的制约。

（5）传播效果的产生，还受到媒介本身的条件（信源的性质、内容的组织）以及舆论环境等因素的影响。

三、宏观效果论

第二次世界大战以后，随着电视业的恢复和进一步普及，到20世纪60年代，电视的影响力逐渐超过广播和报纸，成为大众传媒业的主导。青年人开始模仿马龙·白兰度在《野蛮人》（*The Wild One*，1954）中粗暴、反叛的行为方式，电视广告使得上千种品牌商品的销售量激增……人们发现，“有限效果论”似乎有点矫枉过正了，对于电视及其新技术带来的影响难以做出客观全面的解释。

20世纪60年代后期，研究者提出了宏观效果论，以此来修正有限效果论的不足。其中具有代表性的是“议程设置论”、“培养分析”、“沉默的螺旋”和“知沟”理论等。这些理论或假说不再局限于单一、短期的媒介影响，而是更多地从媒介与社会互动的视角出发，将大众传播置于宏观的社会背景下考察，共同关注大众传播长期的和综合的效果；同时，不仅考察人们一直关注的传播对于态度和行为的影响，而且探讨更为基本的认知层面的影响。① 从表面上看，魔弹论和宏观效果论都强调大众传播的强大影响，似乎是一种认识的回归，但是两者却有着本质的区别，即“前者强调的是一种无条件、无中介的绝对效果，而后者则是在充分考虑各种制约因素的基础上，对大众传播的影响和效果做出的重新评价”②。

美国学者詹宁斯·布莱恩特（Jennings Bryant）和苏珊·汤普森（Susan Thompson）认为，电视效果研究的内容包括电视暴力影响、电视新闻（广告及其他）的说服力、通信新技术的冲击力、电视中有关性内容的影响、对恐怖或扰乱治安的电视节目的反应、政治传播的影响等。③

---

① 参见张晓锋：《解构电视——电视传播学新论》，203页，北京，中国广播电视出版社，2006。

② ［美］梅尔文·L·德弗勒、桑德拉·鲍尔-洛基奇：《大众传播学诸论》，333页，北京，新华出版社，1990。

③ 参见［美］詹宁斯·布莱恩特、苏姗·汤普森：《传媒效果概论》，15页，北京，中国传媒大学出版社，2006。

（一）议程设置与铺垫效果

1922年沃尔特·李普曼（Walter Lippmann，1889—1974）在《民意》（又译为《舆论学》）一书中提出了"拟态环境"的概念，认为"新闻媒介影响我们头脑中的图像"，这成为议程设置理论的雏形。1963年，伯纳德·科恩（Bernard Cohen）在谈到大众传播的影响时非常形象地说："新闻媒体远不止是一个信息和意见的提供者。很多时候，它可能并不能成功地告诉人们怎么想（what to think），但是在成功地告诉他的读者想什么（what to think about）方面，它却极为出色。"这后来成为议程设置最简明的表述。

1972年，麦克斯韦尔·麦库姆斯（Maxwell McCombs）和唐纳德·肖（Donald Shaw）在《舆论季刊》上发表了《大众传播的议程设置功能》一文，第一次系统提出了议程设置理论假设。他们在一项对1968年总统竞选活动的调查中发现，大众传播媒体报道量越大的话题（issue）越容易被公众认为是当前最重要的问题，也越容易被公众关心和讨论。媒体议程和公众议程之间具有高度的相关性。

议程设置所提到的思想并不新颖，为什么它能成为传播研究的里程碑呢？它最值得回味之处就在于把抽象的哲学观念转换成一个可以用简单方式加以验证的操作性命题。李普曼所说的拟态环境和头脑中关于世界的图像，被转化为媒体对不同问题的报道数量的排序，以及受众对国家当前面临的最重要问题的排序这两个定序变量。①

进入20世纪80年代之后，除了大量对传统议程设置假设的复制与证明外，议程设置还在向纵深方向发展，其中最具代表性的是艾英戈与金德（Shanto Iyengar and Donald R. Kinder）1987年出版的《至关重要的新闻：电视与美国民意》。

除了引入实验研究方法进一步证明了电视的议程设置效果外，该研究还提出了电视新闻的铺垫作用。艾英戈等人把电视新闻的铺垫效果定义为："通过唤起对某些问题的注意，并忽略另外一些问题，影响观众对政府、总统、政治和公职候选人进行评价的标准。"铺垫作用所涉及的，已不只是观众对新闻议程重要性的认知，也就是说，电视新闻不仅可以成功地告诉人们"想什么"，而且可以成功地告诉人们"怎么想"。

关于议程设置效果的后续研究还包括"属性议程设置"、"框架理论"、"议程建构"等。这些理论拼在一起共同构成了媒体议程设置的过程与后果。

（二）"知沟"假说与电视的"知识均衡器"

1970年，美国明尼苏达大学的蒂奇诺（P. T. Tichenor）、多诺休（G. A. Donohue）和奥利娅（C. N. Olien）提出了这样一个假设：

> 随着大众传媒向社会传播的信息日益增多，社会经济地位高的人将比社会经济地位低的人以更快的速度获取信息，因此，这两类人之间的"知沟"将呈扩大而非缩小之势。

上述假设被称为"知沟"假说。至于"知沟"产生的原因，蒂奇诺等人将之总结为受教育程度不同的人在"传播技能"、"信息储备"、"相关的社会交往"、"对信息的选择性接触、接受和记忆"上的差异以及"印刷媒体的教育门槛"等方面因素。

---

① 参见刘海龙：《大众传播理论：范式与流派》，223页。

蒂奇诺等人后来对知沟理论做了进一步修正和完善。除了大众媒体的报道量、个人知识量、社会经济地位（教育程度）、时间变量之外，又加入了议题性质、冲突程度、社区结构和媒体报道模式四个变量，讨论了社会环境对知沟大小的影响。结果发现，除第四个变量没有得到证明之外，前三个变量均会对“知沟”产生影响。

“知沟”理论的一个重要发展是对传播媒介类型的探讨。经典的“知沟”理论主要针对印刷媒介而言，而印刷媒介的读者一般具有较高的社会经济水平，印刷媒介的内容也要求读者具有较高的分析与理解能力，这些因素会导致“知沟”产生。但是像电视的使用则与受教育程度关系不大，蒂奇诺等人称电视是某些领域的“知识均衡器”（knowledge leveler）。对于儿童教育节目《芝麻街》[①] 的研究发现，经常收看该节目的家境穷困的儿童与富裕家庭相比，进步得分更高，二者的“知沟”也在缩小。

纽曼认为，电视媒体具有一些特征，使其不太可能形成因教育程度不同而导致的“知沟”。这些特征有：（1）观看电视与接触其他媒介不同，它与受教育程度没有什么关系；（2）社会经济地位较低的群体喜欢从电视中获取新闻；（3）人们观看电视的动机与他们使用其他媒介的动机不同；（4）电视观赏的特性是现行的、非随意的，电视观众不太可能像其他媒介的使用者那样对所观看的新闻或其他内容进行选择。另外值得注意的是，电视的主要功能是娱乐，它在传播研究者所测量的公共事务和科学信息方面很难明显地缩小“知沟”[②]。

（三）电视与暴力研究和涵化分析

关于电视的媒介影响研究总是无可避免地集中在特定领域，如讨论电视与暴力或性有关的节目内容，以及把这些内容暴露给观众尤其是儿童所产生的后果。“有关媒介影响的研究项目超过 1 000 种以上，这使得它成为大众传播研究最多的课题之一，但是关于屏幕上的暴力是否催生现实生活中的暴力和犯罪问题，显然还没有得出有力的结论。”[③]

20 世纪 60 年代由于美国公众对电视暴力影响的关注，国家暴力起因与防治委员会（National Commission on Causes and Prevention of Violence）在调查中，对电视黄金时段节目中的暴力内容进行了分析，并将其与现实世界进行对比。在这一研究项目中，乔治·格伯纳（George Gerbner）的电视内容分析为培养分析（cultivation analysis）理论奠定了良好的基础。

在电视暴力影响的研究中，规模最大也最具有争议的是研究 20 世纪 60 年代末至 70 年代电视与社会行为的“卫生局长报告”，其中人们经常提及班杜拉对电视暴力的社会学习研究。进入 20 世纪 90 年代后，越来越多的研究证明了暴力节目与观众攻击性态度和行为之间可能存在很强的相关性，但是与此同时，现实中的暴力行为还会受到其他社会因素（社会环境、道德观念等）的影响。

---

① 1969 年 10 月 10 日儿童教育节目《芝麻街》的播放结果显示，一方面《芝麻街》对贫困儿童产生了良好的教育结果，观看《芝麻街》有助于儿童提高学习成绩和阅读技能，丰富儿童的想象力，学习正确的社会行为；另一方面“补充教育计划”对缓解受教育不平等问题并没有多大作用，对节目接触和利用最多的还是那些富裕儿童。根据上述现象，1970 年美国明尼苏达大学的 P. J. 蒂奇诺、G. A. 多诺休和 C. N. 奥利娅提出了“知沟”理论。

② 丁未：《社会结构与媒介效果——“知沟”现象研究》，68 页，上海，复旦大学出版社，2003。

③ ［英］大卫·麦克奎恩：《理解电视——电视节目类型的概念与变迁》，176 页。

格伯纳认为，电视已经成为我们生活中最常见的大众媒体，我们看的不是特定的“电视节目”，而是“电视”。这种观看行为如此普遍，以至于我们根本不会留意电视对我们“做了什么”。我们接触电视的时间越长，就越容易把电视中所表现的世界当做真实的世界，模糊了媒体的象征环境与真实环境之间的界限。格伯纳和格罗斯（Larry Gross）在1976年提出的培养分析理论探讨了电视对受众现实感知过程的影响，他把电视信息看做一个整体，认为不同的节目类型中都有一些持久不变的内容模式，反复灌输给受众，日久天长，影响受众对现实的感知，甚至塑造其思维方式。培养分析理论具有以下特征。

（1）培养分析理论主要关注商业体制下电视对观众的影响，之前的理论大多针对所有大众媒体，且没有结合美国的商业化和同质化特征。①

（2）对于格伯纳而言，电视的巨大影响主要来自于它是一个讲故事的人，故事不仅告诉我们世界是什么，更重要的是告诉我们应该如何做。

（3）美国电视处于商业体制的支配下，不仅生产受到市场制约，而且高度垄断，这造成整个信息系统呈现出固定的模式。

（4）培养分析主要关注的是电视造成的长期的、相对稳定的、一致的、广泛共享的后果，而不是效果研究所追求的变化。

（5）培养分析虽然不否定观众的主动选择能力，但该理论认为由于信息系统长期积累的培养，要摆脱其影响是不可能的。

（6）培养分析考察的是电视对受众现实感知的影响，电视在塑造我们关于现实的共同观念上具有累积的影响。

（7）深入地看，培养理论又是一个关于社会控制的理论，它描述了居于主导地位的群体是如何通过商业体制——“没有宣传家的宣传”实现其整体利益的。

培养分析的一个困境在于，它无法解释“电视节目内容”与“观众的媒体接触和行为改变”之间的因果关系，例如，到底是因为大量观看电视导致人们不敢在夜晚独行，还是因为人们害怕外出而留在家中观看更多的电视。

第三节 广播电视的批判研究

电视研究存在两种主导性范式——经验主义范式和文化研究范式，前者以美国经验学派的实证主义研究为基础，后者以法兰克福学派的文化研究为基础。在英国学者斯图亚特·霍尔（Stuart Hall，1932—2014）看来，这两种范式之间的冲突主要在于意识形态的被压抑和再发现，美国实证主义研究遮蔽了其理论假设的意识形态倾向，而英国文化研究的传播研究正是从去蔽起步的。1938年拉扎斯菲尔德认识到经验学派和批判学者在研究方法上的差异，他邀请阿多诺（Adorno）参加“广播研究项目”，也是因为“他想看一看批判学派和经验学派是否能够在一个共同的研究事业中进行合作”②，但最终拉扎斯菲尔德发现，二者个性鲜明，实难调和。阿多诺认为，经验学派“把实验对象的反应看做社会科

① 参见刘海龙：《大众传播理论：范式与流派》，246～247页。
② ［美］罗杰斯：《传播学史——一种传记式的方法》，295页。

学知识之最终源泉的研究方法是极为肤浅的”。

不过，从拉扎斯菲尔德等经验学派学者到戴维·莫利（David Morley）等文化研究学者，都在努力弥补两种研究方法上的不足，试图通过定性和定量相结合来寻找媒介研究、电视传播研究更为精确、客观的研究方法。本节主要介绍西方电视研究中的批判理论，而不局限于范式和流派。

一、拉扎斯菲尔德等的功能主义视角

功能主义者、批判理论以及新马克思主义者大体有一个共识，那就是强调社会结构和进程对媒介的重要性。正是社会结构和进程导致了大众传媒的出现，进而影响它给人们的生活带来功能和意义。不可否认的是，即便是在今天，广播电视的结构功能和社会力量依然在发生作用——不管是通过承载其上的话语和意识形态，还是通过收音机、电视机媒介本身——它们能建构受众在媒介使用过程中“理所当然”地接受的多数内容。①

功能主义者认为，政治、经济、技术和话语的变革赋予了广播电视等大众媒体以社会性权力，反过来，大众媒体又能推动社会变革，并触及、改变人们日常生活体验的社会、文化和社会心理的内容。

在拉扎斯菲尔德和默顿（Robert Merton）看来，大众媒体本质上是作为“社会控制的结构”而发生作用的，它能把作为个体的大众整合进商业资本主义的文化之中。媒体代表的是精英权贵的利益，媒体具有价值与规范的模式化作用，这些价值与规范成为一种符号系统，向人们不断提供“话语”，使人们的社会体验具有意义，包括人们在宏观文化中如何发现自己、认识自己。

大众媒体的“社会控制的结构”产生作用的方式为：第一，大众媒体选择性地赋予社会成员、地点、群体和事件以地位，这种作用类似于“把关人”理论说的，电视让一些内容上镜不让另一些内容上镜代表了一种选择。第二，通过强化主流的社会规范而排斥挑战性的及“越轨”的社会行为，广播电视支持、也强化了社会规范。第三，通过接受信息以代替政治行动，即媒体的“麻醉性功能失调”（narcoticising dysfunction）。如果从能否激发观众采取行动的意义上来说，当他们接触到潮水般的信息时，媒体起到了“麻醉”作用，而不是使观众“活跃”起来。②

拉扎斯菲尔德和默顿看到了将理论扎根于经验世界的重要性。作为社会科学家，他们认识到在发展真理时需要数据。但是正如默顿本人指出的，变量分析的逻辑限制了证据的范围。当涉及他们认为十分重要的媒体对精英权力的巩固作用及对其他社会权力进行概念化、操作化时，他们所依赖的研究方法看来是无力的。拉扎斯菲尔德和默顿并不试图从每天都看报、听收音机、看电视或使用媒体的社会成员的角度来看待所谓的规范功能、精英影响和其他后果，因此他们的理论本身——关于结构、功能和权力的理论——不能说明权力形成于人们每天都拥有的与媒体使用相关的社会体验中。

---

① 参见［美］隆·莱博：《思考电视》，35页，北京，中华书局，2005。

② 参见［英］戴维·莫利：《电视、受众与文化研究》，294页，北京，新华出版社，2005。

二、吉特林等的权力视角

结构功能主义的视角关注媒体本身所产生的社会影响，而托德·吉特林（Todd Gitlin）为代表的另一种视角更加集中于大众传媒的制度性权力。这种权力包括媒体赋予某种意识形态的特殊偏好，影响公共议程，调动社会网络以支持某个政党或国家的政策，或者在更广泛的意义上，动员社会资源以支持媒体的制度性安排。

根据吉特林的观点，媒体重复特定的“理想结构”体现了它们对与精英利益一致的那些理念与价值的偏好。最为重要的是，吉特林认为这种结构可能使普通人的观点和态度转化为更持久性的意识构造——他所谓的意识形态。一旦时机成熟，这种意识形态就能影响人们对新情境的反应和解释。居于统治地位的意识形态是大众传媒中最重要的符号结构，因为它能最直接地体现精英的利益和世界观。

但吉特林并没有把媒体看做某种静态的、铁板一块的意识形态结构。相反，他把它理解为某种过程，“意识形态工作”是包含许多环节和内容的。这意味着，挑战性的理念也能进入媒体，但通常会被主流的意识形态钝化其批判性和对立性。挑战性理念会被驯化、同化、标准化，最终变得与精英利益相适应。

三、阿多诺等的文化工业视角

法兰克福学派开辟了对大众传播和大众文化的批判性研究，率先发展了文化研究的早期模式，为20世纪中后期批判学派的传播研究建立了论证和分析的各种框架，他们将媒体的政治经济学、文本的文化分析以及在大众文化和意识形态控制下的受众接受研究等诸多范畴结合起来。[①]

虽然长期来看，法兰克福学派使用过不同的概念架构，但他们一以贯之并且令人信服地揭示了传媒的市场逻辑。这种逻辑支配了节目的生产与流通决策，规范了媒体的叙事结构，因而使权贵资本的影响扩大到人们日常生活的体验中。

阿多诺认为，当人们听收音机、看电影电视或阅读报纸杂志时，他们遭遇的是一个标准化的媒体图像世界，他们不可避免地要被带入这个世界；带来的后果是他们的思想和情感体验也被标准化了。在这种状态下，真正的生活与商品化表现就没有什么区别了。也许更严重的后果是，随着时间的推移，人们对社会、世界的反思能力——现代性的基石——会被削弱，而且安于现状的人们逐渐丧失了对一个改善现在的生活世界的想象能力。最后，与商品文化分离的公共领域的观念也会变得陈旧过时。

阿多诺认为电视的权力同时发生于两个层面。第一层面是他所谓的“多层故事结构”，即电视作为一种“技术手段”服务于文化产业对观众的“处理”；电视的故事中描绘人群及其社会行动的方式成为受众理解这一切的方式。第二个层面，阿多诺把电视叙事的程式结构视为预先设定的“在收视者接受任何具体内容之前所持有的态度模式”；在阿多诺看来，由于这种程式，收视者“总是感到安全的”，永远都可以预期故事将会如何展开。阿

① 高金萍：《西方电视传播理论评析》，133页。

多诺认为，电视权力就是通过标准化的重复的社会生活描述，充分地构造他所谓的收视者的心理动力反应，这就是动态的意识形态权力。

1944年，霍克海姆（Horkheimer）与阿多诺合著的《启蒙辩证法》出版。在此书中，二人提出了“文化工业”的概念。在大众传媒和技术的协同下，文化工业通过张扬带有虚假光环的总体化整合观念，一方面极力掩盖严重物化的异化社会中主客体间的尖锐矛盾，另一方面大批量生产千篇一律的文化产品，将情感纳入统一的形式，纳入一种经过包装的意识形态，最终将个性无条件交出，淹没在平面化的生活方式、时尚化的消费行为，以及肤浅化的审美趣味之中。对于文化工业的后果，阿多诺认为：“文化工业的整体效果是反启蒙的效果，……其间本应是进步的技术统治的启蒙，变成了一场大骗局，成为束缚意识的桎梏。它阻碍了自主的、独立的个性发展，这些个性本来是明智地为自己做出判断和决断的。”①

阿多诺对于电视的批判是强有力的，因为他揭示了电视的客观结构（即节目）是如何与商品生产和分配逻辑相关，并强调叙事结构的一系列变化和重复是电视权力的重要决定因素。不管人们把资本主义称为工业社会、后工业社会还是后福利社会，一个基本的事实是，阿多诺从理论上论述了这个社会中电视的制度机制及其话语权之间的关系。通过综合弗洛伊德无意识理论和马克思关于社会关系的商品形式观念，阿多诺克服了拉扎斯菲尔德、默顿及吉特林关于媒体的制度性权力概念的抽象性，解释了媒体使用中权力的具体内化过程。由于具备了心理动力学维度，他能够在理论上概括事实活动与无意识活动之间的交互作用过程，这种过程构成了人们使用电视及其他媒体的社会体验。阿多诺试图通过社会心理来思考权力关系，这种权力事实上存在于大众文化的所有领域。这种权力概念是多层次的，能使我们看到媒体图像的外部世界与思维、体验的内部世界之间的关系，而内部世界本身也具有社会和文化意义。

四、莫利等的文化研究视角

文化研究集中关注当代和历史的不同社会环境中的文化实践和权力问题，在这方面文化研究学派对电视的考量尤为突出。首先，文化研究者假设，统治阶级和被统治阶级之间存在社会差别，因此他们在拥有社会权力以及维护社会权力的能力上也存在着差别，这种差别不仅表现在经济、政治、社会、意识形态上，也表现在文化上。其次，话语权成为他们普遍关注的主题，话语能起到指导、组织和管理人们日常生活的作用，而且具有相对的自治性，它在社会生活中构建了自足的语言领域。再次，文化研究者的一个普遍观点是，大众媒体的各种表达形式极有权力，媒体给予了某些意识形态和话语以特权。

尽管分析的还是权力问题，但是文化研究更加关心的，是人们所处的社会地位、自我身份认同与文化抵制和政治权力三者之间的互动关系。文化研究者对电视提出了更具体也更困难的问题：社会权力如何在人们的日常生活中真正发挥作用？在实践意义上霸权意味着什么？我们如何知道人们什么时候接受了统治性话语？何时没有接受这种话语？

戴维·莫利给出的答案是，广播电视形成了时空世界与想象的共同体。在空间上，他

① T. Adorno, *The Cultural Industry*, London, Routledge, 1991, p. 92.

认为现代的大众民主政治具有一个全新的论坛——由广播电视系统建构起来的新型公共领域，广播铸造了分散在各地、完全不同的听众与国民生活的象征性中心区域之间的联系。与此同时，私人和公共空间——国家和家庭被联系起来，在广播电视看来，组成受众的最基本单位不是个体，而是家庭。时事和杂志类电视节目的中心形象正好是家庭以及由家庭组合而成的国家。在这类节目中，核心家庭是众多节目话语默认的前提，不但节目所面对的都是“家庭受众”，而且这种以家庭为中心的话语聚焦于以下两个方面：主流内容是人情味故事，主要表达方式是强调公众事件与日常生活的关系。

在时间建构上，莫利注意到，文化拥有自己的“时间感”，对时间的不同定向决定了家庭与电视之间的不同关系，如以线性序列的方式来组织时间、强调时钟以及日历所规定的时序的“单时定向”（monochromic orientation）[①]，这样的家庭先以其他家庭活动设定的框架为基础，把电视作为这个框架内的一种特定的“填充物”（filler）；而同时进行多种活动、不强调实现的计划和安排、极少参考时钟和日历所规定时序的“多时定向”，在这样的家庭中，电视本身就是框架，其他活动要围绕电视节目来确定时间。

现存文化对于时间的定向，从微观和宏观两方面影响着广播电视机构，无论是在社会整体或是在社会之内的特定亚文化群中还是在家庭中，莫不如此；另一方面，广播电视节目编排本身也会反过来影响时间的组织。

广播电视最主要的功能之一便是充当了全国性（和地方上的）“会说话”的时钟。正是传播媒体将新的时间向度引入了家庭领域。这样一来就从时间上印证了所有受众都已是同步“时区”或者国家共同体的一分子。正如西尔弗斯特所说：“每天晚上看新闻其实是一种仪式，我们沉浸在它的机械性重复中。……这些播新闻的人，叠好他们桌上的稿件，然后与身边的同事无声地交谈，从而宣布了一切又恢复了常态。”

五、隆·莱博等的收视文化视角

我们都有这样的生活体验，当收听广播或收看电视时，人们实际上进入的常常是一个复杂的世界，在这个世界里展示出不同层次的对电视和其他人的思想和情感上的投入。这种投入本身就是一种文化形式，和前述理论家们所假设的规范和意识形态结果相去甚远。而且，看电视时对电视和其他人的投入本身也置身于一系列不断发展的社会和人际关系之中，这种关系构成了他们生活于其中的更广阔的意义世界。

电视收视者的社会体验并没有被社会理论家、社会科学家和文化研究者充分地概念化或考察，我们需要重新构建电视收视者在日常生活中之于媒体的实践方式。与表面看起来相反，电视使用是一种多面性的活动，比眼睛看到的要复杂得多。评价它对人们所具有、给人们的生活所带来的意义，必须进行充分的再建构，把它当做文化的一种独特形式，这就是所谓的“收视文化”。

隆·莱博（Ron Lembo）认为，电视使用包括了三个阶段：一是投身电视，人们是在何种情境下使用电视的；二是与电视图像的互动，必须说明构成节目的符号的复杂性，因为收视的意义在很大程度上是由人们所拥有的对这些符号形式的思维自觉的参与而产生

① ［英］戴维·莫利：《电视、受众与文化研究》，309页。

的；三是投身电视并使之适应日常生活，考察收视的行为效应。

在“投身电视”方面，莱博着重考察了“同时收视”行为。他认为，通过同时从事其他活动的电视使用方法，人们事实上创造了一种新的活动，人们在这种活动中来回往复于电视的收看、收听和做其他事情之间，这不仅能转换注意力，而且从思维自觉性的角度看，也改变了活动的基础，从原来接受性的对活动节奏不可控制的活动（电视收视），转化为那些要求积极主动参与的，能控制其节奏的活动（做饭、清洁、交谈、阅读等）。同时收视具有一种独特的社会性，这种社会性似乎特别适合帮助人们完成从工作到家庭生活的转换。

在“收视过程”方面的结论是，当人们收看电视时，他们倾向于寻找合理的节目——那些与他们自己的体验相符的节目，或是他们认为“真实”的节目。一旦确立了合理性，哪怕只是短暂的确立，人们都能够进入以叙事为基础的收视。但受众会经常质疑他们所看到的内容，这样叙事收视就让位于批判性收视；在这一过程中，电视呈现的社会现实被建构为受众自己对于世界的理解，电视权力就作用于这一过程。不过，受众并不总把电视当做社会现实的呈现，他们可能跳出电视的叙事传统，把节目视为商品，这就是图像收视。在进行图像收视时，编码于电视之中的话语意义被扭曲了，人们形成了“脱离”的社会理解。

莱博在对收视文化进行经验考察以后得出了电视使用的三种类型：一是“分离性使用”，受众总是能够不断地把电视收视作为一种规律出现的独特活动，从那些在工作之余时间内同样规律出现的其他独特活动分离出来。他们企图在从事的活动中维持一种连贯的意识，使他们感到能够控制并且自由地进出这些活动，表明自己能够抵抗住诱惑，不至于在一种扩散的、无结果的和“无生产效率”的电视图像世界中“迷失自己”。在分离性使用中，人们把自己构造为具有生产效率的个体，同时把电视置于个人主义话语框架之内。

二是“非指导性使用”，受众能够监督并且在某种程度上控制电视进入家庭，以这种方式使用电视的人通常直到晚上才投身电视，在投身电视之前他们要参与所谓更为“思维自觉性的活动”，如阅读报纸、小说，自己的爱好活动等，电视是放松和娱乐相对容易的方式。他们力求保持生产效率，这成为限制和控制电视占据他们生活空间的重要动机。

三是“持续性”使用，这类受众对节目的选择性要小得多。当他们下班回家后，就会打开电视，直到上床睡觉时才会关上。他们并不总是收看电视节目，但是电视依然开着。在持续性使用中，他们不能在整个节目过程中建构对电视所呈现的社会行动所表达的意义。相反，他们只能以图像为基础，在短暂的对节目的思维自觉中，拼接意义。统治性的话语权只能寓于短小的高度仪式化的场景或片段中，它们在人们头脑中并不必然是完整一致的。

【本章小结】

德利奥在1985年提到，对于大多数人来说，世界仅有两个地方——他们的住处以及他们电视机的摆放处。不论是结构功能主义、权力视角、批判主义、文化研究或是收视文化的考察，广播电视媒介对于社会的影响都是深远的。以上研究者虽然观点各异，但至少有一个共通点，那就是“客厅”不但是一些非常重要的政治冲突发生的场所，而且还是连接“国家”、“民族”、“共同体”的起点。

【思考题】

1. “媒介技术决定论”的核心观点是什么？有何局限性？
2. 麦克卢汉的“媒介是人的延伸”如何理解？广播电视是何种延伸？
3. 如何理解电视的符号暴力是一种参加者意识不到的共谋？
4. 梵·迪克的假设性新闻图式结构包括哪些部分？
5. 电视节目在叙事上有哪些特点？
6. 电视节目的内容生成要受到哪些因素的影响？
7. 广播电视的效果研究主要经历了哪几个阶段？每一阶段的代表理论是什么？
8. 有哪些具代表性的电视与暴力、电视与儿童的相关研究？
9. 广播电视理论的两个主要范式是什么？
10. 广播电视的批判理论有哪些视角？分别有哪些代表性的理论？

参考文献

艾瑞咨询. 2008—2009年中国网络视频行业发展报告. http://www.gznf.net/thread-86561-1-1.html.

[加] 埃里克·麦克卢汉，弗兰克·秦格龙. 麦克卢汉精粹. 南京：南京大学出版社，2000.

毕佳，龙志超编. 英国文化产业. 北京：外语教学与研究出版社，2007.

毕一鸣. 现代广播电视论纲. 北京：中国广播电视出版社，2007.

[美] 阿瑟·阿萨·伯格. 通俗文化、媒介和日常生活中的叙事. 南京：南京大学出版社，2006.

[美] 约翰·布雷迪. 采访技巧. 北京：新华出版社，1986.

蔡尚伟主编. 影视传播与大众文化——文化工业时代的影视方法论. 成都：四川大学出版社，2005.

陈力丹，王辰瑶. 外国新闻传播史纲要. 北京：中国人民大学出版社，2008.

陈笑春. 电视新闻采编学. 成都：四川大学出版社，2007.

褚建勋主编. 中外传播政策. 北京：科学出版社，2009.

[英] 大卫·麦克奎恩. 理解电视——电视节目类型的概念与变迁. 北京：华夏出版社，2003.

[英] 戴维·莫利. 电视、受众与文化研究. 北京：新华出版社，2005.

[美] 大卫·斯隆编. 美国传媒史. 上海：上海人民出版社，2010.

［美］丹尼斯·麦奎尔，［瑞典］斯文·温德尔. 大众传播模式论. 上海：上海译文出版社，1997.

丁俊杰，赵子忠. 问题解构与战略选择：中国广电产业发展研究. 北京：中国传媒大学出版社，2009.

丁未. 社会结构与媒介效果——“知沟”现象研究. 上海：复旦大学出版社，2003.

高贵武. 主持传播学概论. 北京：中国传媒大学出版社，2007.

高金萍. 西方电视传播理论评析. 北京：中国传媒大学出版社，2008.

戈公振. 中国报学史. 上海：商务印书馆，1927.

宫承波. 新媒体概论. 北京：中国广播电视出版社，2009.

顾铮. 世界摄影史. 杭州：浙江摄影出版社，2006.

国家广播电影电视总局发展研究中心编. 国外广播影视体制比较研究. 北京：中国国际广播出版社，2007.

国家广播电影电视总局发展研究中心编. 2010年中国广播电影电视发展报告. 北京：新华出版社，2010.

郭庆光. 传播学教程. 北京：中国人民大学出版社，1999.

洪杰文. 网络传播技术基础. 福州：福建人民出版社，2004.

胡正荣主编. 中国广播电视发展战略. 北京：北京广播学院出版社，2003.

黄匡宇主编. 广播电视学概论. 广州：暨南大学出版社，1999.

黄匡宇. 当代电视新闻学. 上海：复旦大学出版社，2010.

黄升民，王薇. 家庭信息平台：数字电视运营模式新突破. 北京：中国传媒大学出版社，2008.

黄升民，周艳，马丽婕. 广电媒介产业经营新论. 上海：复旦大学出版社，2005.

［英］克里斯·纽博尔德. 媒介研究的进路：经典文献读本. 北京：新华出版社，2004.

［美］吉尼·格拉汉姆·斯科特. 脱口秀——广播电视谈话节目的威力与影响. 北京：新华出版社，1999.

李良荣. 新闻学概论. 上海：复旦大学出版社，2001.

刘成付. 中国广电传媒体制创新. 广州：南方日报出版社，2007.

刘海龙. 大众传播理论：范式与流派. 北京：中国人民大学出版社，2008.

刘志筠. 电子新闻媒介——广播与电视. 北京：中国人民大学出版社，1988.

［美］隆·莱博. 思考电视. 北京：中华书局，2005.

陆地. 中国电视产业的危机与转机. 北京：中国人民大学出版社，2002.

陆晔，赵民. 当代广播电视概论. 上海：复旦大学出版社，2002.

［美］E. M. 罗杰斯. 传播学史——一种传记式的方法. 上海：上海译文出版社，2002.

马学良. 语言学概论. 武汉：华中工学院出版社，1985.

［美］迈克尔·埃默里，埃德温·埃默里. 美国新闻史. 第8版. 北京：新华出版社，2001.

[加] 麦克卢汉. 理解媒介. 北京：商务印书馆，2000.

[美] 梅尔文·L·德弗勒，埃弗雷特·E·丹尼斯. 大众传播通论. 北京：华夏出版社，1989.

[美] 梅尔文·L·德弗勒，桑德拉·鲍尔-洛基奇. 大众传播学诸论. 北京：新华出版社，1990.

明安香. 美国：超级传媒帝国. 北京：社会科学文献出版社，2005.

[英] 尼古拉斯·阿伯克龙比. 电视与社会. 南京：南京大学出版社，2002.

[英] 尼古拉斯·加汉姆. 解放·传媒·现代性——关于传媒和社会理论的讨论. 北京：新华出版社，2005.

欧阳宏生主编. 广播电视学导论. 成都：四川大学出版社，2002.

[法] 皮埃尔·布尔迪厄. 关于电视. 沈阳：辽宁教育出版社，2000.

饶立华，杨钢元，钟新. 电子媒介新闻教程——广播与电视. 北京：中国人民大学出版社，2003.

石长顺. 电视新闻报道学. 武汉：华中科技大学出版社，2004.

石长顺. 荧屏思索录. 北京：中国广播电视出版社，1998.

孙琳琳. 电视新闻编辑. 沈阳：东北大学出版社，2008.

孙有中等编. 美国文化产业. 北京：外语教学与研究出版社，2007.

唐世鼎，黎斌等编. 制播体制改革与电视业发展问题研究. 北京：中国传媒大学出版社，2005.

[荷] 托伊恩·A·梵·迪克. 作为话语的新闻. 北京：华夏出版社，2003.

涂光晋. 广播电视评论学. 北京：新华出版社，1998.

王军，郎劲松，邓文卿编. 传媒政策与法规. 北京：中国广播电视出版社，2008.

王兰柱主编. 中国电视收视年鉴2010. 北京：中国传媒大学出版社，2010.

[美] 威尔伯·施拉姆，威廉·波特. 传播学概论. 北京：新华出版社，1984.

吴郁等. 电视节目主持人的综合素质研究. 北京：中国广播电视出版社，2007.

熊澄宇. 新媒体与创新思维. 北京：清华大学出版社，2011.

[美] 希伦·A·洛厄里，梅尔文·L·德弗勒. 大众传播效果研究的里程碑. 第3版. 北京：中国人民大学出版社，2004.

徐光春. 中华人民共和国广播电视简史. 北京：中国广播电视出版社，2003.

徐泓主编. 超越：北京交通广播解析. 北京：北京大学出版社，2003.

徐志祥编. 广播电视概论. 武汉：武汉大学出版社，2000.

阎玉主编. 中国广播电视学. 北京：中国广播电视出版社，1990.

杨凤娇. 中国电视新闻传播格局的变迁. 北京：中国广播电视出版社，2009.

杨继红. 谁是新媒体. 北京：清华大学出版社，2008.

杨伟光主编. 中央电视台发展史. 北京：北京出版社，1998.

杨伟光主编. 电视新闻分类与界定. 北京：中国广播电视出版社，1994.

叶蜚声，徐通锵. 语言学纲要. 北京：北京大学出版社，1981.

于广华主编. 中央电视台大事记. 北京：人民出版社，1993.

《当代中国的广播电视》编辑部选编. 中国广播电视大事记. 北京：北京广播学院出版社，1987.

俞虹. 节目主持人通论. 杭州：杭州大学出版社，1996.

[美] 约翰·菲斯克. 电视文化. 北京：商务印书馆，2005.

[美] 约翰·钱塞勒等. 记者生涯. 北京：世界知识出版社，1985.

[美] 约瑟夫·R·多米尼克. 大众传播动力学——数字时代的媒介. 北京：中国人民大学出版社，2004.

[美] 詹姆斯·沃克，道格拉斯·弗格森. 美国广播电视产业. 北京：清华大学出版社，2005.

[美] 詹宁斯·布莱恩特等. 传媒效果概论. 北京：中国传媒大学出版社，2006.

张丽等. 世界广播电视发展趋势研究. 北京：中国传媒大学出版社，2012.

张晓锋. 解构电视——电视传播学新论. 北京：中国广播电视出版社，2006.

张晓锋. 当代电视编辑教程. 上海：复旦大学出版社，2007.

赵淑萍. 广播电视新闻采访与写作. 北京：北京师范大学出版社，2006.

赵淑萍编译. 新闻权威与个人魅力：美国电视新闻节目主持人成功之路. 北京：华文出版社，1999.

赵玉明. 中国广播电视通史. 北京：北京广播学院出版社，2004.

中国广播电视年鉴. 北京：北京广播学院出版社，1986—2011.

周晓红. 现代社会心理学. 南京：南京大学出版社，1997.

周小普. 广播新闻与音响报道. 北京：中国人民大学出版社，2001.

周小普. 公共广播服务的神话——英国广播公司解读. 北京：中国社会科学出版社，2007.

周勇. 电视新闻编辑教程. 北京：中国人民大学出版社，2002.

[美] 朱利安·哈瑞斯等. 全能记者必备：新闻采访、写作、编辑的基本原则. 北京：中国新闻出版社，1998.

庄驹. 人的素质通论. 修订版. 济南：山东大学出版社，2000.

T. Adorno. The Cultural Industry. London：Routledge，1991.

TV Guide. Triangle Publications，1982—1991.

后记

POSTSCRIPT

广播电视概论课程在中国人民大学新闻系20世纪70年代末复校后很快于80年代初开设，对第一届学生（1978级）就开始讲授。它当时是新闻专业本科生的主干课程之一，是广播电视两大媒体的入门性课程。它最初开设在学生大学学习的后期，即三年级上学期，在学习完采访写作等专业课程后；后来曾提前到二年级学生进入新闻专业教学后。它的教学对象主要是广播电视专业、新闻学专业及新闻传播其他专业的学生，其他专业的学生也可以选修。目前是各新闻院校面对全体学生开设的一门课程。

广播电视概论是有关人类两大音视频电子媒体的基础知识和基本理论的专业课程。通过本课程的教学，使学生较为全面地了解广播电视媒体的发展历史、技术进步、事业现状、法律法规、制度管理、节目制作、理论建设以及经营运作等从宏观到操作层面的内容。其教学目的是帮助学生了解有关广播电视媒体的基础知识，建立起新闻传媒的基本理念体系。

据此，本课程的教学内容可以归入五个大类：第一，广播电视理论知识，主要有基本定义，媒体性质、特点，媒体体制制度，与国家的法律关系，政府管理及控制方法，广电媒介的社会作用、效果把握等。第二，广播电视历史、现状，包括技术史、媒体演变史和事业发展史等。第三，广播电视业务，包括媒体操作的方方面面，如采访写作、拍摄录制、编辑编排、主持播出等，有着非常丰富的内容。第四，广播电视技术。技术发展决定了广电媒体的产生和现状，技术之于广电是其决定因素，其影响要比对平面媒体大很多；当然课上涉及的内容多属于常识性的基本原理部分。第五，广播电视的经营管理，包括产业发展、经营活动、控制管理方法等。

在早年的讲授中，没有最后这部分内容，但目前在市场规律大行其道之时，此类内容变得越来越重要，反而不可或缺了。这也成为教材写作的依据。

本课程在教学过程中，以教师课堂讲授为主，辅之以案例和课堂讨论、交流互动等方式。因此，教材成为课程之本，以帮助学生了解内容全貌。授课中还要紧密结合国内外广播电视媒体的最新发展变化、技术进步、节目实践和学科研究的最新成果，注重理论与实际相结合，基础知识传授与专业理论学习相结合，并结合具体案例或作品，解释媒体的特点、规律和操作方法。

在本门课程的学习中，要求学生能保证经常接触两大媒体，关注广播电视节目，如央视、央广的重点新闻和深度报道栏目，及其主要的娱乐、服务类节目。还有地方卫视的最新热门节目。在日常收听、收看广播电视节目中，了解节目状况、动态，并结合实际体验思考相关知识与理论，得到对两大媒体的个体认识把握，并能够跟踪理论研究的新动向和新结论。课程进行中还要展开对两大媒体动向和最新思考认识的讨论、交流，有时要作为留给同学们的作业，以口头表达或书面文字方式交流、上交，巩固其对课程内容的理解与掌握。

课本乃课程之本，教材写作都是基于以上的思考。

1986 年我从中国人民大学新闻系广播电视专业（当时挂靠在新闻理论专业名下）研究生毕业留校后，讲授的第一门课程就是广播电视概论。开始是和课程开创者刘志筠教授合作，后来才独挡一面。讲授的过程是积累的过程。广播电视基础知识很多都涉及物理学和无线电技术，记得刚开始讲授时曾搬出少年时期购买的《十万个为什么》津津有味地阅读，还向同事们请教。如电视硬件专业出身的许建平老师给我讲解了调幅与调频的区别，他形象化的讲解和随手绘制的小图示让我印象深刻。当时的这种学习与备课非常令人兴奋，和同学们的交流也非常愉快。

在教学中，我感觉到广播电视基本知识对学习媒体专业的同学非常有实用价值，特别是在 20 世纪八九十年代的中国，电视享有第一媒体的巨大影响时，了解它对更好地自觉运用这生活中不可或缺的两大媒体具有实际效用——这曾经是我讲授本课开始要强调的一点。如今在新媒体大行其道、对传统媒体形成挤压的时代，了解音视频符号的传播规律与技巧仍然是学习传播、媒体的必要功课。

在我这部教材之前，我的老师和同事在广播电视概论方面已经出过两部教材，一部是刘志筠教授撰写的《电子新闻媒介——广播与电视》（中国人民大学出版社 1986 年版），一部是由我的同事饶立华、杨钢元和钟新三人合作的《电子媒介新闻教程》（中国人民大学出版社 2000 年版）。在我这部教材的写作中，曾想过还是基本依据这种体例写作，后来改变了初衷，但在书中一些基本判断和理论还有一定的承袭性。本书在体例设计上与目前各校的教材有所不同，是从四个角度——认识、走近、操作、理解广电——来结构目前已有的庞杂内容；依据这四个角度本书分为四编，这四编分别承载着技术发展脉络、事业发展史、广播电视实务操作和相关理论、宏观认识等内容。自己感觉这样的划分比较清晰，能够更好地引领各路学习者投入精力把握书中内容。

写作教材的愿望本是在教学多年后产生的，当时希望通过写作更系统地整理授课思路、更新已有资讯。但一直没能如愿动手，以至于拖到如今。在课程讲授 20 多年、该课程已在学院被取消后反而由出版社提出编写教材，让人感觉世事难料。

写作过程耗费诸多时日。一方面是做事效率不高，常感觉日常工作压力大，无暇顾及；再有就是做事不够果断，会来回思考折腾，还有延宕的陋习；加之一些章节，比如技术部分，出于个人爱好，为了能够更为精确，花费了较多可能是无谓的时间来打磨，结果可能并没有什么真正的发明、发现，但却沉溺其中、把玩良久，时间也就耽误下来。另一方面也是希望能写作得用心一些，期待慢工出细活儿。当然，目前的状态无法避免仍存在不少疏漏、不足之处，需要方家指点，之后再精耕细作、不断改进。

本书写作过程中有我的研究生们的倾情参与。他们是：参与第一编写作的韩娜，参与第二编写作的徐丽莉，参与第三编写作的胡岑岑、额尔德尼其其格和参与第四编写作的黄彪文。前三位同学都是从本科开始就在中国人民大学新闻学院广播电视专业学习，对基础知识部分比较熟悉；黄彪文博士从本科起也是中国人民大学新闻学院学生，但不是广电专业，在他读博士阶段才开始这个专业的探索，也很好地完成了任务；额尔德尼其其格是内蒙古师范大学的教师，在我院在职攻读博士学位，她参与写作了“广播电视文字编辑与节目编排”部分。前一届的博士研究生宋婧，硕士研究生陈静、范春旭、高健也参与了一些早期准备工作。

写作中依据我的课程讲稿，又查看了已出版的各兄弟院校的相关教材、书籍，向这些已有成果学习。在这个基础上共同打磨内容，形成目前的格局。在写作的最后阶段，后来的硕士研究生解立群、张可蒙、韩瑞娜也参加了一些善后工作。整个工作过程一直非常愉快，在这里一并表示感谢。

广播电视是高科技媒体，其应用技术永远处在不停的改善、变动中；我们在授课时也要不断地了解、学习，理解那些最新的知识。好在我本人对科技知识有较强的兴趣，有时会对其中的微妙、奇巧深感惊喜和欣赏，这成为我授课很大的动力和享受；但也会时感逼仄、力不从心。毕竟我所属的50后这一代（北京的1970届初中毕业生）经历了少年无学的时代，基本从小学五年级结束、“文化大革命”开始就没有再接受系统的基础训练，一些基本知识也多来自自学，并不充分完整，这可能会影响到教学和教材的应有质量。希望读者不吝赐教，对教材中的疏漏给予指正，本人将不胜感激。

周小普（中国人民大学新闻学院教授）

2013年12月于经典园

图书在版编目（CIP）数据

广播电视概论/周小普主编．—北京：中国人民大学出版社，2014．4
普通高等教育“十一五”国家级规划教材　21 世纪新闻传播学系列教材·广播电视系列
ISBN 978-7-300-19014-3

Ⅰ．①广…　Ⅱ．①周…　Ⅲ．①广播电视-概论-高等学校-教材　Ⅳ．①G220

中国版本图书馆 CIP 数据核字（2014）第 046633 号

普通高等教育“十一五”国家级规划教材
21 世纪新闻传播学系列教材·广播电视系列
广播电视概论
周小普　主编
Guangbo Dianshi Gailun

出版发行　中国人民大学出版社
社　　址　北京中关村大街 31 号　　**邮政编码**　100080
电　　话　010－62511242（总编室）　010－62511770（质管部）
　　　　　010－82501766（邮购部）　010－62514148（门市部）
　　　　　010－62515195（发行公司）　010－62515275（盗版举报）
网　　址　http://www.crup.com.cn
经　　销　新华书店
印　　刷　北京密兴印刷有限公司
规　　格　185 mm×260 mm　16 开本　　**版　　次**　2014 年 5 月第 1 版
印　　张　21　　**印　　次**　2021 年 6 月第 12 次印刷
字　　数　476 000　　**定　　价**　49.80 元

相关课程教材推荐

书号	书名	作者	定价（元）	出书时间
978-7-300-25925-3	电视采访学（第三版）	雷蔚真 朱羽君	39.80	2018
978-7-300-09817-3	电视策划学	雷蔚真	38.00	2008
978-7-300-08532-6	电视新闻编辑教程（第二版）	周 勇	38.00	2007
978-7-300-12125-3	电视新闻摄制	雷蔚真	26.00	2010
978-7-300-17836-3	广播新闻	成文胜	42.00	2013
978-7-300-18903-1	电视新闻	于忠广	29.80	2015
978-7-300-11760-7	广播电视管理	[美] 詹姆斯·A·布朗等	49.80	2010

配套教学资源支持

尊敬的老师：

衷心感谢您选择使用人大版教材！相关的配套教学资源，请到人大社网站（www.crup.com.cn）下载，或是随时与我们联系，我们将向您免费提供。欢迎您随时反馈教材使用过程中的疑问、修订建议并提供您个人制作的课件。您的课件一经采用，我们将署名并付费。让我们与教材共成长！

联系人信息：

地址：北京海淀区中关村大街31号206室　　龚洪训 收　　邮编：100080

电子邮件：gonghx@crup.com.cn　　电话：010-62515637　　QQ：6130616

如有相关教材的选题计划，也欢迎您与我们联系，我们将竭诚为您服务！

选题联系人：　　电子邮件：　　电话：

翟江虹　　zhaijh@crup.com.cn　　010-62515636